Marxismi ja psykohistoria

TEEMU JOKELA

Marxismi ja psykohistoria

Historianfilosofian tutkielmia

5. tarkistettu painos

© Teemu Jokela 2024

Kustantaja: BoD · Books on Demand GmbH, Helsinki, Suomi

Kirjapaino: Libri Plureos GmbH, Hampuri, Saksa

ISBN: 978-952-80-8541-6

Sisältö

Viidennen painoksen esipuhe

Seuraavilta sivuilta lukija tulee löytämään erään yrityksen ymmärtää historiallista prosessia. Yritys on luonnosmainen, enemmänkin tutkimusohjelma kuin varsinainen tutkimus, mutta voinee antaa joitakin aineksia aikamme ongelmallisen maailmantilan hahmottamiseksi. Alkeellisin tapa tarkastella historiaa koostuu *yksityiskohtien* luettelemisesta. Tälläkin on toki oma dokumentoiva käyttönsä, mutta sen avulla ei vielä ymmärretä mitään. Seuraavaksi voidaan kiinnittää huomio *trendeihin*. Nämä ovat kehityslinjoja, suuria tai pieniä, joilla on oma kohtalonsa. Mutta trenditkään eivät ole vielä syy, vaan oikeastaan seurausilmiö, niiden lopulta vain heijastellessa historiallisten tapahtumien *olemusta*, niiden varsinaista syytaustaa.

Eräänlaisen perustavan postulaattini mukaan historiallisten tapahtumien olemus on niin monimutkainen, että sitä ei voida sellaisenaan ymmärtää. Toisaalta sitä voidaan jäsentää erilaisten *mallien* perusteella. Seuraavassa esitelty malli perustuu kahden fundamentaalisen jatkumon erotteluun. Viitatkaamme lyhyesti ensin *yhteiskunnalliseen jatkumoon*.

Yhteiskunnallisen jatkumon ytimen perustaa ihmisten vaistomainen halu tai tarve noudattaa *yleisesti hyväksyttyjä normeja*. Nämä kanavoivat toisilleen vieraiden ihmisten toiminnan samaan suuntaan, luoden täten järjestystä ja lopulta erilaisia yhteiskunnallisia rakenteita. Voimme ajatella tässä vaikkapa tuhansien ja taas tuhansien ihmisten työvoiman kanavoitumista mittavaksi organisaatioksi kuten globaaliksi suuryritykseksi. Mikään tämän kaltainen ei voisi toteutua yksin välittömän, dialogisen kohtaamisen tasolla.

Alkukantaisissa kulttuureissa ravinnon ja muun aineellisen hyvän *jakelu* tapahtui kädestä käteen, pääsääntöisesti tasa-arvoisesti. Yhteiskunnan koon jatkaessa tämän tehtävän on kuitenkin ottanut haltuunsa juuri *talouselämäksi* kutsuttu yhteiskunnan osa-alue. Mutta tässä tehtävässä yhteiskuntamme on onnistunut mitä surkeimmalla tavalla, niin että siinä missä eräät elävät yltäkylläisyydessä, kärsivät toiset päivittäisestä puutteesta. Osaltaan kysymys on elintasosta, mutta osaltaan myös yhteiskunnallisen toimintaympäristön ennakoimattomuudesta, toimintamahdollisuuksien puutteesta ja tästä aiheutuvasta hädästä ja turvattomuudesta. Tämä taas heijastuu suoraan vaikkapa perheiden toimintaan, johtaen yhteiskuntakelvottomaksi leimatun kansalaisaineksen kehittymiseen. Pedagogisen jatkumon paikkailu jälkikäteen vaikkapa lastenpsykiatrian tai poliisitoimen taholta tulee kalliiksi.

Tietysti on otettava huomioon myös kasvatusperinne, siis *pedagoginen jatkumo*, ja sen seuraukset. Vastasyntyneessä ihmislapsessa piilee mahdollisuus aitoon, rakentavaan ihmisyyteen. Toisaalta tämä mahdollisuus voi toteutua vain tietyn huolenpidon, hyväksynnän ja kunnioituksen varassa. Tätä vanhemmat taas kykenevät tarjoamaan lapselleen juuri siinä määrin kuin ovat sitä itse kohdanneet omassa lapsuudessaan, yksilössä ilmenevän ihmisyyden siirtyessä näin sukupolvelta toiselle. Jatkumon häiriötilat taas näkyvät yksilön ymmärryksen häiriöinä, jotka heijastuvat paitsi tämän itsensä, myös häntä ympäröivien historiallisten tapahtumien toimintaan, ulkoisten tosiasioiden saadessa merkityksensä lapsuuden tapahtumien kautta.

Historialliseen prosessiin eivät vaikuta deterministisesti yksin itse luodut taloudelliset mekanismit, vaan osaltaan myös varhaislapsuuden kärsimys, jonka paluuta me voimme tarkastella vaikkapa poliittisen toiminnan kentällä. Sitten käsillä olevan työn ensimmäisen painoksen olen muuttanut tältä osin jossain määrin näkemyksiäni, tulkiten sittemmin pedagogisen jatkumon ensisijaisesti myönteiseksi ilmiöksi – ja vaikkapa niin sanotut ylisukupolviset siirtymät vasta sen häiriötiloiksi. On tosin huomattava, että tämä ei muuta itse ylisukupolvisen taakkasiirtymän periaatetta miksikään.

Toisaalta tämäkään jatkumo ei ole yhteiskunnallisesta täysin irrallinen, jälkimmäisen aiheuttaman ahdingon voidessa osaltaan häiritä perheiksi nimitettyjen kasvatusyksikköjen toimintaa. Kannatteluyhteiskunnan muuttaminen ahdisteluyhteiskunnaksi syö lopulta koko yhteiskunnallisen jatkumon perustan. Myös toisensuuntainen vaikutus on paitsi mahdollista, monesti myös todellista, ilmeten vaikkapa irrationaalisena äänestyskäyttäytymisenä. Samalla näiden jatkumoiden palauttaminen toisiinsa näyttää tässä edustetusta näkökulmasta huonolta ajatukselta.

Mutta sanottakoon se nyt suoraan: allekirjoittanut on ensisijaisesti, sekä älyllisesti että mielenkiintonsa kohteiden osalta enemmänkin psykologisoiva filosofi tahi filosofoiva psykologi kuin historian tahi yhteiskunnan teoreetikko. Mutta mikä se sitten olisi reviirilleen aidattu teoreetikko, ellei sellainen, jonka silmissä se ruohokin on vihreämpää siellä aidan toisella puolen. Ei sillä, uskoisin sanomallani olevan myös tiettyä arvoa puuttumatta sinänsä niihin ilmeisiin puutteisiin, mitä niiden ilmaisuun epäilemättä jää.

En ole täysin varma, mitä ilmaisua tämän työn teoreettisesta tyylilajista tulisi käyttää. Että olen taipuvainen määrittelemään sen historianfilosofiseksi, heijastelee osaltaan Oswald Spenglerin itseeni tekemää vaikutelmaa. Mainittakoon tosin, että varsinaisia Spengler-vaikutteita on seuraavilta sivuilta turha etsiä. Toisaalta eräänlaiset viittaukset yhteiskuntafilosofiaan tai sosiaalipsykologiaan olisivat niin ikään mahdollisia, muutaman muun ohella. Lukijalle tarjotaan tässä mahdollisuus aivan oman mielikuvituksen käyttämiseen.

Käsillä oleva laitos muistuttaa edellistä muutoin, paitsi sivunumerojensa ja oheisen esipuheensa suhteen. Näinpä myös pedagogista jatkumoa koskeva käsittely on edelleenkin aivan yhtä vajaa. Joka on kiinnostunut tätä aihetta koskevista ajatuskuluistani, voi kääntyä muun tuotantoni puoleen. Ennen kaikkea tässä voidaan mainita kasvatusfilosofinen työni *Ontologia ja pedagogiikka*.

Teemu Jokela
Keuruu 2025

Marxismi ja psykohistoria

On erotettava toisistaan *sattuma* ja *kohtalo*. Sattuman vaikutuksia yksilön elämään ei tätä vastoin voi ennakoida tai johtaa toisista tekijöistä. Esimerkkinä tässä voidaan mainita vaikkapa jääminen ratt juopon alle liikenteessä. Sitä ei voida selittää juuri muulla kuin huonolla onnella.

Historiallisessa prosessissa ilmenevän *kohtalon* vaikutukset eivät nekään ehkä ole aina täysin ennakoitavissa – jo siihen vaikuttavia muuttujia on usein yksinkertaisesti aivan liikaa. mutta ne voidaan ainakin jälkikäteen ymmärtää *historiallisuuden* periaatteesta käsin.[1] Ja samalla kun tämän vaikutukset ilmenevät juuri yksilön henkilökohtaisessa eksistenssissä, vain yksilön voidessa elää vapaudessa tai orjuudesssa – voimme ajatella tässä yhtä hyvin tosiasiallista kuin laajemminkin situaation orjuutta - se sinänsä leviää kauas yksilön ulkopuolelle.

Kuinka kauas, riippuu aina olosuhteista – esihistoriallisissa olosuhteissa ei ehkä juuri heimon rajoja kauempaa. Globalisaation aikakaudella kohtalon vaikutuskenttänä voidaan pitää sitä vastoin lopulta koko maailmaa.

Yksilön asema tämän kaiken keskellä näyttää jäävän perin vaatimattomaksi, historian viedessä häntä mennessään kuin koski siihen

---

1   Väistämätöntä on esimerkiksi se, että ihminen kuolee joskus. Sen sijaan hänen kuolemansa syy ja ajankohta voi olla puhdasta sattumaa, tai kohtalon määräämä.

heitettyä lastua. Vapaus voi toteutua vain tietyissä historiallisissa olosuhteissa. Täten historia voidaan nähdä eräänlaisena *kamppailuna vapaudesta* – sen piirissä vaikuttavia *kohtalonomaisia voimia vastaan*.[2]

Eräänlaisen luonnehdinnan tämän kamppailun historiasta laati Pekka Kuusi (1982). Kuusi aloittaa evoluutiohistoriallisen tarkastelunsa kiinnittämällä huomiota jo oman aikansa polttavaan ongelmaan, nimittäin orastavaan ekokatastrofiin. Kuusi ottaa teoreettiseksi lähtökohdakseen evoluutioteorian. Evoluutiosta hän erottaa edelleenkin kolme eri tasoa: kosmisen, biologisen ja kulttuurisen evoluution. Elollisen luonnon edustajista ainoastaan ihminen on saavuttanut kolmannen tason. Toisaalta ihmiskunta on vielä kulttuurin ja oman historiansa luojana edelleenkin sidoksissa luonnon muodostamaan perustaan. Tätä ihmisen on kuitenkin vaikeaa mieltää eheän maailmankäsityksen puutteessa.

Ihmiskunnan historian Kuusi jakaa kolmeen eri osaan. Ensimmäisen muodostaa *keräily- ja pyyntikulttuuri*. Tässä vaiheessa ihmiskunnan lukumäärä on ollut varsin alhainen, pienten yhteisöjen vaeltaessa luonnossa ja niin sanotusti eläessä kädestä suuhun. Myös sekä väestönkasvu että kulttuuristen muutosten tahti on ollut hidas. Samalla kun eri heimojen pienimuotoinen sodankäynti ja siihen usein liittyvä kannibalismi hillitsi väestönkasvua, hankkiuduttiin liikaväestöstä eroon myös surmaamalla lapsia ja vanhuksia.[3] Mikäli uskomme Kuusen ja deMausen (2002) arviota, kyseinen aikakausi ei ollut suinkaan sellainen paratiisi, joksika se on usein kuvailtu.

Siirtyminen *maanviljelyskulttuuriin* tapahtui osin väestöpaineesta johtuen. Kun luonnosta ei enää löytynyt riittävästi syötävää kaikil-

---

2   Tässä viittaan vapaudella juuri *laadulliseen vapauskäsitykseen* (Jokela 2010, 2014), en esimerkiksi valinnanvapauteen.

3   Psykohistorian puolelta lasten surmaamiselle on annettu toki myös toisenlaisia, psykodynaamisia syitä: eivät villit laskelmoineet vauvoja pois heittäessään tai syödessään väestöntiheyksiä vaan toimivat primitiivisen psyykkisen rakenteensa johdattamina. Vrt. esim. deMause (2002, 225-). Huomautus tarjoaa edelleenkin erään näkökulman Kuusenkin tietyssä mielessä edustaman historiallisen materialismin ja psykogeenisen historianteorian väliseen eroon.

le, mahdollisti aktiiviseen maatalouteen siirtyminen suuremman ravintomäärän hankkimisen pienemmältä alueelta. Samalla myös yhteisöt asettuivat aloilleen ja alkoivat kasvaa. Alkoi syntyä myös tuotannon ylijäämää, jota voitiin käyttää yhteisiin tarkoituksiin, kuten esimerkiksi uskonnollisten monumenttien rakentamiseen. Aluksi syntyneet maanviljelyyn ja kotieläinten kasvattamiseen perustuvat yhteisöt olivat pieniä. Tuhansien vuosien kuluessa ne alkoivat kuitenkin vähitellen kasvaa. Seurauksena oli mittavien, organisaatiopohjaisten valtakuntien kehitys, mutta toisaalta myös tuotannon ylijäämävirtojen ajautuminen yksittäisten tahojen käsiin. Esimerkiksi muinainen Egypti tai Rooma käyvät tästä hyvänä esimerkkinä. Kuusen ajatteluun voisi vielä lisätä myös *työnjaon* kehittymisen, sen mahdollistaessa edelleenkin erikoistumisen ja täten myös sekä pian syntyvän tieteen kehityksen ja tuotantomuotojen kehityksen.

Kehityksen kolmantena vaiheena Kuusi mainitsee *tieteel'isteknisen kulttuurin*. Tämä perustui uuden ja radikaalin, luonnon ennakkoluulottoman tutkimuksen mahdollisuuteen ja sen tuottamiin saavutuksiin. Kehityksen yhä kiihtyvän tahdin seurauksena ihminen on kyennyt yhä etenevässä määrin hallitsema eri luonnonilmiöitä – opittuaan tuntemaan vähitellen niiden todellista olemusta. Tämä on mahdollistanut luonnon yhä etenevän hallinnan ja siitä peräisin olevien raaka-aineiden muokkaamiseen ihmisen tarpeita vastaavaksi. Voimme ajatella tässä yhtä hyvin autojen ja asuntojen kaltaisia hyödykkeitä kuin nykyaikaisen lääketieteen saavutuksia – unohtamatta Kuusen aikana vielä lapsenkengissä olevan informaatioteknologian nousua. Samaan aikaan kaikkeen tähän tarvittava inhimillisen työn määrä on vain laskenut.

Mutta ei niin hyvää ettei jotain pahaakin. Tuomiensa kiistattomien etujen ohella tieteellistekninen kulttuuri on ajautunut myös vakaviin ongelmiin, sen tuhotessa kuin huomaamattaan oman perustansa muodostavaa luontoa. Myös sodankäynnistä on muodostunut kehittyneempien aseiden myötä yhä tuhoisampaa, mistä äärimmäisenä esimerkkinä voidaan mainita täysimittaisen ydinsodan uhka. Eikä sen tuottaman aineellisen hyvän edes suhteellisen tasavertainen jakelu eri maanosien, yhteiskuntien ja niiden eri jäsenten välillä näytä onnistuneen tai onnistuvan edes lähitulevaisuudessa. Samalla kun tieteellistekninen kulttuuri edustaa ihmisen suurta voittokulkua, se on paradoksaalista kyllä, kulkemassa kohti itserakentamaansa tuhoaan. Se tie, jota pitkin ihmiskunta on noussut menestykseensä, on tullut loppuunsa. Lainatakseni Kuusen (1982, 109) sanoja:

> Ihmisen kulttuurievoluutio on nyt tullut suureen taitekohtaan. Ihmisen on syvenevän luonnontiedon haltijana tunkeutunut luonnontalouteen niin, että kulttuurievoluutio edellyttää jatkuakseen suunnanmuutosta. Tämä suunnanmuutos puolestaan edellyttää harhaisesta maailmankäsityksestä irtautumista ja uuden maailmankäsityksen avaamien käyttäytymismahdollisuuksien omaksumista.

Tietysti ihmiskunnan koko menneisyys on tietysti täynnä julmuuksia, vääryyksiä ja kärsimystä. Sodat ja kurjuus ovat olleet ihmisen painolastina kautta hänen koko menneisyytensä. Menneisyyden, varsinkaan keräilijäpyytäjien vaeltavien pienyhteisöjen tarjoamat situaatiot eivät sinänsä ole kadehtimisen tai romantisoinnin arvoisia. Tästä näkökulmasta ihmiskunnan historiaa voidaan lukea *vapauden edellytysten kehittymisen historiana*, tämän pitäessä paikkansa sekä sen sisäisistä että ulkoisista edellytyksistä. Koskaan ennen ihmisen syntymässään saaneiden mahdollisuuksien toteutuminen ei ole ollut niin todennäköistä kuin nyt. Toisaalta jo Kuusen mainitsemat hallitsemattoman väestönkasvun, kestämättömän energiatalouden ja sodankäynnin trendit ovat nostaneet horisonttiin uusia uhkakuvia. Voidaan vielä sanoa, että nämä uhkakuvat ovat sitten Kuusen päivien vain pahentuneet.

Kuten edellisestä lainauksesta käy ilmi, Kuusi katsoo tilanteen hallinnan vaativan hajanaisen maailmankäsityksemme päivittämistä uuden tilanteen tasalle. Itse korostaisin vielä, että Kuusen kuvaamien trendien luettelemisen on päästävä myös niiden taustalla piilevien *olemuksellisten tekijöiden* analysointiin. Käsilläolevan tutkielman tarkoituksena on sanoa jotain aiheesta – niin sanoakseni laatia eräänlainen ehdotelma. Mutta tätä ennen muutama sana siitä, mitä yleensä seuraavassa tarkoitetaan puhuttaessa ilmiön olemuksesta.

Ilmiön pinta ja sen olemus

Maailma voidaan määritellä tässä yhteydessä vaikkapa *ilmiöiden* muodostamaksi kokonaisuudeksi. Ilmiöt taas voidaan määritellä tarkastelun *mielekkäästi rajattavissa oleviksi kohteiksi*. Ilmiöt voidaan jakaa vakiintunutta käytäntöä mukaillen kahteen eri osaan. Toisaalta *pintaan*, toisaalta *olemukseen*. Ilmiön pinta muodostaa sen näkyvän, välittömästi avautuvan ulkoasun. Sen olemus taas on jotain kätketympää ja salatumpaa, mutta samalla myös todellisempaa. Voimme ajatella tässä jotain kiinteätä kappaletta ja sen atomirakennetta sen olemuksena.

Olen jakanut ilmiön pinnan toisaalta *olemiseen*, toisaalta *merkitykseen* (Jokela 2014, 37-). Oleminen koostuu ilmiön välittömien havaintojen muodossa ilmenevästä ulkomuodosta ja ominaislaadusta, esimerkiksi pelargonian väristä, muodosta ja painosta. Merkitys sitä vastoin sisältää sen inhimillisesti mielekkään tai merkitsevän sisällön. Voimme ajatella tässä vaikkapa pelargonian kauneutta.. Vaikka nämä kaksi kietoutuvatkin alati yhteen, voidaan ne toisaalta teoreettisella tasolla myös erottaa toisistaan.

Mutta pinnan takana piilee aina myös *olemus*. Itse olen määritellyt ilmiön olemuksen sitä tuottavien ja ylläpitävien *syiden* muodostamaksi kokonaisuudeksi. Esimerkiksi ikkunalaudalla kukoistavan pelargonian olemus koostuu sen solurakenteesta, siinä tapahtuvista aineenvaihduntaprosesseista ja niin edelleen. Toisaalta olemuksella on taipumus levitä ilmiön välittömän läsnäolon ulkopuolelle. Esimerkiksi pelargonia ei voisi kukoistaa, ellei se saisi ympäristöstään vettä, hiilidioksidia, auringonvaloa ja niin edelleen.

Siirala (1966) on kirjoittanut inhimillistä sairastamista tutkiessaan *syyverkoista*. Usein sairauden syytä etsitään yksilöstä itsesstään, hänen aivoistaan tai perimästään. Kun sairasta ruvetaan kuitenkin tutkimaan, kerien auki hänen elämänkohtaloaan, päädytään tulkintaan, jossa yksi syy selittyy toisella, syiden ja seurausten verkon levitessä kauas yksilön itsensä ulkopuolelle. Nähdäkseni tässä sanottu voidaan yleistää koskemaan ilmiöiden olemuksia yleensäkin. Itse välittömästi koettu ilmiöpinta on vain heijastumaa sitä tuottavasta, laajalle leviävästä syyverkosta.

Ajatelkaamme nyt vaikkapa ilmiötä kuten itsemurhia. Emile Durkheim (1897) esitti aikoinaan sosiologian pioneerityössään uraa-uurtavan teorian itsemurhien syistä. Tässä yhteydessä meitä kiinnostaa erityisesti protestanttisissa maissa esiintyvä itsemurhalukujen nousu. Durkheimin mukaan tämä johtui anomiasta, eräänlaisesta sosiaalisen hajoamisen aiheuttamasta vieraantumisen tilasta. Näin yksittäisen ihmisen yksittäinen teko paljastui vain huomattavasti laajemman prosessin seuraukseksi. Tavalla tai toisella ehkä itsenäisemmästä ihmisestä oli tullut myös yksinäisempi ja onnettomampi.

Durkheimin analyysiä voidaan pitää yksipuolisena. Itsemurhille voidaan löytää paitsi yhteiskunnallisia, myös yksilön omaan elämänhistoriaan liittyviä syitä. Toisaalta Durkheimin analyysi kelpaa tässä yhteydessä havainnollistamaan mainittua syyverkkoperiaatetta. Itse asiassa lapsuudenaikaisten vaikutusten analysointi vain täydentäisi tulkintaa tältä osin, tekisi syyverkosta vielä entistäkin monimutkaisemman ja vaikeaselitteisemmän.

Kuten edellisestä käy ilmi, pinnallisesti olemassa olevaksi havaitun ilmiön olemuksen tunteminen ei ole aina helppoa. Näinpä olemus ei näy välittömästi, vaan jää usein kätketyksi. Monessa tapauksessa sitä ei voida ymmärtää ehkä koskaan kuin osittain. Näinpä myös itsemurhan tehneen omaiset joutuvat usein kyselemään turhaan, miksi tämä kaikki pääsi tapahtumaan. Silti olemustason tutkimukselle on olemassa oma tarpeensa. Näin jo siksi, että olemuksen tunteminen tekee mahdolliseksi ilmiön entistä paremman hallinnan. Muussa tapauksessa toteutetut toimenpiteet voivat osua oikeaan korkeintaan sattumalta.

Lienee ilmeistä, että esimerkiksi juuri itsemurha on lähtökohtaisesti eettisesti perin onneton teko. Mutta mikäli pyrkimyksenämme on estää itsemurhia, ei pelkkä sokea panikointi tai mitä hyvää tarkoittavinkaan puuhastelu auta mitään. Ei, ensin on otettava selvää, mikä on itsemurhan olemus, mitkä ovat toisin sanoen siihen johtavat syyt. Vasta tämän jälkeen voidaan alkaa suunnitella toimenpiteitä, joilta voidaan odottaa myös todellisia vaikutuksia. Sama pitää paikkansa myös toisiin kohdistuvista väkivaltarikoksista – ottaaksemme esille toisen, yhtä ilmeisen esimerkin. Ja tällöinkin on pidettävä mielessä, että aina asioiden kulkuun ei voida vaikuttaa, vaikka käytössä olisi mitä parhaimmat keinot.

Mikä pitää paikkansa yleensä, pitää paikkansa myös *historiallisista ilmiöistä*. Historialliset tapahtumat ja trendit koetaan usein ensin juuri pintansa osalta, melko kapeasti rajattuina ilmiöinä. Mikäli niiden taustalla piileviä syitä, sanoisinko kohtalon syvärakennetta, aletaan kuitenkin tutkia, päädytään pian tilanteeseen, jossa voimme havaita mitä moninaisimpien tekijöiden vaikuttavan toisiinsa, tuottaen lopulta tuloksenaan aluksi ehkä selittämättömäksi ja käsittämättömäksikin jääneen ilmiön. Vaikka kaikkea on täten mahdotonta selittää – muuttujia on läsnä yleensä yksinkertaisesti aivan liikaa, ja ne vaikuttavat toisiinsa usein myös lähinnä kaoottiseksi luonnehdittavissa olevalla tavalla – voidaan usein jonkinlainen tilannearvio saavuttaa. Kuusi ei, kaikista hyveistään huolimatta, osannut olemustason tekijöiden merkitystä ymmärtänyt. Tässä mielessä häntä pidemmälle oli päässyt aikoinaan jo muuan Karl Marx.

Historiallinen materialismi

Jos maailma voidaankin määritellä sinänsä, ihmisestä olemassa olevien tosiasioiden joukoksi, on *todellisuus* pohjimmiltaan jotain juuri ihmisten välillä rakentuvaa – maailman interpersonaalinen ulottuvuus. Tarkoitan tässä todellisuudella suurin piirtein samaa kuin Schütz (1932) sosiaalisella maailmalla tai Husserl (1962) elämismaailmalla. Se mitä kutsutaan *historiaksi*, on pohjimmiltaan juuri todellisuuden tasolle sijoittuva prosessi.

Historia on kiinnostanut ihmistä niin kauan kuin historiaa on oikeastaan ollut. Jo antiikin aikana pyrittiin hahmottamaan menneitä asioita. Erityisesti uudelle ajalle tultaessa historiankirjoitus alkoi kuitenkin kehittyä aivan ennennäkemättömällä tavalla. Samalla kun lähteitä alettiin merkitä ja kerätä yhä laajemmassa määrin, keksittiin lopulta myös niin sanottu lähdekritiikki.

Toisaalta vanhoja historiankirjoituksia vaivasi vielä kuitenkin pitkään muuan vika tai puute. Tarkoitan tällä sitä, että historia nähtiin yksittäisten tapahtumien, tai parhaimmillaankin trendien sinänsä kiinnostavana mutta vähemmän ymmärrettävissä olevana sarjana. Tosiasiat osattiin luetella, mutta niitä ei oikeastaan osattu selittää – tai, ilmaistaksemme asian toisin, historiallisten prosessien syvempää olemusta ei osattu hahmottaa millään mielekkäällä tavalla. Mutta ajan myötä tähän oli kuitenkin tuleva muutos.

Osaltaan uusi lähestymistapa alkoi kehittyä perin mielikuvituksellisissa muodoissa. Tästä tunnettuna esimerkkinä voidaan mainita G. W. F. Hegel, joka esitti maailman olevan itseään toteuttavan hengen ilmentymää. Huomattavasti vankemmalle pohjalle historiallisen analyysin toi sen sijaan muuan Karl Marx. Toisin kuin Hegel, Marx katsoi historian perustuvan ei abstraktin hengen vaan aineellisten tuotantomuotojen ja talouselämän rautaisien lainalaisuuksien varaan.

Marx ei voinut olla jo nuorena huomaamatta sitä, kuinka epäoikeudenmukainen oli hänen aikansa yhteiskunta. Toisaalta oli olemassa joukko rikkaita, jotka elivät yltäkylläisyydessä. Toisaalta taas työläisiä, jotka elivät äärimmäisen kurjissa olosuhteissa, tehden pitkiä työpäiviä vaarallisissa olosuhteissa, vailla mitään tietoa kelvollisesta palkkauksesta. Ja mikä pahinta, edelliset näyttivät haalivan rikkautensa suoraan jälkimmäisten työstä.

Varhaisessa tuotannossaan Marx (1844) keskittyy tarkastelemaan juuri työläisen asemaa. Keskeiseksi tässä nousee *vieraantumisen* käsite. Työläinen käyttää voimansa valmistaakseen tavaroita, mutta kun ne ovat valmiita, ne riistetään häneltä. Sen sijaan että hän voisi nauttia itse työnsä tuloksista, ne alkavat elää omaa elämäänsä yhteiskunnassa, jonka ulkopuolelle hän on tuomittu itse jäämään. Nämä ajatuksensa Marx kirjoitti suurelta osin Ludwig Feuerbachin vaikutuksen alaisena, jos kohta hänen ajatuksiaan uudella tavalla soveltaen.

Mutta pelkkä esiintyvistä epäkohdista purnaaminen ei olisi johtanut teoreettisesti kovinkaan pitkälle – ei ainakaan historiallisen materialismin kehittymiseen. Uuden oivalluksen äärelle Marx ajautui yhdessä Engelsin kanssa kirjoittamassaan työssä *Saksalainen ideologia* (1845). Tämän perusolettamuksen muodosti se Feuerbachin huk-

18

kaama oivallus että ihminen on aina paitsi ihminen sinänsä, myös tiettyyn historialliseen prosessiin heitetty ihminen. Samalla kun ihminen luo tämän historiansa itse, hän voi luoda sen vain lähtökohdista, jotka historia on hänelle antanut.

Itse historiallisen prosessin Marx ymmärtää yleisesti luonnehtien pohjimmiltaan *taloudelliseksi*. Sen perustan muodostavat käytössä olevat *tuotantomuodot*, jotka heijastuvat koko yhteiskunnan rakenteeseen. Niiden kehitys johtaa vastaavasti myös yhteiskunnan kehittymiseen. Tästä ilmeisenä esimerkkinä voidaan ottaa kapitalismin nousu. Kuten keskiajan maanviljelyyn ja käsityöläisyyteen perustuva tuotantotapa oli tuottanut feodaalisen yhteiskuntajärjestelmän oli koneiden ja tehtaiden kehitys johtanut kapitalistisen yhteiskunnan kehittymiseen.

Marxin yritykset ymmärtää aikansa kapitalistista yhteiskuntaa huipentuvat kuuluisassa *Pääomassa*. Sen ensimmäisessä osassa (1864) Marx kuvaa kapitalistista tuotantoa yksiselitteisesti työläisten riistoprosessina. Kapitalisti on henkilö, joka heittää rahaa tuotantoon, mutta ei hyvää hyvyyttään vaan saavuttaakseen voittoa, joka perustuu työväestön onnettoman aseman hyödyntämiseen. Työläisen koko yhteiskunnallinen aseman määräytyy tämän, pohjimmiltaan juuri yhteiskunnallista jatkumoa edustavan kehitysprosessin myötä. Koneistettu tehdastuotanto merkitsee väistämättä toisten rikastumista ja toisten köyhtymistä.

Toisaalta kapitalismin historiallinen voittokulku tulisi sekin jäämään vain ohimeneväksi vaiheeksi. Marx oletti päin vastoin taloudellisen kehityksen sisäisten mekanismien johtavan ongelmien yhä etenevään kärjistymiseen. Samalla kun toistuvat kriisit heikensivät proletariaatin asemaa hetkellisesti, ne ajoivat kapitalistista taloutta yhä suurempiin sisäisiin ongelmiin. Marx näki siis kapitalismin kestämättömänä järjestelmänä, joka sisälsi oman tuhonsa siemenen. Tämä kohtalo tarjosi samalla toisaalta myös toivon kaikkein huonoosaisimpien vapautumiselle ja uuden, oikeudenmukaisemman yhteiskunnan synnylle.

Tässä yhteydessä puhutaan usein myös *dialektisesta* materialismista. Tämän Hegeliin palautuvan ilmaisun mukaan historia etenee kohti päämääräänsä vastakohtien kautta. Keskiajan feodaalinen järjestelmä oli Marxin mukaan tuhoutunut, sen tuottaessaan vasta-kohdakseen kapitalistisen talouselämän. Mutta aivan samoin oli myös kapitalismi tuleva tuhoutumaan, sen tuottaman yhä syvenevän kurjuuteen tuottaessa oman vastakohtansa, eli kapinaan nousevan työväenluokan. Tämä johtaisi kuitenkin lopulta tasa-arvoisen kommunistisen yhteiskunnan kehitykseen, jossa kukin antaisi kykyjensä mukaan ja kullekin annettaisiin tarpeidensa mukaan.

Kapitalismin sisäisestä ristiriitaisuudesta aiheutuvaa kriisiytymistaipumusta on pidetty pitkään virheellisenä. Näin jopa itse marxilaisen liikkeen sisällä – aina Bernsteinin asiaa koskevista, osin todenpohjaisistakin huomioista asti. Ja pitkään näyttikin siltä, että kapitalistinen talous voi jatkaa loputonta kasvuaan, vaurauden tavoittaessa vihdoin myös alemman yhteiskuntaluokan. Mutta historia on osoittautunut sittemmin tämän vääräksi, maailmanlaajuisen laman uhatessa koko länsimaista yhteiskuntaa. Tämä puhumattakaan luonnon tuhoutumisesta, mitä edes Marx itse ei osannut ennakoida. Ja mikä pahinta, nämä kaksi trendiä näyttävät olevan kiihkeässä ristiriidassa, niin että jos yleisen hyvinvoinnin turvaaminen näyttäisi vaativan paluuta kasvun tielle, vaatisi luonnon pelastaminen juuri toisen suuntaisia toimenpiteitä.

Tarkastelumme kannalta on merkillepantavaa kuitenkin juuri se, kuinka tarmokkaasti Marx johtaa *kaiken* historiallisen kehityksen juuri yhdestä muuttujasta, kaiken selittyessä taloudellisten liikelakien perusteella. Työväenluokan asema johtuu kapitalistisen talouselämän ominaislaadusta. Samoin yhteiskunnallinen pintarakenne, esimerkiksi taide tai uskonto, heijastelevat samaista taloudellista perustaa. Ja lopulta myös kapitalismin oma kohtalo johtuu siitä itsestään – niin että jos kapinaan nousevaa työväenluokka voi sen loppua auttaakin, perustuu tämä kapinakin taloudelliseen ahdinkoon. Samalla kun Marx etsi ratkaisua maailman ongelmiin ilmiöiden pinnan takaa, kiinnostuen trendien sijaan niiden olemuksesta, rajoitti hän tarkastelunsa yksin yhteiskunnallisen elämän, vieläpä kapitalistisen talouselämän piiriin.

Yrittäkäämme nyt arvioida lyhyesti tätä kaikkea. Mitä tulee Marxin varsinaiseen talousteoriaan, sitä on mielestäni pidettävä melko kestämättömänä. Keskeneräiseksi jäänyt *Pääoma* sisältää kaikesta loistokkuudestaan lukuisia ongelmia jo aivan lähtökohdissaan. Teoksen aloittava työarvoteoria on sellaisenaan perin onneton ja vaikeatulkintainen Marxin monista puolustusyrityksistä huolimatta. Samoin kaiken lisäarvon tulkitseminen riiston osoitukseksi. On vaikea kuvitella, kuinka esimerkiksi tuotekehittely voitaisiin rahoittaa muuta kuin lisäarvon avulla.

Valitettavaa kyllä, edes Marxin seuraajat eivät ole kyenneet uudistamaan hänen teoriaansa tältä osin. Monet ovat pitäytyneet vielä hyvin pitkään kiinni *Pääoman* perusajatuksissa, huolimatta niiden alkuperäistä ongelmallisuutta tai sittemmin tapahtuneista yhteiskunnallisista ja taloudellisista muutoksista. Seurauksena on hienolta kalskahtavien, mutta sisällöltään tyhjien iskulauseiden tulva. Tätäkin epäonnisemmiksi ovat osoittautuneet pyrkimykset hylätä taloudellisen perustan ajatus kokonaan, niiden johtaessa usein vain latteuksiin ja ohi maalinsa osuviin kriittisiin huomioihin.[4]

Edellä mainitun lausuminen ei kuitenkaan merkitse sitä, etteikö historiallisen materialismin perusteoria olisi vailla ansioita. Että hän antoi päätyönsä nimeksi *Pääoma* eikä *Kapitalisti*, kertoo omaa kieltään yhteiskunnallisen kehityksen olemusta koskevasta oivalluksesta. Kysymys on juuri taloudellisen jatkumon omasta dynamiikasta, joka vie mukanaan niin työläistä kuin kapitalistiakin. Vaikka moni asia onkin muuttunut, näyttää yhteiskuntamme taloudellisen perustan omalakinen kehitys vaikuttavan suuresti historiallisten tapahtumien kulkuun. Tästä ilmeisenä esimerkkinä voidaan mainita nykyinen globaali lama.

Karl Popper (1957) kritisoi aikanaan Marxia historiallisten lakien käsitteestä. Historiassa ei ole mitään lakeja, vaan lähinnä jälkeenpäin havaittavissa olevia trendejä. Nämä taas ovat vapaassa maailmassa hallittavissa parlamentaarisen demokratian keinoin.

---

4   Pitäisin hieman valitettavana sitä tosiasiaa, että Marx uhrasi suurimman energiansa juuri *Pääomaan*, kaikessa keskeneräisyydessään avoimeksi jäävän kapitalismianalyysin syrjäyttäessä historiallisen materialismin lähtökohtien tarkemman hionnan. Samasta syystä pitäisin valitettavana myös sitä, että juuri *Pääoma* on vienyt suurimman huomion pois näistä teemoista.

Osaltaan Popperin kritiikki on osuvaakin. Toisaalta näyttäisi täysin mielivaltaiselta väittää, että esimerkiksi länsimaista yhteiskuntaa vaivaava työttömyys olisi vain äänestyspäätöksellä ratkaistavissa oleva trendi. Päin vastoin talouselämällä näyttää olevan omat yhtä hyvin irrationaaliset kuin raudanlujatkin kehityslakinsa, jotka luovat tiettyjä rakenteellisia trendejä. Huomio tuo selvästi esiin sen oivalluksen, joka historiallisen materialismin teoreettiseen perusasetelmaan sisältyy.

Historiallisen materialismin ehkä keskeisimpänä puutteena on mainittava kuitenkin täysi sokeus *psykologisen tekijän* suhteen. Marxin ihminen eksistoi keskellä yhteiskuntaa, mutta vailla omaa henkilökohtaista menneisyyttä. Pedagogisella jatkumolla ei ollut mitään sijaa hänen ajattelussaan. Samalla kun ihminen elää keskellä historiallista virtaa omine lainalaisuuksineen, ei hänellä itsellään ole minkäänlaista henkilöhistoriaa. Esimerkiksi esiintyvä, mahdollisesti sodankäyntiinkin kanavoituva tuhoavuus on vain ja ainoastaan reaktio vallitsevaan situaatioon.

Että Marx ei ottanut huomioon aihetta, on osin vain ymmärrettävää. Toisin kuin jo laajaksi kasvanut taloustieteellinen teoria, nykyaikainen psykologia ei ollut ottanut vielä ensiaskeleitaankaan. Silmiinpistävä on kuitenkin se, että myös Marxin seuraajat ovat olleet asian suhteen jokseenkin sokeita, niin että jos esimerkiksi Baran (1959) myöntääkin Freudin kuvaamat psyykkiset ristiriidat ja irrationaaliset pyrkimykset todeksi, olettaa hän niiden heijastelevan pohjimmiltaan epäsuotuisia sosioekonomisia olosuhteita. Ajatus vaikkakin sitten ulkoisten tekijöiden aiheuttamien vaurioiden periytymisestä sukupolvelta toiselle erilaisten kasvatuskäytäntöjen kautta tulee täten hukatuksi.[5]

---

5   Kysymys sen tai tuon historiallisen ilmiön *alkuperästä* on tosin varsin ongelmallinen, kun näet kaikella on syynsä – syiden ja seurausten muodostaessa olemustasolla eräänlaisen verkkorakenteen. Mutta tämä ei merkitse sitä, etteikö esimerkiksi Baran hukkaisi juuri kahden toisistaan erillisen jatkumon periaatteen, nähden pedagogisen jatkumon vain jonkinasteisena yhteiskunnallisen jatkumon liitännäisenä.

Ehkä osuvimpana esimerkkinä tästä voidaan mainita Neuvosto-liiton ja muiden reaalisesti olemassa olleiden kommunististen valtioiden onneton kohtalo. Osaltaan koettuihin vastoinkäymisiin voidaan etsiä syytä jo taloudellisista vastoinkäymisistä. Sen enempää Marxilla itsellään kuin hänen nimeensä vannoneilla vallankumouksellisillakaan ei ollut selvää käsitystä siitä, kuinka ihannevaltion talouselämä tulisi järjestää. Toki Marx ei ole ainoa uudistaja, joka on langennut siihen harhaan, että yksin kehityksen esteiden poistaminen riittäisi, asioiden järjestyessä tämän jälkeen parhain päin omalla voimallaan. Mutta punalipun tradediassa on ollut kysymys reaalisesti olemassa olevien psyykkisten vaurioiden ylisukupolvisesta jatkumosta, kumotun yhteiskuntajärjestelmän hillitsemien tuhoavien ja sadististen yllykkeiden päästessä nyt valtaan.

Psykogeeninen historianteoria

Ilmiön taustalla piilee aina sen olemus. Ilmiön pinta on lopulta vain heijastumaa tästä olemuksesta, sen niin sanoakseni näkyvä julkiasu, jota ei kuitenkaan voisi olla ilman piilevää sisintä. Tämä pitää paikkansa myös historiallisista ilmiöistä. Marx osaltaan oivalsi, kuinka historian näkyvien tapahtumien ja trendien, käyttääksemme Popperin ilmaisua, taustalla vaikuttavat usein syvemmät voimat. Marxin puutteeksi laskettakoon sitten se, että hän pelkisti kaiken yksin taloudellis-rakenteellisen jatkumon ilmaukseksi.

Toisena teoriasuuntauksena, joka on pyrkinyt menemään historiantulkinnoissaan pintailmiöiden tuolle puolen, voidaan mainita psykodynaamista teoriaa aktiivisesti hyödyntävä *psykohistoria*. Psykohistorian keskeisen idean muodostaa historian lukeminen psykoanalyyttisten käsitteiden kautta, nimenomaan lapsuudenaikaisia kokemuksia painottaen. Nähdäkseni sitä voidaan käyttää tasapainottamaan historiallisen materialismin yksipuolisuutta.

Suomessa psykohistoriallista ajattelutapaa on tehnyt tunnetuksi erityisesti Juha Siltala. Paavo Ruotsalaisen johtamaa herännäisyyttä analysoidessaan Siltala (1992) kuvaa hurjien, jopa mielisairautta lähentelevien kääntymiskokemusten taustoja. Kun henkisesti keskenkasvuiset ihmiset ajautuivat keskelle huonoa taloudellista kautta, psyykkiset rajat ajautuivat liiketilaan ja arkaaiset pelot tulivat esiin uskonnollisina mielikuvina, lapsuuden ja nykyhetken leikatessa toisensa.

Jo sekä Freud että muutamat hänen välittömistä seuraajistaan olivat pyrkineet soveltamaan psykoanalyyttistä ihmiskuvaa historiallisten tapahtumien selittämiseksi. Tulokset jäivät kuitenkin toistaiseksi varsin laihoiksi. Eräänä omituisuutena voidaan mainita Wilhelm Reich (1933), joka esitti seksuaalisuuden tukahduttamisen johtaessa fasistisen, vapautumisen taas vallankumouksellisen luonteen syntymään. Osuvasti on huomautettu että sittemmin koettu seksuaalinen vapautuminen ei ole johtanut niinkään vallankumoukseen kuin pinnallisen irtoseksin lisääntymiseen. Vasta psykoanalyysin uudemman kehityksen ja niiden psykohistoriallisten tulkintojen myötä psykologista lähestymistapaa soveltavat tulkinnat alkoivat saada syvempää kantavuutta.

Psykohistorian keskeinen teoreetikko Lloyd deMause (1982, 2002) on jakanut psykohistorian teorian kolmeen eri osa-alueeseen. *Lapsuuden historia* on kirjaimellisestikin otettuna lapsuudesta ja kasvatuskäytännöistä tehtyä historiallista tutkimusta. Psykohistorioitsijoiden tulkinnat aiheesta ovat olleet usein perin raakoja, jopa raadollisia. On jopa heitetty syytöksiä eräänlaisesta perverssistä tirkistelynhalusta. Toisaalta myös perinteisempi historiankirjoitus (vrt. esim. Utrio 1995-7) on voinut vahvistaa pääosin esitetyt tosiasiat, jos kohta ei olekaan käsitellyt niiden psykodynaamista mieltä.

Fantasia-analyysi keskittyy tarkastelemaan ryhmäfantasioita. Tässä huomio kiinnitetään paitsi jonain historiallisena ajankohtana vallitsevaksi nousseeseen maailmankatsomukseen, myös sen takana piileviin psykodynaamisiin voimiin. Näinpä se tai tuo aate tai uskomus voidaan nähdä paitsi rationaalisena muodostelmana, myös vaikkapa traumaattisten lapsuudenkokemusten ja niihin kohdistuvien puolustusoperaatioiden symbolisina ilmauksina. Tämä lähestymistapa tulee selvästi esiin esimerkiksi Siltalan herännäistutkimuksesta.

Psykoelämänkerta tarkoittaa yksittäisen ihmisen psykodynaamisella otteella kirjoitettua elämänkertaa. Se koostuu paitsi yksilön elämän ulkoisista tapahtumista, päätöksistä ja valinnoista, myös niissä esiin tulevien varhaiseen lapsuuteen palautuvien motiivien erittelystä. Yksilöä ei nähdä yksin elämänsä rationaalisena hallitsijana, vaan myös tiedostamattomien voimien riivaamana olentona.

Edellisten rinnalle on kuitenkin pakko nostaa vielä deMausen oma spesialiteetti, nimittäin *psykogeeninen historianteoria*. Tässä on kysymys historiallisten tapahtumien yleistä perustaa koskevasta kokonaisvaltaisesta teoriasta. Historian tärkeimmäksi muuttujaksi määritetään juuri lapsuus. DeMause kirjoittaa:

> Psykogeeninen historianteoria on tieteellinen, empiirinen, falsifioitavissa oleva teoriamalli jonka perustan muodostavat dissosioituen traumojen jaetut näyttämöllepanot, näiden sisältöjen muuttuessa lapsuuden evoluution myötä. Se perustuu psykologian päätelmään psyykkisten sisältöjen jäsentymisestä varhaisten tunnepitoisten ihmissuhteiden kautta, psyykkisten rakenteiden tullessa välitetyksi sukupolvelta toiselle lapsuuden kapean tunnelin kautta. Täten yhteiskunnan kasvatuskäytännöt eivät ole vain eräs asia kulttuuristen ominaisuuksien listassa vaan muodostavat kaikkien kulttuuristen elementtien välittymisen ja kehittymisen perustan. (Demause 2002, 97)

Edellisen perusteella psykogeenisen historianteorian keskeisin sisältö on purettavissa kahteen eri ulottuvuuteen, joista ensimmäisen mukaan ihmisten teot eivät sellaisenaan heijastele ulkoisia tosiasioita vaan heidän sisäisen maailmansa tilaa. Varhaisessa lapsuudessaan vaurioituneet ihmiset saattavat olla taipuvaisia tekoihin, joita kukaan empatiaan ja rakkauteen kykenevä ei voisi hyväksyä. Sen toisen osan muodostaa niin sanottu ylisukupolvinen perimä. Kuten itse lapsuudessaan vaurioituneet ihmiset ovat taipuvaisia käyttäytymään tuhoavasti, ovat he myös taipuvaisia toistamaan oman lapsuudenaikaisen kohtalonsa omille lapsilleen. deMause kirjoittaa tietyissä yhteyksissä transferenssin ja projektion vaihteluista, lapsen tullessa koetuksi milloin oman lapsuuden pelottavana äitinä, milloin taas likaisena ja pahana lapsuudenaikaisena itsenä. Yhtä kaikki rakkauden ja empatiakyvyn puute johtaa tilanteeseen, jossa kasvatuskäytännöt jatkuvat saman kaltaisina sukupolvelta toiselle.

Voimme havainnollistaa psykogeenistä historianteoriaa ajattelemalla esimerkiksi sodankäynnin luonnetta. Sotaa pidetään toisinaan rationaalisena toimintana. Varmaa on ainakin se, että sotaa perustellaan usein argumentein, jotka pyrkivät tiettyyn rationalisuuteen. Kuitenkin tämä rationaalisuuden tunne on vain seurausta siitä, että nämä perustelut osuvat yhteen suurten ihmismassojen jo varhain vääristyneen ymmärryksen kanssa. Niistä joilla on ollut onni kokea parempi lapsuus, ne kuulostavat sitä vastoin lapsellisilta ja järjettömiltä.

Totesimme Marxin edellä selittäneen kulttuurin pintarakenteen vain taloudellisen perustan ilmaukseksi. Psykogeenisen historianteorian näkökulmasta tämä pintarakenne on yhtä lailla heijastumaa jostain syvemmästä, mutta tällä kertaa juuri vallitsevasta kasvatusperinteestä. Esimerkiksi poliitikkojen perustellessa sotaan lähtöä tai vähäosaisiin kohdistuvia leikkauksia ihmismassat eivät reagoi niihin enää järjellään vaan tunteillaan. Ja koska nämä tunteet ovat sekoitus varhaislapsuuden traumoja ja sisäisten turvallisuusoperaatioiden ilmentymiä, johtavat ne usein varsin epätoivottaviin tekoihin.

Tästä kaikesta deMause johtaa edelleenkin eräitä, tässä yhteydessä huomionarvoisia johtopäätöksiä. Kun deMause väittää kasvatuksen jatkumoa ainoaksi todella merkitseväksi historialliseksi muuttujaksi, hän todella tarkoittaa tätä kirjaimellisestikin. Esimerkiksi talouselämä tai muut yhteiskunnalliset ilmiöt tulevat määritellyiksi vain kansakunnan emotionaalisen, aaltoilevan sielunelämän heijastumiksi. Talouden nousu- tai laskukaudet ovat vain psykologisten kehityskausien, eivät suinkaan talouden sisäisten tekijöiden heijastumia.

Voinemme havainnollistaa edellä mainittua yksittäisen esimerkin avulla. Otan tässä yksinkertaisuuden vuoksi esille juutalaisvainot. Natsit aloittivat juutalaisten tuhoamisen Itä-Euroopasta. Aluksi menetelmät olivat melko perinteisiä. Satoja tai tuhansia juutalaisia kerättiin yhteen suuren kuopan äärelle, heidät teloitettiin ampumalla, vieritettiin kuoppaan ja peiteltiin. Kysymys oli siis melko tavanomaisesta joukkomurhatekniikasta, jos kohta aivan ennennäkemättömiin mittasuhteisiin vietynä. Menetelmän suhteen esiintyi toisin joitakin ongelmia aina teloittajien psyykkisestä oireilusta mätänevien ruumiiden toisinaan aiheuttamiin hajuhaittoihin.

Suunnitelman seuraavassa vaiheessa alkoi keskitysleirien rakentaminen. Suuri joukko juutalaisia kerättiin nyt tarkasti rajatulle alueelle, jossa heitä pidettiin äärimmäisessä nälässä ja muutoinkin kurjissa olosuhteissa. Teloitukset tapahtuivat lähinnä kahdella eri tapaa, toisaalta kaasukammioilla, joissa murhavälineenä käytettiin aluksi parakkien tuholaistorjuntaan käytettyä kaasua. Vähemmän tunnettuna menetelmänä on mainittava suoraan uhrien sydämeen annettu myrkkypistokset.

Erityisen pahamaineisia olivat natsien lääketieteelliset kokeilut. Lifton (1986) on kuitenkin korostanut, kuinka koko juutalaisvainojen perusidea oli lääketieteellinen. Hieman kuten syöpäkasvain pitää poistaa ruumiista, pitää juutalainen ali-ihminen poistaa saksan kansanruumiista. Myös käytännössä lääkäreillä oli suuri vastuu joukkomurhan toteuttamisessa: he erottelivat henkiin jätettävät tuhottavista, he huolehtivat lääkeruiskuilla teloittamisesta, yleensä johtivat koko järjestelmää.

Tässä vaiheessa on kysyttävä, mitkä syyt johtivat juutalaisten eristämiseen ja tuhoamiseen. Eräs vastaus olisi syyttää maailmankatsomusta, juutalaisia kun oli sorrettu ja hyljeksitty kautta historian. Kuitenkin se, että Hitlerin ja Goebbelsin äärimmilleen viemät tulkinnat kuulostivat saksalaisista uskottavilta, kertoo omaa kieltään heidän tunne-elämänsä vaurioista. Ja nämä vauriot taas olivat syntyneet heidän lapsuudessaan, traumojen siirtyessä kasvatuskäytäntöjen jatkumon kautta aina uudelle ja uudelle sukupolvelle pedagogisen jatkumon patologian ilmentymänä.

Alice Miller (1980), joka sittemmin on siirtynyt deMausen leiriin, on kuvannut menneiden aikojen kasvatuskäytäntöjä. Miller siteeraa runsaasti vanhoja saksalaisia kasvatusoppaita, joissa neuvotaan aivan suoraan nujertamaan lapsen tahto jo varhain. Kun omat lapsuudenkokemukset ovat ylittäneet kaiken sietokyvyn, laps joutuu vailla empaattista kuulijaa eristämään ne itsestään. Toisaalta samaiset merkityssisällöt pyrkivät siirtymään itsen ulkopuolelle – yleisesti halveksittujen ja vainottujen juutalaisten muodostaessa tässä yhteisesti hyväksytyn kohteen. Saman tapaisia tulkintoja esittää myös de-

Mause (2002, 184-) pitäessään saksalaista kasvatusperinnettä poikkeuksellisen julmana. Analysoidessaan vanhoja matkakuvauksia, päiväkirjoja ja muuta autenttista materiaalia deMause korostaa, kuinka julmana ja väkivaltaisena ulkomaalaiset vieraat kokivat saksalaisten tavan kohdalla lapsiaan. Herrakansan poikkeuksellinen julmuus vain heijasteli tätä kasvatusperinnettä – tai pedagogista taakkaa, kuten asia voitaisiin ilmaista.

Mutta niin oivaltava kuin tämä teoriaa onkin, syyllistyy myös se tiettyyn yksipuolisuuteen. Myös tässä historiallisille tapahtumille annetaan ainoastaan yksi selitys. Samalla mitätöidään kaikki muut – kuten vaikkapa historiallisen materialismin ajatus aineellisesta perustasta. Natsismin valtaannousua ja juutalaisvainoja edelsi tunnetusti ankara lama ja yhteiskunnallinen puute. Tämän lisäksi voidaan huomauttaa myös ensimmäisen maailmansodan vaikutuksesta. Loewenberg (1984) on kuvannut sodan vaikutuksia lasten elämään. Ensinnäkin nämä joutuivat kärsimään sekä isän poissaolosta että ravinnon jatkuvasta puutteesta – jo sisäloiset olivat sodan aikana huomattavan yleisiä. Ja kun isä vihdoin palasi rintamalta, oli tämä kuin muukalainen, postraumaattisesta stressioireyhtymästä kärsivä ihmisraunio. Loewenberg esittää näissä olosuhteissa kasvaneiden lasten muodostaneen hetkeä myöhemmin Hitlerin kiihkeimmän tukijoukon.

Tässä valossa deMausen ajatus siitä, että yhteiskunnalliset tai taloudelliset trendit olisivat palautettavissa yksin kasvatusperinteeseen, on jossain määrin yksipuolinen. Täysin perätön se ei ole – vaatiihan esimerkiksi kaupankäynti, vastakohtana ryöstelylle, suhteellisen alhaisen aggressiotason saavuttamista. Että esimerkiksi Stein (2008) on voinut esittää vuoden 2008 finanssiriisistä deMausen otaksumaa tukemia väittämiä, osoittaa yhteyden olevan olemassa, mutta on samalla myös todiste talousjärjestelmän sisäisestä epävakaudesta. Mutta kun kaupankäyntijärjestelmä ja sen monimutkaiset periaatteet on kerran luotu, voi itse todellisuuden hahmottaminen osoittautua perin vaikeaksi. Ja kun ilmiön olemus kasvaa ihmisen järkeä monimutkaisemmaksi, voi oikeiden vaikutuskeinojen löytäminen osoittautua perin vaativaksi.

Vieläpä on huomattava, että yhteiskunnallinen tekijä voi vaikuttaa pedagogiseen. Jos nyt aikuiset ihmiset joutuvat yhteiskunnassa

riittävän ahtaalle, aiheuttaa tämä stressiä, ärtymystä ja masennusta –
aina olosuhteista riippuen. Vaikeassa situaatiossa elävän voi olla tä-
ten vaikea eläytyä lapsensa tarpeisiin, vastaanottaa tämä kanssaih-
misten maailmaan asianmukaisella tavalla. Jos kohta deMause olet-
taa kasvatuksen historian kehittyneen vähitellen yhä edistyneempiä
tasoja, voi myös taantumista tapahtua. Ja eräänä tämän kaltaisen
taantumisen syynä on mainittava juuri yhteiskunnallinen ahdinko.

Yhteenvetoa ja johtopäätöksiä

Aloitin erottamalla toisistaan ilmiön pinnan ja sen olemuksen. Mitä
tulee historialliseen materialismiin, sen ansioksi on todettava juuri
historiallisten trendien (Popper 1957) taloudellinen tai yhteiskunnal-
lisen olemuksen löytäminen. Toisaalta sitä voidaan moittia yksipuoli-
suudesta, kyvyttömyydestä tunnistaa mitään muita tekijöitä. Uskoak-
seni niin sanotusti kommunististen yhteiskuntakokeiluiden epäonnis-
tumista voidaan syyttää osin juuri tätä tekijää. Mutta sama yksipuoli-
suus pitää paikkansa myös psykogeenisestä historianteoriasta. Sa-
malla kun se on onnistunut kuvaamaan suhteellisen uskottavasti his-
toriassa vaikuttavia psykososiaalisia voimia, se on osoittautunut jok-
seenkin sokeaksi taloudellisten tekijöiden vaikutukselle. Täten histo-
rian syvärakenteen tai kohtalon palauttaminen yhteen tai toiseen teki-
jään ei näytä toimivalta ratkaisulta.

On olemassa eräitä yrityksiä yhdistää toisiinsa marxilainen ja
psykologinen näkökulma sulauttamalla ne toisiinsa. Tästä esimerkki-
nä voidaan mainita Erich Fromm (1955). Teoriamalliansa humanisti-
seksi psykoanalyysiksi nimittävä Fromm lähtee liikkeelle filosofises-
ta antropologiasta tutuin teemoin, korostamalla ihmisen asemaa
maailmassa sekä hänen erityisluontoaan. Ihmiselle on tarjolla poh-
jimmiltaan kaksi tietä, luovuus tai tuhoavuus. Toisaalta Fromm va-
joaa tiettyyn latteuteen yrittäessään taistella tuhoavuutta tai itsemur-
hia vastaan uudistamalla työelämän omistus- ja hallintokäytäntöjä
anarkistisen mallin mukaisesti. On varsin todennäköistä, että mah-
dollisuus osallistua pienyrityksen päätöksentekoon tai harrastusker-

hoon ei edes kiinnostaisi suurinta osaa työntekijöistä. Tämä puhumattakaan siitä että marxilaisista virikkeistään huolimatta Fromm ei näytä ymmärtävän mitään talouselämän omalakisesta dynamiikasta.

Tilanteen ollessa tämä en oikeastaan voi muuta kuin erottaa ratkaisua, jossa erotetaan toisistaan kaksi olemustason jatkumoa: toisaalta *yhteiskunnallinen*, toisaalta taas *pedagoginen*, mukaillen tässä aiempaa, lähinnä luonnostasolle jäänyttä työtäni (Jokela 2013). Olettamukseni mukaan kyseisillä jatkumoilla on oma, sisäsinen dynamiikkansa, eikä niitä voida palauttaa toisiinsa. Yhteiskunnallisella kehityksellä on oma luonteensa, samoin kuin pedagogisella jatkumolla.

Toisaalta näiden jatkumoiden ominaislaadun korostaminen ei kuitenkaan merkitse sen kieltämistä, etteivätkö ne voisi tietyissä olosuhteissa *vaikuttaa* toisiinsa. Ajatelkaamme esimerkin vuoksi äärimmäistä yhteiskunnallista kurjuutta. Historian kuluessa on esiintynyt aikoja, jolloinka hyvinkin suuri osa väestöstä on ajautunut, yhteiskunnallisten tekijöiden paineesta, puutteeseen ja kurjuuteen. Voimme ajatella tässä yhtä hyvin maaorjuuteen perustuvaa keskiaikaista yhteiskuntaa kuin alkavaa kapitalistista yhteiskuntaa sellaisena kuin vaikkapa Marx sitä kuvasi. Tässä tapauksessa heikompaan osaan jääneiden ihmisten kyky tavoitella itselleen luontaisesti kuuluvaa hyvää. Heidän vapautensa toisin sanoen tuhoutui yhteiskunnallisen rattaiston puristuksissa.

Mutta tällä välittömällä pahalla on oletettavasti ollut myös toisenlaisia vaikutuksia. Jos näet vanhempien tehtävä on ottaa vastaan lapsi tähän maailmaan, johdattaa hänet kanssaihmisyyden kautta toteutuvan hyvän äärelle, vaikuttaa vähäinen vapaa-aika, aineellinen puute ja raskas työ yhdistyneenä puutteellisiin tai kokonaan puuttuviin sosiaali- ja terveyspalveluihin merkittävästi heidän kykyynsä onnistua tehtävässään. Mitä kurjempi on vanhempien situaatio, sitä heikommat ovat heidän mahdollisuutensa ylläpitää turvallista ja toivon täyttämää vastaanottomaailmaa. Tämä taas näkyy pedagogisen jatkumon vaurioina.

Sosiaalidarwinististen tulkintojen mukaan alemmat väestönosat oireilevat ja syrjäytyvät, koska he ovat geneettiseltä perimältään huonompia. Syytä voidaan kuitenkin etsiä myös siitä todellisuudesta, jossa heidän menneet esi-isänsä ovat eläneet. Kerran sattunut vaurio kun on, kasvatuksen kautta, taipuvainen myös periytymään sukupolvelta toiselle. Se mikä siirtyy sukupolvelta toiselle, koostuu paitsi geeneistä, myös dialogisen kanssakäymisen muotojen ja sen yksilökohtaisten edellytysten sekä niiden puutteiden kokonaisuudesta.

Toisaalta myös pedagoginen jatkumo voi vaikuttaa yhteiskunnalliseen. Tästä yksinkertaisena esimerkkinä voimme mainita erilaiset sodat ja vallankumoukset. Nämä historiaa voimakkaasti muokkaavat tapahtumasarjat heijastelevat paitsi vallitsevia yhteiskunnallisia olosuhteita, ollen osaltaan reaktioita yhä ahtaammaksi käyvään situaatioon, usein erittäin selvästi myös pedagogisen jatkumon vaurioita. Toisaalta myös demokratian mahdollisuus vaatii toteutuakseen tiettyä kehityksellistä minimitasoa. Elleivät näet eri osapuolet ole valmiita laskemaan aseitaan ja kuuntelemaan toisiaan, ei myöskään demokraattinen dialogi voi toteutua.

Mutta vaikutus voi olla myös hienovaraisempaa. Viittasimme edellä deMausen väitteeseen siitä, että myös yhteiskunnallinen jatkumo vain heijastelisi psykohistoriallisen kehityksen astetta, suhtautuen siihen varsin kielteisesti. Kuitenkin asiassa on tietty peränsä. Vaikkapa kaupankäynti ja pankkitoimi vaativat jo sinänsä suhteellista kunnioitusta ja luottamusta eri osapuolten välillä – vastakohtana omavaltaiselle ryöstelylle. Samalla on kuitenkin todettava, että mitä monimutkaisemmaksi alkunsa saanut talouselämä kehittyy, sitä itsenäisemmäksi se myös muodostuu.

Vuorovaikutus ja väkivalta

Ihmiselimistöä voidaan tarkastella itsenäisenä kokonaisuutena lähinnä anatomian näkökulmasta. Tällöin siitä voidaan erottaa tiettyjä elimiä, säännönmukaisesti toistuvia rakenteita ja niin edelleen. Mutta kun vain siirrytään anatomiasta fysiologiaan, joudutaan huomaamaan, että näiden elinten toiminta ja eloonjäänti vaatii muun muassa hapen, ravinteiden ja veden ottamista ulkomaailmasta. Yksikään elimistö ei voisi toimia muuta kuin sille sopivassa ympäristössä.

Huomattavan keskeisen osan inhimillisestä ympäristöstä muodostavat edelleenkin *toiset ihmiset*. Tämä tekee ihmisestä osaltaan myös kanssaihmisen. Vaikka en uskokaan asioiden olevan aivan yksinkertaisia, on toisaalta huomattava, että toisten ihmisten ja heidän yksilölle itselleen tarjoaman aseman vaikutukset ovat sinänsä täysin kiistämättömiä. Esimerkiksi yksilön elimistön ruumiillisten perustarpeiden tyydyttyminen voi jäädä epävarmaksi paitsi maantieteellisten olosuhteiden vuoksi myös siksi, että hän on ajautunut yhteiskunnallisen vainon, heikon terveydenhuollon tai muun vastaavan kaltaisen tekijän uhriksi. Yhteiskunta muistuttaakin Jumalaa siinä, että se sekä antaa että ottaa.

Heitettynä kanssaihmisyyden kentälle ihmiselle jää edelleenkin kaksi fundamentaalista vaihtoehtoa. Kysymys on, tässä käyttämääni käsitteistöä hyödyntäen, toisaalta *vuorovaikutuksen*, toisaalta *väki-*

vallan vaihtoehtoisista perusasetelmista. Aloittakaamme tarkastelumme ensiksimainitusta.[6]

Inhimillinen vuorovaikutus

Inhimilliselle vuorovaikutukselle on tyypillistä tietty yhteistyöhenkisyys, eri osapuolten pyrkiessä hakemaan omaa etuaan ei suinkaan toisilta riistäen vaan päin vastoin heidän kanssaan yhteistyössä toimien. Toista ei koeta viholliseksi vaan ystäväksi, vieläpä joksikin sinänsä merkitykselliseksi. Tie oman ja toisten hyvinvoinnin samaistumiseen voidaan löytää osaltaan yhteisistä motiiveista kuten kiintymyksestä, empatiasta ja inhimillisen kanssakäymisen tuottamasta mielihyvästä, mutta myös yhteistyön ilmeisten etujen ymmärtämisestä.

Hieman syvemmällä tasolla vuorovaikutus voidaan samaistaa tiettyyn *muutosalttiuteen* (Jokela 2016a). Ihminen on osaltaan jotain tiettyä, sekä lajityypillinen että yksilöllinen olento. Mutta samalla jokainen ihminen on osaltaan myös muuttuva, kehittyvä ja kasvava olento, niin että vaikka ihminen muutoksestaan huolimatta pysyykin samana, tulee hän joka hetki hieman erilaiseksi kuin mitä hän on siihen asti ollut. Jos ei fyysisten, niin kuitenkin persoonallisten ominaisuuksiensa, historiallisesti rakentuneiden ja rakentuvien motiiviensa osalta.

Tämän seurauksena täytyy myös sen kaltaisen sosiaalisen järjestelmän, joka kunnioittaa lähtökohtaisesti yksilöä ja tämän vapautta, olla oleellisesti muuttuva, kasvava ja kehittyvä. Tämä ei merkitse sinänsä holtittomuutta tai kaoottisuutta, vaan yksin sitä, että kun joku vuorovaikutuksen piiriin kuuluva kehityksensä myötä väistämättä muuttuu, olipa tämä sitten yksilö tai ryhmä, täytyy myös muiden kyetä vastaamaan tähän muutokseen.

---

6   Olen esittänyt analyysini inhimillisen vuorovaikutuksen eri muodoista toisaalla, erottaen toisistaan dialogin, yhteiskunnallisen toiminnan ja demokratian (Jokela 2016A). En lähde niitä tähän yhteyteen päivittämään.

Voimme ottaa esimerkin vaikkapa tavanomaisesta perhe-elämästä. Monissa perheissä tiettyjä kotitöitä jaetaan eri jäsenten kesken, niin että yksi hoitaa yhden, toinen toisen asian ja niin edelleen. Vaikkapa koiran ulkoilutus voi jäädä isän, tiskikoneen täyttö äidin harteille. Tilanne jossa kaikki ovat suhteellisen tyytyväisiä osaansa on ehkä saavutettavissa. Kuitenkin voi käydä niin, että oma osa voi jonkun kohdalla kasvaa liian suureksi. Jos esimerkiksi äiti, joka on tähän asti hoitanut suurimman osan kotitöistä aivan oma-aloitteisesti, alkaakin nyt harrastaa jotain aikaa vievää, tai jos hänen työnsä esimerkiksi uralla etenemisen vuoksi muuttuu vaativammaksi, hän saattaa alkaa esittää vaatimuksia työnjaon muuttamisesta. Tai jos sanokaamme jokin perheen lapsista lopettaa koulunsa ja ilmoittautuu työnhakijaksi, asuessaan vielä kotona, voi muu perhe alkaa vaatia häneltä enemmän. Tässä on kysymys yksinkertaisesti siitä, että mihinkään periaatteeseen ei sitouduta sen itsensä vuoksi, vaan että yksilötason tilanteen muutos otetaan huomioon myös muiden taholta.

Ihminen on jo luonnostaan *normeja* seuraava olento (Jokela 2016, 2014). Ne tarjoavat henkisen kasvun keskeisen välineen tai mittapuun. Tämän lisäksi ne tarjoavat arkielämän lukemattomiin tilanteisiin valmiita toimintamalleja, niin että vaikkapa tuttavia tervehtiessä tai kaupassa asioidessa ei tarvitse aina pohtia erikseen tilanteeseen sopivaa toimintamallia. Osaltaan juuri tästä johtuen normeilla on myös tietty kanssakäymistä vakauttava taipumus.

Ei pidä luulla, että normit olisivat sinänsä pahasta, päinvastoin ne helpottavat monellakin tapaa inhimillistä vuorovaikutusta. Voidaanpa jopa todeta koko inhimillisen yhteiskunnan perustuvan lopulta yleisesti hyväksyttyjen normien varaan. Voi kuitenkin käydä niin, että joko jokin yksilö tai koko vuorovaikutuskenttä muuttuu aina siinä määrin, että normien muuttaminen tulee tarpeelliseksi. Tämä ei merkitse sinänsä kaaosta, päinvastoin on hyvä olla olemassa myös tiettyä muutosvastustusta sekasorron välttämiseksi. Tietyissä tilanteissa olemassa olevista kaavoista on kuitenkin tarpeen myös joustaa, asettaen tutut käytännöt kyseenalaisiksi. Koska näet ihminen on muutoksenalainen olento, ei kerran toimivan voi odottaa toimivan ikuisesti.

Ei pidä ymmärtää etteikö vuorovaikutustilanteessa esiintyisi *ris-
tiriitoja*. Päin vastoin niitä herää aina missä vain on ihmisiä. Edes
perheyksikön tai toveripiirin edut eivät ole useinkaan täysin saumat-
tomasti sovitettavissa, puhumattakaan kokonaisista yhteiskunnista.
Vuorovaikutustilanteelle on kuitenkin tyypillistä, että tämän kaltaiset
ristiriidat pystytään myös ratkaisemaan. Jos muutoksen täytyy tapah-
tua, tapahtuu se usein juuri ristiriidan kautta. Tässä tapauksessa risti-
riitaa ei esimerkiksi lakaista maton alle tai tukahduteta voimakeinoin,
vaan sen sallitaan tulla esiin sen kaltaisena kuin se on. Vielä on huo-
mautettava jo avoimen tunneilmaisun myönteisestä merkityksestä.
Vaikka sen tai tuon tahon esittämä valitus ei menisikään lävitse, joh-
taisi vallitsevan järjestyksen muuttumiseen, voi toisaalta jo itse vas-
talauseen esittäminen muodostua eksistentiaalista kasvua edistäväksi
kokemukseksi.

Vuorovaikutusta voitaisiin kaiken edellisen perusteella luonneh-
tia edelleenkin *ennakoimattomaksi*. On vielä mahdollista tietää, mis-
sä ollaan nyt. Asioita on mahdollista suunnitella ja pohtia etukäteen.
Kuitenkin se, mihinkä suuntaan tilanne on kehittymässä pidemmällä
aikavälillä, on täysin ennustamattomissa. Jos näet kaikki perustuu
siihen, millä tavoin tilanteeseen osallistuvat yksilöt tulevat kehitty-
mään, täytyy päätöksenteon perustua, ei suinkaan ennalta lukkoon
lyötyihin abstrakteihin periaatteisiin vaan kulloiseenkin tilanteeseen.
Tällöin haasteeksi muodostuu jatkuva uudistuminen, voisi sanoa jopa
kyky heittäytyä osaksi jotain sen kaltaista, jonka tulevaisuudesta ei
ole vielä mitään erityistä tietoa. Niin vaaralliselta kun tämä voi kuu-
lostaakin, ei itse vuorovaikutusta voi hallita tai ohjata edeltä käsin.
On vain osattava heittäytyä mukaan ja otettava tilanne kerrallaan.[7]

Vuorovaikutustilanteessa erittäin keskeiseksi tekijäksi nousee
edelleenkin *kommunikaatio*. Tarkoitan tällä prosessia, jossa vuoro-
vaikutukseen ajautuneet ihmiset jakavat ajatuksia keskenään, vasta-
ten osaltaan toistensa näkemyksiin ja niitä heijasteleviin, myös aiem-
piin kokemuksiin. Tietysti vuorovaikutus on jo sellaisenaan erään-
laista dialogia, mutta kielellisen kommunikaation mahdollisuus tukee
tätä tätä entisestään. Jos yksilö ottaa esimerkiksi teoissaan huomioon

---

7   Vrt. Siirala (1981).

sen, että toinen näyttää ahdistuvan tai pelästyvän hänen lähestymisyrityksiään, mahdollistaa sanallinen kommunikaatio asian syiden tiedustelemisen ja sitä koskevien mahdollisten väärinkäsitysten selventämisen ja niin edelleen. Mahdollisesti toinen voi antaa käyttäytymiselleen syyn joka selvittää kerralla koko asian, vaikkapa kertomalla että hän sairastaa viruksen aiheuttamaa vatsatautia eikä tahdo tartuttaa sitä muihin.

On huomattava tämän kaltaisen toiminnan lisäävän elämämme mahdollisuuksia huomattavasti. Näin ensinnäkin siksi, että se mahdollistaa hankitun tiedon välittämisen toiselle. Joka tietää jostain enemmän, voi näin välittää tietonsa toiselle, vaikkapa varoittaa tätä katolta tippuvasta jäästä tai jakaa automekaanikon taitojaan. Lausuttu tai kirjoitettu viesti muuttaa osaltaan sitä tapaa, jolla maailma sen kohteelle nyt ilmenee. Näin jo moni sen kaltainen asia, mikä muutoin täytyisi keksiä kerran toisensa jälkeen omin voimin, voi tulla opituksi toiselta. On vain selvää, että suuri osa inhimillisistä taidoista välittyy yksilöltä toiselle juuri täten.

Ei pidä myöskään vähätellä neuvottelun merkitystä edellä mainittujen ristiriitojen ratkaisumenetelmänä. Jos esimerkiksi herää jokin ongelmatilanne, jossa ei osata toimia johdonmukaisesti, tai joka herättää eriäviä mielipiteitä, voi keskustelu auttaa yhteisymmärryksen rakentamisessa. On vain ilmeistä, että moni niistä asioista, joita me ihmiset teemme, vaatii useamman kuin yhden hengen yhteistyötä, tämän toteutuessa parhaiten juuri kommunikaation kautta. Ilman toimivaa viestintäyhteyttä eri osapuolten välillä koko yhteiskuntajärjestelmämme romahtaisi täysin sujuvasti.

On huomattava myös kommunikaation ja mielenterveyden välinen yhteys. Omat motiivit tulevat käsitellyiksi paitsi noudattamalla niiden kutsua välittömästi, myös pohtimalla niitä ja keskustelemalla niistä: vaihdetut sanat ja lauseet sitovat yksilöitä toisiinsa. Aivan ilmeisesti tällä on osaltaan yksilön hyvinvointia edesauttava vaikutus. Kuten psykiatri Harry Stack Sullivan (1953) onkin todennut, kommunikaation häiriintyminen on tyypillistä juuri mielenterveyden häiriöille. Voitaneen arvella, että kommunikaatio edistää traumaattisten kokemusten läpikäymistä, keskeytyneiden dynaamisten esitajuisten prosessien voidessa käydä näin loppuunsa. Sullivanin mukaan liian suureksi kasvanut ahdistus uhkaa vastaavasti kommunikaaziota ja tätä myötä myös kcettujen vastoinkäymisten käsittelyä.

Esitetyn ilmaisun läpimenemiselle on olemassa kuitenkin useita eri esteitä. Aivan ensimmäiseksi on mainittava *ilmaisematta jäämi-nen*. Sen tai tämän motiivin tyydyttämättä jäämisen tai sen tyydyztä-misen häpeällisyyden pelko, voi estää viestin lähettämisen. Cma itse on ehkä tullut loukatuksi ja satutetuksi vaikealla tavalla, mistä johtuen hiljaa oleminen näyttää helpoimmalta vaihtoehdolta. Toiselle avautuminen merkitsee täten samalla sekä osin ehkä kielletyrkin kokemuksen aktualisoitumista kipeällä tavalla että toisaalta kaikkein haavoittuvimman puolen paljastamista tämän mahdolliselle vihamielisyydelle. Voimme ajatella esimerkiksi homouden tai mielenterveydellisen ongelman peittelemistä, sen paljastumisen johtaessa vallitsevan normijärjestelmän seurauksena leimautumiseen.[8]

Toisena on mainittava *älylliset esteet*. Aikamme yhteiskunnassa on olemassa moitteetonta tietoa eri asioista mitä runsaimmassa määrin Kuitenkin niiden välittämisen tielle tulee usein eräs perin inhimillinen ongelma, nimittäin toisen osapuolen älyllinen harjaantumattomuus tai heikko tietopohja. Ajatelkaamme vaikkapa kasvatustieteellistä, empiiriseen tutkimustoimintaan perustuvaa tietoa. Kuitenkin on runsain mitoin isiä ja äitejä, jotka nauravat päin kasvatustieteilijöiden ja ammattikasvattajien parasta tietoa. Paitsi muista tekijöistä, kuten pedagogista jatkumoa edustavien tekijöiden vaikutuksesta, kyse on suurelta osin myös yksin aivan siitä älyllisestä ja tiedollisesta kuilusta, joka vallitsee viestin lähettäjän ja vastaanottajan välillä.[9]

Kolmanneksi on mainittava vielä *situaatioiden yksilölliset erot*. Voi esimerkiksi olla, että viestin lähettäjä on ajautunut konkurssiin ja velkaloukkuun, menettäen samalla asuntonsa. Myös hänen puolisonsa on joutunut työttömäksi, vailla toivoa uuden löytämisestä. Jos nyt

---

8 Voidakseen nousta leimautumisen yläpuolelle vähemmistöön kuuluvan on noustava usein ympäristöään ylemmäs – siis normien tasolta arvojen tasolle.

9 Viestin lähettäjän vaihtoehdoksi jäävät tässä toisaalta akateeminen, mutta käsittämättömäksi jäävä puhe – toisaalta taas asian popularisointi, mikä taas johtaa helposti sen ytimen hukkaantumiseen.

tämän kaltaiseen situaatioon joutunut esittää yhteiskunnan olevan perin epäoikeudenmukainen, tai parhaimmillaankin julma ja vaarallinen elinympäristö, ei tämä viesti tule kovinkaan helposti ymmärretyksi sellaisen taholta, jolla on hyvä työ, asunto ja onnellinen perheelämä. Vastaavankaltaisia esimerkkejä voisi etsiä useampiakin, pohtia vaikkapa yksinäisen ihmisen suhdetta perheelliseen.

Ihminen on ajatellessaan ja viestiessään pohjimmiltaan ihminen, siis tiettyjen peruslähtökohtien alainen olento. Samalla on kuitenkin huomattava, että käytännössä yksikään ihminen ei lähettele toisille ilmauksia millään abstraktilla ja teoreettisella tasolla, vaan päin vastoin keskellä inhimillistä elämää. Sekä viestin lähettäjä että vastaanottaja ovat molemmat ihmisiä, jotka ovat kietoutuneet myös ymmärryksensä osalta omaan elämäänsä. Mitä lähempänä ne ovat toisiaan, sitä helpommin kommunikaatioyhteys toimii, sisältöjen etäisyyden sitä vastoin vaikeuttaessa yhteisymmärryksen löytymistä. Kommunikaatio tapahtuu aina keskellä elämää, mahdollisesti esiintyvän abstraktis-objektiivisen teoreettisen viestinnän tultua senkin mahdolliseksi vain tietyn yhteiskunnallisen asetelman myötä.

Kommunikaation neljäntenä esteenä on mainittava *välittömän ymmärryksen*, erityisesti kuitenkin juuri sen häiriöiden vaikutus. Olettakaamme tilanne, jossa merkityksiä koskevassa ymmärryksessä tapahtuu tiettyjä häiriötä. Esimerkiksi niin, että yksilö kokee suurta pelkoa aina nähdessään koiran. Ylitsevuotava kauhu vain valtaa hänet, johtaen lopulta täydelliseen paniikkiin. Tämän kaltaiselle yksilölle on mahdotonta ilmoittaa, että kyseinen koira ei ole vihainen, mutta tuloksetta. Tai jos hän kykeneekin käsittämään asian tietoisella tasolla, ei hän toisaalta voi mitään itseään hallussa pitävälle kauhulle. Kuten ajattelu, voi myös kommunikaatio rakentua lopultakin vain välittömän ymmärryksen, mukaanlukien emotionaalisen intuition varaan. Asian muuttamiseksi on käsiteltävä itse ongelmaa, ei suinkaan sitä heijastelevaa ajattelutoimintaa.

Ei ole olemassa ihmistä joka ei olisi ymmärrettävissä ja joka ei voisi ymmärtää toista ainakin periaatteellisella tasolla. Kuitenkin on syytä muistaa myös kommunikaation rajat. Sille jolle annettu, sinänsä ehkä täysin asianmukainen viesti ei syystä tai toisesta avaudu, se jää yksinkertaisesti täysin käsittämättömäksi, kuten ymmärtämättä

jäänyt salakielinen sanoma. Tässä tapauksessa koodiavaimen muo-
dostaisi juuri mielekkäästi rakentunut tunne-elämä. Tässä tilanteessa
on sinänsä täysin hedelmätöntä syyttää tätä toista. Että hän ei kykene
tarkoitettua ymmärtämään ja sisäistämään, ei johdu niinkään hänen
tahdostaan kuin asiaintilasta, jolle hän ei itse voi mitään.

Väkivalta yleensä

Mitä tulee *väkivaltaan*, se voitaisiin määritellä vuorovaikutuksen
ylösalaisin kääntyneeksi muodoksi, tilanteeksi jossa ristiriidat jäävät
ratkaisematta ja kärjistyvät äärimmilleen. Siinä ihmiset eivät enää
toimi yhdessä toistensa kanssa, vaan päinvastoin toisiaan vastaan.
Joustavuus ja toisten huomioiminen korvautuvat ennakkoluuloilla,
eristäytymisellä, erilaisella yksilöiden ja väestöryhmien välisellä
eronteoilla sekä lopulta oman hyvinvoinnin edellytysten ajamisella
pakkokeinoin.

Väkivalta tuo jo sanana mieleen helpostikin saksalaisen natsis-
min. Ankaran yhteiskunnallisen kurin, juutalaisten ja toisinajattelijoi-
den vainoamisen, vähemmistöryhmien liikkeiden tuhoamisen, kuu-
lustelemisen ja pahoinpitelyn, lopulta pahamaineiset keskitysleirit.
Toiminnan lähtökohdaksi ei otettu yksilön hyvinvointia ja kehitystä
vaan päinvastoin jo tiettyjen yksilöiden ja ihmisryhmien olemassaolo
luokiteltiin kielteiseksi, lopulta jopa sietämättömäksi tosiasiaksi. Voi-
makas sensuuri piti huolta siitä, että virallisesta linjasta eroavia mie-
lipiteitä ei kuultu, tämän johtaessa normaalin kommunikaation luhis-
tumiseen. Kysymyksessä oli siis äärimmäinen muoto väkivaltaa, ti-
lanne jossa kokonainen yhteiskunta ajautui suoranaisen tuhoavuuden
valtaan. Vaikka vallitseva järjestys ei epäilemättä vastannutkaan kaik-
kien mielipidettä, saatto toisaalta väkivaltainen taho valtaan päästes-
sään järjestää koko yhteiskunnan tarkoitusperiensä mukaisesti

Perin toisenlaisia väkivaltatilanteita ovat kuvanneet esimerkiksi
R. D. Laing ja Aaron Esterson tutkiessaan skitsofreniapotilaiden per-
heitä (Laing & Esterson 1964, Esterson 1972). Jos kohta suoranaista
fyysistäkin väkivaltaa esiintyi sitäkin, olivat huomattavasti tyypilli-

sempiä asetelmat, joissa kasvava yksilö oli ajettu henkiseen kuristusotteeseen, sidottu tiukasti sekä vanhempiinsa että näiden ylläpitämään järjestykseen, joka kerta kaikkiaan esti itseksi tulemisen. Kun yksilö kerran toisensa jälkeen kohtaa tilanteita, joissa hänen kasvuyrityksensä tehdään tyhjiksi, ja joista niissä jopa rangaistaan, alkaa maailma näyttää perin onnettomalta paikalta kasaa. Martti Siiralan (1961) kielenkäyttöä mukaillen tulevalle potilaalle ei tarjota paikkaa siinä sosiaalisessa maailmassa, jonka osaksi hänen pitäisi parhaillaan olla kasvamassa. Seurauksena on mittavaa kärsimystä ja rampautumista, syrjäytyminen siitä hyvästä, jonka oman itsen toteuttaminen suhteessa toisiin voisi mahdollistaa.[10]

Voidaan mainita myös tyttöjen kiusaaminen pilaamalla heidän seksuaalinen maineensa. Saarikoski (2001) kuvaa, kuinka tyttöjä huoritellaan, leimataan jakorasioiksi, jotka antavat kenelle tahansa. Maineen mustaamisen syyksi saattaa riittää todellinen seksuaalinen aktiivisuus, mutta aivan yhtä hyvin esimerkiksi uhrin vaatteiden värikkyys tai yleinen epäsuosio viiteryhmässä. Toisaalta myös seksuaalisesti estynyt saattaa saada huoran arvonimen, jos ei muutoin niin pihtarihuoran. Myös tämän ilmiön väkivaltaulottuvuus on mitä ilmeisin. On olemassa epäsymmetrinen tilanne, jossa hallitseva enemmistö loukkaa kerran toisensa perään uhriaan, pyrkien parhaansa mukaan leimaamaan tämän itsetunnon jatkuvilla nöyryytyksillään. Mitään empatiaa uhria kohtaan ei tunneta, tämän toimiessa lähinnä syntipukkina. Ja jos itsellä ei olekaan muuta tosiasiallista motiivia huoritteluun, voi sellaiseksi muodostua jo yritys turvata oma selusta, välttyä itse joutumasta huorittelun tai muun kiusanteon syntipukiksi.

---

10 Huomautettakoon että skitsofrenian alkuperää on etsitty myös aivan varhaislapsuuden epäonnisista tapahtumista (esim. Volkan 1995). Myöskään perimän ja muiden biologisten tekijöiden merkitystä sairastumisessa ei voida kiistää. Mitä tulee edelliseen tekijään, sairauden psykososiaalisen alkuperän ajoittamiseen, lienee luontevinta ajatella yksilön kehitystä jatkumona, joka on saanut alkunsa jo varhain mutta jonka myöhemmät vuodet vain sinetöivät. Tämä tulee lähelle esimerkiksi Guidanon (1991, 35-) hyödyntämää kehityspolun käsitettä.

Osaltaan väkivalta saattaa ilmetä muuttumattomana. Viittasimme edellä ihmisen jatkuvaan muutosalttiuteen ja sen tarpeeseen tulla huomioiduksi elävässä vuorovaikutustilanteessa. Tämän kaltaisen väkivallan kohdalla esiintyvä muutospaine jää huomiotta, tiettyjen vakiintuneiden käytäntöjen jatkaessa omaa elämäänsä muuttumattomana vuodesta toiseen. Ne normit, jotka on kerran asetettu, ymmärretään ikään kuin itsetarkoitukseksi, yksilön motivaatio ja hänen vapautensa tullessa arvioiduksi vähemmän tärkeäksi sivuseikaksi. Seurauksena tästä kaikesta voi kuitenkin syntyä vähitellen kasvava tyytymättömyys ja muutospaine. Samalla kun jännite saattaa kehittyä pitkäänkin piilevänä, se saattaa purkautua äkillisenä väkivaltaisuutena. Elämälle vierasta muuttumattomuutta ylläpitävät tahot eivät tätä kuitenkaan halua myöntää, tai ainakaan paljastaa sitä julkisen kommunikaation aiheeksi. Näinpä ne ovat pikemminkin halukkaita tukahduttamaan kaiken kapinahengen näköjään kaikkea järjestelmällisyyttä uhkaavana harhaoppisena tai taantumuksellisena toisinajatteluna.

Tällä tavoin väkivaltaisia olivat vaikkapa Itä-Euroopan entiset kommunistiset maat. Yhteiskunnan koko rakenne ja toiminta oli julkiselta taholta pitkälti säädelty. Toki ei tämä ollut yksin pahakaan asia, mistä esimerkkeinä voidaan mainita korkea työllisyysaste ja toimiva julkinen liikenne. Toisaalta monet tunsivat tilanteessa olonsa perin tukalaksi. Niistä harvoista, jotka huolimatta kaikista uhkakuvista uskaltautuivat esittämään protestinsa, tuli varsin nopeasti salaisen poliisin valvonnan, kidutuksen, vankeuden ja mielisairaalaan sulkemisen uhreja. Tämän kaltaiselle tilanteelle on tyypillistä juuri kaiken vuorovaikutukselle tyypillisen muutosalttiuden ja luovan kommunikaation täydellinen puuttuminen. Seurauksena monen kohdalla oli, jos ei nyt fyysinen puute, niin toisaalta varsinaisten arvojen ja niiden toteuttamiseen pyrkivien aikomusten jatkuva tukahduttaminen sekä tästä seuraava ahdistus.

Väkivallan muodot

Edellinen analyysimme on ollut vielä perin yleisluontoinen. Tämän lisäksi on edelleenkin mahdollista erotella useita eri väkivallan muotoja. Käsittelen seuraavassa rakenteellista, tuhoavaa ja reaktiivista väkivaltaa.

RAKENTEELLINEN VÄKIVALTA

Rakenteellisessa väkivallassa on kysymys siitä, että se inhimillinen yhteiskunta, jonka keskellä me elämme, on muodostunut sen kaltaiseksi, että sen piirissä on oikeastaan mahdollista toimia mielekkäällä tavalla. Yksilö voi kylläkin noudattaa yleisesti hyväksyttyjä normeja, mutta kuitenkin tuottaa tai tukea samalla sen kaltaista yhteiskunnallista todellisuutta, joka on kääntynyt joko hänen omaansa tai sen muiden jäsenten vapautta vastaan. Joku tulee lyödyksi, vaikka kukaan ei oikeastaan lyökään ketään. Sille, joka näkee tarpeelliseksi nousta itseään ympäröivää yhteiskuntajärjestystä vastaan, käy usein perin huonosti, parhaimmillaankin hänen pyrkimyksensä tulevat torjutuiksi niin talouden, politiikan kuin aivan arkisen elämänkin taholla.

Ajatelkaamme nyt oman aikamme yhteiskuntaa. Esimerkiksi työttömäksi joutuminen uhkaa nyt jo ennen olonsa turvalliseksi kokenutta keskiluokkaa, sen toteutumisen merkitessä sekä elämänlaadun laskua, mahdollisesti jopa koko elämän aikana hankitun omaisuuden menettämistä, että toisaalta ajautumista yleisesti hyväksyttyjä normeja rikkovaan ja täten usein myös häpeälliseksi koettuun tilanteeseen. Toisaalta jo pelkkä epävarmuus asian suhteen voi koetella yksilön hyvinvointia. Unohtaa ei pidä myöskään nykyaikaisen työelämän usein kovaa ja säälimätöntä luonnetta, viimeisten viidentoista vuoden aikana tapahtuneen tehostamisen merkitessä monesti vain sitä, että samaa tehtävää hoitaa nyt vain entistä vähäisempi määrä työntekijöitä. Siltalan (2005) mukaan jo se, että työtahti ei anna aikaa hoitaa työtehtäviä kunnolla, voi aiheuttaa väsymystä ja itsesyytöksiä. Kaiken huipuksi ei ole edes ketään ketä syyttää – vannovathan poliitikot yhteen ääneen, että kysymys on vain lamakauden vaatimista sopeuttamistoimenpiteistä.

Tai ajatelkaamme luonnon tuhoutumista elämäntapamme johdonmukaisena seurauksen. Rajaton kasvu, jonka nykyaikainen kapitalismi on ottanut lähtökohdakseen, sopeutuu vain perin huonosti rajalliselle planeetalle. Me saatamme kuulla uutisista ilmaston lämpenemisestä, tulvista ja hirmumyrskyistä, viljelysmaiden aavikoitumisesta, tankkerionnettomuuksien aiheuttamista öljyvahingoista, tonnikalan ja lukuisien muiden eläinlajien ajautumisesta sukupuuton partaalle ja niin edelleen. Tässä on kysymys jostain sen kaltaisesta, joka aivan ilmeisestikin näyttää uhkaavan koko ihmiskunnan hyvinvointia, jopa tulevaisuutta. Kuitenkin juuri me itse tulemme osaltaan tukeneeksi tätä kaikkea noudattaessamme länsimaista elämäntapaa – käydessämme töissä, autoillessamme, matkustaessamme ulkomaanlomalle, ylipäätään tuottaessamme ja kuluttaessamme.

Tässä yhteydessä on otettava ilmiöön *reifikaation eli esineistymisen* ilmiö, josta jo Marx (1867) oli pitkälle tietoinen. Yhteiskunta on sellaisenaan lopultakin ihmisen tuotosta. Aivan ilmeisestikään ei voisi olla yhteiskuntaa ilman ihmistä – esimerkiksi tavarat eivät voi vaihtaa itse itseään markkinoilla vaan yksin ihmisen avustuksella. Niin ikään voidaan esittää olettamus siitä, että tämä tiettyjen normien vaaraan rakentunut yhteiskunta on rakennettu palvelemaan juuri ihmistä itseään. Toisaalta kerran rakennetulla yhteiskuntaprosessilla on kuitenkin taipumus ikään kuin itsenäistyä, sen alkaessa elää aivan omaa elämäänsä, ilman että sen jäsenet voivat siihen enää vaikuttaa. Näinpä esimerkiksi lamakaudet ja niihin liittyvät työttömyys, yleensäkin taloudellinen epävarmuus, eivät synny enää kenenkään tietoisen valinnan vaan omia ratojaan kulkevan taloudellisen koneiston seurauksena. Näin ihmisen oma tuotos on noussut hallitsemaan hänen omaa elämäänsä, tuottaen köyhyyttä, epävarmuutta ja luonnonongelmia.

Mitään ennalta annettua kohtaloa tässä ei tietysti ole. Mutta kun nykyhetki voi rakentua vain menneisyyden varaan, yhden vaihtoehdon toteutuminen paitsi avaa joukon uusia, myös sulkee pois joukon toisia. Esimerkiksi kerran säädetty laki voi osoittautua myöhemmin rasitteeksi, yhdistettynä toisiin normeihin, kuitenkin niinä että kokonaisrakenteen uusiminen saattaa osoittautua hyvin hankalaksi. Kysymys on ikään kuin itse tuotetusta, osin tiedostamattomasti rakennetusta, osin sattumalta muodostuneesta kohtalosta.

Tässä suhteessa myös *demokraattinen instituutio* on ajautunut melkoisiin ongelmiin. Nostaisin demokratian ytimeksi juuri avoimen ja dialogisen, lukuisiin eri suuntiin toteutuvan kommunikaation, vastakohtana eri osapuolten itsetarkoitukselliselle oman edun ajamiselle. Pelkkä äänestyskäyttäytyminen muodostaa vain osan demokraattista prosessia, sillä voidaanhan sen kautta tehdä vähemmistön kannalta mitä onnettomampia päätöksiä. Mutta vaikka nykyisin tätä ihannetta ei useinkaan saavuteta, eri osapuolten pyrkiessä lähinnä moittimaan toisiaan ja korostamaan omaa erinomaisuuttaan, muodostaa demokraattisen päätöksenteon suurimman esteen juuri yhteiskunnallisen jatkumon itsenäistyminen. Näinpä esimerkiksi työttömyyden torjunta tai julkisten palveluiden ylläpitäminen voi osoittautua mahdottomaksi, talouselämän kasvottomien voimien säädellessä päätöksenteon rajat.

TUHOAVA VÄKIVALTA
Tuhoavassa väkivallassa on kysymys aktiivisesta, toiseen ihmiseen vahingoittamistarkoituksessa kohdistetusta väkivallanteosta kuten julmasta työpaikalla tai koulussa tapahtuvasta henkisestä kiusaamisesta, tai toisaalta suoranaisesta ruumiillisesta hyökkäyksestä aina perheväkivallasta keskitysleireihin. Kysymys on siitä, että yksi tai useampi ihminen hyökkää toisen tai useamman ihmisen kimppuun epäasianmukaisin syin.[11] Eräissä tapauksessa väkivaltatilanne saattaa jäädä yksisuuntaiseksi, sen kohdistuessa yhdestä tahosta toiseen. Toisaalta tilanne voi kehittyä konfliktiksi, jossa kumpikin osapuoli pyrkii parhaansa mukaan voittamaan tai tuhoamaan toisen. Edellisestä esimerkkinä voidaan mainita natsien juutalaisvainot, jälkimmäisestä Israelin ja Palestiinan itseään ruokkiva konflikti. Yhtä kaikki tuhoa-

---

11 Tosin on huomattava, että oman teon epäasianmukaisuutta ei useinkaan myönnetä. Joko oman teon virheellisiä ei itsekään tiedosteta tai sitten ne peitetään tietoisesti – mistä esimerkkinä mainittakoon vaikkapa Mainilan laukaukset.

van väkivallan seuraukset ovat yksiselitteisen tuhoisia, ainakir mikäli niitä arvioidaan yksilön hyvinvoinnin näkökulmasta.

Tuhoava väkivalta voi esiintyä yksittäisenä tapauksena. Kysymys voi olla juuri siitä tai tästä ihmisyksilöstä, joka juuri tiet/llä tavalla vahingoittaa :oisia. Puhumme satunnaisesta raiskauksesta ta: perheväkivallan tapauksesta, joita psykohistorian kuvaamat :yhmäfantasiat sitovat toisiinsa. Toisaalta tuhoava väkivalta voi jäsen:yä suuremmaksi liikkeeksi, jopa miljoonien ihmisten harjoittamaksi kokonaisvaltaiseksi tuhoamisprosessiksi. Ääripäässään voimme ajatella kulttuurillemme tyypillisten vähemmistöryhmien vainoja aina keskiajan kataarien, juutalaisten ja noidiksi epäiltyjen murista natsien keskitysleireihin. Tällöin juuri toiminnan tehokas organisointi tekee siitä poikkeuksellisen tuhoisan. Samalla jopa jälkimmäisessä tapauksessa tuhoavalle väkivallalle on tyypillistä sen yksilölähtöisyys. Myös joukkomuotoisen tuhoavuuden kehityksen taustalta voidaan löytää juuri yksilötason tuhoavuus, halu tai tarve aggressiiviseen, vahingoittavaan ja tuhoavaan käyttäytymiseen. Vaikka väkivalta myöhemmin olisikin institutionalisoitunut, ei asialle omistautunutta joukkoa olisi alun perin muodostunutkaan.

Monesti tuhoavuuden lähtökohtana toimii jokin sinänsä olemassaoleva ristiriita, joka aiheuttaa ehkä aiheellistakin huolta ja pohdintaa. Normaalisti tässä tilanteessa juuri toivon ja luottamuksen perspektiivi, vakaumus tilanteessa piilevien vaihtoehtojen olemassaoloon, voi antaa vo:maa tilanteen ja tai trendin omaksumiseksi ja ratkaisemiseksi. Siinä missä jokin alkava konflikti ilmenee sen kaltaisena, että se myös on ratkaistavissa vuorovaikutuksen ja komm_nikaationkeinoin, johtaa tämä vain luontevasti myös tätä tukeviin toimenpiteisiin. Tyypillisessä väkivaltatilanteessa tämä asetelma kääntyy sen sijaan päinvastaiseksi. Vaikka kysymyksessä näyttäisikin olevan pinnallisesti tarkastellen rohkeutta vaativasta teosta, kuten heittäytymisestä aseelliseen konfliktiin, on kyseessä viime kädessä juuri reaktiosta koettuun turvattomuuteen ja epätoivoon, joka kasvaa ää:immillään sietämättömäksi paniikiksi.

Erityisesti hiemankin järjestyneempään väkivaltaan liittyy lähes aina Siiralan (1981) *todellisuuden harhaiseksi omistamiseks:* kutsuma piirre. Tässä ilmiössä on kysymys siitä, että yleisesti ottaen monimuotoista, moniarvoista ja alati muuttuvaa, kaiken kaikkiaan vaikeasti arvioitavissa olevaa todellisuutta ei kyetä kohtaamaan sellaisenaan, vaan siitä muodostetaan kuin eräänlainen pelkistetty maailmankatsomuksellinen karikatyyri. Tässä voimme ajatella vaikkapa natsien rotuoppia, Neuvostojärjestelmän virallista maailmankatsomusta tai Yhdysvaltain suoraan sen ulkopolitiikkaan heijastuvaa näkemystä omasta erehtymättömyydestä. Kaikki kohdattu tulee edelleenkin tulkituksi tämän jäykän viitekehyksen kautta. Jos omat suunnitelmat menevätkin pieleen, vaikkapa niin että omat sotatoimet saavatkin vastustajan puolustautumaan viimeiseen asti, voidaan tämä tulkita merkiksi sen jo alun perin pahoista aikeista. Ja jos taas se tai tuo tekijä uhkaa kaataa vallitsevan harhaisen maailmankuvan, esimerkiksi vuotamalla salaisiksi luokiteltuja tietoja julkisuuteen, voidaan tiedot korjata propagandalla ja vuotaja eliminoida tavalla tai toisella. Usein kummatkin asiat hoituvat jo vuotajan saaman oman pesänsä likaajan maineen myötä.

Edelliseen liittyy osaltaan myös *kommunikaatiosuhteiden vääristyminen*. Samalla kun toiselle osapuolelle ehkä tuottaa tahallista kärsimystä, tehdään hänen lähettämistä viesteistään joko pilkan tai vaikenemisen kohteita. Samalla kun usein pyritään luomaan illuusio näennäisesti vastavuoroisesta kommunikaatiotilanteesta, tapahtuu tämä leimaamalla vastapuolen näkemykset jo lähtökohtaisesti järjettömiksi, suostumatta edes arvioimaan niiden mahdollista mielekkyyttä. Sen kaltaista kommunikaatiota, joka uhkaisi todellisuuden epistemologista hallintaa, ei todella edes harkita, sen uhatessa vapauttaa nyt menestyksekkäästi tukahdutetun pelon ja ahdistuksen. Kommunikaation tavoitteena ei ole enää konfliktien välttäminen vaan niiden tukahduttaminen käytettävissä olevin keinoin.

Esimerkkinä järjestäytyneestä tuhoavuudesta voidaan mainita ne saksassa natseja edetäneet Freikorps-sotilaat, joita Theweleit (1977-8) on kuvannut laajassa työssään. Nämä vapaaehtoiset sotilasjoukot olivat katkeroituneet ensimmäisen maailmansodan häpeällisestä tappiosta, pyrkien palauttamaan sekä Saksan kunnian että torjumaan kommunismin uhan. Freikorps-upseeri von Solomon kuvaa, kuinka torilla edes takaisin vaeltavien ihmismassojen liike vaikutti hänestä tukahduttavalta kaaokselta, johonka hän oli hukkua. Tälle helpottavan vastakohdan muodosti kommunistien täyttämän torin puhdistaminen ihmisistä yhteislaukauksen tai konekivääritulen voimin. Tässä ei ole kuitenkaan kysymys välittömästä uhasta, vaan von Solomonin omasta *sisäisestä* tilasta, joka sai osaltaan myös hänet turvautumaan äärimmäisiin *ulkoisiin* turvallisuusoperaatioihin. Tappaminen voi tuoda hyvän olon, toimien oman ahdistuksen symbolisen, ulkoisen käsittelyn välineenä. Kommunikaatioyhteys samoin kokevien kanssa tuki edelleenkin yksilöä hänen todellisuuden hallintapyrkimyksissään.

Jos kohta ulkoiset tekijät voivatkin laukaista tuhoavan prosessin, on sen ensisijaista alkuperää etsittävä yksilön välittömän ymmärryksen häiriötilasta. Tässä on otettava huomioon erityisesti sisäisten turvallisuusoperaatioiden vaikutus. Itse vaurion taustoja taas sen aikoinaan synnyttäneestä epäsuotuisasta, ehkä väkivallan ja laiminlyöntien täyttämästä perhesituaatiosta. Toisaalta tämän kaltaisilla vaurioilla on taipumus paitsi kanavoitua historialliseen prosessiin, myös periytyä sukupolvelta toiselle *pedagogisen jatkumon* muodossa. Tämän periytymisen mekanismeja ovat käsitelleet hieman eri näkökulmista vaikkapa deMause (1982, 2002), Volkan (2014, 2006; Volkan, Ast & Greer 2002) tai Miller (1980).

Toisin kuin psykohistorioitsija deMause, en osaa kuitenkaan tulkita esimerkiksi talouselämän omalakista kehitystä yksin kasvatusperinteen heijastumaksi. Niin ikään näen pedagogisen jatkumon pohjimmiltaan myönteisenä ilmiönä, sen vaurioitumisen tai katkeamisen johtaessa lopulta tuhoavien trendien kehittymiseen (Jokela 2016a). Mikäli kuitenkin korjaamme deMausen perusteoriaa tältä osin, voidaan sitä osaltaan pitää moneen yhteen sovellettavissa olevana työhypoteesina.

REAKTIIVINEN VÄKIVALTA
Toisinaan käy niin, että ihminen joutuu kohtaamaan aivan todellista epäoikeudenmukaisuutta, jonka oikaiseminen ei näytä olevan mahdollista rauhanomaisin, siis normaaliin vuorovaikutukseen ja kommunikaatioon perustuvin keinoin. Epäsuotuisia situaatioita syntyy rakenteellisen väkivallan seurauksena, eikä niistä näytä olevan mahdollista paeta. On vain ymmärrettävää, että tämän kaltaisessa tilan-

teessa löytyy aina niitä, jotka ovat valmiita puolustamaan itsensä ja läheistensä hyvinvointia jopa voimakeinoin. Tässä ja juuri tässä on kysymys reaktiivisesta, ja eräässä mielessä täysin oikeutetusta väkivallasta, rakenteellisen väkivallan herättämästä vastareaktiosta. Esimerkiksi vallankumoukselliset liikkeet kautta aikain aina antiikin orjakapinoista uuden ajan kommunismiin ovat perustuneet juuri heikko-osaisten todellisuudessakin huonon aseman aiheuttamaan kaunamielialaan.

Sanoimme reaktiivista väkivaltaa oikeutetuksi. Niin ikään sitä voisi nimittää myös kommunikaatioyritykseksi. Mutta vaikka asia todella onkin näin, ei tämä merkitse sitä, että reaktiivisen väkivallan seuraukset jäisivät kovinkaan rakentaviksi. Samalla kun väkivallan kohteiden valikoituminen voi tapahtua melko sattumanvaraisesti, ei se välttämättä kykene vaikuttamaan asioiden tilaan, lopputuloksen muistuttaessa parhaimmillaankin veristä protestia. Tästä esimerkkinä voidaan mainita anarkistien usein väkivaltaisiksi kiihtyvät mielenosoitukset, jotka saavat usein osakseen vain kielteistä huomiota, niiden kääntyessä näin varsinaista tarkoitustaan vastaan.

Tämän lisäksi on huomattava, että reaktiivinen väkivalta tarjoaa usein helpon purkautumiskanavan tuhoavalle väkivallalle. Esimerkiksi kommunistisen aatteen suojissa suoritetut vallankumoukset ovat, huolimatta viimekätisestä aiheellisuudestaan, keränneet mukaansa myös tuhoavia voimia, jotka ovat vain naamioituneet nyt näköjään oikeutettuun asuun. On sinänsä valitettavaa, että moni hyvä asia on mennyt tämän vuoksi pieleen. Arvioitaessa erilaisia väkivaltaisiksi ajautuneita uudistusliikkeitä onkin niiden mahdollisesti rakentavakin perusohjelma syytä pitää erillään niiden puoleensa keräämästä tuhoavuudesta.

Aivan ilmeisesti yksilön hyvinvointiin kohdistuva tärkein yhteiskunnallinen uhka ei ole aina suinkaan juuri saavutettu elintaso kuin yleinen turvattomuus ja toivottomuus. Toisaalta elämän taloudellisten perusteiden suhteen koettu jatkuva epävarmuus, toisaalta taas olosuhteiden jatkuva heikkeneminen aiheuttaa ylimääräistä huolta ja ahdistusta ja tekee elämän pitkäjänteisen suunnittelun vaikeaksi. J. K. Galbraith (1958) oivalsi tämän jo varhain, kirjoittaen siitä kuinka pelkkä taloudellinen kasvu on tavoitteena merkityksetön, mikäli ihmisillä on pulaa turvallisuudesta ja sitä tuovista julkisista palveluista. Mutta juuri tästä huolehtimiseen ei taas yhteiskunnallisen jatkumon sisäinen dynamiikka näytä antavan ainakaan tällä hetkellä tilaisuutta.

Oikeuslaitoksen tilanne

Länsimaiseen yhteiskuntaperinteeseen kuuluu tietysti oikeuslaitos avustajineen eli poliisivoimineen ja vankeinhoitolaitoksineen. Oikeuslaitoksen tarkoituksena on valvoa lakia ja siihen perustuvaa yhteiskuntajärjestystä. Tässä tehtävässään se on eräässä mielessä osoittautunut varsin menestyksekkääksi. Erityisesti se on kyennyt rajoittamaan tuhoavan väkivallan esiintymistä yhteiskunnassa. Jos kohta voidaankin aina esittää kylmiltä vaikuttavia tilastoja ja karmaisevia, vaikkapa lasten surmia tai perheväkivaltaa koskevia yksityiskohtia, ovat asiat kuitenkin läntisissä teollisuusmaissa suhteellisen hyvin verrattuna siihen, mitä ne voisivat olla. Mutta samalla on todettava, että nykyiseen järjestyksenvalvontaan perustuu eräitä, mitä ilmeisempiä puutteita. Jos näet sen tavoitteeksi asetetaan paitsi itse järjestyksen ylläpitäminen, myös laadullisen vapauden ja sen edellytysten kuten inhimillisen vuorovaikutuksen ja elämänhallinnan tunteen turvaaminen, muuttuu vaikutelma perin toisenlaiseksi. Tässä voimme erottaa kolme keskeistä ongelmaa.

Ensinnäkin on huomattava, että länsimainen oikeusjärjestelmä on kykenemätön ymmärtämään tuhoavan väkivallan todellista luonnetta. Syytteeseen asetettuja ja tuomittuja kohdellaan ikään kuin vastuullisina omista teoistaan, mikä toisaalla (Jokela 2016a, 2017c), esittämäni tulkinnan mukaan on täysin väärä käsitys. Itse ilmiön tulee siis käsitetyksi ja kohdatuksi täysin väärällä ja virheellisellä tavalla, mikä johtaa helposti vääriin ja virheellisiin toimenpiteisiin. En sinänsä tarkoita sanoa, että yhteiskunnallinen järjestyksenpito tulisi lakkauttaa, kaikki vankilat sulkea tai muuta vastaavaa. On kuitenkin perin eri asia, suhtaudutaanko väkivaltarikollisuuteen ikään kuin itsestämme riippumattomana pahana vai oman yhteiskuntamme epäkohtien osin suorana, osin pedagogisen jatkumon kautta takaisin heijastuvana ilmauksena. Ja juuri tätä väkivaltarikollisuus osaltaan on, vankeinhoidon ollessa pikemminkin oire kuin parannuskeino. Jokaisessa tuomiossa on kysymys suuresta tragediasta tai ainakin sen jälkinäytöksestä kuin oikeuden riemuvoitosta.

Toiseksi on huomattava, että nykyinen oikeusjärjestelmä on kyvytön tekemään eroa reaktiivisen ja tuhoavan väkivallan välillä. Olipa tietyn teon, sanokaamme pahoinpitelyn tai omaisuusrikoksen tausta sitten välitön reaktio koettuun ahdinkoon tai yksilötason tuhoavuuden ilmausta, tulee se tulkituksi aina saman viitekehyksen kautta, lähtökohdistaan ja tavoitteistaan huolimatta. Tässä suhteessa tilanteen analysointia vaikeuttaa usein se jo mainitsemamme tosiasia, että reaktiiviset liikkeet keräävät puoleensa usein myös tuhoavia aineksia.

Kolmanneksi on todettava, että nykyaikainen oikeusjärjestelmä on täysin avuton yhteiskunnassamme esiintyvää rakenteellista väkivaltaa vastaan. Perusluonteensa mukaisesti poliisi ja tuomioistuimet valvovat nimenomaan tiettyjen, laeiksi kutsuttujen yleisesti hyväksyttyjen normien toteutumista. Mutta vaikka ne onnistuvatkin tässä periaatteessa suhteellisen hyvin, ne ovat yksinkertaisesti täysin sokeita sen kaltaisille kielteisille kehityskuluille, jotka toteutuvat seurauksena ei suinkaan normien rikkomisesta vaan niiden *mukaisesta* toiminnasta. Näinpä ne saattavat langettaa rangaistuksi joistain yksittäisistä ympäristölainsäädännön rikkomuksista, kiinnittämättä silti minkäänlaista huomiota sanokaamme talouden jatkuvan kasvun periaatteen koko planeettamme elolliselle elämälle muodostamasta uhasta. Jos onkin tyypillistä koko yhteiskunnallemme, että rakenteellista väkivaltaa ei tiedosteta eikä usein halutakaan tiedostaa, läpäisee samainen periaate osaltaan koko yhteiskunnallisen järjestyksenvalvonnan. Oikeudenkäynneissä on siis kysymys historiallisesti rakentuneiden olosuhteiden puolustamisesta, ei suinkaan oikeudenmukaisemman yhteiskunnan tavoittelusta sinänsä.

Nähdäkseni jokainen hiemankin laajempi yhteiskunta tarvitse oikeusjärjestelmän rangaistuskäytäntöineen. Jos kohta en usko rangaistuksiin rikoksen moraalisena sovituskäytäntönä (Jokela 2014, 113-), on toisaalta yhteiskuntaa suojeltava sen piirissä eläviltä tuhoavilta voimilta usein ikävinkin keinoin, sekä ulkopuolelle sulkien että parantamaan pyrkien. Vapauden yleinen toteutuminen yksinkertaisesti vaatii sen leikkaamista muilta. Kuitenkin oikeuslaitos, sen kaltaisena kuin se nykyisessä länsimaisessa yhteiskunnassa esiintyy, on monessakin mielessä yksipuolinen ja rajoittunut. Lopultakin itse teon seurauksilla, sanoisimmeko sen vaarallisuudella, on vain vähän vaikutusta sen seuraamuksiin, kun näet huomio kiinnitetään siihen, aiheutettiinko ne yleisesti hyväksyttyjä normeja seuraten vai niitä rikkoen. Oikeastaan koko oikeuden käsite joutuu täten perin outoon valoon. Kyseessä ei näytä olevan niinkään puhtaiden eettisten perusteiden pohjalta toimiva, kuin usein juuri yhteiskunnan vahvimpien tai vaikutusvaltaisimpien tahojen, usein juuri nimettömien yritysorganisaatioiden valtapyrkimyksiä palveleva järjestelmä. Tässä mielessä voitaneen yhtyä Marxin tulkintaan oikeuslaitoksesta yhteiskunnallisena pintarakenteena, sen taloudellisen perustan epätseräisenä heijastumana.

Järjestys ja muutos

Maailma koostuu aineellisista tosiasioista ja niiden piirissä havaittavissa olevista säännönmukaisuuksista. Todellisuus sitä vastoin on jotain ihmisten välillä rakentuvaa ja kehittyvää. Se mitä kutsutaan *historiaksi*, sijoittuu juuri tämän sosiaalisen todellisuuden piiriin. Paradoksaalista kyllä, historia vaikuttaa olevan ihmisen tuotetta – samalla kun ihminen näyttäisi olevan historiansa tuotetta. Toisaalta tämä paradoksi osaltaan purkautuu, mikäli huomaamme *ihmisten* tuottavan historian ja *yksittäisen ihmisen* olevan sen tuote. Joka tapauksessa yksilön asema historian rattaissa näyttää jäävän valitettavan usein perin onnettomaksi, sen voimien riepotellessa häntä jättämättä juuri mahdollisuutta vastarintaan.

Historiaa on mahdollista hahmottaa useammalla eri tavalla. Erään, ja ehkä perinteisimmän tavan muodostaa *yksityiskohtien* kuvaaminen ja luettelointi. Tälläkin lähestymistavalla on oma merkityksensä, mutta se ei auta vielä ymmärtämään historiallisen prosessin dynamiikkaa millään tavoin. Toisen tavan muodostaa havaittavissa olevien *trendien* kuvailu ja sen pohjalta tapahtuva ennakointi. Mutta tässäkään ei vielä tavoiteta itse historiallisen ilmiön olemusta. Tämän mahdollistaa vihdoin vain ja ainoastaan historiallisten tapahtumien taustalla piilevien *olemuksellisten jatkumoiden* erottelu, niiden dynaamisten ominaispiirteiden ja keskinäisen vuorovaikutuksen analysointi.

Toisaalta viimeksi mainitun viitekehyksen sisällä historiaan voidaan avata edelleenkin useita eri näkökulmia. Erään tämän kaltaisen näkökulman tarjoaa vaikkapa vuorovaikutuksen ja väkivallan erottelu ja niiden eri muotojen analysointi.[12] Toisen mahdollisen *jär-jestyksen ja muutoksen* teeman tarkastelu. Ja juuri tätä teemaa aion ryhtyä seuraavassa käsittelemään. Mutta näkökulmani ei keskity niinkään siihen tai tuohon järjestyksen tai muutoksen historialliseen ilmentymään, vaan pikemminkin aiheen taustalla piilevään antropologiseen kysymykseen. Tarkoitan tällä kysymystä siitä, mikä *ihmis-luonnossa yleensä* on omiaan tukemaan järjestyksen ja muutoksen esiintymistä historiassa. Tämä vie tarkastelumme edelleenkin kohti filosofisen antropologian tematiikkaa, itse kysymyksen voidessa saada ratkaisunsa vasta sen jälkeen.

Ymmärryksen määritelmä

Ihminen on osaltaan jotain jo sinänsä, eräänlainen yksilö. Voimemme kutsua tätä inhimillisen olemassaolon ydintä lyhyesti *persoonallisuu-deksi*. Jos kohta tiettyjen psyykkisten häiriöiden kuten persoonalli-suushäiriöiden yhteydessä yksilön minuus voi vaikuttaa perin epäva-kaalta ja ailahtelevalta, voidaan kypsää persoonallisuutta pitää suh-teellisen muuttumattomana, ainakaan pienten ulkoisten häiriöiden kykenemättä horjuttamaan sitä. Toisaalta persoonallisuuteen sisälty-vä aines on sellaisinaan paitsi sisäisten, myös ulkoisten tekijöiden perusteella muodostunutta.

Keskeisenä persoonallisuuden osatekijänä voidaan mainita *koke-mus*. Carl Rogersin (1951, 483-) mukaan ihminen eksistoi keskellä yksilöllistä kokemusmaailmaa jonka keskipisteen hän muodostaa. Tarpeet vaikuttavat yksilön toimintaan juuri tämän kokemuksen kautta. Samalla kun kukaan muu ei voi kokea sitä suoraan, käy hänen toimintansa toisaalta ymmärrettäväksi sitä vasten:

Ymmärtääksemme että todellisuus on yksilölle, hänen havain-tonsa, voimme havaita hyödylliseksi laina erään ilmauksen se-mantikoilta. He ovat huomauttaneet että sanat ja symbolit suh-teutuvat todellisuuteen samoin kuin kartta esittämäänsä maas-

---

12 Kts. Seuraava tutkielma "Vuorovaikutus ja väkivalta".

toon. Tämä suhde pitää paikkansa myös havaintoon ja todellisuuteen. Me elämme perseptuaalisen "kartan" varassa, joka ei ole kuitenkaan itse todellisuus. (Rogers 1951, 485).[13]

R. D. Laing (1960) on soveltanut samaa perusnäkemystä vaikeasti sairaisiin psykiatrisiin potilaisiin. Näiden hulluiksi tai järjettömiksi koetut puheet käyvät ymmärrettäviksi, kun ne suhteutetaan pirstoutuneeseen kokemukseensa ja sen eksistentiaalisiin taustoihin. Tämä tosin vaatii psykiatriaa perinteisesti hallinneen biologisen, selittävän ihmiskuvan hylkäämistä ja korvaamista eläytyvällä asenteella.

Ajatelkaamme asiaa yksinkertaisen esimerkin avulla. Ottakaamme tarkastelun kohteeksi vaikkapa henkilö, joka pelkää koiria. Kun hän kohtaa ulkona kävellessään koiran, hän pyrkii kiertämään sen mahdollisimman kaukaa. Hänen käyttäytymistään voidaan tarkastella tietysti vaikkapa behavioristisesta näkökulmasta, selittäen sen johtuvan siitä, että hän on tavalla tai toisella ehdollistunut toimimaan näin. Kieltämättä sinänsä menneiden kokemusten vaikutusta on todettava, että tässä ja nyt yksilö perustaa toimintansa juuri kokemukseensa, toisin sanoen siihen, että koirat *ilmenevät* hänelle merkitykseltään pelottavana. Sama pitää tietysti paikkansa myös siinä, missä mitään pelkoa ei esiinny.

Nyt voitaisiin tietysti huomauttaa vaikkapa siitä, että tämän näkökulman omaksuminen tuntuisi merkitsevän sitä, että yksilö on tuomittu jäämään oman kokemusmaailmansa vangiksi. Tämä pitääkin paikkansa, sikäli, että kukaan ei voi astua sen ulkopuolelle. Toisaalta on huomattava, että niin kauan kuin asiat ilmenevät yksilölle oikein, hän kykenee myös tekemään valintansa itse tosiasioiden pohjalta. Olen kutsunut tätä oikein tapahtuvan ilmenemisen tilaa *ymmärrykseksi* (Jokela 2014, 2010, 1999). Jos valinnoiden kohdalla voidaan puhua vapaudesta, voi se perustua vain ja ainoastaan juuri tähän ymmärrykseen, sen puutteessa toimivan voidessa osua oikeaan korkeintaan sattumalta.

---

13 Tosin Rogers on jo seuraavassa kappaleessa sitä mieltä, että muuta todellisuutta kartan takana ei olekaan. Rogersille tyypillistä epätäsmällisyyttä. Materialistina tohdin olla eri mieltä.

Motivaation käsite

Persoonallisuus voidaan samaistaa tässä tarkoitetussa mielessä pitkälti ymmärryksen kanssa. Toisaalta myös inhimillinen *motivaatio* voidaan laskea persoonallisuuden erääksi osatekijäksi. Motiivit kuten nälkä tai rakkaus niin sanoakseni asuvat yksilössä, ovat yksilökohtaisia. On edelleenkin huomattava, että motiivit menevät päällekkäin ymmärryksen kanssa. Esimerkiksi jano on sen kaltainen vaikutelma, joka viestii yksilölle jotain mielekästä hänen ruumiinsa esittäuisista tarpeista. Juodessaan vettä janoonsa yksilö tulee siis vastaneensa ruumiinsa tarpeeseen oman ymmärryksensä pohjalta. Vastaavasti sanokaamme itsetunto on sekä yksilön käyttäytymistä ohjaava tekijä – sen rakentaminen ja ylläpitäminen on monien ponnistelujen lähde – että toisaalta myös yksilön omaa luovuttamatonta ihmisarvoa koskeva oivallus.[14]

Motiivit voivat kehittyä toisinaan myös huomattavasti kompleksisemmiksi ja abstraktimmiksi. Tästä saamme kiittää lähinnä inhimillistä tietoisuutta ja siihen liittyvää ajattelukykyä. Näinpä ihminen saattaa motivoitua vaikkapa suunnittelemaan ja toteuttamaan pitkäaikaisen yritysprojektin, pankkiryöstön tai jotain muuta vastaavaa. Tämän kaltaisia motiiveita, jotka eroavat suuresti esimerkiksi välittömästä nälästä tai janosta, ei esiinny eikä voi esiintyä yksinomaan tajuisella tasolla eksistoivilla eläimillä. Näinpä tietoisen ajattelun merkitys niiden heräämiseen täytyy olla suuri.

Samaan hengenvetoon on todettava, että tämän kaltaisia motiiveita ei voida sinänsä palauttaa puhtaaseen tietoiseen ajatteluun. Rationaalisen ajattelun tasolla sinänsä kun ei esiinny minkäänlaisia merkityksiä. Tämä näkyy siinä, että yritysprojekti tai pankkiryöstö ei muodostu motiiviksi sille, jonka ymmärryksessä siihen ei liity intensiivisiä merkityksiä. Näinpä juuri näiden kompleksisempien päämäärien, kuten niitä myös voimme kutsua, täytyy saada sisältönsä juuri välittömien merkitysten tasolta. Tämä muistuttaa jossain määrin psykoanalyysin kuvaamaa sublimointia, jopa alkuperäisessä muodos-

---

14 Tästä laajemmin Jokela (2015).

saan torjuttujen merkitysten symbolista esiinnousua ylemmässä muodossa. Ellei näin olisi, eivät ne myöskään houkuttelisi yksilöä mihinkään.

Toisaalta motiivit voivat myös vääristyä. Tästä esimerkkinä voidaan mainita itsensä viiltelemisen halu, joka on kylläkin motiivi, mutta sellainen, joka ei vastaa mitään todellista tarvetta. Voimme kutsua tämän kaltaisia yllykkeitä *symbolisiksi motiiveiksi*, niiden perustuessa joko torjuttuihin emootioihin tai niiltä yksilöä suojeleviin *sisäisiin turvallisuusoperaatioihin* (Jokela 2016a). Esimerkkinä symbolisesta motiivista voidaan mainita vaikkapa uhkapeliriippuvuus. Ihmisellä ei ole sinänsä tarvetta harjoittaa tämän kaltaista toimintaa, joka usein vielä johtaa tarkoituksen vastaiseen lopputulokseen. Toisaalta itse motiivi voi olla mitä ilmeisin, sen saadessa yksilön tuhlaamaan ehkä koko omaisuutensa.

Tässä voidaan tietysti viitata inhimillisen ajattelutoiminnan tarjoamiin mahdollisuuksiin. Ajattelukykyisinä olentona me voimme esimerkiksi uudelleenarvioida asioita tai suunnitella elämämme tapahtumia. On mainittava myös kielellisen kommunikaation, tiedon jakamisen ja vastaanottamisen mahdollisuus. Jos ihmisten välitön kohtaaminen nojaakin suurelta osin myös ei-kielellisiin viesteihin, on toisaalta myös asioita, joita ei voi muulla tavoin ihmiseltä toiselle välittää. Toisaalta ajattelutoiminta on samalla myös riippuvainen välittömästä tai intuitiivisesta ymmärryksestä. Jos se on vääristynyt vaikkapa tavalla, että yksilö kokee kaikki koirat äärimmäisen pelottavina ja uhkaavina, eivät usein sen enempää itse tuotetut kuin ulkoapäinkään vastaanotetut rauhoittavat ajatukset ehkä vakuuta häntä. Voi olla, että esitetyt tulkinnat joko eivät toimi rauhoittavasti, tai niin, että hän torjuu ne kokonaan.

Edellä mainitusta voitaisiin ehkä vetää se johtopäätös, että ihminen on lopultakin vain motivaationsa orja. Samalla kun hän kykenee tekemään valintansa itse, niin vain sen muodostamalta pohjalta. Näin osittain onkin. Toisaalta on huomattava, että on suuri ero siinä, ovatko yksilön motiivit mielekkäitä vai vääristyneitä. Jos ne edellisessä tapauksessa johtavat yksilön käyttäytymään rakentavasti, tullen luokitelluiksi ymmärryksen muodoiksi, houkuttelevat ne jälkimmäisessä tapauksessa lähinnä seurauksiltaan haitalliseen, jopa tuhoavaan käytökseen.

Luonnolliset motiivit

Jokainen ihminen on yksilö, ja aivan omalaatuisensa tapaus. Tämä tulee esille vaikkapa ruumiinrakenteessa, ulkomuodossa tai taipumuksessa sairastaa – mutta osaltaan myös motivaation eroissa. Tässä mielessä on syytä väittää liian tiukkoja yleistyksiä ihmisluonnosta. Toisaalta on kuitenkin mahdollisista erottaa tiettyjä yleisinhimillisiä motivaatiorakenteita. Tulen erottamaan seuraavaksi kolme eri päämuotoa, seuraten tässä aikaisempaa esitystäni (Jokela 2017; 2016a, 2015b).

RUUMIILLISET MOTIIVIT

Ruumiilliset motiivit edustavat motivaation matalinta muotoa. Yksinkertaisimmillaan kysymys on pelkästä aistillisesta mielihyvästä, kuten nuotion säteilemästä lämmöstä tai tuulen kosketuksesta iholla. Hieman monimutkaisemmassa muodossaan ruumiilliset motiivit ilmenevät ikään kuin vietinomaisessa muodossa. Tästä esimerkkinä voidaan mainita vaikkapa nälkä tai seksuaalinen himo, jotka heräävät ja tyydyttävät vain palatakseen jälleen uudelleen.

TURVALLISUUDEN MOTIIVIT

Ihmisen elämä on tunnetusti vaaroja täynnä. Elämä päättyy aina kuolemaan, jonka uhka on läsnä periaatteessa joka hetkessä, puhumattakaan pienemmistä vaaroista. Tilanteen ollessa tämä turvallisuuden nouseminen keskeiseksi inhimillistä toimintaa ohjaavaksi motiiviksi ei ole yllättävää. Tämä johtaa usein edelleenkin erilaisten turvallisuusoperaatioiden (Jokela 2016a) tietoiseen tai tahattomaan aktivoimiseen.

Välittömimmillään ihmiset kohtaavat toisensa *dialogisen kanssakäymisen* tasolla. Tämä kohtaaminen, jota luonnehtii oleellisesti jatkuva muutoksenalaisuus, saa yksilöt hakeutumaan toistensa seuraan sen tuottamaa spontaania iloa varten. Toisista syystä tai toisesta eristäytynyt ajautuu sitä vastoin yksinäisyyden pääsääntöisesti epämiellyttäväksi koettuun tilaan.

Tämän ryhmän motiivit eroavat edellisestä selvästi. Nyt kysymys ei ole välittömästä tyydytyksestä vaan kiintymyksestä tai rakkaudesta. Ihmisten kohdalla tämä tarkoittaa sitä, että toinen ilmenee yksilölle jonain erityisen merkittävänä tai tärkeänä. Tämä prosessi saa alkunsa jo varhain lapsuudesta, kuten esimeriksi Bowlby (1969) on todennut. Toisaalta se ei suinkaan lopu lapsuuteen, vaan leimaa yksilön koko myöhempää elämää.

Kiintymys tai rakkaus saa alkunsa yleensä jonkinlaisesta saamiskokemuksesta. Kysymys voi olla vaikkapa seksin, toisen tarjoaman huomion tai sujuvan vuorovaikutuksen tuottavan mielihyvän saamisesta. Toisaalta vähitellen tämän kaltaiset saamiskokemukset ovat taipuvaisia yleistymään, koetun hyvän alkaessa elää aivan omaa elämäänsä vetäen edelleenkin yksilöä puoleensa. Tätä ilmiötä on nimitetty psykoanalyysin piirissä myös objektimielikuvan kehittymiseksi.

Tässä yhteydessä tulee edelleenkin mahdolliseksi viitata edellä mainitsemaamme seikkaan, elämän suunnittelun mahdollisuuksien rajallisuuteen. Kun ihminen rakastuu voimakkaasti, hänen on vain luonnollista alkaa suunnitella elämänsä jakamista rakkautensa kohteen kanssa. Mutta niin ymmärrettävää ja ihastuttavaa kuin tämä onkin, perustuu se juuri sen kaltaiseen merkityskokemukseen, jota yksilö itse ei voi valita. Voidaan sanoa, että tässä ihminen voi valita itsensä, mutta ei sitä, millainen itse on.

Rakkauden ja kiintymyksen vastakohdan muodostaa edelleenkin *menetys*. Tärkeäksi muodostuneen toisen kuolema tai muuta kautta tapahtuva menettäminen laukaisee kriisiprosessin, jonka läpikäyminen voi viedä aikaa. Sen puute voi kertoa toisaalta joko itse tunnesi-

teen heikkoudesta tai siihen liittyvien tunteiden joutumisesta esimer-
kiksi kieltämiseksi tai torjunnaksi kutsuttujen turvallisuusope-
raatioiden väliintulosta. Samalla kun menetyksestä toipuminen on
mahdollista, on helppo ymmärtää, miksi ihmiset yleensä tapaavat
ponnistella pitääkseen rakkaiksi muodostuneet toiset vierellään

HENKISET MOTIIVIT
Tarkoitan persoonallisuuden henkisellä tasolla tervettä itsetuntoa tai
narsismia, niin sanoakseni hyvänlaatuista itserakkautta – ja henkisel-
lä motivaatiolla tämän yksilöä motivoivaa luonnetta. Mutta vaikka
rakkaalla lapsella on monta nimeä, ei mikään niistä näytä kuvaavan
onnistuneesti itse ilmiön perusluonnetta. Samalla kun kysymys on it-
sen varautumista myönteisillä merkityksillä, se toisaalta myös ylittää
oman yksilöllisyyden rajat. Aiheen monimutkaisuudesta johtuen hen-
kisten motiivien lähestyminen käykin parhaiten päinsä tarkastelemal-
la sen eri tasoja.

Ensimmäisellä tasolla itsen merkityksellistymisen lähteenä toi-
mii *välitön huomio*. Olemisensa tai läsnäolonsa osalta ihminen on it-
selleen tietyn näköinen, mutta peräti merkityksetön itse. Sen sijaan
siinä, missä muut alkavat kiinnittää huomiota yksilöön, tarjoten
myönteistä palautetta, alkaa tämä kokea itsekin olevansa hyvä ja ar-
vokas olento. Vähitellen toisten asennoitumisen heijastelemat merki-
tykset ovat taipuvaisia myös sisäistymään, seuraamaan yksilöä min-
ne tahansa hän meneekin.Toisella tasolla välitön huomio korvautuu
normien seuraamisella. Yleisesti hyväksytyt normit toimivat tässä
eräänlaisena mittapuuna, jonka avulla yksilö voi mitata itse oman
kelvollisuutensa. Enää ei ole tarpeen saada välitöntä huomiota toisil-
ta. Esimerkiksi ammattityö tarjoaa yksilölle mahdollisuuden paitsi
tienata oman elantonsa, myös osoittaa oma ihmisarvonsa. Toisaalta
itse normit kuuluvat vielä sosiaaliseen todellisuuteen, josta yksilö
tässä tilanteessa jää riippuvaiseksi. Kolmannella tasolla itsetunnon
lähteenä toimivat *sisäiset arvot*. Kuten normit, myös arvot ovat
eräänlaisia moraalisia mittapuita, käsityksiä oikeasta ja väärästä.
Mutta toisin kuin normit, ne eivät kuulu enää sosiaaliseen ympäris-
töön vaan sijaitsevat yksilön eksistenssin henkilökohtaisessa ytimes-

59

sä. Tämä tuo mukanaan tietyn itsenäisyyden tai riippumattomuuden, joka on tyypillistä monille yhteiskunnallisille uudistajille.

Mainittakoon että kyseisellä jaottelulla on omat yhteytensä psykoanalyyttisessa kirjallisuudessa (esim. Kernberg 1976) tehtyyn jaotteluun introjektion, identifikaation ja identiteetin välillä. Olen vain muuttanut esitetyt kehitystasot oman, ajan myötä kehittyneen kielenkäyttöni mukaiseksi. Myös yhteyksiä psykoanalyyttiseen narsismiteoriaan on mahdollisesti löydettävissä, minkä kommentoinnin jätän kuitenkin tässä yhteydessä sikseen.

Että erotetut motivaation muodot on mahdollista erottaa toisistaan, ei merkitse toisaalta sitä, etteivätkö ne myös kietoutuisi käytännössä usein yhteen. Esimerkiksi rakkaussuhteessa ruumiillista tasoa edustava seksuaalinen mielihyvä liittyy erottamattomasti itse psyykkistä tasoa edustavaan kiintymykseen, niiden osaltaan tukiessa toisiaan. Vastaavasti voimme sanoa monien sosiaalisten tilanteiden sisältävän elementtejä hyvän eri muodoista. Vaikkapa hyvässä seurassa nautittu ateria yhdistää toisiinsa sekä ruumiillisen, psyykkisen että henkisen täyttymyksen.

Symboliset motiivit

Edellisen kuvauksen jälkeen on syytä todeta, että esitetyt ideaaliset motivaatiotyypit ovat pohjimmiltaan vain ihmisyyteen sisältyviä *mahdollisuuksia*, jotka voivat jäädä myös toteutumatta. Olemme viitanneet edellä niitä vastaavan pahan mahdollisuuteen. Mutta voi olla, että itse motiivit voivat jäädä kokonaan myös kehittymättä, tämän näkyessä vaikkapa kyvyttömyytenä rakkauteen ja empatiaan – tai mielekkään itsetunnon rakentamiseen. Tämä kaikki voi heijastella paitsi perinnöllisiä tekijöitä, myös *varhaislapsuudessa kohdattua psyykkistä, ruumiillista ja seksuaalista väkivaltaa*.

Näiden toisena mahdollisena seurauksena on mainittava myös *symbolisten motiivien* kehittyminen. Tarkoitan tällä sen kaltaisia motiiveita, jotka perustuvat eivät ymmärryksen kehittymättömyyteen vaan jopa sen suoranaiseen vääristymiseen. Esimerkkeinä tästä voidaan mainita eriasteinen masokismi, kuten oman ruumiin *tarvetta* vastaan kohdistuva itsensä viiltely, mutta myös sadistinen, äärimmillään aktiivisen tuhoava käytös. Kummassakin tilanteessa kysymys on kuitenkin ei niinkään oman, vapaan tahdon ilmauksesta kuin välittömän ymmärryksen vääristymästä, jolle yksilö itse ei voi tietoisesti ehkä mitään, - sinänsä todellisesta motiivista jota ei vastaa kuitenkaan mikään todellinen tarve.[15]

Ihminen syntyy tähän maailmaan varsin avuttomana olentona. Alun perin hänen koko olemassaolonsa voi rakentua vain vanhempien hoivan ja huolenpidon varaan. Näiden täytyy tyydyttää hänen tarpeensa, sekä toisaalta suojata häntä ympäristön eri vaaroilta. Tiettyjen perusedellytysten täyttyessä itse kehitys lähtee kuitenkin liikkeelle. Itse asiassa tämä tapahtuu suhteellisen nopeasti, lähes päivittäisten kehitysaskelten tuottaessa vanhemmille yleensä iloa. Kehityksen voidaan havaita etenevän edelleenkin kahdella eri rintamalla. Toisaalta kysymys on sopeutumisesta maailman aineelliseen ulottuvuuteen ja sitä hallitseviin säännönmukaisuuksiin. Toisaalta taas persoonallisuuden eri osatekijöiden kuten ymmärryksen ja motivaation kehityksestä, mikä tapahtuu aina suhteessa lasta ympäröivään perhesituaatioon.

Ottakaamme esimerkki jälkimmäisestä. Ensialkuun vauvaikäinen eksistoi oletettavasti vain ruumiillisella tasolla, ruumiillisen puutteen ja nautinnon muodostaessa koko hänen maailmansa ytimen. Mutta vähitellen mukaan tulee Bowlbyn (1969) kiinnittymiseksi tai kiintymykseksi kutsuma elementti – tai äitiin kohdistuva rakkaus, kuten asia myös voidaan ilmaista. Tämä psyykkistä eksistenssiä edustava kehitysaskel näkyy muun muassa lapsen tavassa hymyillä äidilleen, ojennella käsiään tätä kohti, itkeä tämän perään ja niin edelleen. Kolmanneksi olisikin vuorossa jo tässä yhteydessä henkiseksi kutsumani vaiheen vuoro, lapsen alkaessa eri vaiheiden kautta tuntea myös oman itsensä arvokkaaksi ja tärkeäksi olennoksi.

---

15 Symbolisen motiivin käsite on muunnelma Arthur Janovin (1970) ilmauksesta symbolinen *tarve*. Olen kuitenkin tahtonut tehdä itse selvän käsitteellisen eron toisaalta tajuisen motiivin, toisaalta esitajuisen tarpeen välillä.

Nähdäkseni tässä voidaan erottaa toisistaan pohjimmiltaan kaksi eri kehitystehtävää. Ensimmäisen muodostaa *persoonallisuuden kasvuprosessien toteutuminen*. Puhumme siis esimerkiksi ymmärryksen ja motivaation vuorovaikutussuhteessa tapahtuvasta kehityksestä. Tämän lisäksi on otettava huomioon myös *kohdattujen vastoinkäymisten käsittely*. Koska lapsen kaikki toiveet ja pyrkimykset eivät voi toteutua, osin jo niiden perustan muodostavan ymmärryksen keskenkasvuisuudesta johtuen, on hänen kyettävä myös läpikäymään niiden herättämät vaikeat tunteetkin. Siinä missä edellinen tehtävä vaatii myönteistä palautetta ympäristön taholta, edellyttää jälkimmäinen empaattisen kuulijan olemassaoloa.

Ihminen voi kestää tietyn määrän pahaa. Edes lapsi ei ole lasista tehty, tämän kestäessä suhteellisen runsaasti erilaisia vastoinkäymisiä, olkoonkin että saattaa niitä vastaan protestoida. Toisaalta kokemusten liiallinen voima, kuulijan puute tai molemmat tekijät yhdessä voivat estää luonnollisen tunneilmaisun. Tämä taas johtaa eksistenssin persoonallisuusdimension, mukaanlukien motivaation vaurioitumiseen. Koettujen traumojen poissulkeminen tapahtuu edelleenkin *turvallisuusoperaatioiden* avulla.

Olen omaksunut turvallisuusoperaation käsitteen psykiatri H. S. Sullivanilta (1953). Toisaalta Sullivanin tulkintaa laajentaen olen jakanut turvallisuusoperaatiot kahteen eri ryhmään (Jokela 2015b, 2014). Ensimmäisen ryhmän muodostavat *ulkoiset* turvallisuusoperaatiot. Voimme ajatella tässä kodin ovien lukitsemista, palovaroittimen hankintaa, varovaisuuden noudattamista liikenteessä ja niin edelleen. Kysymys on siis ulkomaailmaan sijoittuvien uhkakuvien suurelta osin tietoisesta hallinnasta. Toisena, Sullivanin alkuperäistä käyttöä pitkälti vastaavana ryhmänä on mainittava tässä *sisäisiksi* kutsumani turvallisuusoperaatiot. Kysymys on toisin sanoen ylitsevuotavan ulkoisen tai jo aikaisemmin sisäistetyn tuskan, kivun tai ahdistuksen vastainen, pitkälti tiedostamaton taistelu erilaisin menetelmin. Kuvatun kaltainen vaurioituminen johtaa edelleenkin erilaisten *symbolisten*, sekä suorien että vääristyneiden merkityskokemusten syntymään – ja lopulta yksilön ymmärryksen vääristymiseen. Heijastuessaan *motivaation* alalle nämä vääristymät saavat yksilön edelleenkin tavoittelemaan asioita, jotka eivät vastaa sen enempää hänen itsensä kuin toistenkaan tarpeita.[16]

Symboliset motiivit voivat perustua osaltaan merkitysten välittömään tai suoraan *siirtymään*. Tästä esimerkkinä voidaan mainita esimerkiksi poliittiseen johtajaan kohdistuva ihailu tai viha omaan vanhempaan lapsuudessa kohdistuneen ihailun tai kaunan tiedostamattomana ilmentymänä. Toisaalta tilanne voi muodostua myös monimutkaisemmaksi, itse turvallisuusoperaatioiden vääristäessä tilanteen. Tästä esimerkkinä voidaan mainita vaikkapa projektion tai muiden monimutkaisempien operaatioiden vaikutus, jotka voivat saada yksilön edelleenkin ratkomaan omia sisäisiä ongelmiaan huomaamattaan vaikkapa yhteiskunnallisella näyttämöllä.

Kuvatun kaltaisia persoonallisuuden häiriöitä voidaan hoitaa usealla eri tavoin. Usein käytetty ja suhteellisen halpa keino on *psyykelääkkeiden* käyttö. Toisaalta on huomattava, että lääkitys ei sellaisenaan paranna ketään. Kysymys on pikemminkin oireiden hallinnasta tai niiden vaikutusten minimoinnista – jos kohta usein perin tarpeellisesta sellaisesta. On kuitenkin olemassa myös toinen tapa hoitaa sairastunutta. Tarkoitan tällä inhimillistä vuorovaikutusta sen eri muodoissaan. Keskityn seuraavassa juuri *psykoterapiaan*, väheksymättä sinänsä esimerkiksi vertaistuen merkitystä.

Järjestyksen alkuperä

IHMISEN ASEMA

Mutta ihminen ei yksin ole persoonallisuus, vaan hän myös *elää maailmassa*. Eikä yksin aineellisessa, luonnonilmiöiden muodostamassa maailmassa, vaan myös keskellä *toisten ihmisen muodosta-*

---

16 Huomautettakoon että nämä peruskokemuksen vauriot häiritsevät edelleenkin yksilön omaa toimintaa vanhempana. Esimerkiksi deMause (2002) on kuvannut transferenssin ja projektion, siis välittömän ja vääristyneen symbolinmuodostuksen vaihteluita kasvatustilanteesta. Miller (1980) on kirjoittanut toistamispakosta, Volkan (2002; Volkan, Ast & Greer 2006) ylisukupolvisesta siirtymästä.

maa sosiaalista todellisuutta. Ihmisenä oleminen rakentuu näin aivan yhtä paljon kanssaihmisyyden kuin yksilön oman persoonallisuudenkin varaan. Tämä pitää paikkansa yhtä hyvin toisista välittömästi kohdattuina yksilöinä kuin yhteiskunnan ja sen edustaman järjestyksenkin edustajina.

On helppo ymmärtää kuinka ympäristötekijät voivat vaikuttaa yksilöön, esimerkiksi työttömyyden tuodessa mukanaan köyhyyttä ja huolta. Voi olla että tämä aiheuttaa hänessä masennusta ja ahdistuneisuutta. Kysymys ei ole kuitenkaan ihmisen sisäisten psyykkisten prosessien vaan juuri ulkomaailman vaikutuksesta, yksilön asemasta sosiaalisten suhteiden verkostossa. Toisaalta nämä ulkoiset tekijät voivat tulla ajan myötä niin sanotusti sisäistetyksi, erityisen helposti kuitenkin juuri varhaislapsuuden aikana. Erityisen herkästi näin voi tapahtua juuri varhaisessa lapsuudessa.

Esimerkkinä sosiaalisten ympäristötekijöiden vaikutuksesta voidaan mainita Sartren (1946) analyysi juutalaisten tilanteesta. Analysoituaan antisemiitin ja demokraatin suhtautumista juutalaisiin Sartre ottaa lopulta asiakseen kysyä, mitä itse juutalaisuus on. Ja vastaus kuuluu: juutalaisuus syntyy yhteisestä situaatiosta. Yhteiskunta, joka torjuu juutalaisen piiristään, itse asiassa luo tai kokoaa juutalaisen vähemmistön. Sartren sanoin, tässä situaatiossa elävä juutalainen ei voi muuta kuin valita itsensä juutalaisena. Jos ihminen elää elämäänsä aina suhteessa toisiin ihmisiin ja heidän muodostamaansa yhteiskuntaan, voidaan situaatio määritellä juuri tietyksi, konkreettiseksi suhdejärjestelmäksi.

Verratkaamme tätä natsien propagandaan. Natsit pitivät juutalaisuutta eräänlaisena essentiaalisena tai olemuksellisena ominaisuutena, tiettynä veren perintönä – nykyaikaista kielenkäyttöä mukaillen geenien summana. Tämän ominaisuuden oletettiin edelleenkin periytyvän sukupolvelta toiselle. Sartren mukaan kysymys on kuitenkin eksistenssistä, juutalaisuuden määräytyessä juuri juutalaisen ja ympäröivän yhteiskunnan välisestä suhteesta. Tämä vain erään esimerkkinä siitä, kuinka sosiaalinen ympäristö voi luoda itse omat vähemmistönsä.

Siirala (1961) on soveltanut samaa näkökulmaa mielisairauksiin. Skitsofreniaa pidetään usein psyykkisen järjestelmän sisäisenä häiriönä, ellei jopa aivokudokseen pesiytyneenä biologisena sairautena. Siirala kiinnittää huomioita kuitenkin siihen, kuinka ympäröivä yhteiskunta hyljeksii ja torjuu sairaat keskuudestaan. Tämä hyljeksintä, joka on voinut saada alkunsa jo lapsuudessa, tavallaan vain huipentuu sairaan tullessa leimatuksi hulluksi ja lopulta ehkä suljetuksi sairaalan muurien sisäpuolelle.

Siiralan lausumaa voidaan pitää osin liioiteltuna. Toisin kuin juutalaisuus, mielisairaus on osaltaan myös persoonallisuuden vaurio. Kysymys on esitajuisen aktiviteetin vauriosta, joka taas näkyy ymmärryksen häiriötilana, vaikkapa kuuloharhoina. Mutta samalla on syytä muistaa, että myös tämä näköjään olemuksellinen vaurio voi osaltaan olla seurausta lapsuudenaikaisista vastoinkäymisistä – siis lapsen ehkä äärimmäisen epäsuotuisasta situaatiosta perheen sisällä. Samoin yhteiskunnan myöhempi kohtelu voi lyödä lopullisesti lukkoon näin jo alkaneen kehityskulun. Vähintäänkin voidaan sanoa ennakkoluulojen ja torjunnan häiritsevän muutoin ehkä mahdollista myönteistä kehityskulkua.

Aihetta koskeva oivallus on leviämässä laajemminkin. Menneinä vuosikymmeninä käyty kiistely siitä, määräytyykö se tai tuo ruumiillinen tai henkinen sairaus perimän vaiko ympäristötekijöiden kautta, on päätymässä monessa tapauksessa eräänlaiseen kompromissiin. Samalla kun äärimmäisiä esimerkkejä yhden tai toisen tekijän yksipuolisesta vaikutuksesta voidaan niitäkin toki löytää, näyttävät useimmat tapaukset asettuvan jonnekin välimaastoon. Omalta osaltaan uusiin tulkintoihin on vaikuttanut myös niin sanotun epigenetiikan keksiminen, mikä eräässä mielessä mahdollistaa ympäristöperäisten muutosten periytymisen sukupolvelta toiselle.

Ei tosin pidä ymmärtää, että vaikutus olisi havaittavissa yksin sairaudessa. Päinvastoin. Aivan kuten sairaus, on myös terveys seurausta osaltaan paitsi perintötekijöistä, myös eksistenssin rakenteista, yksilön suhteista toisiin ihmisiin – sekä menneistä että nykyisistä suhteista. Kuten sairaudella, myös terveydellä on omat syynsä – hyvinvointi voi toteutua vain tiettyjen olosuhteiden vallitessa. Kaiken kaikkiaan ihminen ei voi olla eksistoimatta, olematta jotain suhteessa ympäristöönsä, ennen kaikkea kuitenkin juuri toisiin ihmisiin. Heideggerin mukaan jopa ihmisistä poispäin kääntyminen on tapa suhteutua toisiin.

Sartre (1943) esitti aikoinaan ihmisen olevan lähtökohtaisesti vapaa olento. Toisin kuin jokin ihmisen luoma esine, jonka kohdalla olemus on käynyt ennen olemista, ihminen valitsee itse itsensä, luoden näin oman olemuksensa vapaiden valintojensa kautta. Mikään ei voi näitä valintoja rajoittaa. Jos kohta ihmiset ovatkin taipuvaisia keksimään itselleen erilaisia syitä toimilleen, ovat he lopulta vastuussa niistä itse. Ei herätyskello pakota konttorirottaa nousemaan ylös tai poliisi noudattamaan lakia – sillä vaikka ihminen ei voikaan valita tekojensa seurauksia, niin kuitenkin niiden merkitykset. Vastaavasti rakkaus on valinta, tunteen vasta seuratessa sitä.

Nähdäkseni Sartre on kuitenkin perin väärässä väärässä. Ihminen kun näet ei voi valita itse kokemiaan merkityksiä. Jos esimerkiksi nälän herätessä kaikki syötävä alkaa tuntua hänestä mitä herkullisimmalta, ei hän voi tälle itse mitään. Ja mitä suuremmaksi ja intensiivisemmäksi tämä motiivi kasvaa, sitä voimakkaammaksi kasvaa myös houkutus noudattaa sen kutsua. Samaa voimme sanoa vaikkapa eksistenssin psyykkistä tasoa edustavasta rakkaudesta. Siitä voi muodostua mitä intensiivisin voima, sen johtaessa ympärivuorokautisen haltioitumisen tilaan ja lopulta kuin lähes väistämättä itse kohteen lähestymiseen. Jos kohta motiivit eivät ehkä pakota yksilöä mihinkään, ne voivat toisaalta avata yksilön eteen vaihtoehtoja, joista tämän voi olla perin vaikea kieltäytyä.

Viittasimme edellä sosiaaliseen ympäristöön. Se muodostaa inhimillisen toiminnan väistämättömän lähtökohdan kunkinhetkisine tosiasiallisine sisältöineen. Mutta tämä ympäristössä ja sen eri sisällöt saavat oman merkityksensä juuri *motivaation* kautta. Näinpä tietyssä situaatiossa elävä ihminen ei ole yleensä koskaan täysin tyytyväinen sen konkreettisiin sisältöihin. Päin vastoin hän on taipuvainen kehittämään asemaansa kohti parempaa tai tyyydyttävämpää suuntaan. Tämä taas johtaa eräänlaisen *yksilöllisen elämäntavan* muodostumiseen. Kertaan seuraavassa vapaasti muotoillen aiempia tulkintojani (Jokela 2010, 2000).

Elämäntapaan kuuluvat lyhyesti määritellen kaikki ne toiminnot, joita yksilö *toistaa* päivästä toiseen jokseenkin saman kaltaisena. Esimerkiksi satunnainen syrjähyppy, muutama keilauskerta, hasiksen kokeilu tai muu ohimenevä teko ei siihen sisälly. Sen sijaan siinä, missä tämän kaltainen toimintamalli alkaa yleistyä hyvän tavoittelemisen välineenä, se sulautuu osaksi yksilön elämäntapaa, osana laajempien käyttäytymispiirteiden ryhmää. Tämä voi tapahtua tietoisen valinnan kautta, mutta aivan yhtä usein myös tahattomasti, kuin huomaamatta.

Elämäntapa kietoutuu erottamattomasti erilaisiin ulkoisiin turvallisuusoperaatioihin. Tämän merkitys tulee selkeästi esiin ajateltaessa tilanteita, joissa ne syystä tai toisesta pettävät. Esimerkiksi vammautuminen sanokaamme liikenneonnettomuudessa voi häiritä yksilön toimintakykyä niin, että hän ei kykene jatkamaan työhään tai harrastuksiaan. Tämän kaltaiset tilanteet koetaan usein hyvin vaikeina tai pahoina, kohtalon loukkauksena omaa henkilökohtaista vapautta vastaan. Sopeutuminen sattuneen muutoksen aiheuttamiin rajoituksiin voi viedä aikaa, jopa katkeroittaa yksilön loppuelämän ajaksi. Toisaalta mahdollista sopeutumista seuraa uuden, jos kohta entisestä poikkeavan niin samalla yhtä vakiintuneen elämäntavan kehittyminen.

Elämän urautumistaipumukselle voidaan esittää useitakin eri syitä. Osaltaan jo ympäröivään yhteiskunnalliseen todellisuuteen sopeutuminen käy helpommin toistamalla samoja toimintamalleja. Jos toisinaan kuuleekin puhuttavan elämänmittaisesta oppimisesta, on toisaalta ilmeistä että esimerkiksi ammatinvaihto sekä maksaa että vie aikaa. Mutta myös inhimillisen motivaation rakenteella on tässä oma merkityksensä. Voimme ajatella tässä vaikkapa rakkautta tai kiintymystä – mitä sanamuotoa ikinä haluammekin käyttää. Tärkeäksi muodostuneet ihmiset, paikat, esineet ja aatteet kun sitovat yksilöä osaltaan aloilleen.

Mutta ihmisen on ajattelevana olentona mahdollista myös *suunnitella* elämäänsä. Tietoisena olentona ihminen on kykenevä irrottautumaan välittömästi kokemastaan. Tämä voi merkitä vaikkapa parisuhteen toimivuuden tietoista laskelmointia, ammatin vaihdon suunnittelua tai pohdiskelua eri asumismuotojen välillä. Näin elämäntavasta muodostuu paitsi passiivinen urautuma, myös jotain, joka muistuttaa läheisesti eksistentialistien kuvaamaa projektia. Asiat eivät yksin tapahdu yksilölle, vaan niitä voidaan myös tietoisesti hallita aktiivisten valintojen kautta. Toisaalta tällä suunnittelulla on omat rajoituksensa. Ihminen kun voi lähteä ajattelussaan liikkeelle vain välittömästi annetusta. Jos joku asia ilmenee hänelle hyvänä tai pahana, voi hänen olla vaikea myöskään ajatella asiasta mitään muuta. Inhimillinen tietoisuus on lopultakin kaikista eduistaan huolimatta vain jäävuoren huippu, joka ei voisi pysyä pinnalla ilman sen veden alle jäävää osaa.

Mainittua on helpointa havainnollistaa ymmärryksen vaurioiden avulla. Sen kaltainen kielteinen merkityskokemus, joka ei johdu ulkoisista olosuhteista vaan menneiden elämänkokemusten haitallisista vaikutuksista, seuraa yksilöä kaikkialle. Hän voi toki suunnitella asioita, mutta suunnittelipa hän niitä sitten kuinka tahansa kovasti, ei lopputuloksia voida pitää myönteisinä. Esimerkiksi syömishäiriöstä kärsivä voi toki suunnitella itselleen mitä ankarimman dieetin, ja jopa pitäytyäkin siinä, mutta ilman että hänen suunnitelmansa olisivat millään mittapuulla tarkasteltuna järkeviä. Motivaation välittömän tason häiriö johtaa tässä myös tietoisuudenkin harhaan. Tästä voidaan erottaa oikeastaan kaksi eri vaihtoehtoa. Ensimmäisessä, edellä kuvatussa tapauksessa yksilön ajattelu vääristyy jo lähtökohtaisesti, ymmärryksen vaikuttaessa siihen kuten kuun vetovoima merenpinnan liikkeisiin. Toisessa taas yksilö kykenee tiedostamaan asioiden todellisen laidan, mutta vain älyllisellä tasolla. Tämä näkyy periaatteessa asianmukaisina suunnitelmina, joita tämä ei kuitenkaan kykene noudattamaan. Voimme ajatella ensinnäkin ongelmansa kieltävää, toiseksi sen myöntävää mutta silti juomisensa suhteen voimatonta alkoholistia.

Se missä menevät yksilöllisen valinnan rajat, riippuu tietysti sekä yksilöön itseensä että hänen ympäristöönsä liittyistä tekijöistä. Voimme olettaa että eettisen ymmärryksensä osalta moitteettomasti kehittynyt voi tehdä valintansa suhteellisen vapaasti, ymmärtäessään jo välittömän intuitionsa perusteella asioiden oikean laidan ja kyeten myös kieltäytymään tietyistä situaatioonsa sisältyvistä houkutuksista. Tätä tietysti vain helpottaa, mikäli yksilöllä on riittävästi tietoa kohtaamistaan asioista. Ymmärryksen vääristymät kuitenkin kumoavat armottomasti tämän mahdollisuuden. Tämän ymmärtämiseksi meidän täytyy avata vielä eräs, toistaiseksi vaille käsittelyä jäänyt aihepiiri.

YHTEISKUNNALLINEN TOIMINTA

Inhimillistä yhteiskuntaa voitaneen lähestyä parhaiten erilaisten *rakenteiden* kokonaisuutena. Nämä perustuvat oleellisesti enemmän tai vähemmän vakaan *järjestyksen* varaan. Inhimillistä toimintaa voitaisiin kuvata tässä kaoottisena virtaavaksi vesimassaksi. Toisaalta tämän kaltaisilla tulvillakin on taipumus jäsentyä, vakiintua tiettyyn uriinsa. Pitkälti samoin on myös inhimillisen toiminnan laita. Kaoottisena eri suuntiin pyrkivien ihmisten elämäntavat ovat taipuvaisia ajan myötä *harmonisoitumaan suhteessa toisiinsa*, tämän johtaessa mainittujen rakenteiden syntymään.

Nykyaikana kehitys on johtanut mittavien organisaatiorakenteiden syntyyn. Nämä ovat niin laajoja, että niitä ei voida johtaa enää välittömän dialogin keinoin. J. K. Galbraithin (1967, 26-) kuvaamat teknologian imperatiivit vaativat suuria tuotantolinjoja, hyvin johdettua ja pitkäjänteistä tuotekehittelyä sekä suhteellisen tiukkaa, *yleiseen järjestykseen* perustuvaa hierarkkista sisäistä rakennetta. Galbraithin esittämä tulkinta ei ole vuosien myötä suinkaan menettänyt ajankohtaisuuttaan. Esimerkiksi älypuhelinteknologiaa ei yksinkertaisesti olisi ollut mahdollista kehittää pienissä, demokraattisesti johdetuissa käsityöläispajoissa, vaan yksin suurten organisaatioiden piirissä.

Koska yhteiskunnallinen järjestys on mitä ilmeisimmin paitsi mahdollista, myös varsin tavanomaista, täytyy siihen olla olemassa myös tiettyjä *syitä*. Näiden syiden täytyy olla edelleenkin luonteeltaan *antropologisia*. Edellä esitetyn yleisen luonnehdinnan perusteella voidaan jo nähdäkseni esittää näistä syistä keskeisimmät.

Tulkintani mukaan inhimillisen vuorovaikutuksen voidaan havaita toteutuvan pohjimmiltaan kahdella eri tasolla. Näistä ensimmäisenä on mainittava *dialoginen kohtaaminen*. Tässä toinen kohdataan yksilönä, heittäytyen myös itse molemminpuoliseen muutosprosessiin. Dialogin kulku on usein ennakoimatonta, mikä voi tehdä siitä osin myös jotain uhkaavaa. Toisaalta siitä vaille jääminen merkitsee osaltaan myös mitä merkittävimmän inhimillisen hyvän hukkaantumista. Mutta on huomattava, että vaikka välittömän kohtaamisen merkitys yksilötason hyvinvointia ajatellen on mitä suurin, voi se toisaalta toteutua pääsääntöisesti vain melko pienissä ryhmissä, ei esimerkiksi tuhansien ihmisten kesken. Vaikka esimerkiksi suurorganisaatioidenkin piirissä muodostuu erilaisia välittömään kohtaamiseen perustuvia yhteisöjä, näiden kukoistaessa ruokatunneilla ja pikkujouluissa, perustuu sen toiminta kokonaan toisenlaisten periaatteiden varaan.

Toisena kanssakäymisen tasona on mainittava juuri *yhteiskunnallinen toiminta*. Tässä toista ei kohdata yksilönä, vaan roolinsa edustajana, kohdellen tätä tilannetta säätelevien *normien* mukaisesti. Esimerkiksi kohdattu kaupan myyjä ei ole enää se tai tuo persoona, vaan roolinsa haltija, jonka oletetaan noudattavan tiettyjä normeja. Toisaalta sama koskee myös asiakasta, jota niin ikään velvoittavat tietyt, sekä lainvoimaiset että tapakulttuuriin liittyvät normit. Ja juuri tämän kaltainen käytös juuri mahdollistaa yhteiskunnallisen jatkumon toteutumisen. Ajatelkaamme nyt vaikkapa uutta automalliaan suunnittelevaa ja pian valmistavaa yritysorganisaatiota. Tilanteeseen osallistujia on yksinkertaisesti aivan liikaa, jotta toimivaa ja tehokasta dialogia voitaisiin pitää yllä.[17] Jos jo Galbraithin kuvaamalla uudenaikaisella, tarkemmin tuonnempana käsittelemällämme johtorakenteella eli teknostruktuurilla on oma rakenteensa, jossa jokaisella on oma paikkansa, täytyy tätä suuremmalla syyllä rivityöntekijän tyytyä vain toimimaan ylhäältä annettujen käskyjen mukaan. Mikäli esimerkiksi uuteen automalliin ovia asentava työläinen sekaantuisi

---

17 Eräät tahot elättelevät toiveita työyksiköiden hallinnon palauttamisesta dialogiselle tasolle. Nähdäkseni tämä on kuitenkin aivan pienimpiä yritysyksiköitä lukuun ottamatta kaikki realiteetit laiminlyövä tavoite. Käsittääkseni on myös niin, että jo pelkkä työnteko vie monelta työläiseltä riittävästi voimia, ilman että hän haluaisi käyttää niitä vielä perehtymällä myös yritysorganisaationsa päätöksentekoon.

päätöksentekoprosessiin omine näkemyksineen, hukkuisi se tuhansien äänien kaaokseen

Mikä pitää paikkansa tässä, pitää paikkansa myös muualla. Yhteiskunnallinen jatkumo kaiken kaikkiaan voi rakentua vain yhteiskunnallisen toiminnan varaan.

Osaltaan ihmiset seuraavat normeja rangaistusten pelosta, osaltaan laiskuuttaan ja omaa etuaan ajaen. Toisaalta ihmiset ovat ilmeisestikin perin halukkaita noudattamaan normeja. Ei ole sen kaltaista kulttuuria, jonka piirissä ei näin tehtäisi. Jopa siinä, missä mitään ulkoisia paineita tähän ei olisi, keksivät ihmiset kuin omasta päästään tiettyjä normeja. Jopa mitä villeimmät, vielä puoleksi omassa maailmassaan elävät lapset keksivät itselleen jostain jalkapallon, vain voidakseen pelata – toki sääntöjen mukaan. On edelleenkin kuvaavaa, kuinka suurta tunnekuohua niiden rikkominen herättää. Vastaavasti aikuisilla on omat kuvionsa, aina tapakulttuurista alkaen, hienostopiirien pukukoodin rikkomisen aiheuttaessa omat skandaalinsa.

Näin yleiselle taipumukselle täytyy olla edelleenkin omat syynsä. Käsittääkseni näitä voidaan erottaa lähinnä kolme. Ensinnäkin on otettava huomioon normien seuraamisen mukanaan tuoma *käytännön etu*. Pyrkiessään noudattamaan motivaationsa kutsua ihminen on monesti perin laiska ja mukavuudenhaluinen olento. Monesti tämä näkyy myös taipumuksena noudattaa yleisesti hyväksyttyjä normeja, ainakin mikäli kiinnijäämisriski on kohtuullisen suuri ja sanktiot tuntuvia. On helpompi mukautua kuin kapinoida ja ottaa se riski, joka sisältyisi esimerkiksi työnantajan tai lainlaatijoiden tahdon rikkomiseen.

Toiseksi on otettava huomioon edellisen tarkastelumme eräs johtopäätös, nimittäin normien merkitys *henkisen motivaation* välikappaleena. Kuten lukija muistanee, vertasimme edellä normeja eräänlaiseen mittapuuhun, jonka avulla yksilö voi osoittaa oman arvonsa. Tämän merkitys tulee esiin vaikkapa tarkasteltaessa työttömäksi joutuneita tai mielenterveydellisiin ongelmiin ajautuneita, jotka saattavat tuntea suurta häpeää siksi, että eivät kykene täyttämään itsensä elättämistä koskevaa normia. Pääsääntöisesti normatiivisen viitekehyksen yläpuolelle nouseminen voi tapahtua vain poikkeuksellisten vahvojen arvojen kautta.

Kolmanneksi on mahdollista, että normeja *ei ymmärretä normeiksi*, vaan ne koetaan ikään kuin luonnonlakien kaltaisiksi ikuisiksi tosiasioiksi. Esimerkiksi pukeutumista tai käytöstä koskevat normit saatetaan kokea itsestään selviksi totuuksiksi, joita ei edes kyetä kyseenalaistamaan. Voidaan arvella, että jokainen meistä on tässä suhteessa osin omien asenteidensa ja ennakkoluulojensa vanki. Jopa tietoisesti kaikkia normeja halveksiva nuori kapinallinen, joka riemuitsee päästessään rikkomaan ikkunoita jonkin mielenosoituksen yhteydessä, voi noudattaa hyvinkin tarkasti alakulttuurinsa normeja esimerkiksi pukeutumisensa suhteen.

Normien seuraamista on pidettävä pohjimmiltaan vain hyvänä asiana. Se antaa yhteiskunnalliselle jatkumolle ja samalla koko historialle tietyn muodon. On edelleenkin ilmeistä, ettähminen voi kehittyä ihmiseksi vain historiallisen prosessin myötä, eikä se voisi edetä pitkällekään ilman normien mahdollistamaa yhteiskunnallista todellisuutta. Vain järjestäytynyt yhteiskunta kun vihdoin kykenee tarjoamaan toimivien liikenneyhteyksien, kehittyneen terveydenhuollon tai perusturvan kaltaisia palveluita. Toisaalta asiaan liittyy myös eräs ongelma. Tarkoitan tällä sitä, että luodut rakenteet alkavat usein lähteä elämään ikään kuin omaa elämäänsä, ilman että niitä toiminnallaan ylläpitävä ihminen voi niihin juurikaan vaikuttaa.

Voimme ajatella tässä vaikkapa fossiilisten polttoaineiden hyödyntämisen, ydinvoiman käyttöönoton tai jatkuvan taloudellisen kasvun kaltaisia trendejä. Tiettyyn pisteeseen asti niitä voidaan pitää ihmisen omina valintoina, hänen itsensä alulle pistäminä ja ylläpitäminä. Mutta samalla tämän kaltaisista trendeistä on muodostunut aja myötä myös eräänlaisia satunnaisesti rakentuneita välttämättömyyksiä. Keskenään kilpailevien yritysorganisaatioiden maailmassa se, joka jättäisi uuden teknologian hyödyntämättä, jäisi kilpailukyvyltään heikompaan asemaan ja kuihtuisi pois. Mutta toistaiseksi on käsittelemättä vielä eräs aihepiiri, nimittäin yksilötason normivalinnoista kumpuava muutospaine.

RAKENTEELLINEN MUUTOSPAINE
Edellä me olemme tulleet käsitelleeksi lyhyesti erityisesti yhteiskunnallisella jatkumolla esiintyvän järjestyksen alkuperää. Vielä on luo-

tava silmäys *muutoksen* alkuperään. Se voidaan pääsääntöisesti sijoittaa kahtaalle, toisaalta yhteiskunnalliselle, toisaalta pedagogiselle jatkumolle.

Ilman normeja seuraavia ihmisiä ei voisi olla myöskään yhteiskuntaa. Ei tosin pidä ymmärtää, että täten syntynyt järjestys olisi aina täydellisen vakaa. Päinvastoin sen sisäinen olemus voi tuottaa lopputuloksenaan erilaisia *muutosprosesseja*. Itse asiassa näin näyttää olevan aina ja kaikkialla. Erojakin tietysti on olemassa. Esimerkiksi keskiaikainen feodaalinen, yksinkertaiseen ryöstöön ja riistoon perustunut yhteiskunta näyttää olleen taloudelliselta perustaltaan suhteellisen vakaa. Tässä se eroaa esimerkiksi nykyajan antiikin Roomasta tai nykyajan imperiumista, globaalista kapitalismista. Pitkälle kehittynyt talouselämä käytännön tuotantosuhteista irtautunut talouselämä näyttää johtavan abstrakteine, ristiriitaisine normijärjestelmineen lähes väistämättä kiivaaseen muutokseen, jopa oman itsensä tuhoon yhteiskunnallisen jatkumon sisäisten ongelmien ilmentyminä.

Voimme ajatella konkreettisena esimerkkinä *kilpailuun* perustuvaa talouselämää. Kilpailua pidetään nykyisin ainoana mahdollisena järjestelmänä, usein juuri tuottavuuden nimissä. Toisaalta kilpailuun sisältyy se omituinen puoli, että se on taipuvainen ajan myötä kumoamaan itsensä monopolien muodostumiseen ajan myötä. Näinpä kilpailuun uskovassa läntisessä maailmassa on paradoksaalista kyllä kehitetty lakeja, jotka estävät kilpailua ajautumasta johdonmukaiseen loppuunsa. Tämä on hieman sama kuin sakkipeliin lisättäisiin sääntöjä, jotka alkaisivat rajoittaa ja häiritä voitolla olevan osapuolen toimintaa. Mutta mitä tulee puhtaaseen kilpailuun itse itseään tuhoavana periaatteena, voidaan sen katsoa heijastelevan *normijärjestelmän sisäistä ristiriitaisuutta.*[18]

18　On tosin olemassa tekijöitä, jotka saattavat estää monopolin syntymisen muutoinkin. Eräänä mainittakoon kuluttajan turhamaisuus. Jos vaikkapa yksi vaatealan yritys alkaisi valmistaa sinisiä kenkiä ja toinen punaisia, ostaisi osa ihmisestä sinisiä ja osa punaisia yksin erottuakseen toisistaan. Veblenin (1969) kuvaama kerskakulutus perustuu juuri tähän – tuhlatkaamme arvokkaampaan vakuuttuaksemme omasta paremmuudestamme.

Tavallaan edellisen alamuotona voidaan mainita tilanne, jossa vallitseva yhteiskuntajärjestelmä tuhoaa oman eloonjääntinsä *ulkoiset* edellytykset. Eräänä tämän kaltaisena voidaan mainita kapitalistinen maailmantalous, joka on johtanut luonnon ennenäkemättömään tuhoutumiseen, kykenemättä samalla jakamaan ennenkuulumatonta aineellista yltäkylläisyyttä edes kohtuullisen tasaisesti. Tässä ei nähdäkseni ole kysymys niinkään kenenkään ahneudesta tai tietoisesta riistosta kuin yksin pelisäännöistä, jotka johtavat kuin väistämättä epäoikeudenmukaisten asetelmien toteutumiseen.

REAKTIIVINEN JA TUHOAVA MUUTOSPAINE
Mutta ei kaikki muutospaine tule itse normijärjestelmän sisäisen ristiriitaisuuden taholta. Olemme edellä todenneet ihmisten olevan normeja seuraavia olentoja. Toisaalta ihmiset eivät yksin seuraa normeja, vaan tekevät myös *normivalintoja*. Ei tietysti niin, että kukaan voisi täysin hylätä normit luopumatta omasta ihmisyydestään. Toisaalta ihminen voi, niin halutessaan, *vaihtaa* entisen normiympäristönsä toiseen. Voimme ajatella tässä vaikkapa jonkin kiinteän uskonnollisen lahkon piirissä kasvanutta, sen normeihin sopeutunutta nuorta, jota ne alkavat kuitenkin ahdistaa. Hän ei voi toki luopua normien seuraamisesta kokonaisuudessaan, mutta toki hylätä yhteisönsä normit omaksuakseen muun yhteiskunnan piirissä vallitsevat. Kysymys on siis normivalinnasta, jonka yksilö tekee oman etunsa nimistä.

On olemassa yrityksiä tulkita psyykkisiä sairaustiloja psyyken tai ymmärryksen rakenteiden kehittymättömyytenä. Näillä on varmasti psykopatologian ja terapian piirissä oma käyttönsä. Toisaalta deMausen (1982, 2002) edustama traumateoreettinen malli eroaa tästä suhteellisen selvästi. Tässä kehityksen syynä ei ole niinkään hyvien kokemusten puute kuin pahojen kokemusten ylitsepursuava voima – toisin sanoen traumat, joita lapsi ei ole kyennyt käsittelemään. Kysymys ei ole niinkään aikuisten toisten poissaolosta tai kylmyydestä kuin päin vastoin heidän liian voimakkaasta ja tuhoisasta tunkeutumisesta lapsen maailmaan. Voinemme kuitenkin ottaa mallin tässä yhteydessä tarkastelumme lähtökohdaksi sen tietystä yksipuolisuudesta huolimatta, pitäen samalla mielessä että traumat voivat myös tukahduttaa alleen normaaleja myönteisiä kehityskulkuja.

Seuraukset tästä kaikesta voivat olla mitä moninaisimmat. Eräs mahdollisuus on, että yksilöstä *itsestään* kehittyy kärsivä, lamaantunut olento, joka ajautuu jossain vaiheessa psykiatrisen hoitojärjestelmän piiriin. Puhumme niin sanotuista mielenterveyskuntoutujista, kuten keinotekoisen optimistiselta kuulostava ilmaisu kuuluu. Esimerkiksi masennuksesta ja ahdistuksesta kärsivä ihminen kokee elämänsä tyhjänä ja vaikeana. Molempia oireita voidaan pitää seurauksena elämättä jääneistä, nyt suurelta osin torjutuista tunnereaktioista. Että kysymys on juuri ymmärryksen häiriötilasta, käy ilmi siitä, että vaikka hänen situaatiotaan muutettaisiin suotuisammaksi, ei se ainakaan välittömästi johda hänen tilansa parantumiseen, oireiden seuratessa häntä kaikkialle minne hän meneekin. Yksilön tilaa vain pahentaa leimautuminen niin sosiaalisen ympäristön kuin hänen itsensäkin silmissä. Mutta vähintäänkin yhtä tavallista tai jopa tavallisempaa on se, että yksilön ymmärrys vääristyy tavalla, joka saa hänet vahingoittamaan *toisia*. Nyt puhumme sadistisista, tuhoavista yksilöistä, alkaen aina pahantahtoisesti juoruilevista naapureista ja päättyen sarjamurhaajiin, diktaattoreihin ja murhanhimoisiin ihmismassoihin, jotka tekevät edelleenkin *valintoja* eri normistojen ja niitä edustavien ryhmien välillä.

Niin kauan kuin normien sallimat käyttäytymismallit vastaavat suurin piirtein yksilön motivaation yksilöllistä rakennetta, voi yksilö kokea itsensä hyvinvoivaksi ja vapaaksi – mitä hän osaltaan täten toki myös onkin. Mutta mitä suuremmaksi kasvaa näiden kahden tekijän välinen ero, sitä ahdistavammalta se alkaa yksilöstä tuntua, normiyhteisön enemmänkin vaatiessa yksilöltä kuin antaessa hänelle.

Tässä kaikessa ei sinänsä ole mitään pahaa. Välitön tapa reagoida ulkoiseen ahdinkoon on vastarinta. Ongelmaksi normivalinnat muodostuvat kuitenkin siinä, missä yksilön ymmärrys on siten vääristynyt, että hän tulee valinneeksi yleisesti ottaen perin epäsuotuisan normatiivisen viitekehyksen. Tämän kaltainen, aluksi ehkä yleisesti hyväksyttyihin normeihin sopeutunut yksilö saattaa siirtyä esimerkiksi rikollisjengin tai skinheadliikkeen piiriin. Muuta yhteiskuntaa ei juurikaan lohduta, että hän itse saattaa kokea tässä jonkinlaisen henkisen uudelleensyntymän.[19] Tämän kaltaisen kielteisen muutospaineen voidaan katsoa heijastelevan ensisijaisesti pedagogisen jatkumon vauriotiloja.

Sekä reaktiiviselta että tuhoavalta pohjalta kumpuavat liikkeet voivat vaikuttaa historialliseen kehitykseen kahdellakin eri tapaa. Ensimmäisen muodostaa *parlamentaarinen demokratia*, toisen sen *ulkopuolella* vaikuttava, yhteiskuntajärjestelmää vastaan avoimesti kääntynyt kapina. Käsitelläksemme lyhyesti ensimmäistä, äänestäessään ihmiset voivat tehdä päätöksensä lopulta vain oman ymmärryksensä pohjalta. Sikäli kun heidän käsityksensä siitä, mikä on hyvää ja pahaa, on vääristynyt, he ovat taipuvaisia tekemään eettisesti kyseenalaisia äänestyspäätöksiä. Äärimmillään tämä voi johtaa jopa tilanteeseen, jossa äänestäjät itse demokraattisesta periaatteesta ja tarttuvat aseisiin. Mitä alhaisempaa psykoluokkaa yhteiskunta edustaa, sitä vähäisemmät ovat sen mahdollisuudet todelliseen demokratiaan. Esimerkiksi demokratian vieminen Irakin tai Afghanistanin kaltaisiin valtioihin on ajautunut ongelmiin juuri tämän vuoksi. Tilanteessa jossa ihmiset ovat taipuvaisia ajamaan omaa asiaansa tarvittaessa vaikka asein ei yleinen äänioikeus merkitse käytännössä mitään.[20] *Toisi-*

---

19 Arvoiltaan vahvaan yksilöön tämän kaltainen hurmoshenkinen joukkoliike ei kuitenkaan vetoa. Kohut (1985) kuvaa natsihallintoa vastaan nousseen, ja sittemmin sen teloittamaksi tulleen Sophie Schollin toimineen ydinitsen ("nuclear self") vaikutuksen alaisena. Itse puhuisin mieluummin kypsistä arvoista normien yläpuolelle kohoamisen välineenä. Tästä esimerkkinä käyvät myös vaikkapa Mahatma Gandhin, Martin Luther Kingin tai Nelson Mandelan kaltaiset ihmiset. He pystyvät paitsi tekemään valintoja eri trendien välillä, myös luomaan kokonaan uusia.

20 Marx esitti kapitalismin olevan historiallisesti välttämätön vaihe ennen kommunistisen yhteiskunnan toteutumista. Puuttumatta tähän kannanottoon sinänsä voimme sitä mukaillen sanoa diktatuurin olevan joissain tapauksissa välttämätön välivaihe ennen demokratiaa. Sanokaamme Saddam Husseinin Irak ei liene ollut kenenkään mielestä mikään ihannevaltio. Toisaalta juuri Husseinin diktatuuri näyttää jälkeenpäin tarkasteltuna pitäneen kasassa tämän sittemmin Yhdysvaltain demokratisointiyritysten täydelliseen kaaokseen ajautu-

naan edes jossain määrin valistunut diktatuuri voi olla parempi kuin tyhjäksi jäävä demokratian yritys.

neen maan. Kertoo sitten jotain puolestaan juuri Yhdysvaltain oman taloudellisen ja psykologisen motivaation tasosta, että se katsoi voivansa "vapauttaa" Irakin kaatamalla diktaattorin ja pommittamalla maan infrastruktuurin hajalle.

Nykyaikainen yhteiskuntamuoto

Eksistoivan ihmisolennon asema määräytyy suurelta osin historiasta käsin, enkä saata muuta kuin pitää yleistä kehitystä tässä suhteessa nousujohteisena. Saatamme tuskin hämärästi aavistaa, kuinka erilaista on ollut eksistoida esihistoriallisen aikakauden keräilijäpyytäjänä ja kannibaalina kuin nykyaikaisessa yhteiskunnassa. Sivistyminen on hieman huono ilmaus, se kun kantaa mukanaan tiettyä, ehkä juuri siirtomaa-ajalle tyypillisen ylimielisyyden painolastia. Toisaalta uskaltaisin väittää, että nykyaikainen tieteellistekninen yhteiskunta tarjoaa paljon paremmat mahdollisuudet ihmisessä piilevän synnynnäisen ihmisyyden toteutumiseen.

Tunnetusti dinosaurusten höyhenet kehittyivät toisaalta lämmön säilyttämistä, toisaalta lajitovereille pöyhkeilemistä varten. Ennen kuin ne saattoivat palvella lentämistä, niiden täytyi palvella jotain muuta. Samoin on käynyt myös ihmisten kohdalla. Normien seuraamisen taustalla piilevän motivaation on täytynyt kehittyä *ennen* järjestäytynyttä yhteiskuntaa – joka vasta saattoi mahdollistaa ihmisyyden täyden kehittymisen. Samoin on yhteiskunnallisen jatkumon antropologisten edellytysten kehittymisen täytynyt edeltää yhteiskuntaa. Ja kun yhteiskunta kerran on syntynyt, on tämä käynnistänyt kymmenien tuhansien vuosien esihistoriallisen pysähtyneisyyden jälkeen yhä alati kiihtyvän historiallisen prosessin, jonka korkeimmalla aallonharjalla juuri me tällä hetkellä ratsastamme.

Mutta juuri kaikkein kirkkain kehitys näyttää kantavan sisällään myös oman tuhonsa siemenen, kuten Marx oletti. Marx kiinnitti huomiota juuri taloudellisen jatkumon ongelmiin, ennen kaikkea kuitenkin juuri kapitalistisen järjestelmän tuottamaan aineellisen hyvän epätasaiseen jakautumiseen ja kapitalistisen talouselämän sisäisen ristiriitaisuuden aiheuttamaan romahtamistaipumukseen. Visio vaikuttaa tällä hetkellä aivan yhtä ajankohtaiselta kuin aikanaan, jos kohta sen teoreettisia puitteita onkin hieman uusittava. Arrighin (1994) on erottanut toisistaan *pääoman keräytymisen systeemiä* - tai *kapitalistisen paradigman variaatiota*, kuten itse asian ilmaisisin. Siinä missä Marx eli näistä kolmannen aikana, meitä kiinnostaa lähinnä itseämme ympäröivä, Yhdysvaltain hallitsema neljäs paragima.[21]

On olemassa tiettyjä taipumuksia nähdä kapitalistinen uusi maailmanjärjestys, mainittu neljäs paradigma, enemmänkin tietoisen vallankäytön koneistona kuin taloudellisena laitoksena. Tämä tulee tendenssi tulee esiin suhteellisen selvästi esimerkiksi työssä Hardt & Negri (2000). Nähdäkseni on kuitenkin erittäin tarpeellista pitää kiinni ajatuksesta yhteiskunnan taloudellisen perustan ajatuksesta. Sen syrjäyttäminen kun johtaa paitsi itse ongelman ytimen laiminlyömiseen, osittain vain turhanpäiväiseen mellakointiin ja muuhun oheistoimintaan, joka toisaalta voi olla tietyn tyyppisistä persoonallisuuksista kovin viihdyttävää, mutta joka on omiaan enemmänkin luomaan ongelmia kuin ratkomaan niitä.

---

21 Huomautettakoon että jos käsilläolevaa teosta on pidettävä yleensäkin eräänlaisena luonnoksena, enemmänkin tutkimussuunnitelmana kuin itse tutkimuksena, jossa konkreettisten esimerkkien tarkoituksena on lähinnä havainnollistaa teoreettisia peruslinjauksia – pitää tämä paikkansa erityisen selvästi juuri tästä luvusta. Tämä johtuu osaltaan jo niinkin konkreettisesta seikasta kuin onnettomasta matematiikkapäästäni. Kuten saksan kielioppi, eivät myöskään numeroiden keskinäiset suhteet kerta kaikkiaan uppoa päähäni. Toisaalta pidän tiukasti kiinni siitä, että marxilaisen yhteiskuntakritiikin on syytä palata takaisin taloudellisen perustan ajatukseen pinnallisten sanokaamme vallankäyttöä koskevien analyysien sijaan.

Klassinen höyrykonekapitalismi

Marx (1867) lähti aikansa kapitalismin, sen kolmannen paradigman kritiikissä liikkeelle arvon käsitteestä, tutkien sen kehitystä pääomaksi työväestön riistoprosessin kautta. Itse olen nähnyt asianmukaisemmaksi ottaa lähtökohdaksi *organisaation* käsitteen (Jokela 2010b). Ne eivät niinkään ole kuin tulevat olevaksi yhteiskunnallisen, normien seuraamiseen perustuvan toiminnan myötä. Voitaneen huomauttaa jo tässä yhteydessä, että yritysorganisaatioiden toimintaa säätelevät normit voidaan jakaa kahteen eri osaan, toisaalta lainsäädäntöön ja muihin määräyksiin, toisaalta taas niiden sisäisiin normeihin. Nämä kaksi voivat ajautua edelleenkin ristiriitaan, jälkimmäisten kannustaessa valtiovallan esittämien lakien ja määräysten rikkomiseen.

Kuten muutkaan yhteiskuntarakenteet, organisaatiot eivät varsinaisesti ole olemassa, eivät ainakaan samaan tapaan kuin esimerkiksi maassa lojuva kivi tai kaupasta ostettu, Marxin kuvaama puujaloillaan hyppelevä pöytä. Samalla ne kuitenkin tulevat oleviksi *inhimillisen toiminnan*, tarkemmin sanoen vieläpä *yhteiskunnallisen* toiminnan kautta. Noudattaen eri syistä johtuen niiden piirissä vallitsevia normeja ihmiset tulevat paitsi noudattaneeksi omia, edellä kuvattuja, osin ainakin voimakkuudeltaan yksilöittäin vaihtelevia motiiveitaan, osaltaan myös tuottaneeksi organisaation olemassaolon, joka kaiken tämän seurauksena voi alkaa elää pian kuin omaa elämäänsä. Järjestelmästä oli tuleva myös äärimmäisen epävakaa.

Yritysorganisaatioiden tavoitteena oli jo Marxin aikoina juuri oman tuoton usein itsetarkoitukselliseksi kasvanut maksimoiminen. Marx (1867, 141-) kuvaa, kuinka se pääoma, jonka kapitalisti sijoittaa organisaatioon, tuottaa tuloksenaan tavaroita. Toisaalta kapitalisti myi nämä tavarat markkinoilla – mutta *suuremmalla* hinnalla kuin jonka niiden tuottaminen oli maksanut. Näin syntynyt lisäarvo tai voitto jäi hänelle, jos kohta ei ilman että pitkä työpäivää huonoissa työolosuhteissa työskentelevä työväenluokka olisi joutunut sitä maksamaan. Systeemistä muodostui samalla myös huomattavan epävakaa, nousu- ja laskukausien vaihdellessa keskenään.

Toisaalta voiton maksimointi ei tapahtunut kuitenkaan missään tyhjiössä, vaan päinvastoin muiden, samaa tavoittelevien organisaatioiden täyttämällä kentällä. Seurauksena oli kilpailuasetelma. Tätä on pidetty ja pidetään edelleenkin yksin suotavana sekä tuotannon tehokkuuden että taloudellisen kasvun kannalta. Kilpailuun liittyy tosin eräs ongelma, se näet pyrkii enemmin tai myöhemmin päätymään jonkun voittoon, tässä tapauksessa juuri monopoliaseman saavuttamiseen – ja tekemään täten itsensä tyhjäksi. Koska kilpailua kuitenkin laajalti ihannoidaan, sen hillitsemiseksi on säädetty monopolikehitystä hillitseviä, toisinaan varsin keinotekoiseltakin kuulostavia lakeja. Nämä voivat koskea esimerkiksi nykyaikaisesti muotoiltuna määräävän markkina-aseman väärinkäyttöä, sen rikkomisen johtaessa tiettyihin sanktioihin.

Kilpailussa menestymiseksi organisaatioilla oli edelleenkin käytössä useita eri keinoja. Näistä ensimmäisenä voidaan mainita *erikoistuminen*. Tämä merkitsi keskittymistä tuottamaan mahdollisimman suuria määriä samoja tai ainakin samankaltaisia tuotteita. Samalla kun koneistettu massatuotanto oli jo sinänsä halpa tuotantomenetelmä, jäivät myös tuotteen suunnittelun ja tuotantolinjojen rakentamisen vaatimat kustannukset mahdollisimman alhaisiksi. Toisaalta erikoistumista voitiin tukea *liittoutumalla* yhden tai useamman muun organisaation kanssa. Tyypillinen ratkaisu tässä oli erilaisten alihankintaketjujen muodostaminen. Esimerkiksi laivoja valmistava organisaatio osti toisilta terästä eri muodoissa, niittejä, maaleja, höyrykoneiston osia ja niin edelleen. Nämä molemmat tavat ovat säilyneet myös näihin päiviin asti.

Vielä eräänä kolmannen, englantikeskeisen paradigman eräänä erityispiirteenä on mainittava vielä *siirtomaiden* suoranainen hyväksikäyttö. Marxin aikana usein suoran sotilasvallan alle alistetut kolmannen maailman maat saivat luvan toimia ensisijaisesti Englannin kaltaisten isäntämaiden raaka-ainelähteinä. Näinpä esimerkiksi Intiassa oli kielletty puuvillan jalostaminen, jotta se voitaisiin tuoda jalostettavaksi Englantiin ja myydä takaisin Intiaan valmiin kankaan muodossa, tietenkin lisäarvoa vastaan. Toisinaan esiintyvät kapinat kukistettiin verisin ottein.

Uusi teollinen valtio

Organisaatiot ovat yhtä vanhoja kuin ihmiskunnan historia – siis sulkien pois keräilijäpyytäjien esihistorialliset seikkailut. Toisaalta nykyaikainen, kapitalistisen paradigman neljännelle vaiheelle tyypillinen organisaatiomuoto eroaa mitä merkittävimmillä tavoin aikaisemmin esiintyneistä, myös Marxille tutuista. Näin erityisesti johtorakenteensa osalta.

Siinä missä yhtä hyvin keskiaikaista, aarteenkeräämiseen perustuvaa ryöstö- tai sotaorganisaatiota kuin varhaista kapitalistista organisaatioita saattoi johtaa periaatteessa vielä yksi ihminen, on teknologinen kehitys johtanut kapitalistisen paradigman neljänteen muotoon siirryttäessä tilanteen perinpohjaiseen muutokseen. Samalla kun yritysorganisaation omistus on jakautunut laajalle osakkeenomistajien joukolle, on sen sisäinen päätöksenteko siirtynyt kokonaisten pitkälle erikoistuneiden asiantuntijoiden muodostamalle verkostolle. Samalla myös itse päätöksentekoprosessi on tavallaan automatisoitunut, tai vähintäänkin muuttunut eräänlaiseksi sarjatuotannoksi.

Galbraith (1967) on kuvannut osuvalla tavalla teollisessa tuotantotavassa ja siihen perustuvissa valtasuhteissa tapahtuneita muutoksia. Jos Marx olikin korostanut pääoman merkitystä vallan lähteenä, oli hän ollut oikeassa suhteessa oman aikaansa yhteiskuntaan. Tuolloin valta oli pääomalla, tuon ajan tuotannontekijöistä harvinaisimmalla, juuri sen mahdollistaessa sekä työvoiman että tuotantovälineiden hankinnan. Toisaalta pääoman tarjonnan kasvu oli sittemmin muuttanut kokonaistilannetta ratkaisevasti, johtaen vallan siirtymiseen *organisaatiolle*. Samaan aikaan teknologinen kehitys oli johtanut muutoksiin kuten tuotantolinjojen koon kasvuun tai yhä kasvavaan erikoistumiseen. Tässä yhteydessä meitä kiinnostaa erityisesti tuotannon suunnittelun muodostuminen yhä vaativammaksi tehtäväksi.

Vielä Marx kuvaaman kypsän kapitalismin kapitalisti saattoi paitsi omistaa yrityksensä itse, myös johtaa sitä menestyksekkäästi ilman suurta ulkopuolista apua. Samaan kykenevät vielä tänäkin päivänä monet pienyrittäjät, mutta eivät enää suuremmat organisaatiot.

Teknologisen kehityksen ja suunnittelutyön monimutkaistumisen tarpeen vuoksi tämä ei ole ollut enää pitkään aikaan mahdollista, päätöksenteon ajautuessa lopulta eräänlaisen organisaation sisäisen johtorakenteen tai *teknostruktuurin* piirin.[22] Galbraith (1967, 88) kommentoi:

> Näin päätökset eivät nykyaikaisissa liikeyrityksissä ole yksilöiden vaan ryhmien tuotteita. Ryhmät ovat lukuisia, ja yhtä usein epävirallisia kuin virallisia, ja niiden koostumus muuttuu lakkaamatta. Jokainen muodostuu ihmisistä, joilla on tietyn päätöksen tekoon tarvittavat tiedot tai mahdollisuus tällaisen tiedon hankkimiseen, sekä ihmisistä, joiden ammattitaitona on näiden tietojen kokoaminen ja testaaminen ja johtopäätösten tekeminen. Näin siis ihmiset toimivat menestyksekkäästi asioissa, josta kenelläkään heistä yksin, olipa hän kuinka älykäs tai kehittynyt tahansa, ei ole tarpeellista tietoutta kuin murto-osan verran.

Näiden sanojen kirjoittamisesta on aikaa kohta kuusikymmentä vuotta. On kuitenkin ilmeistä, että Galbraithin havaitsema trendi ei ole kadonnut, vaan pikemminkin vahvistunut. Sitä ei myöskään muuta pohjimmiltaan toiseksi se, ovatko tuotanto- ja päätöksentekoprosessin osapuolet virallisesti osa samaa organisaatiota, vai toimivatko ne vain tiiviissä yhteistyössä. Joka tapauksessa se valta, joka yrittäjäomistajalle aikaisemmin kuului, peruuttamattomasti mennyttä. Tietysti yritysorganisaatioilla on vielä omat toimitusjohtajansa ja hallituksensa, mutta nämäkin voivat nojautua päätöksissään vain siihen tietoon, jonka heidän alaisensa heille tuottavat. Päätöksiä toki tehdään, mutta niiden sisällöstä ei vastaa oikeastaan kukaan yksittäinen taho – eikä lopulta oikeastaan kukaan. Toimitusjohtajalla esimerkiksi voi ehkä olla tiettyä valtaa, mutta ei varaa olla kuuntelematta teknostruktuurin neuvoja.[23]

---

22 Marxilaisen perinteen piirissä esimerkiksi Aglietta (1976) vahvistaa suurelta osin nämä havainnot.

23 Galbraith suhtautuu kovin kriittisesti toimitusjohtajien ja hallitusten jäsenten todelliseen valtaan, näiden jäädessä lähinnä kumileimasi-

Tämä kaikki ei edelleenkään voi olla vaikuttamatta yritysorganisaation tavoitteisiin, jollaiseksi oli vakiintunut jo aikaisemmin voiton tavoittelu – tai jatkuva vallan laajentaminen, kuten Galbraith asian ilmaisee. Tietysti jo yritysten välinen kilpailu tukee osaltaan tätä tavoitetta, tehokkaan tuotannon ollessa selviytymisen edellytys. Mutta kun yrityksen johtorakenteen sisällä ei ole enää yhtään ainoata yksilöä, joka olisi sellaisenaan vastuussa päätöksistä, ei kenelläkään ole oikeastaan mahdollisuuttakaan tehdä muuta tavoitetta palvelevia ratkaisuja. Mikäli joku nyt näin tekee, joko tahallaan tai vahingossa, voi hän havaita pian saaneensa lopputilin, siis siirretyksi kollektiivisen päätöksentekoprosessin ulkopuolelle.

Toisinaan näkee puhuttavan yritysorganisaatioiden eettisestä vastuusta esimerkiksi ympäristökysymysten tai kolmannen maailman ongelmien suhteen. Edellisestä johtuu, että ne itse eivät voi aidosti tuntea tämän kaltaista vastuuta. Hiilidioksidipäästöjen rajoittaminen tai kolmanteen maailmaan sijoitettujen tuotantolaitosten työntekijöiden palkkauksesta huolehtiminen ei voi kuulua millään tavoin kypsän organisaation tavoitteisiin.

Vain kaksi asiaa voi rajoittaa niiden toimintaa tässä suhteessa – toisaalta lainsäädäntö, toisaalta taas kuluttajien yleinen mielipide. Mutta lainsäädäntöä voidaan kiertää tai sen säätäjiä korruptoida rahalla, ja kuluttajien mieliä manipuloida erilaisin mainonnan keinoin. Koska inhimillistä vapautta ei voida hinnoitella, sitä ei myöskään kunnioiteta, ei ainakaan ellei tällä saavuteta jonkinasteista markkinaetua.

---

men asemaan. Johtoportaalle maksetut huikeat korvaukset tuntuisivat tietysti puhuvan vastakkaista kieltä. Voinee kuitenkin olla, että kysymys on lähinnä yritysten keskinäisen kilpailuhengen ilmauksesta, joka on verrattavissa pikkupoikien tapaan kilpailla siitä, kuka kusee korkeimmalle seinään. Saihan jopa Stephen Elopp lähtiessään massiivisen kultaisen kädenpuristuksen, vaikka tulikin leimatuksi eräiltä tahoilta maailman huonoimmaksi yritysjohtajaksi, kiitos Nokian kännykkäpuolen onnistuneen alasajon. Ehkä tämä auttoi Nokian jäljelle jäänyttä johtoporrasta ylläpitämään edes hitusen itsekunnioitustaan muutoin perin tukalassa tilanteesta.

Oma näkemykseni on, että näin esiin hahmoteltu organisaatiorakenne voidaan yleistää koskemaan pitkälti ei yksin yksityisen, vaan myös *julkisen* sektorin organisaatioita. Voimme ajatella tässä vaikkapa asevoimia. Karkeasti tiivistäen asevoimat voidaan määritellä organisaatioksi, jonka tarkoituksena on tuottaa sotilaallisia, pääsääntöisesti maanpuolustusluonteisiksi kuvailtuja palveluita. Edelleenkin myös asevoimien johto on hajaannutettu suuren oman alansa asiantuntijoista koostuvien erikoisosaajien haltuun. Samalla kun asevoimilla on nimellisesti johtajansa ja kenraalinsa, eivät nämä suunnittele enää sotaretkiä itse, vaan yhteistyössä tämän suunnitteluverkoston kanssa. Ja kuten mikä tahansa suuryritys, myös asevoimat pyrkivät markkinoimaan itseään suurelle yleisölle sekä korostamalla omaa suorituskykyään että omaa tarpeellisuuttaan – tapahtuipa tämä sitten vaikka uhkakuvia maalailemalla. Eräs mainonnan muoto tämäkin.

Olen ehdottanut, että se, mitä yleensä kutsutaan *valtioksi*, voitaisiin määritellä tämän kaltaisten organisaatioiden väliseksi liitoksi. Tätä liittoa johtavat nimellisesti tietyt sen hallintoon keskittyneet organisaatiot, kuten valtiolliset virastot ja erilaiset puolueet. Samalla kun ne keräävät käytettävissä olevat rahansa paitsi yksittäisiltä kansalaisilta, osaltaan myös yksityisen sektorin organisaatioilta, ne rahoittavat niillä paitsi oman, myös ase- ja poliisivoimien tai terveydenhuollon kaltaisten julkisen sektorin organisaatioiden toiminnan. Toisaalta julkisen sektorin päätäntävaltaa rajoittaa osaltaan sen riippuvuus yksityisen sektorin menestyksestä, mikä pakottaa sen monesti kipeisiin kompromisseihin. Epäsuhtaa lisää se, että yksityisen sektorin organisaatiot taas pelaavat kokokaan toisella pelikentällä eli maailmansarjassa.

Täten hahmotellun valtioliiton toiminta saattaa vaikuttaa tiettyyn pisteeseen asti varsin vakaalta. On kuitenkin huomattava, että näin on vain tiettyyn pisteeseen saakka. Ensinnäkin on huomattava erilaisten vallankaappausten yritysten mahdollisuus. Yhteiskunnallisen järjestyksen heikentyessä erityisesti juuri sotilasorganisaatiot ovat olleet toisinaan taipuvaisia yrittämään erilaisia vallankaappauksia, pyrkien johtamaan itse koko valtioliittoa asevoimansa turvin. Toiseksi näin luotu järjestelmä ei ole kyennyt tarjoamaan taloudellista vakautta tai suojautumaan vaikeita ympäristöongelmia vastaan.

Vain harvoin vallitseva järjestys on vakaa – tyypillisempää lienee se, että se pitää sisällään myös muutoksen, eikä aina yksinomaan myönteiseen suuntaan tapahtuvan muutoksen siemenen.

Ymmärtääksemme tätä muutostaipumusta meidän on jätettävä toistaiseksi valtioliiton teema sikseen ja luotava silmäys yksityistä sektoria edustavien yritysorganisaatioiden välisiin suhteisiin.

Järjestelmän kriisialttius

Olemme edellä lähestyneet yhteiskunnallista jatkumoa kuvaamalla lyhyesti nykyaikaisen organisaation rakennetta ja toimintaa. Kuten Marxin aikana, myös nykymaailman organisaatioiden keskinäisiä suhteita hallitsee kilpailun periaate. Myös ne ovat taipuvaisia parantamaan omaa asemaansa tässä kilpailussa niin erikoistumisen, tuotannon tehostamisen kuin liittoutumisenkin keinoin. Jos kohta tätä asetelmaa pidetään yleensä toimivana, liittyy vapaaseen kapitalismiin eräitä ongelmia. Näistä keskeisimpänä on mainittava epävakaus ja kriisialttius.[24]

Eräänä näistä voidaan mainita *halpatuotantomaiden esiinnousu*. Jos aikoinaan Englannin kaltaiset siirtomaavallat käyttivätkin nykyisiä, monesti sittemmin kehitysmaiksi leimattuja alusmaitaan toisaalta raaka-aineiden lähteenä, toisaalta valmiiden tuotteiden markkinoina, ovat ne viime vuosisadalla yksi toisensa perään itsenäistyneet ja alkaneet kehittää omaa tuotantoa, siis kilpailevia organisaatioita. Samalla kun osa näistä on epäonnistunut tässä surkeasti, vajoten lähinnä loputtomaan velkavankeuteen, on ainakin eräistä niistä muodostunut aktiivisia tuottajia, jotka voivat kilpailla teollistuneen lännen kanssa ennen kaikkea alhaisella palkkatasollaan. Tämä on johtanut myös erityisesti työvaltaisten alojen tuotanto-organisaatioiden siirtymiseen niiden, mikä osaltaan on näivettänyt teollisuusmaiden taloutta.

---

24 Aglietta (1976) on kuvannut oletetusti vapaana parhaiten toimivien markkinoiden käytännössä vaatimia säätelytoimenpiteitä.

Toisena samaan suuntaan vaikuttavana tekijänä voidaan mainita *vajaakulutuksen* ongelma (Jokela 2010b). Sekä yrityksen sisäisistä tekijöistä, siis hallintorakenteen toiminnasta johtuva ulkoisista tekijöistä eli kilpailun luomasta paineesta johtuen sen tavoitteeksi muodostuu mahdollisimman suuren voiton tavoittelu. Tämä taas käy päinsä erityisesti koneistamalla tai automatisoimalla tuotantoa, mikä taas johtaa työntekijöiden määrän vähentymiseen. Siinä missä ihmistyötä ei voida toistaiseksi välttää käyttämästä, kuten näyttää olevan esimerkiksi tekstiilialalla, voidaan tuotto maksimoida siirtämällä tuotanto maihin, joissa työvoimakustannukset ovat halvempia. Tämä näyttäisi tuovan mukanaan selvän kilpailuedun. Mutta koska kaikki saman alan toimijat ovat taipuvaisia tekemään näin, syö tämä saavutetun suhteellisen kilpailuedun. Samalla seurauksena on, työvoimakustannusten laskun myötä, kokonaiskysynnän lasku, mikä näkyy toisaalta talouden romahtamistaipumuksena, toisaalta yhä kiristyvänä tuotannon tehostamisen tarpeena.

Kyseisten kaltaisten kiertäminen on ollut toistaiseksi mahdollista *jatkuvan kasvun* avulla. Tällä on ollut kuitenkin eräs mitä haitallisin seuraus. On näet ilmeistä,että jatkuvan kasvun periaatteen yhä laajempi toteutuminen on juuri ja nimenomaan johtanut mittaviin luonnonvaurioihin. Toisin kuin Kuusi (1982) oletti, nämä eivät ole syntyneet pohjimmiltaan niinkään virheellisen maailmankäsityksen kuin yhteiskunnallisen jatkumon sisäisen dynamiikan seurauksena. Voimme ilmaista tämän sanomalla kapitalistisen paradigman sisäisen ristiriidan ratkaisupyrkimyksen johtaneen osaltaan toisen, itse järjestelmän ja luonnon välisen ristiriidan syntymiseen.

Kolmas ongelma liittyykin sitten jatkuvan kasvun taloudellisiin perusteisiin. Perusasetelmana voidaan pitää tilannetta, jossa yritysorganisaatio laajentaa ja tehostaa tuotantoaan jo olemassa olevan pääoman turvin. Toisaalta tämän lisäksi on olemassa myös *lainanoton* mahdollisuus. Mutta vaikka ulkoapäin joko itse tai sijoittajien muodossa lainattu raha saattaakin näyttää tuovan suhteellista kilpailua, syö jälleen kerran tämän edun se tosiasia, että myös kilpailijat toimivat samoin. Täten siitä, minkä piti olla alun perin mainio strategiseen harkintaan perustuva irtiotto, tulee eräänlaisen deterministisen mekaniikan seurauksena yleinen periaate, joka koskee jokaista samalla kentällä toimivaa organisaatiota.

Lopulta tämä koskee myös valtiollisia organisaatioita, sillä koska yritysorganisaatiot voivat osaltaan kilpailuttaa niitä, joutuvat myös ne ottamaan lainaa voidakseen selvitä julkisten palveluiden järjestämisestä. Varsinainen ongelma tästä tulee kuitenkin vasta siinä, missä markkinoiden kasvu syystä tai toisesta tyrehtyy, tulojen äkillisen menetyksen kaataessa velkataakan organisaatioiden niskaan. Seurauksena on sekä yrityskuolemia että julkisen sektorin yhä pahenevia velkaongelmia. Toisaalta pankkejakaan ei voida päästä romahtamaan, tämän merkitessä koko talouselämän loppua.[25]

On olemassa yrityksiä selittää talouden ongelmia myös psykologisen tekijän avulla. Esimerkiksi deMause (2002) tai Siervers (2010) selittävät talouden kriisikaudet näin. Voi kuitenkin olla vaikea erottaa, missä kysymys on mielialojen vaikutuksesta taloon ja missä päin vastoin. Tämä ei merkitse sitä, etteivätkö erotetut kaksi jatkumoa voisi sinänsä vaikuttaa toisiinsa. Samalla on kuitenkin todettava, että siinä missä kuvattu vaikutus on olemassa, se voi tulla mahdolliseksi yleensä vain siksi, että taloudellinen järjestelmä on sinänsä riittävän vakaa tehdäkseen tämän mahdolliseksi.

On edelleenkin huomattava kuinka avuton esimerkiksi *oikeuslaitos* on tilanteen kielteisten seurausten suhteen.

Olen jakanut *väkivallan* ilmiön kolmeen eri osaan: tuhoavaan, rakenteelliseen ja reaktiiviseen (Jokela 2013). Tuhoava väkivalta on suoraa, toiseen ihmiseen kohdistuvaa, aggressiivista väkivaltaa. Rakenteellinen väkivalta taas koostuu itse yhteiskuntaprosessin tuottamista epäsuotuisista situaatioista ja muista epäsuotuisista seurauksista. Tässä joku tulee lyödyksi, vaikka kukaan ei oikeastaan lyökään ketään. Reaktiivinen väkivalta taas on eräänlainen vastareaktio vii-

---

25 Monet paheksuvat pankkien hyväksi tehtyjä makrotalouden tulonsiirtoja. Halutaanpa tässä nähdä vielä eräs merkki siitä, kuinka jo entuudestaan rikkaita suositaan köyhiltä riistetyillä rahoilla. Mutta kysymys on historiallisesti rakentuneesta väistämättömyydestä, jonka sinänsä vähemmän väistämätön talousjärjestelmämme luo. Valtioliiton jäsenillä ei ole varaa antaa pankkien kaatua.

meksi mainitun aiheuttamaan ahdinkoon. Oikeuslaitos sinänsä kykenee reagoimaan ainakin periaatteessa menestyksekkäästi tuhoavaan, vallitsevaa järjestystä vastaan rikkovaan väkivaltaan. Toisaalta se on täysin avuton rakenteellisen väkivallan suhteen, onhan se näet seurausta vain itse normien seuraamisesta – eikä se kykene täten ymmärtämään myöskään reaktiivisen väkivallan tavallaan oikeutettua olemusta. Tämä on omiaan vahvistamaan ainakin oikeuslaitoksen osalta perimarxilaisen ajatuksen yhteiskunnan pintarakenteesta sen taloudellisen perustan heijastumana.

Demokratian tilanne

Tässä yhteydessä on mainittava jo Marxin oivaltama, yleensä *reifikaatioksi* – tai esineistymiseksi - kutsuttu ilmiö, jonka olemassaoloon alustavasti jo viittasimmekin. Kysymys on yhteiskunnallisten, siis pohjimmiltaan ihmisten välisten suhteiden itsenäistymisestä. Työläinen voi valmistaa tavaran, mutta pian siitä tuleekin hänestä itsestään riippumattoman näytelmän toimija – tabletin tai läppärin kylkeen liimatun hintalapun ollessa lopulta yhteiskunnallisten valtasuhteiden salattu ilmaus. Tai kuten Marx kerran kirjoitti, viitaten työn tuotteena syntyvien tavaroiden yhteiskunnalliseen elämään:

> Tavaramuodon salaperäisyys johtuu siis yksinkertaisesti siitä, että se kuvastaa ihmisille heidän oman työnsä yhteiskunnallisen luonteen itse työn tuotteiden esineellisenä luonteena, näiden tuotteiden luonnostaan yhteiskunnallisina ominaisuuksina, ja siis myös tuottajien yhteiskunnallisen suhteen heidän kokonaistyöhönsä heidän yhteiskunnallisena suhteena.... Niinpä näköhermo ei havaitse olion valovaikutusta itse näköhermon subjektiivisena kiihotuksena, vaan silmän ulkopuolella olevan olion esineellisenä muotona. Näkemisessä kuitenkin valoa sinkoaa todella jostakin oliosta, ulkonaisesta esineestä, toiseen olioon, silmään... Sitä vastoin tavaramuodolla ja työn tuotteiden arvosuhteella, jossa se ilmenee,ei ole kerrassaan mitään tekemistä esi-

neiden fyysisen luonnon ja siitä johtuvien esineellisten suhteiden kanssa. Vain itsensä ihmisten hetkinen tietty yhteiskunnallinen suhde saa heidän silmissään olioiden keskisen suhteen mielikuvituksellisen muodon. (Marx 1867, 78-9).

Mutta mikä pitää paikkansa tavarasta, millä Marx siis tarkoittaa juuri esineen yhteiskunnallistaa olemusta, pitää paikkansa yhteiskunnallisesta kehityksestä ylipäätään. Esimerkiksi pörssikurssit syntyvät inhimillisen toiminnan seurauksena, omaa etuaan tavoittelevien sijoittajien voitontavoittelun myötä. Ja samalla pörssikursseista on muodostunut kuin itsenäinen voima, jonka armoille ihmiset lopulta ovat omissa toimissaan jääneet. Seurauksena voi sitten olla vaikkapa globaali lamakausi, joka näkyy siinä tai tuossa maassa tarpeena leikata terveydenhuollon kustannuksia tai perusturvaa – ilman että näköjään kukaan voi asialle yhtään mitään. Tämä muodostaa erään keskeisen tavan, jolla kohtalo voi puuttua ihmisen elämään.

Usein kuulee korostettavan, kuinka ihmisen pitäisi sopeutua ja mukautua yhteiskuntaan, olla hyödyksi sen toiminnalle. Mutta todellisuudessa ainoa peruste, joka yhteiskunnan olemassaololle voidaan antaa, on se hyöty, jonka se voi tarjota yksilölle. Esimerkiksi talouselämän onnistumista, ja monessa tapauksessa ilmeistä epäonnistumista voidaan arvioida vain sitä vasten, kuinka hyvin se on onnistunut varsinaisessa tehtävässään eli yhteisesti tuotetun aineellisen hyvän tasapuolisessa jakelusta.

Vastakohtana yhteiskunnan näköjään omalakiselle liikevoimalle mainitaan usein *demokratia*. Olen määritellyt demokratian *dialogiksi*. Kysymys ei ole kuitenkaan mistä tahansa, vaan *yleisesti hyväksyttyjä normeja* koskevasta dialogista. Kysymys on siis yhteiskunnallisen jatkumon ohjaamisesta yhteistuumin. Inhimillisenä ihanteena voidaan pitää itsesäätelyä, oman elämän hallintaa motivaation tarjoamilla ehdoilla. Toisaalta itsesäätely ei voi toteutua koskaan yksin, vaan aina vain yhdessä muiden kanssa. Demokratian määritteleminen dialogiksi asettaa sille edelleenkin tiettyjä lisävaatimuksia. Usein demokratia pelkistetään äänestyskäyttäytymiseen ja edelleenkin enemmistön valtaan. Mutta vähintäänkin yhtä tärkeätä on todellisen dialogin toteutuminen, näin sekä eri poliittisten tahojen että niiden ja kansalaisten välillä. Pelkillä enemmistöpäätöksillä kun voidaan sinänsä aiheuttaa mitä suurinta vahinkoa erilaisille vähemmistöille.

Mitään täydellistä yhteiskuntaa ei ole eikä koskaan voi tullakaan. Näin jo siksi, että mikään yhteiskunnallinen järjestelmä ei voi olla täydellinen. On siis parhaimmillaankin tehtävä aktiivisia valintoja, suosittava tiettyjä ominaisuuksia toisten hyväksi.[26] Toiseksi on huomattava, että yksikään vähääkään kehittyneempi yhteiskuntajärjestelmä ei ole ollut laadultaan kovinkaan vakaa. Päinvastoin erityisesti uuden ajan historiaa leimaa jatkuvan yhteiskunnallisen muutoksen tosiasia. Tämän vuoksi tarvitaan jatkuvia ohjaustoimenpiteitä jopa siinä, missä kehitys näyttäisi olevan jo valmiiksi menossa hyvään suuntaan.

Erään käsityksen mukaan demokratia toteutuisi puhtaimmillaan välittömän dialogin keinoin. Tämä on nähdäkseni utopistinen käsitys. Näin voi olla ehkä pienyhteisöissä, mutta ei kokonaisten yhteiskuntien kohdalla. Toisaalta demokratian edustuksellisuus ei vielä sellaisenaan merkitse dialogisen periaatteen poissulkemista sen enempää horisontaalisella kuin vertikaalisellakaan tasolla. Enemmistöpäätös ei sinänsä ole demokratiaa, ellei sitä edellä dialogi, jossa eri osapuolet aidosti huomioivat myös toistensa sanoman.

Demokratian eräänä kiihkeimmistä puolestapuhujista voidaan mainita Karl Popper (1957). Popperin mukaan ei ole olemassa mitään yhteiskunnallisen kehityksen lakeja, kuten esimerkiksi marxilaiset näyttävät olettavan. Tiettyjä *trendejä* voidaan ehkä havaita, mutta

---

26 Rescher (1991) on esittänyt valinnan taakkaa käsittelevässä tutkielmassaan osuvan esimerkin täydellisen auton mahdottomuudesta. Sen pitäisi olla pieni ja näppärä, mutta toisaalta sisältä tilava, luonnollisestikin nopea mutta samalla kulutukseltaan vähäinen, halpa ja kestävä ja niin edelleen. Mutta tämän kaltaista autoa ei voi ikinä olla, kun näet mainitut ominaisuudet käytännön tasolla sulkevat toisensa pois. Esimerkiksi pieni ja ketterä auto ei kerta kaikkiaan voi olla tilava. Näin jää auton ostoa harkitsevan tehtäväksi ja taakaksi valita mahdollisista, vieläpä markkinoilla olevista autoista sopivin. Osaltaan samaa voitaisiin sanoa myös erilaisista yhteiskuntamuodoista, mikäli sellainen edes voitaisiin historiallisista tekijöistä riippumatta vapaasti valita.

nämä koskevat lähinnä jo tapahtunutta kehitystä, eivätkä ennusta sinänsä millään tavoin tulevaa. Avoimessa tai demokraattisessa yhteiskunnassa näitä trendejä on mahdollista ohjata parlamentaarisen demokratian keinoin. Popperin kritiikki on suunnattu suurelta osin Marxiin ja marxilaisiin. En lähde tässä yhteydessä arvioimaan, kuinka hyvin se osuu maaliinsa. Sinänsä Popperin ajatusta voidaan pitää osuvana, historia kun ei tottele lakeja, ei ainakaan samaan tapaan kuin fysikaaliset luonnonilmiöt. Ja juuri tämä tarjoaa mahdollisuuden demokraattiselle itsesäätelylle.

Mutta lisäksi voimme huomata myös *itse yhteiskunnallisen jatkumon* voivan syödä demokraattista päätöksentekoa. Erityisesti yhteiskunnan taloudellinen perusta voi alkaa ikään kuin elää omaa elämäänsä, johtaen kehityksen suuntaan, jota kukaan ei oikeastaan halua. Jos Popper julistikin trendien olevan ei lakeja vaan demokraattisesti valittuja kehityskulkuja, näyttävät monet trendit syntyvän vastoin kaikkien tahtoa.

Voimme ajatella tässä nykyaikaista työttömyyttä toisaalta, ilmaston lämpenemistä ja muita luontopohjaisia uhkia toisaalta. Kummatkaan eivät ole kenenkään tahtomia, vaan pikemminkin seurausta yhteiskuntamme perustan muodostaman normijärjestelmän ongelmista, jotka näyttävät olevan liian vaikeita kaikkein terävimpienkään aivojen ymmärrettäviksi. Huomiota herättää edelleenkin se, kuinka mainittujen ongelmien ratkaisumenetelmät näyttäisivät vaativan täysin päinvastaisia toimenpiteitä. Jos kohta taloudellinen kasvu helpottaisi toteutuessaan työttömyyden ja julkisten palveluiden rahoitusvajeen kaltaisia ongelmia, vaatisi toisaalta luonnon säästäminen täydelliseltä tuholta pikemminkin tuotannon ja talouden alasajoa.

Eräät tahot tapaavat syyttää yhteiskunnan päättäjiä ja hyväosaisia köyhien riistosta, pitkälti marxilaisessa hengessä. Jos kohta tätäkin voi tapahtua, näyttää kysymys olevan pikemminkin taloudellisten mekanismien tahattomista toimintahäiriöistä. Esimerkiksi talouselämän globaali vapauttaminen on vienyt suurimman päätäntävallan demokraattiselta päätöksenteolta, joka on jäänyt pääosin lokaalille tasolle. Toisaalta kysymys on myös itse talousjärjestelmän monimutkaisuudesta. Ihmiskunta näyttää onnistuneen luomaan kokonaisuuden, jonka toimintaperiaatteita se ei itsekään näytä kykenevän kunnolla hahmottamaan. Popperin kuvaama demokraattisen päätöksenteon vapaus luoda ja hallita esimerkiksi työllisyysasteeseen liittyviä trendejä osoittautuu tässä tilanteessa perin olemattomaksi. Ne trendit, jotka Pekka Kuusi (1982) johti virheellisestä maailmankäsityksestä, ovatkin juurtuneet paljon syvemmälle yhteiskunnallisen jatkumon ytimeen.

Pohjoismaisen sosialidemokratian nykyaikainen kriisi käy hyvänä esimerkkinä aikamme. Aina Bernsteinin (1899) ajoista asti sosialidemokraattinen liike on rakentanut toimintansa taloudellisen kasvun periaatteen vaaraan. Samalla kun marxilainen vallankumouskäsitys hylättiin, katsottiin vapaan talouselämän olevan valjastettavissa yleisen hyvinvoinnin voimanlähteeksi. Ongelmaksi on kuitenkin muodostunut taloudellisen kasvun hiipuminen. Taloudellisten olosuhteiden muutos on johtanut ideologiseen kriisiin, vanhojen toimintamallien menetettyä tehonsa.

Mitä tahansa asiaintilalle aiotaankin tehdä, on toisaalta huomattava, että muutostyö voi lähteä vain käsillä olevasta tilanteesta – ja että sen onnistuminen riippuu siitä, että yhteiskunnallinen jatkumo ymmärretään loputtomaksi prosessiksi. Mitään ihanne- tai lopputilaa johonka joskus voitaisiin jäädä lepäämään, ei sitten kivikauden jälkeen ole ollut saavutettavissa. Jos demokraattiseen itsesäätelyyn perustuva homeostaasi on yleensä saavutettavissa, niin ei staattisena vaan dynaamisena tilana.[27]

Peterson (2007) on esittänyt erilaisten utopioiden olevan tarpeen marxilaiselle liikehdinnälle, niiden mobilisoidessa ihmisiä ja antaessa toivoa. Tähän on otettava sekä myönteinen että kielteinen kanta. Myönteinen sikäli, kun ajattelemme vapautta ja tasa-arvoa sinänsä – ja kielteinen sikäli, kun ajattelemme sitoutumista johonkin tiettyyn yhteiskunnalliseen rakenteeseen. Vaikka toivo paremmasta on ole-

---

27 Ackerman (1958) toteaa homeostaasikäsitettä kommentoidessaan että täydellinen homeostaasi on mahdollista vain kuolleille esineille. Elollisten olentojen kohdalla kysymys on pikemminkin hallitusta muutoksesta – tai homeostaattisesta prosessista, kuten itse sanoisin. Samaa voimme sanoa nähdäkseni myös yhteiskunnallisesta jatkumosta. Muuttumatonta lopputilaa ei tule eikä voi tulla, on vain jatkuvaa muutosta, jota on yritettävä yhteiskunnan tasolla demokraattisen itsesäätelykäytännön avulla hallita.

massa, se ei perustu kerran vakiinnutettavissa olevaan yhteiskuntarakenteeseen vaan sen muutoksen onnistuneeseen hallintaan. Eräs syy Neuvostoliiton epäonnistumiseen on löydettävissä juuri tämän tosiasian väärinkäsittämisessä.

Lapsuus ja historia

Historian suuret virrat syntyvät lopulta inhimillisen toiminnan, usein omaa elämäänsä elävien tavallisten ihmisen aivan arkipäiväisten valintojen ja toimintamallien seurauksena. Kiistatonta on, että ne voivat viedä yksilön mukanaan, aina katkeraan loppuun saakka. Mutta samalla on huomattava, että vielä omaa elämäänsä elävinäkään nämä voivat eivät voisi toteutua ilman ihmistä. Näinpä historian ymmärtäminen vaatii osaltaan myös ihmisen ymmärtämistä. Jo maalaisjärjen mukaisesti täytyy myös historiassa ilmenevän hulluuden tai järjettömyyden pohjautua ainakin jollain tapaa jo ihmisessä esiintyviin mahdollisuuksiin.[28]

Lienee perusteltua olettaa ihmisen voivan valita tekonsa itse. Ihminen ei ole mikään automaatti, vaan olento, joka toimii maailmassa aktiivisesti. Toisaalta on huomattava, että ihminen ei voi lähteä liikkeelle valinnassaan tyhjästä, vaan päinvastoin yksin oman kokemuksensa pohjalta. Samalla kun hän voi valita tekonsa itse, niin vain suhteessa itselleen annettuun. Loppujen lopuksi muu ei olisikaan mahdollista, sillä mikäli myös valintojen lähtökohdat olisivat valittavissa, tekisi tämä valinnoista käytännössä satunnaisia ja lopulta myös kaikkien selitysten ulkopuolelle jääviä. Näin pitäisi käydä esimerkiksi Sartren (1943) eksistentiaalisten opinkappaleiden mukaan, kun näet ihminen luo kokemansa merkitykset itse.

---

28 Vrt. aikaisempaa muotoiluani Jokela (2011b) – mutta myös massojen hulluuden käsittelyä töissä Gruen (1982) tai Siirala (1981).

Tämä ei toki merkitse sitä, etteikö ihminen voisi muuttua, lopulta myös kehittyä. Tätä voidaan pitää jopa ihmiselle tyypillisenä, eksistentiaalisen kasvun johtaessa myös maailmaa koskevan ymmärryksen avautumiseen. Toisaalta tällä kasvulla on omat rajansa. Erityisesti varhaislapsuuden aikaisten epäsuotuisien situaatioiden epäkohdat voivat olla tulleet sisäistetyksi eksistenssin persoonallisuuspositioon, tämän johtaessa nykyhetken ilmiöiden jatkuvaan värittymiseen niistä ja sisäisistä turvallisuusoperaatioista heijastuvien merkitysten vuoksi.

Ehkä merkittävimpänä tämän kaltaisia asioita tutkineena teoriasuuntauksena on mainittava psykohistoria. Sen ehkä tunnetuimpana edustajana ja eräänlaisena oppi-isänä voidaan mainita Lloyd deMause, nostaen tuotannostaan esiin edelleenkin teoksen *Foundations of Psychohistory* (1982), joka käsittelee osaltaan psykohistorian keskeisiä metodologisia kysymyksiä. deMausen hahmo on kiistelty, häntä on syytetty niin sosiaalipornosta kuin teoreettisesta yksipuolisuudestakin. Jälkimmäisen kritiikin olen taipuvainen osaltani allekirjoittamaankin, deMause kun laiminlyö yhteiskunnallisen jatkumon nähdäkseni ilmeisen historialliseen kehitykseen, palauttaen sen yksinomaan lapsuuden historian heijastumaksi.

Suomessa psykohistoriaa on tehnyt tunnetuksi erityisesti Juha Siltala (1992, 1999, 2009). Suhtautuisin Siltalan tuotantoon kuitenkin tuotantoon tietyllä varauksella, enkä yksin kirjallisiin puutteisiin johtuvista syistä. Siltalan tapa jättää huomiotta konkreettisen lapsuuden vaikutuksen, minkä hän itsekin myöntää sitä myös perustellen (Siltala 2015) ei oikeastaan enää selitä mitään. Esimerkiksi suomalaisuusliikettä käsittelevään tutkielmaan (1999) sisältyvä Yrjö Koskisen pitkä analyysi tekee kyllä erittäin helpoksi eläytyä tämän kokemusmaailmaan, mutta jättää tyhjäksi kysymyksen sen alkuperästä, katkaisten näin sen yhteyden pedagogiseen jatkumoon. Tältä osin olen taipuvainen ottamaan mieluummin deMausen hieman yliampuvankin teoretisoinnin seuraavan vapaamuotoisen esitykseni lähtökohdaksi.

Pedagoginen jatkumo

Vastasyntynyt ihmislapsi on varsin avuton olento. Hänessä piilee toki mahdollisuus siihen kaikkeen hyvään, mitä ihmisestä voi lopulta tulla, mutta tämän mahdollisuuden toteutuminen on riippuvainen hänen ja hänen vanhempiensa, aluksi ennen kaikkea hänen äitinsä välisestä vuorovaikutuksesta. Tämän alkudialogin toteutuminen taas riippuu siitä, kuinka hyvin se on aikoinaan onnistunut hänen vanhempiensa kohdalla. Kysymys on eräänlaisesta *pedagogisesta jatkumosta* (Jokela 2015), jossa itse ihmisiän kohdatut yksilöt kykenevät kohtaamaan myös omat lapsensa sen kaltaisina, koko yksilössä ilmenevän ihmisyyden rakentuessa lopulta sen varaan.

Keskeisenä kasvatusyksikkönä toimii perhe, läntisissä teollisuusmaissa juuri ydinperhe. Parsons ja Bales (1956) ovat kuvanneet ydinperhettä sosiaalisaation perusyksikkönä, tarkoittaen tällä kuitenkin enemmänkin lapsessa jo piilevien sosiaalisten mahdollisuuksien aktivoimista kuin jonkin yhteiskuntaan kelvottoman leikkaamista pois. Perhekasvatus voidaan tulkita osaltaan emotionaaliseksi ihmissuhdetyöksi, jossa vanhemmat välittävät lapsilleen alkudialogin kautta itse lapsuudessaan sisäistämänsä kokemuksen, mitä on elää ihmisenä ihmisten rinnalla (Jokela 2015). Lisäksi voidaan todeta perhekasvatuksen perustuvan pohjimmiltaan vapaaehtoistyöhön, yhteiskunnan tarjoaman rahallisten ja muiden tukiessa maksaessa tätä hintaa takaisin vain murto-osalta.

Pieni lapsi on herkkä ja vaikutuksille altis olento. Hän on kykenemätön ylläpitämään omia *ulkoisia turvallisuusoperaatioita* (Jokela 2016a), jääden tässä täysin vanhempiensa armoille. Mikäli nämä eivät kykene tähän, tai mikäli he päin vastoin muodostavat uhan lapsen hyvinvoinnille, mobilisoituvat lapsen mielessä *sisäiset turvallisuusoperaatiot*. Vaikkakin näillä on tietty suojaava vaikutus, ne voivat myöhemmällä iällä häiritä hänen ymmärrystään pahemman kerran, vääristäen sen sisältöjä esimerkiksi siirtymän tai projektion muodossa. Yhtä hyvin itsetuhokäytös kuin varsinainen tuhoavuus voidaan selittää suurelta osin tältä perustalta, symbolisesti vääristyneen ymmärryksen kohtaessa symbolisiin valintoihin.

Lasten epäasianmukainen kohtelu voi saada erilaisia muotoja. Kysymys voi olla, ottaakseni äärimmäisen esimerkin, seksuaalisesta hyväksikäytöstä tai ankarasta pahoinpitelystä.[29] Kysymys voi olla myös henkisestä väkivallasta, tunnekylmyydestä ja kasvavan lapsen itsetunnon jatkuvasta vahingoittamista solvauksin ja moittein. Usein kuvaan liittyy myös vanhemman vaikea mielenterveys- tai päihdeongelma. Kaiken kaikkiaan lapsuuden historiaa koskeva kirjallisuus on hyvinkin rajua luettavaa (esim. deMause 1974, 2002; Utrio 1995-7), kuvattujen vastaanottoasetelmien kertakaikkisen epäinhimillisyyden saattaessa herättää lukijassa paitsi rajuja tunteita, aluksi myös erilaisia älyllispainotteisia puolustusoperaatioita.[30]

Tällä kaikella on edelleenkin kaksi eri seurausta. Näistä ensimmäisenä on mainittava pedagogisen jatkumon vaurioituminen. Eräänlaisena nyrkkisääntönä voidaan pitää, että vanhempi voi onnistua tehtävässään vain niin pitkälle, kuin hänen omat vanhempansa ovat onnistuneet hänen kohdallaan. Tämä on tietysti huomattava yleistys.

---

29 Socarides (1991, 186-) tiivistää pedofiilisen käyttäytymismallin pääpiirteet lyhyesti seuraavalla tavalla. Seksuaaliviettiä ei voi kieltään, niin että jos se ei saa normaalia tyydytystään, se suuntautuu helposti epäsopiviin kohteisiin kuten lapsiin. Syynä saattaa olla esimerkiksi kyvyttömyys kehittää aikuisia seksuaalisia kontakteja. Se on omiaan johtamaan edelleenkin syyllisyyteen ja ahdistukseen, jos kohta ei varsinaisten psykopaattisten luonteiden kohdalla. Tästä näkökulmasta en ihmettele yhtään katolisen kirkon pedofiliaskandaaleja – otettiinhan tässä ensin joukko pohjimmiltaan täysin viriilejä nuoria miehiä, kiellettiin heiltä normaali seksuaalinen tyydytys ja lähetettiin heidät sitten tekemään työtä lasten parissa.

30 Viimeksimainitusta esimerkkinä otettakoon juuri deMauseen ja seuraajiinsa kohdistuva vastarinta, syytökset sosiaalipornosta jne. Monelle koulutetulle ammattilaisellekin näyttää olevan helpompi puhua vaikkapa yliminän ja viettipohjan välisistä ristiriidoista tai ihmisen muistijärjestelmän heikkouksista kuin maailman lasten tosiasiallisesta asemasta. Jätän lukijan arvioitavaksi, kertooko tämä enemmänkin lasten auvoisesta asemasta ihmiskunnan historiassa, persoonallisuuden tosiasiallisesta riippumattomuudesta ympäristötekijöistä vaiko lopulta em. kriitikkojen sisäisistä turvallisuusoperaatioista.

Toisaalta on ilmeistä, että sattuneille traumoilla on taipumus kulkeutua sukupolvelta toiselle (deMause 2002, 1982, Volkan, Ast & Greer 2002 jne). Tämä ei epäilemättä ole ainoa sen tai tuon perheen kasvatustulokseen vaikuttava tekijä, mutta kuitenkin eräs varsin olennainen.

Lehtonen (2016) on todennut nöyryytetyksi tulemisen voivan näkyä usealla eri tavalla, aina itsenöyryytyksestä toisten nöyryyttämiseen. Tässä esiin tulevaa sisäistä turvallisuusoperaatiota kutsutaan psykoanalyyttisessä kielenkäytössä hyökkääjään samaistumiseksi. Se voi kohdistua myös omiin lapsiin, pahan kiertäessä näin sukupolvelta toiselle. Vaikka esimeriksi Ackermann (1958) korostaa perhetilanteen olevan ymmärrettävissä vain kokonaisuutena, vaikuttavat myös ylisukupolviset käytännöt siihen.

Toiseksi on huomattava että persoonallisuuden vaurioitumisen jäljet heijastuvat monesti myös historialliselle kentälle. Sekä suorat symboliset siirtymät että projektion ja muiden turvallisuusoperaatioiden aiheuttamat vääristymät voivat häiritä merkittävästi yksilön ymmärrystä, tämän vaikuttaessa edelleenkin hänen toimintaansa. Näin on vaarassa käydä erityisesti tilanteessa, jota Volkan (2014) on kutsunut suuren ryhmän regressiotiloiksi. Tällöin omaa sisäistä eheyttään korostava kansakunta tai muu ryhmä on taipuvainen etsimään viholliskuvia itsensä ulkopuolelta, joko toisista ryhmistä tai omista vähemmistöryhmistä. Seuraukset tästä ovat usein traagisia – jos kohta on syytä muistaa, että tragedian varsinaista alkuperää on etsittävä monelta osin juuri pedagogiselta jatkumolta.

Mutta ihminen on tietysti osaltaan myös *tietoinen* olento. Tietoisena ihminen on edelleenkin kykenevä *ajattelemaan*, toisin sanoen jäsentämään itse aktiivisesti omaa kokemustaan. Ajatellessaan ihminen kykenee sekä arvioimaan eri asioista saamiaan vaikutelmia, perehtymään kohtaamiensa ilmiöpintojen olemukseen, sekä osaltaan myös suunnittelemaan omaa toimintaansa. Näin siitä, mikä yhdellä tasolla on elämäntapa, siis pelkkä urautuma, tulee toisella tasolla osaltaan myös tietoisesti hallittu suunnitelma. Mutta valitettavaa kyllä, myös ajattelu voi lopulta lähteä liikkeelle vain välittömästi annetusta. Jos nyt asiat ilmenevät yksilölle virheellisellä tavalla, häiritsee tämä hänen koko ajattelutoimintaansa. Erityisen haitalliseksi tässä osoittautuu usein juuri symbolisten tunnekokemusten vaikutus.

Kaiken kaikkiaan ajatuksen voimattomuus voi tulla esiin kahdellakin eri tapaa. Ensinnäkin siten, että vaikka yksilö kykeneekin muodostamaan mielekkäitä ajatuksia, niillä ei ole häneen mitään vaikutusta. Voimme ajatella tässä vaikkapa mustasukkaista yksilöä, joka tiedostaa mustasukkaisuutensa, mutta ei voi sille mitään. Toiseksi siten, että yksilön ajattelu mukautuu välittömän ymmärryksen vääristymään, esimerkiksi alkaen muodostaa mustasukkaisuuden tunteen pohjalta erilaisia vainoharhaisia ajatuskulkuja. Asian oikaisemiseksi tarkoitetut viestit eivät mene perille – niiden salakielinen viesti kun vaatisi oikean koodiavaimen eli tasapainoisemman tunne-elämän.

Mutta ajattelu ei edelleenkään tapahdu tyhjiössä. Pikemminkin kukin meistä elää maailmassa, jossa on kokonaisia ajatusten järjestelmiä eli *maailmankatsomuksia*, kuten voisimme niitä tässä kutsua. Jos kohta eräät suuret ajattelijat ovatkin kyenneet luomaan omia maailmankatsomuksiaan, ovat hekin rakentaneet edeltäjiensä ja aikalaistensa työn pohjalle. Vielä suuremmassa määrin tämä pitää paikkansa tavallisesta ihmisestä, joka omaksuu usein valmiiksi pureskeltuja näkemyksiä itsensä ympäriltä. Ja koska maailmankatsomuksia on tarjolla ainakin nykyaikaisessa yhteiskunnassa runsaasti, on hän taipuvainen valitsemaan sen, joka vastaa parhaiten hänen omaa peruskokemustaan asioiden tilasta ja ihmisyydestä ylipäätään.

Tämä merkitsee osaltaan myös sitä, että kuten yksilötasolla muodostetut ajatukset, ovat myös kollektiiviset maailmankatsomukset alttiita jäsentensä tunne-elämän häiriötiloille. Näinpä ne saavat aivan erityisen merkityksen jäsentensä usein myös epäsuotuisien, pedagogisen jatkumon patologiaa heijastelevien motiiviensa ilmentäjänä, kuten deMause (2002, 116-) on todennut kuvaamiensa *ryhmäfantasioiden* kohdalla käyvän. Tällöin niin sanotun kommunikatiivisen järjen asema ihmismassojen käytöksessä jää perin heikoksi, sen vain kootessa yhteen yksilötason psykopatologiasta peräisin olevat merkitykset. Johtoaseman näin syntyvässä liikkeessä saa se, joka osaa pukea parhaiten nämä sanoiksi. Tästä esimerkkinä voidaan mainita vaikkapa vallankumouksellisen kommunismin kohtalo.

Punalipun tragedia

Marx ei ollut ilmeisestikään mitenkään helppo persoona. Aikalaiskuvausten perusteella hänen voidaan päätellä olleen kiihkeä, monesti joustamaton ja yhteistyökyvyltään puutteellinen. Kypsässä tuotannossaan hän kohtelee teoreettisia vastustajiaan lähes yhtä pilkallisesti ja halveksuvasti kuin Nietzsche omiaan. On myös huomautettu hieman kriittiseen sävyyn, että niin innokkaasti kuin Marx puhuikin työväenluokan puolesta, ei hän tuntenut juurikaan sen edustajia. Toisaalta voidaan sanoa, että arvojensa osalta Marx oli suuri humanisti, omistaen elämänsä tutkimuksille, joiden tuli osaltaan edesauttaa oikeudenmukaisemman yhteiskunnan syntymää. Siinä missä Marxin teoriasta voidaan löytää viitteitä totalitaristisesta asennoitumisesta, johtuvat ne enemmänkin ajatuksen virheistä ja keskeneräisyyksistä kuin ihmisvihasta. Tästä näkökulmasta on perin traagista, että uuden ajan epäonnistuneimmat ja julmimmat valtiokokeilut on suoritettu juuri Marxin ja Engelsin nimeen vedoten.

Kapitalismi loi vastakohdakseen työväenluokan, kuten Marx saattoi havaita tapahtuneen jo omana aikanaan. Mutta passiivinen työväenluokka on vasta Sartren (1960) kuvaama sarja, ulkopuolisten tekijöiden muodostama, vailla solidaarisuutta, yhteisiä arvoja tai tavoitteita. Mutta sarja sisältää jo sellaisenaan mahdollisuuden *liikkeen* syntymiseen. Läntisessä maailmassa tämä liike tuli ilmenemään lievemmässä, pääpiirteissään lähinnä ehkä *sosialidemokraattiseksi* luonnehdittavissa olevassa muodossa. Sen kaltaisena se tuli muuttamaan merkittävästi yhteiskuntaa toisaalta työväenliikkeen, toisaalta taas puoluepoliittisen liikkeen muodossa. Pohjoismaista hyvinvointiyhteiskuntaa voidaan pitää tämän kehityksen huipentumana. Itä-Euroopassa seurauksena oli sen sijaan yksi uuden ajan synkimmistä jaksoista historiassa.

Itä-Euroopassa vallalle pääsi kuitenkin *kommunistinen* liikehdintä. Kommunistisen Marx-tulkinnan mukaan mihinkään kompromisseihin kapitalistisen valtion kanssa ei tullut ryhtyä, oli päin vastoin toteutettava Marxin eräissä kirjoituksissaan edustama ajatus aseellisen vallankumouksen tarpeellisuudesta. Seurauksena oli kuitenkin valtava tragedia, jossa Marxin kansainvälisestikin tunnettu hahmo sai näytellä samaa roolia kuin keskiajan ristiretkeläisten edellään kantama risti.

Venäjällä ei ollut vielä varsinaista kapitalistista talouselämää, ei ajan pitänyt näin ollut olla tarkkaan ottaen valmis vallankumouksellekaan – ei ainakaan Marxin itsensä mukaan. Pikemminkin vallinnutta maatalousvaltaista yhteiskuntamuotoa voisi kutsua lähinnä keskiaikaiseksi. Rikkaiden maanomistajien keikaroidessa eurooppalaisilla tavoilla ja tavaroilla suuri osa kansasta eli köyhyydessä, voimakkaan mystisen uskonnollisuuden auttaessa selviämään elämän kurjuudesta. Mutta tämän ongelmakohdan esimerkiksi Lenin päätti kuitenkin sivuuttaa, onnistuen todellakin johdattamaan maaorjuuden varaan vielä hetki sitten rakentuneen Venäjän vallankumouksen ja kommunismin tielle, joka tosin päättyi hieman myöhemmin yli kymmenen miljoonan ihmisen kuolemaan Stalinin valtakaudella.

Toisinaan kuulee sanottavan, että Neuvostoliiton kehitys meni pieleen Stalinin myötä. Nähdäkseni tämä arvio perustuu enemmänkin aatteelliseen romantisointiin kuin talouden tai ihmisoikeuksien kehityksen tosiasialliseen arviointiin. Alun perin koko vallankumous heijasteli paitsi reaktiivisia, myös tuhoavia tendenssejä. Mutta lienee perusteltua sanoa, että Neuvostoliiton kehitys meni *lopullisesti* pieleen Stalinin myötä. Sekä Hitler että Stalin olivat molemmat yhtä lailla vallanhimoisia ja julmia, kuin toisaalta kokeneet omassa lapsuudessaan ankaraa väkivaltaa. Erona oli vain se, että siinä missä Hitler hävisi ulkoiselle viholliselle, Stalin kuoli sisäisen juonittelun seurauksena.[31]

Rancour-Laferriere (1995) on analysoinut venäläistä kansanluonnessa masokismin näkökulmasta. Olipa kysymys sitten itsensä kastroivasta ja itseään ruoskivasta ortodoksimunkista tai itseään kohtaan sääliä tuntemattomasta maaorjasta, on kysymys itseen kohdistu-

---

31 On esitetty Stalinin kuolleen rotanmyrkkyyn, jos kohta myös spontaani aivoverenvuoto on yhtä mahdollinen. Joka tapauksessa paikalle vaivauduttiin kutsumaan lääkäri vasta hyvän aikaa Stalinin kaaduttua lattialle ja virtsattua alleen.

vasta vihamielisyydestä. Tämän alkuperää voidaan etsiä toisaalta menneiden aikojen maaorjajärjestelmästä, Rancour-Laferrieren mukaan myös vallitsevasta kasvatusperinteestä. Aikoinaan pienet lapset kapaloitiin sidottiin aloilleen vailla toivoa siitä, että itkun avulla voisi muuttaa asioita parempaan suuntaan. Kotioloissa humalaisten miesten väkivalta on ollut enemmänkin käytäntö kuin poikkeus.

Myös Ihanus (1996) on analysoinut venäläisen lapsuuden ja fantasiamaailman välisiä yhteyksiä. Mustan pedagogiikan perinne on ankkuroitunut syvälle venäläiseen kasvatusperinteesen, lyömisen muodostaessa keskeisen osan kasvatusta. Otaksuman mukaan lapsi ei opi, ellei häntä lyödä ja nöyryytetä. Tämä heijastui ja heijastuu edelleenkin vallitseviin, ylemmyydentuntojen ja vainoharhaisuuden täyttämiin ryhmäfantasioihin. Ihanus kirjoittaa:

> Ryhmäfantasiat voivat toimia venäjällä suojelusenkelin tavoin Kansallis-uskonnollinen ajattelu on tulvillaan Äiti Venäjän Pyhän Ruumiin rajoihin kohdistuvaa kansainvälistä salaliittoa koskevia fantasioita. Tämän kaltaiset fantasiat tukevat kaikkivoipaa eristäytymistä ja antavat suojaa liian kipeiltä sisäisiltä ja ulkoisilta realiteeteilta sekä muilta fantasioilta (fantasioilta koskien "toista"). (Ihanus 1996, 104).

Olemme erottaneet edellä toisistaan kaksi eri symbolityyppiä. Suorat symbolit perustuvat aikaisemmin koetun merkitysten siirtymiseen johonkin nykyhetken ilmiöön sellaisenaan. Tästä käy esimerkkinä tilanne, jossa jokin nykyhetken melko mitätön sattuma saa lapsuudessaan hakatun ja nöyryytetyn ihmisen tuntemaan itsensä lyödyksi ja häpäistyksi. Epäsuorat symbolit eroavat tästä siinä, että ne perustuvat näitä tunteita vastaan rakentuneiden sisäisten turvallisuusoperaatioiden tuottamiin sekundaarisiin merkityksiin. Ja juuri näin on ja on ollut myös venäläisen kansanluonteen laita, mikäli meidän on vain uskomista Ihanuksen tulkitaan. Yleisellä tasollaan ehkä pohjiltaan rakentavatkin, laadultaan reaktiiviset kapinalliset pyrkimykset tarjosivat väylän pedagogisen jatkumon patologiaa heijastelevalle tuhoavuudelle, joka sitten lopulta otti vallan.

Stalinin ansioksi voidaan mainita ensisijaisesti puhdasoppisen totalitarismin vakiinnuttaminen Venäjälle. Tässä hän voisi sanoa niin sanoakseni harmonisoineeksi pedagogisen ja yhteiskunnallisen jatkumon siirtäneeksi edellisen sisältämän patologian jälkimmäisen tasolle. Tämän voidaan sanoa samalla myös vakiinnuttaneen tai institutionalisoineen sen, valaen tuhoavan väkivallan periaatteet myös yhteiskunnalliseen muotoon. Samalla voimme olettaa vakiintuneen kontrollin ja terrorin osaltaan vaurioittaneen pedagogista traditiota tai ainakin häirinneen sen spontaania kehitystä. Aiheemme kannalta punalipun tragedia havainnollistaa osuvasti paitsi yhteiskunnallisten ja pedagogisten suhteiden vuorovaikutuksen, myös se, kuinka heikoksi kehitys osoittaa maailmankatsomuksellisen, jopa tieteellisen tiedon merkityksen historian pyörteissä. Samalla kun Marxin ja hänen seuraajiensa tuottama yhteiskunnallinen tietämys tuli Lännessä suurelta osin torjutuksi – muistakaamme senaattori Joseph McCarthyn johtamat kommunistivainot - vääristyi se Idässä mitä julmimman vallankäytön tekosyyksi.

Yhteiskunnan vaikutus

deMausen näkemys kasvatuksen historiasta on tunnetusti perin synkkä. Tämän varjoon jää usein se perustavasti optimistinen näkymä, jonka deMause (2002, 245-) maalaa kasvatusperinteen noususta aste asteelta yhä edistyksellisempiä muotoja. Lapsuuden ja kasvatuksen historiaa luonnehtii kuitenkin, kaikesta raadollisuudestaan huolimatta, pohjimmiltaan edistyksellinen pohjavire. Toisaalta on huomattava, että on olemassa tekijöitä, jotka ovat omiaan vaikuttamaan tätä kehitystaipumusta vastaan. Tästä eräinä esimerkkeinä voidaan mainita sekä yhteiskunnalliset, pohjimmiltaan taloudellisia ongelmia heijastelevat epäkohdat ja niiden vaikutukset perheeseen.

Ihmisten toimintaa voitaisiin kuvailla eräänlaiseksi kaoottiseksi, hurjana kuohahtelevaksi virraksi. Vasta ihmisten taipumus noudattaa vallitsevia normeja johtaa tämän virran vakiintuneempiin muotoihin, saaden sen kuin kiteytymään yhteiskunnallisiksi rakenteiksi. Myös nykyaikaiset yritysorganisaatiot kasvupyrkimyksineen alkunsa näin. Toisaalta organisaatioiden keskinäiset suhteet tulevat luoneeksi joukon uusia normeja, jotka taas osaltaan vaikuttavat niiden toimintaan. Kyseessä on itseään vahvistava, jos kohta ei välttämättä vakaa prosessi, jonka monimutkaisuutta emme ole voineet tässä kuin lyhyesti sivuta.

Sekä tuotantoa että tuotekehittelyä ajatellen kaikki tämä on peräti tehokasta. Esimerkiksi informaatioteknologian voittokulku käy tästä hyvänä esimerkkinä. Pari vuosikymmentä sitten täysin mielikuvituksellisina pidetyt laitteet ovat tällä hetkellä totta, vieläpä hintatasolla, joka on käytännössä kaikkien ulottuvilla – kiitos nykyaikaisen kapitalistisen tuotantotavan. Ongelmaksi on muodostunut sitten kuitenkin vaikkapa se tosiasia, että aineellinen yltäkylläisyys on jakautunut perin epätasaisesti, kuten myös se, että taloudellinen kasvu näyttää tulleen tiensä päähän. Tämä sitten heijastuu edelleenkin työllisyyteen, perusturvaan, terveydenhuollon ja sosiaalityön tilaan ja niin edelleen – suoraan sanoen yksilön situaation ilmeisimpiin perusteisiin. Seurauksena on sekä yksilötason ahdinkotiloja että toisaalta tilanteen kärjistyessä myös eriasteisen, niin oikeistolaisen kuin vasemmistolaisenkin radikalismin lisääntyminen.

Mutta on olemassa myös pidempiaikaisten seurausten mahdollisuus. Kuten nykyaikainen kehityspsykologia hyvin ymmärtää, ihminen ei synny valmiina, vaan kehittyy ihmiseksi tavallisesti kasvatukseksi kutsutun vastaanottoprosessin kautta. Tämän prosessin ominaislaatu voi sekä tukea tätä kehitystä että vaurioittaa sitä monellakin eri tavoin. Jos nyt ajattelemme vanhempien kykyä vastaanottaa lapsensa maailmaan, heijastelee se paitsi heidän eksistenssinsä persoonallisuuspositiota, myös niitä olosuhteita, joidenka keskellä he elävät. Yleinen kurjuus ja epävarmuus voi osaltaan paitsi tuhota heidän vapautensa, myös vaurioittaa heidän lapsiaan, mikä taas voi heijastua näiden kykyyn vastaanottaa omat lapsensa.

Voimme ajatella tässä vaikkapa Marxin aikaisen englantilaisen työväenluokan edustajia. Koska maata tai muuta omaisuutta ei ollut, muodostui ainoaksi vaihtoehdoksi työnteko alkeellisissa tehdasolosuhteissa. Pitkät työpäivät vaarallisissa olosuhteissa olivat raskaita, ja veivät epäilemättä kaikki voimavarat, sekä ruumiilliset että henkiset.

Kokonainen perhe runsaine lapsineen saattoi asua yhdessä huoneessa ahtaissa ja likaisissa olosuhteissa, huonolla ravinnolla. Toisaalta uhkana oli lamakausien mukanaan tuoma työttömyys vailla mitään perusturvaa. Ei ole mitään syytä epäillä, etteikö tämän kaltainen situaatio olisi paitsi tuhonnut vanhempien unelman omasta vapaudestaan, myös verottanut näiden kykyä huolehtia lastensa hyvinvoinnista – lasten jotka siirtyivät usein jo varsin varhain itsekin työelämän pariin.

Eräiden tulkintojen mukaan esimerkiksi englannin työväenluokan piirissä nykyisin esiintyvät sosiaaliset ongelmat huonosta koulumenestyksestä skinheadliikkeeseen olisivat seurausta sen edustajien heikommasta perinnöllisestä aineksesta. Syntyjään tyhmempien ja sopeutumiskyvyttömämpien lisääntyessä keskenään huonolaatuiset geenit olisivat vain kasautuneet. Toisaalta aivan yhtä hyvin voidaan väittää ongelmien olevan seurausta vuosisataisten, yhteiskunnallisen jatkumon häiriöiden aiheuttamien vastoinkäymisten aiheuttamasta pedagogisen jatkumon vaurioista. Täten tämän hetken trendit voisivat heijastella vielä menneisyyden sinänsä jo ohitettuja elinkelvottomia situaatioita, jotka ovat välittyneet pedagogisen tradition kautta sukupolvelta toiselle.

Verratessamme menneitä aikoja nykyhetkeen tuntuisivat asiat muuttuneen kovastikin. Toisaalta on otettava huomioon kaksikin seikkaa. Ensinnäkin se aineellisesti ennennäkemätön yltäkylläisyys, josta me läntisen maailman asukkaat saamme nauttia, ei ole tavoittanut koko planeettamme väestöä. Vielä nykyään ihmiset tekevät töitä köyhyysrajan alapuolella asuen peltihökkeleissä vailla vettä tai sähköä. Toiseksi on huomattava, että läntisen hyvinvoinnin keskelle on ilmestynyt uusi uhka, taloudellisen turvattomuuden uhatessa jo ennen vakaasta asemasta nauttinutta keskiluokkaa. Paradoksaalisella tavalla nämä tekijät vieläpä liittyvät toisiinsa, läntisen turvattomuuden ja syrjäytymisen johtuessa suurelta osin kapitalistien taipumuksesta siirtää tehtaansa halpatuotantomaihin.

Ajatelkaamme nyt työttömäksi joutuneen läntisen maailman asukkaan asemaa. Yhtäältä kärsii talous – seurauksena voi olla asuntolainojen kaatuminen niskaan ja koko elämän ponnistelujen hedelmien menettäminen. Toisaalta kärsii oma eksistenssi – työttömän situaatiossa kun on mahdotonta täyttää vaikkapa sitä normia, jonka mukaan sen ei pidä syödä ken ei työtäkään tee. Vieraantuminen merkitsee tässä ennen kaikkea yhteiskunnallista ahdinkoa, oman itsesäätelykyvyn menettämistä ulkoisista tekijöistä johtuen (Jokela 2017). Situaation seuraukset riippuvat tietysti paljon myös eksistenssin persoonallisuuspositioon liittyvistä tekijöistä, mutta ainakin eräissä tapauksissa ne saattavat olla lasten kannalta perin onnettomia.

Toisaalta myös erilaiset nopeat yhteiskunnalliset muutokset saattavat toimia kommunistisen trauman tavoin. Kommunistisen yhteiskuntajä-jestelmän romahdus muodostui sekin eräänlaiseksi traumaksi kulttuuriseksi traumaksi. (Sztompka 2004). Nopea ja ennakoimaton muutos provosoi epätoivoa, synkkää tulevaisuudenkuvaa, kaipuuta ihannoituun menneisyyteen sekä poliittista apatiaa. On hyvin mahdollista, että tämän kaltainen tilanne vaikuttaa osaltaan myös perhetilanteessa tapahtuvaan kasvatustoimintaan. Myös erilaiset kansakohtaiset tekijät vaikuttavat tilanteessa, niin että vaikkapa Puola erityisesti on selvinnyt tämän kaltaisesta muutoksesta hyvin esimerkiksi sen läntiseen maailmaan alun perin liittävien tekijöiden vuoksi (Chicouwska & Chicouwska 2014).

Yhteiskunnallinen ja pedagoginen jatkumo omaavat oman tulkintani mukaan aivan oman, toisiinsa palautumattoman dynamiikkansa. Mutta samalla on myönnettävä, että tietyissä olosuhteissa nämä kaksi voivat myös vaikuttaa toisiinsa. Näinpä esimerkiksi pedagogisen jatkumon vaikutus näkyy poikkeavina, aktiivisina normivalintoina, jotka voivat yhtä hyvin kanavoitua parlamentaaristen vaikutusmekanismien kautta kuin ilmetä kuin koko vallitsevaa järjestystä vastaan asettuvien liikkeiden muodossa. Toisaalta myös yhteiskunnallinen jatkumo voi vaikuttaa ja tavallaan aina vaikuttaakin pedagogiseen. Samalla kun riittävä elintaso ja vakaat olosuhteet ovat tarpeen lasten menestyksekkään kasvun turvaamiseksi, voi niiden puute näkyä ylisukupolvisen perimän vaurioina. Ja pedagogisen jatkumon lisävauriot merkitsevät jatkossa myös järjettömyyden todennäköisyyden lisääntymistä.

Sota syynä ja seurauksena

Toisinaan historia näyttää osoittavan suurta jatkuvuutta. Trendit etenevät vakaasti omia uriaan, ja jos ne ajan myötä muuttuvatkin, niin toisaalta hitaasti muuttuen, uusien versotessa vähitellen ulos vanhoista. Toisaalta myös dramaattisimpiakin muutoksia voidaan toisinaan havaita. Tässä yhteydessä voidaan viitata kaikella syyllä vallankumousten lisäksi myös ilmiöön ilmiö nimeltä *sodankäynti*. Voitaneen vielä tarkastella sen merkitystä samalla sekä järjettömyyden ilmentymänä että seurauksena.

Sodassa on kysymys laajamittaisesta, kokonaisten ihmismassojen toisiinsa kohdistamasta väkivallasta. Usein sodat puhkeavat kuin spontaanisti, eräänlaisen noidankehän seurauksena. Monesti ne kuitenkin aloitetaan tietoisesti, tarkan harkinnan perusteella. Mutta samalla on todettava, että myös jälkimmäisessä tapauksessa ne heijastelevat ensisijaisesti historialliseen prosessiin itseensä sisäänrakentuneita taakkoja. Usein sotaan lähtevä maa kokee olevansa jonkinasteisen uhan alaisena, tämän tunteen perustuessa kuitenkin enemmän jaettuihin symbolisiin merkityksiin kuin varsinaisiin ulkoisiin tosiasioihin.

Kehittyneempien yhteiskuntien harjoittama sodankäynti on ollut pitkälle järjestäytynyttä toimintaa. Tämä on johtanut eräät ajattelemaan, että tiukasti keskusjohtoinen organisaatio voisi painostaa jäsenensä sotaan. Näin onkin käynyt ehkä eräissä tapauksissa. Toisaalta on huomattava, että esimerkiksi Hitler pääsi valtaan demokraattisin vaalein. Hänen puheensa elintilasta ja alemmista roduista vetosivat saksalaisiin yksin siksi, että heidän ymmärryksensä oli jo alun perin vääristynyt. Tosin kerran luotuna uusi kansallissosialistinen järjestys ei jättänyt jäsenilleen enää vaihtoehtoa olla osallistumatta sotaan.

Eräät tahot ovat esittäneet sotien ja vähemmistöryhmien vainojen heijastelevan ensisijaisesti pedagogisen jatkumon patologiaa. Sukupolvelta toiselle periytyvät vastaanottoketjun vauriot voivat ilmetä vainoharhaisena ja mustavalkoisena peruskokemuksena. Suurin piirtein näin ajattelevat muun muassa Lloyd deMause (1982, 2002) tai Alice Miller (1980). Tässä näkemyksessä onkin paljon perää, eettiseltä ymmärrykseltään kehittyneiden ollessa vähemmän halukkaita tappamaan yhtään ketään. Koska sotaan ryhtyminen vaikuttaisi muuten epäeettiseltä, naamioidaan se usein puolustusluontoiseksi, jos ei muuten niin väärennettyjä, vastapuolen nimissä suoritettuja provokaatioita käyttäen (Everett 2006).[32]

Edellisen lisäksi ihmismassojen käytökseen vaikuttavat toki muutkin tekijät. Tässä on mainittava erityisesti yhteiskunnalliset olosuhteet. Kurjuus sellaisenaan herättää ihmisissä ahdistusta, pelkoa ja kaunaisuutta. Niin ikään se on omiaan aktivoimaan sen kaltaisia traumoja ja turvallisuusoperaatioita, jotka vakaammissa olosuhteissa olisivat ehkä jääneet piileviksi. Viitataksemme jälleen natseihin, edelsi heidän valtaannousuaan poikkeuksellinen yhteiskunnallinen kurjuus. Toisaalta reaktiivisen väkivallan purkaukset vetävät usein mukaansa myös tuhoavat, jotka lopulta itse asiassa alkavat hallita historiallista kehitystä. Kuusen (1982) ongelmaksi nimeämää sotakäyttäytymistä ei siis sitäkään voiteta yksin uudistamalla ihmisen informaatiotoimintaa.[33]

Mutta on huomattava, että sota ei ole yksin seuraus, vaan myös *syy*. Samalla kun sota aiheuttaa välitöntä kärsimystä siihen osallistuneille ja sen jalkoihin jääneille, se on omiaan aiheuttamaan pedagogisella jatkumolla lisävaurioita. Nämä ovat taas taipuvaisia kulkeutumaan edelleenkin sukupolvelta toiselle. Täten sota merkitsee ei yksin hetkellistä tragediaa, vaan kokonaisvaltaista taantumista pedagogisella jatkumolla.

Vietnam oli taistellut itsenäisyydestään aluksi japanilaisia, sittemmin ranskalaisia vastaan. Vuonna 1964 Tonkininlahden välikohtaus, josta levitettiin propagandamielessä virheellistä tietoa, antoi Yhdysvalloille teoreettisen syyn liittyä sotaan. Toisaalta jo valmiiksi

---

32 Tästä suomalaisille tuttuna esimerkkinä voidaan mainita Mainilan laukaukset. Everett (2006) esittää jopa WTC-iskujen olleen lavastus. En tiedä mikä on totuus – Amerikka on paitsi vapauden, myös vainoharhaisten salaliittoteorioiden luvattu maa – mutta perustelunsa eivät ole täysin olemattomia.

33 Ei ainakaan mikäli tällä tarkoitetaan yksinomaan *älyllistä* informaatiotoimintaa.

vainoharhaisten ihmismassojen tunne-elämään kommunismin vastaisen taistelun teema vetosi hyvin. Näin suoranainen sotilaallinen toiminta aloitettiin, laajentaen sitä vuosi vuodella, kehityksen huipentuessa aina napalmin ja Agent Orange-nimisen kasvismyrkyn summittaiseen kylvämiseen viidakkoon.[34] Laskelmat pettivät vain kahdessa osin: ensinnäkään Vietnam ei taipunut, ja toiseksi sodan hinnan nousua monellakin tapaa arvioitua korkeammaksi. Tämän hinnan maksoivat yksittäiset, sekä Agent Orangen että traumaattisten kokemusten vaurioittamat sotilaat.

Goodwin (1980) toteaa Vietnamin sodan eronneen esimerkiksi toisesta maailmansodasta monillakin tavoin. Miehet pääsivät rintamalta määräajan jälkeen kotiin, mikä auttoi kestämään yli tämän ajan mutta johti romahduksiin kotiinpaluun jälkeen. Kun toisaalta samaan yksikköön sijoitettiin eri aikoina saapuneita sotilaita, ei kunnon yhteishenkeä syntynyt miehistön vaihtuessa koko ajan. Myös sodan ideologinen tausta jäi sotilaille usein hämäräksi:

> Toisessa maailmansodassa Yhdysvaltoja uhkasi univormupukuinen ja helposti tunnistettavissa oleva vastustaja. Vietnamissa tilanne oli päinvastainen. Koko maa vaikutti olevan vihamielinen Yhdysvaltain joukkoja kohtaan. Vihollinen oli harvoin pukeutunut univormuihin, ja amerikkalaiset joukot olivat usein pakotettuja tappamaan nais- ja lapsitaisteilijoita [eikä oletettavasti yksin taistelijoita – T. J. huom.]. Ei ollut selviä rintamalinjoja, ja mikä tahansa alue saattoi joutua hyökkäyksen kohteeksi. (Goodwin 1980, 8)

Goodwin luettelee veteraanien yleisimpiä, posttraumaattiselle stressioireyhtymälle yleensäkin tyypillisimpiä piirteitä. Näitä ovat esimerkiksi masennus, raivonpurkaukset, tunnekylmyys, ahdistus, painajaiset ja tässä tapauksessa myös eloonjääneen syyllisyys. Jos nyt ajattelemme tämän kaltaisista oireista kärsivän, mielikuvissaan vielä Viet-

---

34 Agent Orangen taustalta taas löytyy nykyäänkin surullisenkuuluisa, maailman ruokamarkkinoiden monopolia havitteleva amerikkalainen suuryritys nimeltä Monsanto.

namin helvetissä elävän isän tai tulevan isän mahdollisuuksia kasvattaa lapsiaan, voimme me todeta ainakin hänen lähtökohtiensa heikentyneen. Suurin piirtein saman kaltaisia tulkintoja on esittänyt esimerkiksi Loewenberg (1980) ensimmäisen maailmansodan saksalaisiin sotaveteraaneihin viitaten.

Mutta jos tämä on yhdysvaltaisen sotaveteraanin tilanne, vielä huonompi täytyy olla vietnamilaisen siviilin. Jääminen loukkuun sotatantereella, jota päivin terrorisoi Yhdysvallat, öisin Vietkong, altistuminen massapommituksille ja Agent Orangen ja muiden viidakkoon jokseenkin summamutikassa kylvettyjen kemikaalien vaikutuksella on tuskin voinut olla jättämättä jälkeä paikalliseen pedagogiseen jatkumoon.

Volkan (2014, 2013) on käsitellyt *suremisen* merkitystä esimerkiksi sotilaallisten konfliktien yhteydessä. Kuten yksittäiset ihmiset, jotka ovat kokeneet merkittävän tragedian, täytyy myös sodan uhriksi joutuneiden – sekä voittajien että häviäjien – kyetä suremaan tapahtunutta. Tämä tapahtuu osaltaan kollektiivisia symboleja, kuten tapahtumia, paikkoja tai rituaaleja hyödyntämällä. Ellei tämän kaltaiseen puhdistautumiseen ole mahdollisuutta, on uhkana nimenomaan pedagogisen jatkumon vaurioituminen, käsittelemättä jääneiden traumojen kulkeutuminen kasvatuskäytäntöjen kautta sukupolvelta toiselle.

Pyrittäessä ennaltaehkäisemään sotia voidaan toimenpiteet edellä sanotun perusteella kohdistaa lähinnä kahteen eri tekijään, pedagogiseen ja yhteiskunnalliseen jatkumoon. Mitä tulee pedagogiseen jatkumoon, sen muutokset voivat kuitenkin toteutua usein vain hitaasti. Tällä en sinänsä vähättele niiden merkitystä, vaan yksin totean rajoitukset. Tätäkin tärkeämmäksi muodostuu sitten taloudellisen jatkumon epäkohtien hallinta sekä niiden aiheuttamien haittojen minimointi. Mitä vähemmän yhteiskunnassa on epätasa-arvoa ja puutetta, sitä vähemmän myöskään minkäänlaisia tekosyitä tuhoavuutta ruokkiville ajatusmalleille.

Tässä yhteydessä voidaan ottaa lyhyen maininnan alle myös nykyinen maailmantilanne, tarkemmin sanoen läntisen maailman ja islamilaisen maailman välinen konflikti. Tämän konfliktin eräänä ruokkijana on mainittava islamistiterrorismi. Sekä deMause (2002)

111

että Volkan (2013) ovat molemmat sitä mieltä, että itsemurhaterroristit ovat syvästi traumatisoituneita yksilöitä. Heitä voitaisiin verrata hyvällä syyllä ehkä oman kulttuurimme kouluampujiin. Erona on vain se, että he kohdistavat oman tuhoavuutensa lapsuutensa kulttuurista tutun viitekehyksen mukaisesti.

On tietysti huomattava myös se konkreettinen asema, jossa moni eurooppalainen muslimi elää. Erityisesti toisen sukupolven maahanmuuttajien voi olla vaikea olla katkeroitumatta huomatessaan olevansa joka suhteessa toisen suhteen kansalaisia. Kuten olemuksia käsitellessä yleensäkin, yksi syy ei sulje pois toista, vaan ylideterminoituminen on pikemminkin sääntö kuin poikkeus.

Toisena ongelmaa kärjistävänä syytekijänä voidaan mainita viimeaikainen pakolaisaalto. Tämä taas on seurausta useasta eri tekijästä, aina nuorten miesten seikkailunhalusta häikäilemättömien salakuljetusmafioiden katteettomiin lupauksiin. Aivan ilmeisesti monella maahan tulleella on ollut hyvin utopistinen käsitys siitä, mitä perillä on luvassa. Mutta ei pidä unohtaa myöskään Lähi-Idän konflikteja ja yleistä tulenarkaa tilannetta. Ja tämän syntymiseen on taas länsimailla ollut hyvinkin paljon tekemistä. Jokainen Lähi-Itään tiputettu pommi – ja niitä on tiputettu sittemmin Persianlahden sodan lukuisia – on omiaan tukemaan sekä alueellista tuhoa että kulttuurien välistä konfliktia.

Oman lukunsa muodostaa sitten se vastareaktio, jonka pakolaiset ovat saaneet aikaan Euroopassa. Muutoin ehkä kohtuullisen täysjärkiset ihmiset ovat ajautuneet osin kauhun, osin raivon valtaan. Turvapaikanhakijat koetaan raiskaajina, jotka vaanivat julkisessa tilassa jokaista naista ja lasta. Ihmisten logiikka jää tässä täysin tunteen jalkoihin, väkivaltaisten, monesti lapsiin kohdistuvien penetraatioiden täyttäessä ihmismassojen fantasiat. Jos Volkan (2014, 2010) onkin viitannut suurten ryhmien toimintaa hallitseviin valittuihin traumoihin historiallista alkuperää olevina nöyryytyksinä, on tässä kysymys eräänlaisesta ennakoidusta traumasta. Lisäksi se perustuu internetissä leviävään puhtaaseen disinformaatioon, ollen täten ensisijaissti fiktiota – ellei sitten sitä tukevaa oman lapsuuden nöyryytysten tiedostamatonta siirtymää lasketa eräänlaiseksi symboliseksi realiteetiksi.

Tämän kaltaisten fantasioiden syntyperää voidaan selittää osin yhteiskunnallisilla tekijöillä, kuten vallitsevalla taloudellisella turvattomuudella ja turvapaikanhakijoiden saapumisella yleensä. Mutta sitä ei voida ymmärtää ottamatta huomioon myöskään vallitsevia kasvatuskäytäntöjä. Mikäli näet yhteiskunnalliset tekijät muodostaisivat ainoan asiaan vaikuttavan syyn, olisi mahdotonta selittää vallitsevaa moraalista vastareaktiota, jonka puolelle monet ovat asettuneet jopa raiskatuksi ja tapetuksi tulemisen uhalla.

Täydentäviä huomioita

Ihmismassojen järjettömän käyttäytymisen ongelman varsinaisen ytimen muodostaa pedagoginen jatkumo tai oikeammin sen patologia. Kuten todettua, tämä koostuu toisaalta persoonallisuuden häiriöiden heijastumisena historialliselle kentälle, toisaalta näiden vaurioiden siirtymisestä sukupolvelta toiselle kasvatuskäytäntöjen kautta. Tämä merkitsee kahta eri asiaa. *Yksilön* kannalta huomionarvoista on se, että oman psykohenkisen kehityksen toteutuminen on riippuvainen siitä ensimmäisestä vastaanotosta, jonka hänen vanhempansa ovat itse osaltaan saaneet. *Historian* kannalta huomionarvoista on se, mikä vaikutus laajemmin omaksutuilla kasvatuskäytännöillä on erilaisten tapahtumien ja trendien kehitykseen. Mikäli näet yleisesti vallitsevan kasvatuksen taso on heikko, voi tämä näkyä sekä vapautta kääntyneiden liikkeiden nousuna että äärimmillään niiden valtaannousuna joko parlamentaarisin tai kumouksellisin keinoin.

Pedagogisten jatkumoiden vaurioiden *ennaltaehkäisy* saattaa olla ainakin tiettyyn pisteeseen asti mahdollista. Näin ainakin sikäli kun meidän on luottamista Volkanin (2014, 2013) kuvaukseen sattuneiden tragedioiden jälkeisestä suremisesta. Kollektiivisia symboleita hyödyntyvä sureminen mahdollistaa tapahtuman käsittelyn myös yksilötasolla. Alexander (2004) on korostanut sitä merkitystä, joka kulttuuristen traumojen käsittelyllä esimerkiksi uskonnollisten tai poliittisen vaikuttajien taholta.

Mitä tulee pedagogisen jatkumon jo tapahtuneisiin vaurioihin, niitä voidaan pyrkiä parantamaan kahdellakin eri tapaa. Ensimmäisenä on mainittava *perheiden tukeminen*. Lapsen vastaanotto jaettuun sosiaaliseen todellisuuteen kuuluu kuin luontevasti tämän vanhemmille. He ovat sopivimpia tähän juuri biologisten tekijöiden kuten äitiysvietin ja henkilökohtaisen motivaation vuoksi. Mutta kuten yksilö, myöskään perheasetelma ei voi toteutua muuta kuin suhteessa itseään ympäröivään todellisuuteen. Tässä suhteessa juuri yhteiskunnan merkitys muodostuu keskeiseksi. Vain se voi järjestää neuvolatoiminnan, päivähoidon, terveydenhuollon tai perustuvan kaltaisia, perheiden toimintaa tukevia palveluita. Kulunutta sanontaa mukaillen voimme todeta, että nykymaailmassa yhden lapsen kasvattamiseen tarvitaan kokonainen yhteiskunta.

Toisena tekijänä voidaan mainita *psykoterapia* sen eri muodoissaan. Siiralan (1966) ilmaisua käyttääkseni tässä on kysymys toisesta vastaanotosta, yhteiskunnan pyrkiessä maksamaan takaisin velan, jonka se on lapselle jäänyt epäonnistuessaan onnistuneen ensimmäisen vastaanoton järjestämisessä. Psykoterapiasta on jossain määrin vaikea sanoa mitään yleispätevää, johtuen jo asiakkaiden ongelmien moninaisesta luonteesta. Karkeasti voitaneen kuitenkin erottaa lähinnä kaksi eri tehtävää: toisaalta elämättä jääneiden traumaattisten kokemusten puhdistava läpieläminen, toisaalta tapahtumatta jääneiden kehityskulkujen uuden toteutumisen mahdollistaminen. Jälkimmäisellä tarkoitan käytännössä toistaiseksi kehittymättömien psyykkisten ja henkisten rakenteiden sopivan kasvuympäristön mahdollistamista. Mutta vaikka psykoterapia onkin onnistuessaan perinpohjaisen tehokas menetelmä sekä yksilön että pedagogisen jatkumon hoitamiseen, se toisaalta on kallista, eikä sitä voida soveltaa niihin, jotka eivät halua sitä vastaanottaa.

Lopulta on mainittava *lainvalvonta*. Jokainen yhteiskunta on pakotettu, voidakseen suojella kansalaistensa vapautta, asettaa myös näiden toiminnalle tiettyjä rajoituksia. Tämä on osaltaan heikko ratkaisu jo siksi, että se ei kykene pureutumaan taloudellisten mekanismien tuottamaan rakenteelliseen väkivaltaan.

Mutta on huomattava myös toinen seikka. Jos näet järjestyksen ylläpidon tarpeesta osa lienee parhaimmillaankin väistämätöntä, johtunee suurin osa siitä pedagogisen jatkumon vaurioista ja sen heijastumiseen eriasteiseen tuhoavaan käytökseen. Tässä on jotain traagista, sillä onhan kysymys tilasta, jossa myös pahantekijä hänkin on osaltaan oman menneisyytensä ja sen epäkohtien uhri. Koska olen käsitellyt aiheeseen liittyvää eettistä problematiikka toisaalla (Jokela 2014, 101-), en aiheeseen enää tässä yhteydessä näe mielekkääksi laajalti puuttua. Voidaan kuitenkin todeta eräänlaisena yleistyksenä, että rangaistustoimenpiteistä ainakaan vankeusrangaistuksen avulla rikollisen ei ole mahdollista sovittaa tai maksaa takaisin mitään. Aivan yhtä hyvin voidaan väittää yhteiskunnan olevan rikolliselle velkaa oman elämänsä perusedellytyksien turvaamisen laiminlyömisestä. Tästä näkökulmasta vankilat voitaisiin nähdä eräänlaisina vastaanottokeskuksina, joidenka tavoitteeksi voidaan asettaa oikeutetuksi usein koetun koston sijaan enemmänkin yhteiskunnan ulkopuolelle ajautuneen ohjaaminen takaisin sen piiriin.[35]

Toisaalta olisin taipuvainen näkemään, että historian nykyhetkessä juuri yhteiskunnallisen jatkumon ongelmien ratkaisemista voidaan pitää ensisijaisina. Näin osaltaan jo siksi, että kapitalistisen paradigman kaksinkertainen ristiriitaisuus uhkaa kärjistyä jopa apokalyptisiä mittasuhteita saavaksi luonnonkriisiksi seuraavina vuosikymmeninä. Aikaa ei ole siis hukattavissa. Mutta toisaalta myös siksi, että pedagogisen jatkumon vaurioiden paikkaileminen vaatii runsaasti taloudellisia resursseja. Niin kauan kuin talouden alamäki jatkuu, ovat sen yksilötasolle heijastuvat ongelmat omiaan sekä rasittamaan perheitä, samalla kun täten syntyneiden ongelmien tukemiseen tai terapeuttiseen kohtaamiseen on entistä vähemmän käytössä. Näin talouselämän hallinta olisi tarpeen paitsi yhteiskunnallisen jatkumon itsensä tuottamia ongelmia kuten luonnon tuhoutumista, myös *koko historiallista itsesäätelyä ajatellen.*

Olemme edellä kuvanneet demokratian heikkoa asemaa suhteessa globaaliin talouselämään. Nähdäkseni epäsuhtaisen tilanteen haltuunottamiseksi tarjoutuu edellisen perusteella lähinnä kaksi eri vaihtoehtoa. Ensimmäisenä on mainittava *demokratian globalisoiminen,*

---

35 Tällöin ja vain tällöin voisimme puhua sanan syvimmässä mielessä *vapaus*-rangaistuksesta.

tämän mahdollistaessa globalisoituneen talouselämän hallinnan. Mutta tälle ei näytä olevan juuri edellytyksiä, mistä esimerkkinä voidaan mainita vaikkapa Liman ilmastokonferenssin surkea tulos.[36] Toisena on mainittava *talouselämän lokalisoituminen*. Tämä voi toteutua joko tietoisen protektionismin tai globaalin talouden romahtamisen myötä. Pitäisin juuri mainittua, spontaania romahdusta paitsi uhkana, ehkä myös planeettamme tulevaisuuden mahdollisena toivonkipinänä.

---

36 Tätä kirjoittaessa saatamme tosin todeta Pariisissa päästyn pidemmälle (2016). - Ja tätä kirjoittaessa Donalt Trumpin presidenttiyden merkitessä asian kannalta merkittävää takapakkia.

Kirjallisuus

Ackerman, Nathan W. (1958) *The Psychodynamics of Family Life*. Basic Books, New York.

Aglietta, Michel (1976) *A Theory of Capitalist Regulation*. 2nd ed. Trans. David Fernbach. Verso, London 2001.

Alexander, Jeffrey C. (2004) "Toward a Theory of Cultural Trauma. In: *Cultural Trauma and Collective Identity*. University of California Press, Berkeley.

Arrighi, Giovanni (1994) *The Long Twentieth Century*. Verso, London 2006.

Baran, Paul (1959) "Marxism and Psychoanalysis". In: *The Longer View*. Monthly Review Press, New York and London 1969.

Bernstein, Edouard (1899) The Preconditions of Socialism. Trans. Henry Tudor. Cambridge University Press, Cambridge 1993

Bowlby, John (1969) *Attachment and Loss. Vol. I: Attachment*. Tavistock, London.

Chicouwska, Sylvia & Rafal Chicouwska (2014) "Poland: A Case of Powerful Recovery from Vulnerability. In: Halina Brunning (ed): *Powe and Vulnerability*. Karnac, London.

Durkheim, Emile (1897) *Itsemurha*. Suom. Seppo Randell. Helsinki, Tammi 1985.

Esterson, Aaron (1972) *The Leaves of Spring*. Penguin, Harmondsworth.

Everett, Matt (2006) "Faked Provocations: Symbolic Traumas as a Pretext of War" *The Journal of Psychohistory*, Vol 35, no. 4.

Fromm, Erich (1955) *Terve yhteiskunta.* Suom. Annikki ja Matti Kannosto. Kirjayhtymä, Helsinki 1971.

Galbraith, John Kenneth (1958) *Uusi yhteiskunta.* Suom. Paula ja Kari Sajavaara. Kirjayhtymä, Helsinki 1969.

Galbraith, John Kenneth (1967) *Uusi yhteiskunta.* Suom. Paula ja Kari Sajavaara. Kirjayhtymä, Helsinki 1968.

Gendlin, Eugene (1962) *Experiencing and the Creation of Meaning.* Northwestern University Press, Evanston, Ill. 1997.

Goodwin, Jim (1980) "The Etiology of Combat-Related Post-Traumatic Stress Disorders". In: Tom Williams (ed): *Post-Traumatic Stress Disorders of the Vietnam Veteran.* Disabled American Veterans, Chincinnati.

Guidano, Vittorio (1991) *The Self in Process.* Guilford, New York – London.

Gruen, Arno (1982) *The Insanity of Normality.* Human Development Books, Berkeley, California 1992.

Hardt, Michael & Antonio Negri (2000) Empire. Harvard University Press.

Heidegger, Martin (1927) *Oleminen ja aika.* Suom. Reijo Kupiainen. Vastapaino, Tampere 2000.

Husserl, Edmund (1937) *Eurooppalaisten tieteiden kriisi ja transsendentaalinen fenomenologia.* Suom. Markku Lehtinen. Gaudeamus, Helsinki 2011.

Ihanus, Juhani (1996) "Shame, Revenge and Glory: Russian Childrearing and Politics". In: *Swaddling, Shame and Society.* Kikimora, Helsinki 2001.

Janov, Arthur (1970) *Huuto sisimmästä.* Suom. Juha Maasola. Metsätähti, Jyväskylä 1990.

Jokela, Teemu (1999) *Syyntakeettomuuden fenomenologiaa.* Omakustanne, Keuruu.

Jokela, Teemu (2010b) *Valtioliitto.* Books on Demand, Helsinki.

Jokela, Teemu (2011a) *Ihmislapsen sosiaalinen syntymä.* Books on Demand, Helsinki.

Jokela, Teemu (2011b) *Harhaisuus yhteisöllisenä ilmiönä.* 2. tark. p. Books on Demand, Helsinki.

Jokela, Teemu (2011c) "Syyntakeettomuuden periaate". Teoksessa: *Etiikan luonnostelmia*. Books on Demand, Helsinki.

Jokela, Teemu (2013) *Väkivallan olemus*. Books on Demand, Helsinki.

Jokela, Teemu (2015) *Ontologia ja pedagogiikka*. Books on Demand, Helsinki.

Jokela, Teemu (2016a) *Suomalainen eksistentialismi*. Books on Demand, Helsinki.

Jokela, Teemu (2016b) *Uusia tulkintoja inhimillisestä pahuudesta*. Books on Demand, Helsinki.

Jokela, Teemu (2017) *Organisaatioiden maailma ja vieraantumisen antropologia*. Books on Demand, Helsinki.

Kernberg, Otto (1976) *Object Relations Theory and Clinical Psychoanalysis*. Aronson, New York.

Kierkegaard, Søren (1846) *Päättävä epätieteellinen jälkikirjoitus*. Suom. Torsti Lehtinen. WSOY, Juva 1992.

Kohut, Heinz (1985) "On Courage. In *Self Psychology and the Humanities*. Norton, New York – London.

Kuusi, Pekka (1982) *Tämä ihmisen maailma*. WSOY, Juva.

Laing, R. D. (1960) *The Divided Self*. Tavistock, London.

Laing, R. D. & Aaron Esterson (1964) *Sanity, Madness and the Family*. Tavistock, London.

Lehtonen, Johannes (2016) "Ajatuksia nöyryyttämisestä". *Psykoanalyyttinen Psykoterapia Nro 12*.

Lifton, Robert Jay (1986) *The Nazi Doctors*. Basic Books, New York.

Loewenberg (1984) "The Psychohistorical Origins of the Nazi Youth Cohort". In: *Decoding the Past*. University of California Press, Berkeley – Los Angeles – London.

Marx, Karl (1844) *Taloudellis-filosofiset käsikirjoitukset 1844* Moskova, Edistys 1972.

Marx, Karl & Engels, Friedrich (1845) *Saksalainen ideologia. I luku*. Teoksessa Karl Marx, Friedrich Engels & V. I. Lenin: *Historiallisesta materialismista*. Edistys, Moskova.

Marx, Karl (1867) *Pääoma. 1. Osa: Pääoman tuotantoprosessi*. 2. p. Progress, Moskova 1977.

DeMause, Lloyd (1974) *The History of Childhood*. Harper & Row, New York.

deMause, Lloyd (1982) *Foundations of Psychohistory*. Creative Roots, New York.

deMause, Lloyd (2002) *Emotional Life of the Nations*. Karnac, New York.

Miller, Alice (1979) *Lahjakkaan lapsen tragedia*. Suom. Tuulikki Lahti. WSOY, Juva 1983.

Miller, Alice (1980) *Alussa oli kasvatus*. Suom. Mirja Rutanen. WSOY, Juva 1985.

Miller, Alice (1981) *Älä huomaa*. Suom. Mirja Rutanen. WSOY, Juva 1986.

Miklowitz, David & Cicchetti, Dante, eds. (2010) *Understanding Bipolar Disorder*. Guilford, New York – London.

Peterson, Anna L. (2007) "The Left and the Reign of God". Rethinking Marxism, Vol. 19, no. 1.

Popper, Karl (1957) *The Poverty of Historicism*. Routledge, London 2005.

Rancour-Laferriere, Daniel (1995) *The Slave Soul of Russia*. New York University Press, New York.

Rauhala, Lauri (1983) *Ihmiskäsitys ihmistyössä*. Gaudeamus, Helsinki.

Reich, Wilhelm (1933) *Fasismin massapsykologia*. Suom. Erkki Puranen. Otava, Helsinki 1982.

Rescher, Nicholas (2006) "Homo Optans: On the Human Condition and the Burden of Choice". In: *Collected Works Vol. VII: Studies in Philosophical Anthropology*. Ontos, Heusenstamm.

Rogers, Carl (1951) *Client-Centered Therapy*. Constable, London 2002.

Saarikoski, Helena (1002) *Mistä on huonot tytöt tehty?* Tammi, Helsinki.

Sartre, Jean-Paul (1943) *Being and Nothingness*. Trans. Hazel E. Barnes. Routledge, London 1991.

Sartre, Jean-Paul (1946) "Juutalaiskysymys". Suom. Jouko Tyyri. Teoksessa *Esseitä*. Otava, Helsinki 1965.

Sartre, Jean-Paul (1960) *Critique of Dialectical Reason. Vol. I.* Trans. Alan Sheridan-Smith. New ed. Verso, London 2004.

Sievers, Burkard (2010) "Beneath the Finanial Crises". In: Halina Brunning and Mario Perini (eds): *Psyhoanalytic Perspektives on a Turbulent World.* Karnac, London.

Schütz, Alfred (1932) *Sosiaalisen maailman merkityksekäs rakentuminen.* Suom. Veikko Pietilä. Vastapaino, Tampere 2007.

Siirala, Martti (1961) *Die Schizophrenie des Einzelnen und Allgemenheit.* Ruprecht & Vanderhoek, Göttingen.

Siirala, Martti (1964) "Todellisuuden käsittämisestä psykoanalyysissä". Teoksessa P. Siltala et al (toim.) *Psykoterapia 1.* Weilin+Göös, Espoo 1981.

Siirala, Martti (1966) *Peruskatsomustemme merkityksestä lääketieteessä. Sos. lääket. Aikakl. Suppl. II A.*

Siirala, Martti (1981) "Todellisuuden omistaminen – normaali hulluus". Teoksessa P. Siltala et al (toim): *Psykoterapia 2.* Weilin+Göös, Espoo.

Siltala, Juha (1992) *Suomalainen ahdistus.* Otava, Helsinki.

Siltala, Juha (1999) *Valkoisen äidin pojat.* Otava, Helsinki.

Siltala, Juha (2005) "Masennus työelämässä". Teoksessa. M. Lindqvist et al (toim): *Masennus.* Therapeia, Helsinki.

Siltala, Juha (2009) *Sisällissodan psykohistoria.* Otava, Helsinki.

Siltala Juha (2015) *Psykohistorian metodologisia kysymyksiä.* Alkuperäinen julkaisuvuosi tuntematon, luettu 8.15.2015. http://www.my.helsinki.fi/home/jproos/siltmet.htm

Socarides, Charles W. (1991) "Adult-Child Sexual Pairs: Psychoanalytical Findings". *The Journal of Psychohistory*, 19 (2), Fall 1991.

Stein, Mark (2014) "A Culture of Mania: A Psychoanalytic View of the Incubation of the 2008 Credit Crisis." In: Halina Bruling (ed): *Power and Vulnerability.* Karnac, London.

Sullivan, Harry Stack (1953) *The Interpersonal Theory of Psychiatry.* Norton, New York 1997.

Sztompka, Piotr (2004) "The Trauma of Social Change: A Case of Postcommunist Countries". In: Jeffrey C. Alexander et al:

Cultural Trauma and Collective Identity. University of California Press, Berkeley.

Theweleit, Klaus (1977-8) *Male Phantasies. Vols. I-II.* Minnesota University Press, 1987-9.

Utrio, Kaari (1995-7) *Familia 1-6.* Tammi, Helsinki.

Veblen, Thorsten (1899) *The Leisure Class.* Penquin, London 1994.

Volkan, Vamik (1995) *The Infantile Psychotic Self and its Fates.* Aronson, New York.

Volkan, Vamik (2006) *Killing in the Name of Identity.* Pitchstone, Charlottesville, Virginia.

Volkan, Vamik (2010) "Psychoanalysis and International Relationships: Large-Group Identity, Traumas at the Hand of "Other", and Transgenerational Transmission of Trauma." In Halina Bruling & Mario Perini (eds): *Psychoanalytic Perspectives on a Turbulent World.* Karnac, London.

Volkan, Vamik (2013) *Enemies on the Couch.* Pitchstone, Durham, North Carolina.

Volkan, Vamik (2014) *Psychoanalysis, Interrnational Relations, and Diplomacy.* Karnac, New York.

Volkan, Vamik, Gabrielle Ast & Peter Greer (2002) *Third Reich in the Unconscious.* Routledge, London.

Wright, G. H. (1987) *Tiede ja ihmisjärki.* Suom. Anto Leikola. Helsinki, Otava.

Vapaa mieli

Vapaa mieli

–Uskonnon- ja mielipiteenvapaus
mielenterveyden järkkyessä

Toim. Mari Stenlund

*Oman tietämättömyytensä tunteminen on
parasta tietoa.
Sellaisen tiedon puute on tautia.
Jos vain joku pitää sitä tautina, paranee hän siitä.
Viisas on vapaa tästä taudista.
Hän tietää mitä se on ja on vapaa siitä.*

Tao Te King, luku 71

*Ihmiset ovat kuin virtoja: vesi on kaikissa samanlaista
ja kaikkialla on samaa vettä, mutta jokainen joki on
milloin kapea ja nopea, milloin leveä ja hiljainen, mil-
loin puhdas ja kylmä tai samea ja lämpöinen. Niin ovat
ihmisetkin. Jokainen ihminen kätkee itseensä kaikkien
inhimillisten ominaisuuksien alkiot ja toisinaan tule-
vat näkyviin toiset, toisinaan taas toiset, joten ihminen
usein näyttää muuttuneen, vaikka hän itse asiassa on
pysynyt aivan samana.*

Leo Tolstoi: Ylösnousemus, luku LIX

*Nähdessään kansanjoukot Jeesus nousi vuorelle. Hän
istuutui, ja opetuslapset tulivat hänen luokseen. Silloin
hän alkoi puhua ja opetti heitä näin:
- - Samoin jokainen, joka sanoo veljelleen: 'Senkin höl-
mö', on ansainnut Suuren neuvoston tuomion, ja se,
joka sanoo: 'Sinä hullu', on ansainnut helvetin tulen.*

Matt 5: 1–2, 22b

Sisältö

Mari Stenlund

Oikeuksia, ei vastakkainasettelua

"Siis kysehän on siitä, ettei minulla ole mielipiteenvapautta", selvittää psykiatrinen potilas. Hän on joutunut psykiatriseen hoitoon siksi, että hänen ajatuksiaan ja uskomuksiaan on pidetty kummallisina. Lisäksi hoitopäätöksen tehneet ihmiset ovat arvioineet, että noihin ajatuksiin ja uskomuksiin perustuva toiminta saattaa uhata häntä itseään tai mahdollisesti myös muita ihmisiä. Hoidossa hänet on pakotettu ottamaan hänen epämukaviksi kokemiaan lääkkeitä, joilla on pyritty lieventämään hänen kummallisia ajatuksiaan ja uskomuksiaan. Kuulemma sairaalasta on päässyt pois vasta, kun on oppinut esittämään olevansa samaa mieltä psykiatrin kanssa. "Kannattaa vähintäänkin näytellä sairaudentuntoista", kertoo potilas kokemuksestaan.

Mitä on oikeus uskoa? Milloin tarvitaan apua? Mihin toisessa ihmisessä saadaan vaikuttaa ja millä keinoilla? Miten ihmisen uskonnon- ja mielipiteenvapautta voidaan tukea? Tässä kirjassa tarjotaan välineitä näiden kysymysten pohtimiseen.

Keskustelu psykiatrisen potilaan vapaudesta on toteutunut usein vastakkainasettelun kautta. Yhtäältä on esitetty, että psykiatriassa rajoitetaan potilaan uskonnon- ja mielipiteenvapautta.[1] Osa psykiatristen potilaiden oikeuksiin havahtuneista on innostunut antipsykiatriasta. Thomas Szasz esitti 1970-luvulla, että psykiatria on pohjimmiltaan uskonnollista ja että skitsofrenia on psykiatrisen uskontokunnan pyhä symboli ja mielisairaus myytti.[2] Ronald Laing pyrki ymmärtämään psykoottisen kokemistavan mielekkyyttä ja puhui yksilön psykiatristen diagnoosien sijaan yhteisön hulluudesta, joka on yksilön "sairastumisen" taustalla.[3] Suomessa Szaszin antipsykiatrisia näkemyksiä on tuonut esiin esimerkiksi Jyri Puhakainen.[4] Kriittisiä näkemyksiä ovat muotoilleet myös Lauri Rauhala ja Martti Siirala.[5]

Toisaalta voidaan väittää, että psykiatriassa pyritään lisäämään uskonnon- ja mielipiteenvapautta vapauttamalla potilas psykoosin vallan alaisuudesta. Hyvin monet ovat saaneet apua psykiatrian saralla, ja psykiatrisen hoitohenkilökunnan tavoitteena on nimenomaan potilaan auttaminen. Usein ajatellaan, että mielenterveyden järkkyessä ihmisen uskomukset ja ajatukset vääristyvät, ja hän lakkaa olemasta "oma itsensä" tai itseään määräävä henkilö.[6] Psykoottinen ihminen voidaankin määrätä tahdosta riippumattomaan hoitoon, jossa hänen harhaluulojansa pyritään

---

[1] Gosden 1997; Szasz 1990.

[2] Szasz 1979; 1972.

[3] Laing 1970.

[4] Puhakainen 1999.

[5] Ks. esim. Puhakainen 2000; Rauhala 1992; Siirala 1960a; 1960b.

[6] Näistä näkemyksistä ks. esim. Gutheil 1980; Kaltiala-Heino ym. 2000.

lieventämään tai poistamaan antipsykoosilääkityksellä. Lääkitystä voidaan antaa myös potilaan mahdollisesta vastustuksesta huolimatta perusteina potilaan paras ja hoidon tarve.[7] Mielen sairaus saatetaan nähdä yhteisenä vihollisena, jota pidetään kurissa psykiatrisen hoidon avulla, ja ihmiset kokevat saavansa omaa elämäänsä haltuun.

Viime vuosina psykiatrisesta hoidosta, sen haasteista ja potilaiden itsemääräämisestä on keskusteltu varsin paljon. Psykiatriakriittisyys on nostanut päätään amerikkalaisen Mad in America -liikkeen levittyä myös Suomeen.[8] Kriittisissä keskusteluissa ovat puhuttaneet erityisesti psyykenlääkehoidon ja -tutkimusten ongelmat, mutta tätäkin keskustelua näyttää leimaavan vastakkainasettelu. On luontevaa yhtyä Jani Kaaron näkemykseen, jonka mukaan valtavirran psykiatrien ja psykiatrien vastustajien välillä on syvä juopa.[9]

Myös tämän kirjaprojektin kuluessa on käynyt selväksi, ettei psykiatrisen diagnoosin saaneen ihmisen uskonnon- ja mielipiteenvapaudesta ole olemassa selvää konsensusta. Tähän kirjaan kirjoittaneet ja käsikirjoitusta kommentoineet ovat asioista keskenään osittain eri mieltä, ja erimielisyys voi olla niinkin syvällä tasolla kuin siinä, kuka tai mikä oikeastaan on kenenkin mielestä sairas: diagnoosin saanut potilas vai psykiatrinen systeemi, joka käyttää valtaa luokittelemalla ihmisiä diagnoosien avulla.

Ei ole ihme, että antipsykiatrisilla ajatuksilla on kannatusta, sillä ne ovat selkeitä ja niissä sanoitetaan varsin hyvin sitä posketonta valtakuviota, jossa joil-

---

[7]Ks. Mielenterveyslaki 1116/1990, 8§; 2001/1423, 22b§.
[8]Ks. Hulluna Suomessa – ja vähän muuallakin: Etusivu
[9]Kaaro 2018.

lakin psykiatrisessa hoidossa olleilla on omakohtaista kokemusta. Vaikka ei omaksuisikaan antipsykiatrista kantaa, on silti myönnettävä, että psykiatriaa voidaan käyttää myös väärin. Tiedetään, että esimerkiksi entisessä Neuvostoliitossa ja natsi-Saksassa toisinajattelijoita ja joitakin uskonnollisia vähemmistöjä diagnosoitiin ja passitettiin "hoidon" piiriin[10].

On myös huomattava, ettei pyrkimys hyvään takaa sitä, että toiminta sinänsä on hyvää. Psykiatrian saralla saatetaan toisinaan aiheuttaa suurta vahinkoa, vaikka kuinka tavoiteltaisiin potilaan parasta. Psykiatrian historia on surullisen kuuluisa ihmiset toimintakyvyttömiksi saattaneista lobotomioista, ja monella psykiatrisella potilaalla on tänä päivänäkin vihaista sanottavaa valtaa pitävien hyvistä pyrkimyksistä. Toisaalta monet potilaat ovat syvästi kiitollisia saamastaan huolenpidosta elämänsä raskaina vaiheina, jolloin heidän kykynsä pitää huolta itsestään on ollut alentunut. Tahdosta riippumattomassa hoidossa olleista suuri osa on jälkikäteen arvioinut hyötyneensä hoidosta.[11] Tästä näkökulmasta katsottuna antipsykiatrinen lähestymistapa, joka pahimmillaan jättää ihmiset oman onnensa nojaan, voi vaikuttaa jopa julmalta ja välinpitämättömältä.

Edellä kuvattu vastakkainasettelu saattaa jättää kuitenkin varjoonsa lähestymistapoja ja näkökulmia, jotka olisivat psykiatrisen potilaan oikeuksien toteutumisen kannalta mielekkäitä. Uskonnon- ja mielipiteenvapauden kannalta on kiinnostavaa esimerkiksi se, että psykiatrisista ongelmista kärsiviä halutaan suojella

---

[10]Ks. esim. Chodoff 2009; Fulford, Thornton & Graham 2006, 575.

[11]Lönnqvist, Moring & Henriksson 2014, 741.

epäterveeltä uskonnollisuudelta ja ideologiselta vallankäytöltä. Haavoittuvassa tilassa olevien suojelemisen kääntöpuolella on kuitenkin riski, että keskustelun tila kapenee ja pinnallistuu. Psykiatrinen hoitohenkilökunta ja potilaan omaiset saattavat ohittaa potilaan eksistentiaaliset pohdinnat ja ohjata keskusteluja kepeämpiin aiheisiin. Joihinkin mielenterveysyksikköihin on myös kehitetty sääntöjä, jotka kieltävät uskonnosta ja politiikasta puhumisen. Mielenterveyden järkkyessä ihmisen asema sosiaalisissa yhteisöissään saattaa myös muuttua. Kun ihmisellä on psykiatrinen diagnoosi ja häntä on hoidettu psykiatrisessa sairaalassa, eivät muut välttämättä jaksa ottaa hänen ajatuksiaan elämästä, Jumalasta ja ihmisyydestä vakavasti. Tässä kirjassa tuodaan esiin näkökulmia myös näihin haasteisiin, vaikkei niihin luultavasti olekaan olemassa yksinkertaisia tai aina ja kaikkialla toimivia ratkaisuja.

Olen tutkinut erityisesti psykoottisten ihmisten uskonnon- ja mielipiteenvapauteen liittyviä kysymyksiä vuosien ajan ja kirjoittanut pro gradun ja väitöskirjan lisäksi aiheesta myös tieteellisiä artikkeleita ja yleistajuisia kirjoituksia. Viime vuosina olen myös kehittänyt uudenlaista tutkimusmetodia mielenterveyden kokemusasiantuntijoiden osallistamiseksi tutkimustyöhön[12]. Nyt käsillä olevassa kirjassa kokoan yhteen tekemääni tutkimusta samalla päivittäen, tiivistäen ja yleistajuistaen sitä sekä tekemällä yhteistyötä mielenterveyden kokemusasiantuntijoiden kanssa. Olen saanut kirjoittamieni artikkeleiden käsikirjoituksiin kokemusasiantuntijoilta palautetta, jota olen ottanut huomioon kirjan viimeistelyprosessissa. Kokemusasiantuntijat ovat myös kertoneet omista kokemuksistaan ja

---

[12]Ks. Stenlund 2018.

käsityksistään kirjoituksissaan, jotka vuorottelevat artikkeleideni kanssa.

Kokemusasiantuntijoiden kirjoitukset yhdessä tutkimukseen perustuvien artikkeleiden kanssa valaisevat kysymystä uskonnon- ja mielipiteenvapaudesta ja auttavat näkemään, kuinka vaikeasta asiasta on pohjimmiltaan kysymys. Vuosien tutkimisesta huolimatta kysymys mielenterveydeltään järkkyneiden ihmisten uskonnon- ja mielipiteenvapaudesta on edelleenkin haasteellinen eikä suinkaan ratkaistu. Toivon kuitenkin, että Vapaa mieli -kirja auttaa mielenterveyden palveluja käyttäviä, mielenterveystyössä työskenteleviä, aihepiiriä tutkivia ja oman tai läheisen uskonnon- ja mielipiteenvapauden ja sen rajojen kanssa hämmentyneitä ihmisiä pohtimaan, mitä nämä oikeudet pohjimmiltaan suojaavat ja mitä olisi tehtävissä, jotta uskonnon- ja mielipiteenvapaus voisivat olla entistä aidommin kaikkien ihmisten oikeuksia.

Pelkkien vastakkainasettelujen sijaan tässä kirjassa etsitään tilaa, jossa uskonnon- ja mielipiteenvapaudesta voidaan keskustella ja jossa erilaisia kantoja edustavat voivat kohdata. Samalla on kuitenkin todettava, että tällainen keskusteluyritys on hauras ja hämmentävä. Vaikka pyrkimyksenä olisikin vääränlaisten valta-asetelmien purkaminen, emme pääse niistä täysin eroon. Esimerkiksi itse koulutettuna ja tutkimustyötä tehneenä olen kirjoittajana eri asemassa kuin ihminen, joka kertoo uskonnon- ja mielipiteenvapautensa hauraudesta oman kokemuksensa pohjalta. Kirjoitan artikkelini omalla nimelläni, mikä periaatteessa mahdollistaa tunnustuksen saamisen. Olen myös käyttänyt erityistä valtaa ja kantanut vastuuta kirjan kokonaisuuteen liittyen.

Kokemusasiantuntijat eivät puolestaan välttämättä pysty hyötymään antamastaan panoksesta samassa merkityksessä muun muassa siksi, että he kertovat kokemuksistaan ja näkemyksistään nimimerkin suojissa johtuen leimautumisen pelosta (osa pelkää leimautumista itse, osan kohdalla heidän leimautumistaan pelkään minä, minkä vuoksi olen päättänyt, että kaikki kokemusasiantuntijoiden kirjoitukset julkaistaan nimimerkillä kirjoitettuina). Vaikka kirjoittajat ovat keskenään erilaisissa asemissa, tämän kirjaprojektin taustalla on kuitenkin usko siihen, että jokainen kirjoittaja tavoittelee osallistumisellaan tärkeinä pitämiään päämääriä. Hyvistä tavoitteistaan huolimatta tämäkin kirja on kuitenkin osa laajempaa valtakuviota, ja luultavasti osaamme tiedostaen hämmentyä tästä vain osittain.

Kirjan pääotsikko *Vapaa mieli* viittaa nobel-palkitusta skitsofreniaa sairastaneesta John Nashista kertovaan elokuvaan *Kaunis mieli*. Kirjan aihe on yhtä aikaa marginaalinen ja kaikkia koskettava. Yhtäältä keskiössä ovat ihmiset, jotka ovat saaneet psykiatrisen diagnoosin. Etenkin psykoosidiagnoosi tarkoittaa monille leimautumista ja kokemusta siitä, ettei ole yhteiskunnan täysivaltainen jäsen. Toisaalta tarkasteltavana on se, mitä uskonnon- ja mielipiteenvapaus turvaavat meille kaikille, oli meillä psykiatrista diagnoosia tai ei. Kun haluamme ymmärtää uskonnon- ja mielipiteenvapautta, on käännyttävä marginaalin puoleen. On kohdattava ihmisyyden koko kirjo, jotta voimme käsittää, mikä ihmisoikeuksissa on kaikkein keskeisintä.

Tämän kirjan kirjoittamis- ja kokoamisprosessi on ollut pitkä ja hyvin haasteellinen. Kokemusasiantuntijoiden kirjoitukset olen kerännyt jo vuosina 2015 ja

2016, mutta kirjan kokonaisuuden valmiiksi saaminen viivästyi, kun kävi ilmi, että sille on hyvin hankalaa löytää julkaisijaa tai kustantajaa. Vaikeudet kustantajan tai julkaisijan löytämisessä ovat panneet vielä entisestään pohtimaan, miksi monien marginaalissa elävien ihmisoikeudet ovat haaste. Vaikka kysymys uskonnon- ja mielipiteenvapaudesta on joillekin psykiatrisina potilaina hoidetuille ensiarvoisen tärkeä, ei se välttämättä suurta yleisöä juurikaan kiinnosta eikä kaupallisten kustantajien näin ollen kannata lähteä kustantamaan teosta, jossa tätä tärkeää kysymystä pohditaan. Toiseksi, vaikka kokemusasiantuntijuuden merkitystä on viime vuosina Suomessakin korostettu, tässä kirjaprosessissa kohdatut haasteet ovat pistäneet miettimään, miten valmiita sosiaali- ja terveysalan toimijat ovat käymään sellaista keskustelua, jossa kokemusasiantuntijat esittävät myös terävää kritiikkiä.

Kustantamista ja julkaisemista koskevien haasteiden keskellä kiitänkin Asiantuntijaosuuskunta Mielekästä, jonka julkaisuna tämä kirja viimein näkee päivänvalon. Erityisesti Asiantuntijaosuuskunta Mielekkään kirjoittajapiiri on paneutunut kirjan sisältöön, ja varsinkin Marjut Häkkinen ja Mirkka Auvinen huomasivat tarkalla lukemisellaan kirjoitusvirheitä ja täsmennystä vailla olevia kohtia, mistä olen kiitollinen. Kiitän myös miestäni Jukka Stenlundia kirjan käsikirjoituksen oikoluvusta sekä kirjan taitosta. Ennen kaikkea kiitän kirjaprosessissa mukana olleita kokemusasiantuntijoita, sillä heidän osallisuutensa on sekä innoittanut että velvoittanut minua saattamaan prosessin loppuun vaikeuksista huolimatta. Kirjan kirjoittamisen ovat mahdollistaneet Suomen Kulttuurirahasto (oma hen-

kilökohtainen apurahani) sekä Kirkon tutkimuskeskus
(kokemusasiantuntijoiden kirjoittaja- ja konsultointi-
palkkiot).

frithiof

Minun tarinani

Demokratia ja leima

Demokratiassa, joka antiikin Ateenassa koski vapaita miehiä, pidetään puheita, keskustellaan ja argumentoidaan puolesta ja vastaan sekä äänestetään.

Jos ottaa demokratian kirjaimellisesti, pääsee helposti hullun kirjoihin, vaikka kyseessä kuitenkin on klassinen ajatus demokratiasta!

Mielisairaaksi leimatun puheisiin ei suhtauduta vakavasti eikä hänen ajatuksistaan keskustella argumentoiden.

Kuoroon laulamaan

Minulla oli "reaktiivinen psykoosi" vuonna 1994. Olin mielisairaalassa nuoriso-osastolla kuusi viikkoa. Aluksi minulle syötettiin masennuslääkettä, koska äitini sanoi lääkärille, että olin masentunut. Minulta ei kysytty mitään.

Menetin masennuslääkkeen vuoksi puhekyvyni. Heräsin yöllä enkä kyennyt puhumaan hoitajalle, jonka tapasin käytävällä. Sitten ne vasta hoksasivat, ettei lääke *sopinut minulle. Aloitettiin psykoosilääkitys. Sairaalassa hoitava lääkäri jäi lomalle. Oltuani kuusi viikkoa sairaalassa minut kirjattiin ulos ja annettiin lääkepurkki kouraan.*

Menin hampurilaisravintolaan töihin ja aloin pikku hiljaa opiskella jälleen. Liityin kuoroon. Pääsin mukaan kuoron ulkomaanmatkoille. Olin myös opiskelijavaihdossa. Kuntouduin mielestäni hyvää vauhtia.

Koska en seurustellut, en osallistunut kuoron vuosijuhliin yhdessä puolison (tai tyttöystävän) kanssa. Minun seksuaalinen suuntautumiseni alettiin kyseenalaistaa kuorossa, mitä sanotaan "homotteluksi". Näin ainakin koin.

Olin käymässä syystalvella kotikaupungissani, kun kohtasin Jeesuksen. Se oli hyvin henkilökohtainen kokemus. Palasin sitten kuorotoimintaan, jossa minut oli määrätty lippumieheksi vastaamaan joulukonserttien lipunmyynnistä.

Kerran kuoron taiteellinen johtaja nimitteli minua harjoituksissa "pitkäksi pojaksi". Mielsin sen liittyvän homotteluun. Minusta tuntuu, että silloin päässäni jokin naksahti.

"Tyranninmurha"

Esitin kuoron hallitukselle lähettämässäni avoimessa kirjeessä, että kuorolle olisi valittu uusi taiteellinen johtaja. Kirjelmöin hallitukselle demokratiasta ja kuoron toiminnasta. Lähestyin kirjeitse myös laulajaveljiä. Pidin harjoituksissa puheen ja lausuin Eino Leinon runoa "Elämän koreus". Lähdin harjoitusten tauolla pois ja kävelin kotiin.

Kotikaupungistani kotoisin ollut kuoron jäsen soitti äidilleni ja kyseenalaisti mielenterveyteni. Äitini hätääntyi ja kertoi hänelle, että minulla "oli ollut vaikeuksia".

Minusta mielipiteenvapauttani ja oikeuttani demokraattiseen osallistumiseen kuoron toimintaan oli loukattu kyseenalaistamalla mielenterveyteni. Koin tämän syvästi henkilöön meneväksi. Yritin vedota laulajaveljiin lukemalla Jobin kirjaa Helsingin tuomiokirkon kryptassa, jossa olimme avaamassa ääntä ennen esiintymistä.

Minua hirvitti se, että psykoosihistoriani oli vedetty esille. Niinpä jäin pois parista harjoituksista. Kun seuraavan kerran tulin harjoituksiin, minulle ilmoitettiin, etten voisi osallistua kuoron kotimaankiertueelle. Minulle sanottiin, että vain ammattilaiset saivat olla harjoituksista pois. Silloin minä suutuin ja ilmoitin olevani ammattilainen. Olinhan kulkenut kymmenen vuotta soitto- ja musiikinteoriatunneilla, laulanut kuoroissa ja opiskellut konservatoriossa.

Sanoin kaikkien kuullen kuoronjohtajalle: "Ylhäisyys, enkö minä muka pääse kotimaankiertueelle". Hän ei vastannut minulle, vaan sanoi: "Musiikkilautakunta jää tänne harjoitusten jälkeen". Minua haluttiin siis koelaulattaa. Marssin ulos. Myöhemmin kuoron varajohtaja, joka ei ollut läsnä näissä harjoituksissa, soitti minulle. Sovimme tapaamisesta.

Varajohtaja kertoi meidän tavanneen, jotta hän voisi ohjata minut hoitoon. Koin, että osallistumiseni kuoron toimintaan oli estetty ja minut oli leimattu mielisairaaksi, koska olin avannut suuni. Jätin kuoron kevätkokouksessa kirjallisen eroilmoitukseni.

Psykoosihistoriani ei sinänsä ollut estänyt menestyksellistä osallistumistani kuoron toimintaan, vaan se, että siitä tuli julkista. Äitini avomielisyys liittyen terveydentilaani vaikutti näin tapahtumien kulkuun. Koin, että tapahtunut oli loukannut mielipiteen-, ajatuksen- ja uskonnonvapauttani. Hullu minusta tuli vasta, kun reagoin kiusaamiseeni, yritin puolustautua ja nuoruudenpsykoosistani tuli ase vastustajieni käteen. Musiikki oli ollut minulle henkireikä, kuorolaulu uusi mahdollisuus.

Mitä skitsofrenia on?

Ihmiselle on annettu järki ja omatunto, kuten ihmisoikeuksien yleismaailmallisen julistuksen ensimmäisessä artiklassa todetaan, ja kehotetaan samalla toimimaan toisia ihmisiä kohtaan veljeyden hengessä.

Päädyin tahdosta riippumattomaan hoitoon uutenavuotena 2001. Sanottiin, että sairastan skitsofreniaa. Olin tuolloin 28-vuotias. Olin hyvin loukkaantunut vanhemmilleni. Hehän olivat selkäni takana alkaneet puuhata minua hoitoon. Vanhempani tuotiin sairaalaan verkostotapaamiseen minulle ilmoittamatta, suostumustani kysymättä ja heille valehdellen, että suostumukseni muka oli saatu. Minut pakkolääkittiin ja -hoidettiin "yhteistyöhaluiseksi".

Verkostotapaamisia jatkettiin avohoidossa, jonka pitäisi lain mukaan olla vapaaehtoista. Sitä se ei suinkaan ollut, vaan minulle todettiin, että jos katkaisen sen, joudun uudestaan osastohoitoon. Verkostotapaamiset olivat erittäin piinallisia, koska lapsuudenperheen ongelmista ei ollut lupa puhua. Sen sijaan yritettiin osoittaa, että minulla oli ollut onnellinen lapsuus.

Osastohoitoon sitten jouduinkin talvella 2003–2004, koska lopetin psykoosilääkityksen annetun ohjeen mukaan ja jatkoin masennuslääkitystä. Kyseessä oli siis toksinen psykoosi. Sairaalassa saamani hoito vammautti minua siinä määrin, että tarvitsin sieltä päästyäni toimintaterapeutin. Tästä alkoi kuntoutuminen.

Kantelin myöhemmin mielenterveystoimiston toiminnasta silloiseen lääninhallitukseen. Totesin kantelussani hoidon olleen ihmis- ja perusoikeuksia loukkaavaa, vammauttavaa, virheellistä ja ala-arvoista Vastineessaan kanteluuni mielenterveystoimisto väitti hoidon tapahtuneen "yhteisymmärryksessä" potilaan kanssa, vaikka olin alusta pitäen täysin johdonmukaisesti ja joka vaiheessa ehdottomasti vastustanut sitä, että vanhempani osallistuivat "hoitooni"!

Onkin selvää, että potilaalla ei ole juuri minkäänlaista oikeusturvaa, koska potilasasiakirjat sepitetään täysin vastaamaan mielenterveysviranomaisen rikollista ja mielivaltaista toimintaa. Niinpä psykiatriassa ei käsitykseni mukaan ole kysymys pelkästään lääketieteestä (saati tieteestä), vaan valtasuhteista. Tänä voltta ja vallankäyttö verhotaan nykyisin esimerkiksi siihen, että väitetään skitsofrenian olevan aivoperäinen sairaus, tauti.

Nyt kun olen kertonut sairaudesta, jota minun on väitetty sairastavan, minusta tuntuu, etten ole pystynyt kertomaan siitä juuri mitään. Minulla on kylläkin ollut kokemuksia, jotka luokitellaan psykiatriassa sairauden oireiksi. Olen kuullut ääniä, kun sairastuin nuoruudenpsykoosiini. Välillä on tuntunut, ettei pää aina toimi. Tunnen myös pelon ja ahdistuksen, mutta en todellakaan tiedä, mikä tai mitä skitsofrenia on.

Sen kyllä tiedän, miltä tuntuu joutua sairaalalääkärin puheille: hän ei vastaa, ei puhua pukahda. Minulle on väitetty, että hoitohenkilökunta ei halua mennä mukaan psykoosiin, mutta kukaan heistä ei myöskään ole vaivautunut selittämään, millä perusteella he ovat päätyneet diagnooseihinsa.

Suhtaudunkin diagnoosiini epäillen, sillä minusta koko skitsofrenian käsite on tieteellisesti arvoton ja huonoimmillaan suorastaan vahingollinen. Juuri psykoosisairauteen vetoaminenhan mahdollistaa kaiken tuon viranomaismielivallan!

Sananvapauden suhteellisuus

Sananvapaus on hyvin suhteellinen käsite. Olen toimittanut hoitoon liittyvistä epäkohdista materiaalia paikkakunnallamme ilmestyvän sanomalehden toimittajalle. Erinäisten tiedustelujeni jälkeen hän ilmoitti, että voisin kirjoittaa aiheesta mielipidekirjoituksen.

Kun kirjoitin mielipidekirjoituksen, sitä ei julkaistu. Ehkä kokemani ihmisoikeusloukkaukset eivät vain kestä paikallisjulkisuutta.

Mari Stenlund

Hulluutta vai hurskautta?

Todellisuusnäkemysten käsitteellistä erottelua

Johdanto

Ihmistä voidaan kutsua hurahtaneeksi hihhuliksi tai originelliksi ajattelijaksi, mutta milloin on kyse siitä, että hän on psykiatrisen hoidon tarpeessa?

Uskonnon- ja mielipiteenvapaus ovat ihmisoikeuksia, jotka turvaavat hyvinkin erilaisiin uskomuksiin takeutumisen ja poikkeukselliset elämäntapavalinnat. Ihmisten henkiset ja uskonnolliset todellisuusnäkemykset saattavat vaikuttaa ulkopuolisista hyvinkin kummallisilta. Poliittinen toisinajattelu edustaa jo nimensä puolesta "jotain muuta" kuin valtavirtaa. Ihmisen toimintaan ei kuitenkaan puututa, jos hän elää erikoisen todellisuusnäkemyksensä kanssa muita vaarantamatta. Jos hän kuitenkin loukkaa toiminnallaan toisten ihmisten oikeuksia, hän joutuu teostaan rikosoikeudelliseen vastuuseen, mutta todellisuusnäkemykseen sinänsä ei kajota. Katsotaan, että ihmisellä on oikeus uskonnon- ja mielipiteenvapauteen, jota rajoittavat toisten ihmisten oikeudet.

Jotkut kummallisina pidetyt uskomukset ja kokemukset määritellään kuitenkin psykiatrian näkökulmasta psykoottisiksi harhaluuloiksi tai aistiharhoiksi eli mielenterveyden häiriön oireiksi. Harhaisen ihmisen arvellaan sairastavan esimerkiksi skitsofreniaa, maanista psykoosia tai harhaluuloisuushäiriötä. Psykoosidiagnoosin myötä ihmisen päätäntävalta kaventuu sen suhteen, hoidetaanko häntä vai ei. Ihminen, jonka todellisuusnäkemystä pidetään psykoottisuuden merkkinä, voidaan määrätä tahdosta riippumattomaan psykiatriseen hoitoon. Hoidossa hänen todellisuusnäkemykseensä pyritään vaikuttamaan usein muun muassa antipsykoosilääkityksellä silloinkin, kun hän ei ole muille vaaraksi ja kun hän itse tällaista hoitoa vastustaa. Katsotaan, että ihmisellä on oikeus hoitoon.

Miksi yhteiskuntamme sallii uskonnon- ja mielipiteenvapauden nimissä joidenkin ihmisten erikoiset uskomukset ja elämäntapavalinnat samalla, kun toisten mieltä ja toimintaa rajoitetaan jopa vastoin heidän sen hetkisiä toiveitaan? Mikä erottaa poikkeukselliset todellisuusnäkemykset toisistaan? Mitä ihminen voi uskoa ja millaisia näkemyksiä ja kokemuksia hänellä voi olla ilman, että hän päätyy hoitoon?

Rajatapauksia

Psykiatriassa hallusinaatiot eli aistiharhat määritellään psykoottistasoisen mielenterveyden häiriön oireeksi. Ne ovat ihmisen aistimuksia, jotka hän kokee, vaikka hänen aistielimiinsä ei kohdistu ärsykettä. Tavallisimpia hallusinaatioita ovat kuuloharhat, mutta ihmisellä voi myös olla näkö-, haju-, maku- ja tuntoharhoja.[13]

Ihminen voi kuitenkin nähdä enkelin tai kuulla Jumalan äänen ilman, että häntä pidettäisiin psykoottisena. Joissakin uskonnollisissa yhteisöissä uskotaan, että Jumala tai muu "hengellinen todellisuus" voi ilmaista itsensä ihmiselle erilaisten mystisten kokemusten kautta, ja tällaisia kokemuksia pidetään suuressa arvossa. Ei ole tavatonta sekään, että ihminen aistii merkkejä "toisen todellisuuden läsnäolosta" esimerkiksi kuoleman uhkan läheisyydessä. Lisäksi yksittäiset ääntenkuulemiset tai muut aistiharhat ovat normaaleja kokemuksia esimerkiksi sairastumisen yhteydessä tai unen ja valveen rajamailla.

Myös tapaus Anders Breivik on herättänyt pohtimaan mielenterveyden häiriöiden välistä rajanvetoa ja syyntakeellisuutta. Miksi 77 ihmistä ideologiaansa pohjautuvassa terrorismi-iskussa tappanut Breivik ei ole psykoottinen? Miksi psykiatrien arvioiden mukaan hänellä on "vain" persoonallisuushäiriö? Miksi Breivik voi kieltäytyä psykiatrisesta hoidosta ja kärsii syyntakeellisena vankilatuomiota?[14]

Oma lukunsa ovat hengelliset kriisit tai ongelmat, joita kuvataan uskonnollisella kielellä. Kristinuskossa on vanhastaan tunnettu hengellinen yö tai erämaa, jota on kuvattu ihmisen kokemuksesi Jumalan poissaolosta. Hengellisessä yössä rukoileminen tuntuu kuivalta eikä ihminen koe saavansa uskostaan sitä mielihyvää, johon hän aiemmin oli tottunut. Hengellisen yön

---

¹³Suvisaari ym. 2014, 140.
¹⁴Ks. Wikipedia: Anders Behring Breivik.

ja masennuksen välinen rajanveto ei aina ole helppoa,
ja oma kysymyksensä on sekin, onko kyse lopulta samasta asiasta, jota kuvataan eri tavoin uskonnollisella
ja psykiatrisella kielellä.[15] Sama pätee henkipossessioihin eli kokemuksiin siitä, että ihmisen on vallannut paha henki: ovatko kuvaukset pahan hengen valtamaaksi tulemisista luonteeltaan uskonnollisia ja psykiatrian
alaan kuulumattomia ilmiöitä vai onko kyseessä vain
uskonnollinen psykoosista puhumisen tapa?[16]

Toisinaan uskonnollisten tai ideologisten yhteisöjen
sisäinen elämä erilaisine sääntöineen ja elämäntaparatkaisuineen kummastuttaa ulkopuolisia siinä määrin, että yhteisöä voidaan arkipuheessa pitää täysin sairaana.
Esimerkiksi Koivuniemen yhteisö on saanut jatkaa toimintaansa uskonnonvapauden nimissä, vaikka yhteisö
tunnetaan hierarkkisesta ja suljetusta rakenteestaan,
epäsovinnaisista seksuaalisviritteisistä kanssakäymisen
tavoista, yhteisön jäseniä mahdollisesti hyväksikäyttävästä yritystoiminnasta ja siitä, että yhteisön lapset
käyvät kotikoulua.[17]

Rajanveto psykiatrisessa diagnostiikassa

Psykiatrisessa diagnostiikassa tunnistetaan rajanvedon tärkeys psykoottistasoisten mielenterveyden ongelmien ja muiden poikkeuksellisten todellisuusnäkemysten välillä. DSM-5-diagnoosiluokituksessa todetaan, ettei mielenterveyden häiriötä pidä diagnosoida
sillä perusteella, että henkilön poliittinen tai uskonnol-

---

[15]Ks. esim. Ristin Johannes 2004; Stenlund 2017c; Wikström
2002.

[16]Ks. esim. Pakaslahti 2006.

[17]Ks. Nousiainen 2010; Uskonnot.fi: Maitobaari.

linen käyttäytyminen on poikkeuksellista. Diagnoosiluokituksessa otetaan myös huomioon, että aistiharhat voivat olla normaaleja joissakin uskonnollisissa ja kulttuurisissa konteksteissa. Niin ikään yksilön uskonnollinen ja kulttuurinen tausta on otettava huomioon, kun selvitetään sitä, onko henkilöllä psykoottisia harhaluuloja.[18]

Diagnoosiluokituksessa kuitenkin todetaan, että joissakin tapauksissa poikkeuksellinen poliittinen tai uskonnollinen käyttäytyminen on merkki siitä, että ihmisellä on mielenterveyden häiriö. Harhaluulot voivat olla sisällöltään ideologisia tai uskonnollisia. Harhaluuloinen ihminen voi esimerkiksi uskoa saaneensa Jumalalta erityisen viestin tai uskoa olevansa erityisessä suhteessa poliittisiin merkkihenkilöihin.[19]

Psykoottisten todellisuusnäkemysten ero muihin poikkeuksellisiin todellisuusnäkemyksiin on siis asia, jonka diagnoosiluokitukset panevat merkille ja jonka suhteen kehotetaan valveutuneisuuteen. Rajanvetoon annetaan kuitenkin vain vähän käsitteellisiä välineitä. Siksi ei olekaan ihme, jos rajanveto koetaan joskus hankalaksi tai jos päädytään tilanteisiin, joissa potilas kokee tulleensa diagnosoiduksi väärin perustein psykiatrien ja hoitajien ymmärtämättömyyden vuoksi. Rajanvedon haasteet kasvavat entisestään, kun henkisyys monipuolistuu, monikulttuuristuu ja yksilöllistyy.

Arvosidonnainen psykoosimalli

Tässä artikkelissa esitän koostamani käsitteellisen mallin, joka kuvaa, millaisia periaatteita psykiatrinen diag-

---

[18]Ks. DSM-5 2013, 20, 88, 93, 103.
[19]Ks. DSM-5 2013, 20, 91, 128.

nostiikka ja psykiatrian filosofian alan keskustelu tarjoavat psykoottisten todellisuusnäkemysten erottamiseen muilla tavoin poikkeuksellisista todellisuusnäkemyksistä. Malli, jota kutsun arvosidonnaiseksi psykoosimalliksi, perustuu analyysiini, jossa yhdistin psykiatrian filosofian saralla käytyä keskustelua psykoottisuuden luonteesta psykiatrian diagnostisiin kriteereihin. Mallin mukaan psykoottisuudesta on kyse silloin, kun kolme välttämätöntä – ja arvosidonnaista – kriteeriä täyttyy. Nämä kriteerit ovat 1) näkemyksen irrationaalisuus, 2) heikentynyt hyvinvointi sekä se, että 3) yhteisö ei jaa näkemystä. Olen itse käyttänyt tätä mallia psykoottisen yksilön uskonnon- ja mielipiteenvapauden ymmärtämisen lähtökohtana. Koen sen soveltuvan tähän tieteidenväliseen tarkoitukseen varsin hyvin.[20]

Psykoosista käytävä keskustelu toteutuu ristipaineessa. Yhtäältä psykiatrian eettisissä ohjeissa korostetaan yleisesti hyväksyttyjen diagnoosiluokitusten hyödyntämisen tärkeyttä. Luokituksilla halutaan muun muassa ehkäistä psykiatrisiin diagnooseihin liittyvää mielivaltaa, jota on käytetty historiassa poliittisen vallan välineenä.[21] Toisaalta etenkin laajalti käytössä olevaa DSM-diagnoosiluokitusta on kritisoitu muun muassa siitä, että siinä medikalisoidaan myös sellaisia ihmiselämään kuuluvia ongelmia ja prosesseja, jotka eivät pohjimmiltaan kuulu psykiatrian alaan. Lisäksi on kritisoitu sitä, että psykiatrian diagnostisissa kriteereissä ohitetaan kysymys häiriön syistä ja keskitytään kuvaamaan lähes yksinomaan häiriön ilmenemistä.[22]

---

[20]Mallista yksityiskohtaisemmin, ks. Stenlund 2014a.

[21]Ks. Chodoff 2008, 99–100; Euroopan neuvosto 2004, Article 2:1; YK 1991, Principle 4:1.

[22]Ks. Chodoff 2008, 108; Talvitie 2017, 211.

Onkin syytä korostaa, että arvosidonnainen psykoosimalli on avoin kehittämiselle ja keskustelulle. Samalla, kun se voi auttaa ymmärtämään niitä periaatteita, joiden avulla todellisuudentulkintoja psykiatrian piirissä periaatteessa ja käytännössä erotetaan, näiden periaatteiden tiedostaminen auttaa myös käymään niitä koskevaa kriittistä keskustelua.

Tässä artikkelissa esiteltävän arvosidonnaisen psykoosimallin mukaan psykoottiselle todellisuusnäkemykselle on kolme välttämätöntä kriteeriä. Nämä kriteerit ovat 1) näkemyksen irrationaalisuus, 2) heikentynyt hyvinvointi sekä se, että 3) yhteisö ei jaa näkemystä. Psykoottinen todellisuusnäkemyksestä on mallin mukaan kyse siis silloin, kun jokainen näistä kriteereistä täyttyy.

Ensimmäinen psykoottisuuden kriteeri: näkemyksen irrationaalisuus

Irrationaalisuutta eli järjettömyyttä on pidetty psykoottisuuden keskeisenä kriteerinä erityisesti filosofisessa keskustelussa, mutta tähän kriteeriin viittaavat myös psykiatriset määritelmät. Tässä artikkelissa esiteltävässä arvosidonnaisessa psykoosimallissa irrationaalisuus ilmenee yhden tai useamman piirteen kautta. Näitä irrationaalisuuden piirteitä ovat "todellisuudenvastaisuus", "käsittämättömyys" ja "irrationaalinen toimijuus". Psykoottiseen irrationaalisuuteen liittyy myös sairaudentunnottomuus.

Todellisuudenvastaisuus

Psykoottisuutta luonnehditaan usein todellisuudentajun häiriöksi.[23] Psykoottiset harhaluulot määritellään tästä näkökulmasta ulkoista todellisuutta koskeviksi virheellisiksi uskomuksiksi tai jopa "täysin mahdottomiksi".[24] Psykoottisten todellisuusnäkemysten todellisuudenvastaisuudesta kertoo esimerkiksi se, että ihminen pitää kiinni harhaluuloistaan, vaikka hänelle esitettäisiin todisteita siitä, miksi hänen uskomuksensa eivät voi pitää paikkaansa.[25] Psykoottisten todellisuuskäsitysten todellisuudenvastaisuutta korostava näkemys viittaa tietoteoreettisesti korrespondenssiteoriaan, jonka mukaan uskomus on tosi, kun se vastaa tosiasioita.[26]

On kuitenkin esitetty useita kriittisiä huomioita, joissa on osoitettu, ettei todellisuudenvastaisuus ole kaikenkattava psykoottisten todellisuusnäkemysten määritelmä. On esimerkiksi todettu, etteivät psykoottiset harhaluulot aina käsittele sellaisia "tosiasioita", joiden paikkaansa pitävyyttä voidaan tarkastella erilaisten todisteiden valossa. Jos ihminen uskoo olevansa Jumala tai kertoo tuntevansa, että joku muu kuin hän itse ajattelee hänen sisällään, toisten ihmisten on vaikeaa tai mahdotonta todistaa, mikseivät nuo uskomukset ja kokemukset ole "totta". Joskus taas harhaluulot ovat arvostelmia siitä, mitä oikeasti on tapahtunut:

---

[23]Ks. esim. DSM-IV-TR 2000, 297, 827; Partonen & Lönnqvist 2014, 872.

[24]Ks. esim. DSM-5 2013, 819; ICD-10 1992, 78-79; Partonen & Lönnqvist 2014, 867.

[25]Ks. Bortolotti 2010, 14; DSM-5 2013, 819; Suvisaari ym. 2014, 199.

[26]Ks. Lammenranta 2006, 82.

esimerkiksi psykoottisesti masentunut mies uskoi olevansa maailman huonoin isä, koska oli unohtanut antaa lapsillensa viikkorahaa.[27]

Käsittämättömyys

Psykoottisuutta on lähestytty myös käsittämättömyyden käsitteen avulla, jolla viitataan siihen, että psykoottista todellisuuskäsitystä on toisten mahdotonta ymmärtää.[28] Käsittämättömyyden korostus näyttää viittaavan tietoteoreettiseen koherenssiteoriaan, jonka mukaan uskomukset ovat tosia tai ainakin oikeutettuja, kun ne sopivat yhteen henkilön muiden uskomusten kanssa.[29]

Käsittämättömyyteen viittaa se, että psykiatrisessa diagnostiikassa joitakin harhaluuloja pidetään erityisen eriskummallisina – sellaisina, etteivät ne voisi olla totta missään olosuhteissa. DSM-5 mainitsee esimerkkinä eriskummallisesta harhaluulosta uskomuksen, että jokin ulkopuolinen voima on irrottanut sisäelimiä ja korvannut ne jonkun toisen sisäelimillä ilman, että toimenpiteestä olisi jäänyt ruumiiseen jälkiä.[30] Käsittämättömyys voi myös ilmetä sisäisesti ristiriitaisena uskomusjärjestelmänä, jossa ihminen pitää kiinni uskomuksista siitä huolimatta, että ne näyttävät kumoavan toinen toisensa. Kerrotaan esimerkiksi naisesta, joka kertoi miehensä kuolleen vuosia sitten ja väitti tämän myös olevan potilaana samassa sairaalassa hänen

---

[27]Bortolotti 2010, 152; Edwards 1997, 53; Fulford 2009, 64–65; Radden 2011, 95–98.

[28]Heinimaa 2008; Radden 2011, 12, 62.

[29]Ks. Lammenranta 2006, 83, 157.

[30]DSM-5 2013, 87, 819.

kanssaan.[31] Toisinaan psykoottinen käsittämättömyys ilmenee sekavana puheena ja ideoiden lentelynä, jossa toisen ihmisen on vaikea pysyä perässä.[32]

Toisinaan psykoottinen todellisuusnäkemys voi kuitenkin olla sisäisesti johdonmukainen. Ihminen voi esimerkiksi tulkita tilanteita ja tapahtumia johdonmukaisesti harhaluuloihinsa sopivalla tavalla.[33] On myös huomattava, että muillakin kuin psykoottisilla ihmisillä on sisäisesti ristiriitaisia uskomusjärjestelmiä.[34] Käsittämättömyys ei siis ole välttämätön eikä myöskään riittävä kriteeri psykoottisuudelle.

Irrationaalinen toimijuus

Kolmas järjettömyyden piirre on irrationaalinen toimijuus, jolla tarkoitetaan sitä, ettei ihminen käyttäydy uskomuksensa mukaisesti.[35] Psykoottinen ihminen näyttää ikään kuin elävän samanaikaisesti kahdessa eri todellisuudessa, joista toinen on niin sanottu normaali todellisuus, jossa muutkin ihmiset elävät, ja toinen harhaluulojen ja aistiharhojen valtakuntaa.[36] Kahdessa eri todellisuudessa eläminen selittää esimerkiksi sen, miksi potilas, joka pelkää, että hoitohenkilökunta myrkyttää hänet, syö silti osaston ruokaa. Shaun Gallagherin mukaan potilas pitää hoitohenkilökuntaan kuuluvia myrkyttäjinä harhaisessa todellisuudessaan ja syö osaston ruokaa jokapäiväisessä todellisuudessa.[37] Andrew

---

[31] Bortolotti 2010, 63–64.
[32] DSM-5 2013, 99, 128.
[33] DSM-IV-TR 2000, 325–326.
[34] Bortolotti 2010, 77.
[35] Bortolotti 2010, 14, 164–166; Radden 2011, 66–67.
[36] Gallagher 2009, 260; Sass 1994, 21.
[37] Gallagher 2009, 260.

Sims puolestaan huomauttaa, että uskonnolliset koke-
mukset saavat ihmisen yleensä muuttamaan käyttäyty-
mistään.[38]

On kuitenkin sangen tavallista, että ihmiset eivät
käyttäydy uskomustensa mukaan, vaikka eivät olisi-
kaan psykoottisia.[39] Ihmiset eivät esimerkiksi välttä-
mättä toimi omien eettisten ideaaliensa mukaisesti,
vaan heidän ratkaisunsa ovat ristiriidassa sen kanssa,
mitä he sanovat arvostavansa. Ei ole tavatonta sekään,
että ihminen elää yhtä aikaa uskonnollisessa ja joka-
päiväisessä todellisuudessa onnistumatta näiden yh-
distämisessä. Ihminen voi esimerkiksi uskoa olevansa
Jumalan luoma ja silti kokea arvottomuutta.

Lisa Bortolotti myös huomauttaa, että monissa ta-
pauksissa ihmisen psykoottiset harhaluulot ohjaavat
hänen käyttäytymistään. Itse asiassa psykoottisia har-
haluuloja ei voitaisi lainkaan tunnistaa tai diagnosoida,
elleivät ne vaikuttaisi mitenkään ihmisen toimintaan
tai siihen, miten hän itseään ilmaisee.[40] Irrationaalinen
toimijuus ei siis sekään ole sen enempää riittävä kun
välttämätön psykoottisuuden määritelmä.

Sairaudentunnottomuus

Jotta kyseessä olisi psykoottinen todellisuusnäkemys,
irrationaalisuuteen liittyy myös sairaudentunnotto-
muus. Sairaudentunnottomuudella tarkoitetaan sitä,
ettei ihminen itse ajattele olevansa sairas. Uskonnolli-
sen tai ideologisen todellisuuskäsityksensä kanssa elä-
vät eivät tässä suhteessa eroa psykoottisen todelli-

---

[38]Sims 1997, 80–81.
[39]Bortolotti 2010, 174.
[40]Bortolotti 2010, 163–166.

suuskäsityksen kanssa elävistä, sillä harva ihminen
sitoutuu sellaisiin uskonnollisiin tai ideologisiin näkemyksiin, joiden ajattelee olevan sairauden merkki.
Sairaudentunnottomuus on kuitenkin tärkeä kriteeri,
kun erotetaan psykoottisuus muista mielenterveyden
häiriöistä (kuten pakko-oireisesta häiriöstä) kärsivien
ihmisten todellisuusnäkemyksistä.[41] Sairaudentunnottomuuden käsitteen käyttöä on kritisoitu siitä, että
siinä odotetaan ihmisten käsitysten olevan tieteellisen
koulupsykiatrian mukaisia.[42] Vaikka sairaudentunnottomuuden käsitteen käyttö mahdollistaakin myös
epäilyttävän vallankäytön, näyttää sen käyttö kuitenkin olevan välttämätöntä, jos halutaan luoda sellainen
psykoottisuuden malli, joka on sovitettavissa diagnoosiluokituksiin.

Yhteenveto: irrationaalisuus psykoottisuuden kriteerinä

Vaikka todellisuudenvastaisuus, käsittämättömyys ja
irrationaalinen toimijuus eivät ole yksittäisinä piirteinä psykoottisuuden välttämättömiä tai riittäviä kriteerejä, psykoottisuus ilmenee kuitenkin jonakin näistä irrationaalisuuden piirteistä. Jos todellisuusnäkemys on
riittävän rationaalinen, se ei ole psykoottinen. Henkilö
voi esimerkiksi kehitellä tieteellisiä ideoita ja teorioita,
joita muut pitävät kummallisina. Jos henkilö kuitenkin pystyy tarjoamaan riittäviä todisteita näkemystensä tueksi, hänen uskomusjärjestelmänsä on riittävän
johdonmukainen ja jos hän toimii uskomuksensa mukaisesti, ei hän ole psykoottinen. Voidaan myös olet-

---

[41]Fulford & Radoilska 2012, 46–47.
[42]Perkins & Parimala 1993.

taa, että esimerkiksi entisessä Neuvostoliitossa eläneet
toisinajattelijat olivat tässä merkityksessä riittävän rationaalisia, vaikka heidät määrättiinkin (virheellisesti)
psykiatriseen pakkohoitoon.

Samalla on kuitenkin huomattava, että myös muut
kuin psykoottiset todellisuuskäsitykset voivat olla irrationaalisia yhdellä tai useammalla tavalla.[43] Näissä tapauksissa jokin muu psykoottisuuden välttämätön kriteeri jää kuitenkin täyttymättä.

Toinen psykoottisuuden kriteeri: heikentynyt hyvinvointi

Koska psykoottinen todellisuusnäkemys liittyy mielenterveyden häiriöön, on ilmeistä, että psykoottisen ihmisen hyvinvointi on tavalla tai toisella heikentynyt.
Psykoottisuutta tarkastellaan hyvinvoinnin heikentymisen näkökulmasta erityisesti psykiatrisessa diagnostiikassa ja psykiatrian etiikassa, mutta enenevissä määrin myös psykiatrian filosofian saralla käytävissä keskusteluissa. DSM-5:n mukaan mielenterveyden häiriöihin liittyy useimmiten merkittävä kärsimys (distress)
tai toimintakyvyn lasku. Toisin kuin aiemmassa DSM-luokituksessa, tämä kriteeri ei enää ole täysin välttämätön. Kuitenkin DSM-5 korostaa kriteerin merkittävyyttä psykiatrisen hoidon ja diagnosoinnin käytännössä: olisi väärin diagnosoida psykoottistasoinen mielenterveyden häiriö niissä tilanteissa, joissa henkilöllä on
vain lieviä oireita, joihin ei liity merkittävä kärsimys tai
toimintakyvyn lasku.[44]

---

[43]Ks. Bortolotti 2010, 121, 259–260.
[44]DSM-5 2013, 20–21. Vrt. DSM-IV-TR 2000, 8.

Arvosidonnaisessa psykoosimallissa heikentynyttä hyvinvointia tarkastellaan kolmen eri piirteen näkökulmasta. Nämä piirteet ovat "toimintakyvyn lasku", "kärsimys" ja "itsensä kadottaminen". Heikentynyt hyvinvointi psykoottisuuden kriteerinä täyttyy, kun vähintään yksi näistä piirteistä ilmenee.

Toimintakyvyn lasku

Diagnostisten kriteerien mukaan psykoottisuuteen liittyy usein yksilön toimintakyvyn merkittävä heikentyminen sosiaalisessa ja ammatillisessa elämässä sekä muilla tärkeillä elämän osa-alueilla. Joissakin tapauksissa psykoottisen ihmisen toimintakykyä heikentävät niin sanotut negatiiviset oireet, jotka ilmenevät esimerkiksi sosiaalisista kontakteista vetäytymisenä sekä motivaation ja omien päämäärien aktiivisen tavoittelemisen laskuna.[45]

Toimintakyvyn laskuun on kiinnitetty huomiota myös psykiatrian filosofian ja etiikan saralla käydyissä keskusteluissa. Esimerkiksi McKay ym. toteavat, että harhaluulot heikentävät ihmisen kykyä arkiseen elämään.[46] Lisa Bortolotti esittää tutkimustietoon nojaten, että harhaluulot kuluttavat ihmisen kognitiivisia resursseja eri tavalla kuin muut irrationaaliset uskomukset.[47] Rem B. Edwardsin mukaan psykoottisen ihmisen kyky selviytyä ympäristössään ja sosiaalisissa suhteissaan on vakavasti heikentynyt.[48] Derek Bolton ja Natalie Banner puolestaan kuvaavat, kuin-

---

[45]Ks. DSM-5 2013, 20, 88, 100.
[46]Mc Kay ym. 2005, 315.
[47]Bortolotti 2010, 260.
[48]Edwards 1997, 52–53.

ka psykoottinen ihminen epäonnistuu tavoitteisiinsa pääsemisessä sen vuoksi, että hän kuvittelee maailman toisenlaiseksi kuin se oikeastaan on.[49]

Yksi toimintakyvyn heikentymisen kannalta keskeinen kysymys on, kiinnitetäänkö huomiota siihen, onko poikkeuksellinen kokemus itsessään voimaannuttava ja aktiivisuutta lisäävä vai otetaanko huomioon myös kokemuksen pidempiaikaiset seuraukset. Mike Jacksonin ja Bill Fulfordin mukaan psykoottisen ja henkisen kokemuksen voi erottaa sillä perusteella, kuinka voimaannuttava ja aktiivisuutta lisäävä kokemus on: aktiivisuus ja voimaantuminen viittaavat henkiseen kokemukseen ja niiden puute psykoottisuuteen.[50] Esittämässäni arvosidonnaisessa psykoosimallissa kiinnitetään huomiota kuitenkin myös kokemuksen pidempiaikaisiin seurauksiin. Syy on se, että maanisessa psykoosissa ihminen voi kokea suurta voimaantumista ja hänen aktiivisuutensa kasvaa, mutta seuraukset toimintakyvylle voivat olla pidemmällä tähtäimellä hyvinkin vakavat.[51]

On kuitenkin huomattava, ettei psykoottisen ihmisen toimintakyky ole välttämättä heikentynyt merkittävästi. DSM-5:n mukaan harhaluuloisuushäiriöön ei aina liity samankaltaista toimintakyvyn heikkenemistä kuin skitsofreniaan.[52] Toisaalta ihmisen toimintakyky heikentyy useimmiten muista syistä kuin siksi, että hän olisi psykoottinen.

---

[49]Bolton & Banner 2012, 87–88.
[50]Jackson & Fulford 1997, 52–55.
[51]Ks. DSM-5 2013, 127.
[52]DSM-5 2013, 92–93.

Kärsimys

Heikentyneen hyvinvoinnin toinen piirre on kärsimys, jolla tarkoitetaan tässä yhteydessä henkilön omaa kokemusta omasta hyvinvoinnistaan eli sitä, että henkilö ei koe voivansa hyvin. DSM-5:n mukaan mielenterveyden häiriöihin voi liittyä merkittävää kärsimystä (distress).[53] Myös psykiatrian filosofian ja etiikan saralla käydyssä keskustelussa pannaan merkille psykoottisuuteen toisinaan liittyvä kärsimys. Andrew Simsin mukaan uskonnolliset kokemukset ovat "elämää rikastuttavia" toisin kuin psykoosit.[54] Bortolottin mukaan harhaluulot aiheuttavat useimmiten enemmän kärsimystä kuin muut irrationaaliset uskomukset.[55]

Sairaudentunnoton psykoottinen ihminen ei kuitenkaan varsinaisesti kärsi siitä, että hänellä on tiettyjä uskomuksia, vaan hän kokee kärsimyksensä johtuvan maailmasta ja ympäristössään olevista tekijöistä (joiden hän uskoo olevan tietynlaisia).[56] Jotkut psykoottiset ihmiset kuitenkin kokevat olevansa elämänsä kunnossa.[57] Lisäksi on itsestään selvää, että myös muut kuin psykoottiset ihmiset voivat kärsiä syvästi.

Itsensä kadottaminen

Psykoottisuus kuvataan toisinaan minän hajoamiseksi tai tilaksi, jossa ihminen kadottaa kosketuksen omaan itseensä. Näin tehdään erityisesti silloin, kun lähtökohdat psykoottisuuden ymmärtämiseen ovat psyko-

---

[53]DSM-5 2013, 20.
[54]Sims 1997, 80.
[55]Bortolotti 2010, 260.
[56]Ks. Bolton & Banner 2012, 86.
[57]Ks. DSM-5 2013, 127.

dynaamiset. Koska itsensä kadottaminen on lähellä psykoottisuuden käsitettä, ei tämä piirre välttämättä auta ymmärtämään, miten psykoottiset todellisuusnäkemykset erotetaan muista poikkeuksellisista todellisuusnäkemyksistä, vaan ennemminkin selittää yhdestä näkökulmasta, *miksi* henkilön todellisuudentaju hämärtyy.

Diagnoosiluokitus DSM-5:ssa ei mainita minäkuvan hajoamista psykoottisuuden kuvauksissa, mutta edellinen DSM-luokitus (DSM-IV) otti huomioon myös tämän näkökulman.[58] Myös DSM-5 viittaa implisiittisesti itsensä kadottamista koskevaan näkemykseen kuvaamalla sellaisia harhaluuloja, joissa ihminen kokee vieraantuneensa itsestään (hänellä on esimerkiksi uskomus, että hänen mielessään olevat uskomukset eivät ole hänen omiaan).[59] Käsityksellä on myös kannattajansa psykiatrian filosofian piirissä. Giovanni Stanghellinin mukaan jotkut skitsofreniaa sairastavat kuvailevat olevansa etäällä itsestään ja kokevat vierautta suhteessa omiin ajatuksiinsa.[60] Mitä tulee psykoottisen todellisuusnäkemyksen erottamiseen muista poikkeuksellisista todellisuusnäkemyksistä, joissakin tutkimuksissa on pyritty osoittamaan, että psykoottisia tiloja leimaa sellainen psyykkinen hajanaisuus, jota luovissa ja uskonnollisissa tiloissa ei esiinny.[61]

---

[58]DSM-IV-TR 2000, 827; DSM-5 2013.
[59]DSM-5 2013, 819–820.
[60]Stanghellini 2004, 150.
[61]Ks. Radden 2011, 106.

Yhteenveto: heikentynyt hyvinvointi psykoottisuuden kriteerinä

Tässä artikkelissa kuvatun arvosidonnaisen psykoosimallin mukaan heikentynyt hyvinvointi on psykoottisen ihmisen todellisuusnäkemyksen välttämätön kriteeri, ja se ilmenee toimintakyvyn heikentymisenä, kärsimyksenä ja/tai itsensä kadottamisena.

Heikentynyt hyvinvointi psykoottisuuden kriteerinä nousee esille esimerkiksi "Simonin" tapauksessa, josta on keskusteltu kansainvälisesti. Koettuaan kriisin työelämässä Simon alkoi rukoilla rakentamansa alttarin äärellä. Rukouksensa aikana Simon huomasi, että hänen polttamansa kynttilä oli valuttanut steariinia hänen Raamattunsa lehdille ja peittänyt joitakin kirjaimia ja sanoja. Simon tulkitsi tapahtuman Jumalan yhteydenotoksi ja alkoi uskoa, että hän oli saanut Jumalalta erityisen tehtävän. Myöhemmin Simon koki saavansa lisää jumalallisia viestejä kynttilän steariinin jättämien jälkien ja kuvien kautta. Vaikka Simonin mystinen todellisuusnäkemys vaikuttaakin harhaiselta, Mike Jackson ja Bill Fulford pitävät sitä henkisenä tai uskonnollisena sillä perusteella, että Simon koki ilmestyksensä ja hengellisen tehtävänsä myönteisiksi ja tukea antaviksi. Hän menestyi työelämässä ja perusti sittemmin hyväntekeväisyysjärjestön.[62]

---

[62]Jackson & Fulford 1997, 44–46.

Kolmas psykoottisuuden kriteeri: yhteisö ei jaa näkemystä

Kolmas psykoottisen todellisuusnäkemyksen välttämätön kriteeri liittyy sen yksinäiseen luonteeseen: mikään yhteisö ei jaa psykoottisen ihmisen todellisuusnäkemystä, vaan hän jää sen kanssa yksin. Kriteeriä, jonka mukaan yhteisö ei jaa psykoottisen yksilön todellisuusnäkemystä, ei ole jaettu arvosidonnaisessa psykoosimallissa eri piirteisiin kuten irrationaalisuutta ja hyvinvoinnin heikentymistä koskevat kriteerit on jaettu.

Jaettavuus DSM-5:ssa

DSM-5 viittaa psykoottisen todellisuusnäkemyksen yksilölliseen luonteeseen ensinnäkin pitämällä mielenterveysongelmia yksilöillä diagnosoitavina häiriöinä.[63] Kokonaisia ideologisia tai uskonnollisia ryhmittymiä ei siis voida diagnosoida psykoottisiksi. DSM-5 korostaa todellisuusnäkemyksen jaettavuuden merkitystä myös eksplisiittisesti määrittelemällä psykoottiset harhaluulot uskomuksiksi, joita ei jaeta yksilön (ala)kulttuurissa.[64] DSM-5 myös rajaa psykoottisten aistiharhojen ulkopuolelle sellaiset erikoiset aistikokemukset (kuten Jumalan äänten kuulemiset), joita henkilön uskonnollinen yhteisö ei pidä epänormaaleina.[65]

---

[63]Ks. DSM-5 2013, 20. Myös jaettu harhaluuloisuus diagnoscidaan yksilöillä. Ks. Lönnqvist 2014, 66.

[64]DSM-5 2013, 819.

[65]DSM-5 2013, 95, 103.

Jaettavuus psykiatrian filosofiassa

Jaettavuuden merkitykseen kiinnitetään huomiota myös psykiatrian filosofiassa ja se liitetään usein rationaalisuuden ja tiedon yhteisölliseen luonteeseen. Esimerkiksi irrationaalisuuteen kuuluvassa käsittämättömyydessä on kyse toisten ihmisten kyvyttömyydestä ymmärtää ihmisen todellisuusnäkemystä.[66] On esitetty, että psykoottinen ihminen ei "tarkista" toisilta ihmisiltä uskomustensa hyväksyttävyyttä eikä näin testaa niiden uskottavuutta.[67] John Rhodesin ja Richard Gippsin mukaan psykoottisen ihmisen todellisuuskäsityksellä on jopa aivan omanlaisensa perusta.[68]

Jaettavuutta on tarkasteltu myös suhteessa ihmisen hyvinvointiin. Paul Lysakerin ja John Lysakerin mukaan ihminen käsittää itsensä vuorovaikutuksessa toisten ihmisten kanssa.[69] Jaettavuuden ongelmaa voidaan lähestyä myös yhteiskuntakriittisesti pitämällä psykiatriaa keinona, jolla yhteisö kontrolloi kummallisiksi, vaarallisiksi ja halveksittaviksi mieltämiään ilmiöitä ja ihmisiä.[70]

Psykoottisen ja uskonnollisen todellisuuskäsityksen erottamisessa juuri jaettavuutta on pidetty hyvin oleellisena. Andrew Simsin mukaan uskonnolliset kokemukset mukautuvat yleisellä tasolla henkilön uskonnollisen yhteisön traditioon.[71] Jennifer Radden puolestaan arvioi tutkimusten valossa, että uskonnollisia ideoita pi-

---

[66] Ks. Hamilton 2007, 220; Heinimaa 2008, 47.

[67] Radden 2011, 8, 70.

[68] Rhodes & Gipps 2008, 297–299.

[69] Lysaker & Lysaker 2008, 161.

[70] Ks. Foucault 2005, xi–xiv; Fulford, Thornton & Graham 2006, 17; Radden 2011, 2, 14–15.

[71] Sims 1997, 81.

detään harvoin harhaluuloina johtuen niihin liittyvistä ihmistä tukevista sosiaalisista ja kognitiivisista raameista.[72] Roland Littlewoodin mukaan yhteisöllä on jopa valtaa siirtää yksilö psykoottisten joukosta profeettojen luokkaan jakamalla ja hyväksymällä hänen todellisuusnäkemyksensä.[73] Toisaalta alakulttuuriset yhteisöt ovat usein avainasemassa tunnistamassa, milloin henkilön todellisuusnäkemys on niin poikkeava, että sitä voidaan pitää psykoottisena.[74]

On huomattava, ettei todellisuusnäkemyksen jaettavuus välttämättä edellytä sitä, että toisilla ihmisillä olisi täsmälleen samoja uskomuksia ja kokemuksia. Jaettavuus toteutuu silloinkin, jos toiset ihmiset hyväksyvät poikkeuksellisen todellisuusnäkemyksen eivätkä pidä sitä sairaana.[75] Esimerkiksi läheisensä kuolemaa surevalla ihmisellä voi olla uskomuksia ja kokemuksia, jotka muistuttavat psykoottisia harhaluuloja ja hallusinaatioita, mutta joita pidetään suruprosessiin kuuluvina normaaleina selviytymiskeinoina.

Jaettujen harhojen mahdollisuus

Jaettavuuden merkitys voidaan kyseenalaistaa väittämällä, että yhteisöt ja jopa joukot voivat sairastua psykoosiin ja jakaa keskenään samat harhaluulot ja aistiharhat. Esimerkiksi Andy Hamilton pitää kulttuurisia harhaluuloja ja aistiharhoja mahdollisina viitaten tapauksiin, joissa kokonainen sotajoukko on nähnyt enkeleiden taistelevan puolellaan.[76] Jennifer Raddenin mu-

---

[72]Radden 2011, 100.
[73]Littlewood 1997, 67–71.
[74]Ks. esim. Fulford & Radoilska 2012, 57.
[75]Ks. Edwards 1997, 51.
[76]Hamilton 2007, 220.

kaan jotkut harhaluulot ovat tulosta siitä, että ihminen on saanut joltakin ryhmältä ikään kuin tartuntana jonkun idean.[77] Uusateistisessa keskustelussa Richard Dawkins on pitänyt Jumalaan uskomista harhaisena.[78]

Diagnoosiluokituksissa tunnetaan kyllä jaettu harhaluuloisuus (vaikkakaan se ei ole enää erillinen häiriönsä DSM-5:ssa), mutta tämän harvinaisen diagnoosin saaminen edellyttää läheistä yhteyttä harhaluulon jakavien ihmisten välillä (useimmiten kyse on saman perheen jäsenistä). Vaikutelmaksi jää, ettei esimerkiksi uskonnollisissa yhteisöissä jaettuja näkemyksiä voida tarkastella jaetun harhaluuloisuuden näkökulmasta, puhumattakaan siitä, että kulttuurissa laajemmin leviävät ideat täyttäisivät jaetun harhaluuloisuuden kriteerit.[79]

On toki huomattava, että internetin aikakaudella voi olla mahdollista löytää joukko ihmisiä oman näkemyksensä tueksi, vaikka näkemys olisikin henkilön lähiympäristöön liittyvien suhteiden kannalta "psykoottinen". Kenties onkin niin, ettei mikä tahansa jaettavuus "pelasta" ihmistä psykoosidiagnoosilta, vaan jaettavuudelle on joitakin laadullisia kriteereitä, jotka liittyvät esimerkiksi siihen, miten vakavissaan ihmiset ovat todellisuusnäkemykseen sitoutuneet ja miten kokonaisvaltaisia jaetut todellisuusnäkemykset ovat.

Yhteisöissä jaetaan toki myös sellaisia uskomuksia, jotka voivat olla mielenterveydelle vaarallisia, irrationaalisia ja toisinaan hyvinkin tuhoisia.[80] Tällaisiin uskomuksiin sitoutuminen voidaan kuitenkin selittää psy-

---

[77]Radden 2011, 78–93.
[78]Dawkins 2007, 27–28.
[79]Ks. DSM-IV-TR 2000, 298, 332–334.
[80]Ks. esim. Cialdini 2009.

koosidiagnoosien sijaan sillä, että ihmiset pyrkivät saamaan toistensa hyväksynnän ja että yhteisössä voidaan hyödyntää tätä ihmisten taipumusta ja näin vaikuttaa heidän toimintaansa.[81]

Yhteenveto: "yhteisö ei jaa näkemystä" psykoottisuuden kriteerinä

Kriteeri, jonka mukaan yhteisö ei jaa psykoottisen ihmisen todellisuusnäkemystä, on siis ongelmallinen, mutta silti välttämätön. Jos se ei olisi välttämätön, päätyisimme kenties diagnosoimaan psykoottiseksi esimerkiksi sellaisen kristityn ihmisen, joka yhtäältä uskoo, että Jeesus on noussut kuolleista (Bortolotti pitää tätä uskomusta irrationaalisena[82]), ja toisaalta pelkää joutuvansa helvettiin (eli kärsii). Toki etenkin jotkut uskontokriitikot voivat olla sitä mieltä, että diagnoosi olisi tässä tapauksessa paikallaan, mutta myös ylidiagnosoinnin vaaraan on syytä suhtautua vakavasti. On myös huomattava, ettei psykiatria välttämättä pysty auttamaan ihmistä hänen helvettiin liittyvissä huolissaan, mutta uskonnollisella yhteisöllä voi olla apuvälineitä tämän pelon kohtaamiseen ja käsittelyyn.

Jaettavuuden merkitys todellisuusnäkemysten luokittelun kannalta käy ilmi esimerkiksi brittiläisessä nuoren hindumiehen tapauksessa. Tutkijat Anthony Hale ja Narsimha Pinninti raportoivat tapauksesta, jossa psykoottisena potilaana hoidettiin vankilaan joutunutta miestä, joka selitti syyllistyneensä rikoksiin hengen valtaamana eli henkipossession alaisuudessa. Potilaan kanssa tekemisissä ollut sairaalapastori ei ollut us-

<hr>

[81]Ks. Zimbardo 2007, 258–259.
[82]Bortolotti 2010, 121.

konut henkipossessioselitystä, mutta muutti mieltään nähtyään possessiotapahtuman omin silmin. Myös potilaan huonetoverit kertoivat nähneensä, kuinka henki oli vallannut potilaan. Koska uskomus henkipossessiosta potilaan tilan syynä oli nyt jaettu vankilayhteisössä, Hale ja Pinninti kyseenalaistivat psykoosidiagnoosin. Heidän kulttuurisensitiivinen johtopäätöksensä on lievästi sanottuna mielenkiintoinen: koska hengen ulos ajaminen eksorsismilla ei tuottanut toivottua tulosta, he päätyvät väittämään, että antipsykoosilääkitys voi lieventää henkipossession oireita niissä tapauksissa, joissa eksorsismista ei saada toivottua vastetta.[83]

Arvosidonnaisuuden puolustus

Koostamani arvosidonnaisen psykoosimallin mukaan poikkeuksellinen todellisuusnäkemys on psykoottinen silloin, kun se on irrationaalinen (eikä ihmisellä ole sairaudentuntoa), hyvinvointia heikentävä eikä mikään yhteisö jaa sitä. Muiden poikkeuksellisten todellisuusnäkemysten osalta täyttyy korkeintaan kaksi kriteeriä. Toisin sanoen, irrationaalisuus, heikentynyt hyvinvointi sekä se, ettei yhteisö jaa yksilön näkemystä, ovat kaikki välttämättömiä, mutteivät yksittäisinä riittäviä psykoottisen todellisuusnäkemyksen kriteereitä. Irrationaalisuus ja heikentynyt hyvinvointi on jaettu tässä mallissa erilaisiin piirteisiin, ja yhdenkin tällaisen kriteerin piirteen ilmeneminen tarkoittaa, että kriteeri täyttyy. Todellisuusnäkemys voidaan esimerkiksi määritellä irrationaaliseksi käsittämättömyyden perusteel-

---

[83]Hale & Pinninti 1994, 386–388. Ks. myös Pakaslahti 2006, 45–51.

la, vaikka näkemystä ei voitaisikaan pitää todellisuudenvastaisena. Kuva 1 sivulla 50 kuvaa arvosidonnaisen psykoosimallin perusidean.

Arvosidonnaisen psykoosimallin haasteet ja hyödyt

Edellä esitetty arvosidonnainen psykoosimalli perustuu taustaoletukseen, että ainakin joissakin tapauksissa poikkeukselliset todellisuusnäkemykset kuuluvat psykiatrian alaan: niitä siis voidaan diagnosoida ja hoitaa psykiatrisen hoidon piirissä. Antipsykiatrisessa keskustelussa, jossa suhtaudutaan psykiatriaan hyvin kriittisesti, tällainen lähtökohta voidaan kyseenalaistaa kokonaan eikä näistä lähtökohdista siis myöskään edellä kuvattu arvosidonnainen psykoosimalli vaikuta hyväksyttävältä.

Arvosidonnaisessa psykoosimallissa on kuitenkin ongelmansa, vaikkei hyväksyisikään antipsykiatrisen kritiikin mustavalkoista suhtautumista psykiatriaan. Arvosidonnaisessa psykoosimallissa on useita hankalia puolia, jotka kuvastavat sitä, miten vaikeaa psykoottisuuden määritteleminen pohjimmiltaan on.

Ensinnäkin, eri kriteerien väliset rajat ovat hieman keinotekoisia, sillä irrationaalisuus, heikentynyt hyvinvointi ja se, ettei yhteisö jaa näkemystä, ovat yhteydessä toisiinsa. Hyvinvointi näyttää edellyttävän ainakin jossain määrin rationaalisuutta muun muassa siksi, että ihmisen käsitys maailmasta ja kyky kommunikoida toisten kanssa vaikuttavat siihen, miten hän pääsee tavoittelemiinsa päämääriin.[84] Rationaalisuus puolestaan liittyy tiedon ja tietämisen yhteisölliseen luontee-

---

[84]Ks. Bolton & Banner 2012, 87–88.

Psykoottisuus		
=		
Irrationaalisuus (ilmenee sairaudentunnottomuuden kanssa)	=	Todellisuudenvastaisuus
		ja/tai
		Käsittämättömyys
		ja/tai
		Irrationaalinen toimijuus
+		
Heikentynyt hyvinvointi	=	Toimintakyvyn lasku
		ja/tai
		Kärsimys
		ja/tai
		Itsensä kadottaminen
+		
Yhteisö ei jaa näkemystä		

Kuva 1: Arvosidonnainen psykoosimalli

seen eli todellisuusnäkemyksen jaettavuuteen. Lisäksi mahdollisuus jakaa näkemyksiään toisten kanssa ja kokemus hyväksytyksi tulemisesta ja johonkin yhteisöön kuulumisesta vaikuttavat hyvinvointiin. Kriteerien tiiviit suhteet toisiinsa tarkoittavat käytännössä sitä, että voi olla vaikeaa löytää sellaisia tapauksia, joissa henkilö selkeästi täyttää yksi tai kaksi psykoottisuuden kriteeriä, mutta kolmas jää täyttymättä.

Toiseksi, harvojen jos keidenkään todellisuusnäkemys on täysin rationaalinen, hyvinvointia tuottava ja toisten ihmisten kanssa jaettu. Siksi psykoottisen todellisuusnäkemyksen kriteerien täyttyminen edellyttääkin vakavaa ongelmaa näillä alueilla. Haasteena onkin, miten vedetään raja vakavien ja ei-niin-vakavien ongelmien välille.

Kolmanneksi, sekä psykoottisuuden että muiden poikkeuksellisten todellisuusnäkemysten kirjo on valtava, minkä vuoksi johtopäätöksiä ei voida tehdä yhden tai kahden tapauksen analysoinnin perusteella. On myös huomattava, että psykoottisella henkilöllä voi olla hänen psykoottisen todellisuusnäkemyksensä lisäksi sellainen poikkeuksellinen todellisuusnäkemys, joka ei ole psykoottinen. Esimerkiksi poliittinen toisinajattelija voi sairastua psykoosiin, mutta hänen poliittinen toisinajattelunsa voi silti olla niin sanotusti tervettä.

Nämä arvosidonnaisen psykoosimallin ongelmat saattavat johtua psykoosin käsitteen luonteesta. Markus Heinimaan mukaan psykoosi on psykiatrinen peruskäsite, jota ei voida palauttaa muihin psykiatrisiin käsitteisiin.[85] Onkin mahdollista, ettemme voi viime kädessä sanoa, mistä psykoottisuudessa on pohjimmiltaan kysymys. Ihmisoikeuskeskustelun käymisen kan-

---

[85]Heinimaa 2008, 9.

51

nalta olisi kuitenkin ongelmallista luovuttaa ja todeta, että joidenkin ihmisten ihmisoikeuksia tarkastellaan toisin kuin yleensä siksi, että heidät on määritelty psykiatrian peruskäsitteellä, jota ei oikein voida selittää. Ihmisoikeusnäkökulmasta onkin syytä tehdä näkyväksi sellainen käsitys psykoosista, joka on mahdollisimman ymmärrettävä ja josta voidaan käydä avointa sekä kriittistä keskustelua myös psykiatrian ulkopuolella.

Kokoamallani arvosidonnaisella psykoosimallilla yritän siis käsitteellistää psykoottisuuden mahdollisimman ymmärrettävästi. Edellä kuvatuista haasteista huolimatta mallista on myös hyötyä. Ensinnäkin arvosidonnainen psykoosimalli soveltuu varsin hyvin tieteidenväliseen tutkimukseen, koska siinä otetaan huomioon monia erilaisia lähestymistapoja psykoosiin. Toiseksi, malli on varsin ymmärrettävä myös niiden kannalta, jotka eivät ole vihkiytyneet psykiatrian diagnostiikkaan tai psykiatrian filosofian saloihin, ja uskon, että myös useimmat itse psykoosidiagnoosin saaneet pystyvät siitä keskustelemaan. Kolmanneksi, malli on avoin kehittämiselle ja sitä voidaan täydentää varsin helposti. Lisäksi se on yhteensopiva virallisten diagnostisten kriteerien kanssa (ainakin DSM-järjestelmän kanssa). Neljänneksi uskon, että malli, joka ottaa huomioon monia eri kriteereitä (vaikka ne liittyisivätkin toinen toisiinsa), onnistuu kuvaamaan psykoosia suhteessa muihin poikkeuksellisiin todellisuusnäkemyksiin paremmin kuin sellainen malli, jossa keskitytään vain yhteen kriteeriin tai piirteeseen.

Arvosidonnaisuus ei ole ongelma

Arvosidonnainen psykoosimalli on nimensä mukaisesti avoimesti arvosidonnainen. Hyvinvointi on asia, jota arvostetaan, ja jonka merkityksestä voi olla erilaisia käsityksiä. Arvosidonnaisessa psykoosimallissa pidetään keskeisenä sitä, mitä muut hyväksyvät. Ajatus sairaudentunnosta tai sen puutteesta puolestaan liittyy tiettyihin käsityksiin siitä, mikä on tervettä.[86]

Joskus arvosidonnaisuutta pidetään ongelmallisena ja arvoneutraalisuutta tavoiteltava asiana psykoosien ja muiden mielenterveyden häiriöiden kuvauksissa.[37] Esimerkiksi biomedikaalisten selitysten pitäminen arvoneutraaleina perustuu kuitenkin siihen, ettei niiden taustalla olevia arvoja osata tunnistaa. Saatetaan esimerkiksi väittää, että mielenterveyden häiriön olemassaolo on todistettu, kun aivoista on löydetty jokin häiriöön liittyvä poikkeama. Tällöin ei kuitenkaan oteta huomioon, että elossa olevan ihmisen aivoissa tapahtuu aina jotakin, ja esimerkiksi poikkeuksellisen älykkään tai flow-tilassa olevan ihmisen aivotoiminta saattaa olla jopa poikkeuksellista. Se, että aivoista löytyy (poikkeuksellista) toimintaa, ei siis itsessään tarkoita sitä, että kyseessä olisi mielenterveyden häiriö.[88] Se, mitä pidämme häiriönä ja mitä emme, liittyy pohjimmiltaan siihen, millaisen kokemisen ja käyttäytymisen arvioimme sairauden piiriin kuuluvaksi.

Arvosidonnaisuus ei kuitenkaan ole ongelma, josta pitäisi päästä eroon. Päinvastoin, arvosidonnaisuus on syytä tunnistaa, jolloin ollaan avoimempia erilaisille kä-

[86]Ks. Holroyd 2012, 152, 159.

[87]Ks. esim. Jepsen 2011; Vaillant 2003, 1373.

[88]Ks. Fulford, Thornton & Graham 2006, 575.

sityksille mielenterveyden häiriöiden luonteesta ja voidaan ehkä ennaltaehkäistä psykiatrian väärinkäyttöä. Kun arvosidonnaisuuden tiedostaa, on pelkkien aivokuvien tutkimisen sijaan mielekästä kuulla psykiatrisen potilaan kokemusta omasta elämästään.[89]

[89]Ks. Fulford, Thornton & Graham 2006, 585–608.

Murmeli

Hengellinen elämä ja sen tärkeys mielenterveyden järkkyessä

Olen viittäkymppiä lähestyvä entinen seurakunnan työntekijä. Minulla on rankkoja kokemuksia psykiatrisesta hoidosta. Myös hengellisyys on näkynyt eri tavoin psykiatrisissa hoitoyksiköissä.

Loppuunpalaminen vei suljetulle osastolle

Ensimmäinen loppuunpalaminen iski salakavalasti. Olin vastavalmistunut ja halusin tehdä perusteellisesti ja itseni hyvinvoinnin unohtaen seurakunnassa eteen tulevat työt. Väsytin itseni ja ihmettelin, miten muilla on vapaa-aikaa. Joskus kai toiset jo nukkuivat, kun minä vaan paahdoin omia töitäni. Aloin pikkuhiljaa väsyä, mutta koin sen omaksi syykseni: en olekaan tar-

peeksi hyvä seurakunnan työhön. Muutenhan Taivaan Isä antaisi minulle voimia jaksaa.

Noin vuoden kuluttua työhön tulostani jouduin työterveystarkastukseen, josta minut ohjattiin välittömästi päivystävälle lääkärille korkean verenpaineen ja loppuunpalamisen oireiston takia. Lääkäri oli minulle tuttu ja oikeastaan oli jo odottanut minua. Itkin tunnin ja sain kahden kuukauden sairasloman. Tältä lomalta kävin lääkärin seurannassa joka viikko, kunnes tultiin siihen pisteeseen, että avohoidon mahdollisuudet loppuivat ja oli siirryttävä sairaalahoitoon psykiatriselle osastolle.

Sairaalassa oli ainoastaan suljettu osasto, jossa olivat edustettuina kaikki psykiatriset potilasryhmät. Koin, että minua kuunneltiin ja sain lopulta vaikuttaa omaan hoitooni. Alussa olin vain niin väsynyt, että nukuin ympäri vuorokauden. Hoito oli lääkehoitoa sekä keskusteluhoitoa lääkärin, omahoitajan ja sairaalateologin kanssa. Osastolla oli myös ryhmämuotoista viriketoimintaa, kuten musiikki-, runo-, maalaus- ja liikuntaryhmiä. Kerran viikossa oli sairaalan kanttiinissa hartaus, joka kuului joka osastolle ns. tyynyradioihin. Osastolta annettiin myös ns. kanttiinilupia, jolloin pääsi juomaan kupin kahvia ja kuuntelemaan sairaalahartauden paikan päällä. Hartaudessa oli mukana sairaalapastori ja lisäksi vierailijoina paikallisen seurakunnan työntekijöitä. Jos kunto oli sellainen, ettei voinut kanttiinilupaa saada, hartaus laitettiin kuulumaan johonkin hoitohuoneista, ja hoitaja oli potilaiden mukana kuuntelemassa sitä. Tällä sairaalajaksolta oli selvät tavoitteet: paluu seurakuntatyöhön.

Kuusi metriä syvä monttu ja kahden metrin seiväs

Töihin palatessani tunsin, että muut työntekijät olivat olleet minusta huolissaan. Seurakunnan diakoniatyöntekijä tosin oli ainoa, joka tiesi, missä oikeasti olin ollut. Kirkkoherra tosin sanoi päin näköä, että lahjoin lääkärin loman saadakseni. Kävin kevään yksilöterapiassa saman hoitajan vastaanotolla, joka oli ollut hoitajani osastolla. Hän kävi läpi lisäkoulutusta NLP-terapiaan, ja olin hänen koekaniininsa. Tuo pehmennetty lasku töihin terapian tukemana oli todella tarpeen.

Työyhteisössä oli sairauslomani aikana päätetty yhteishengenkohottamisreissusta, ja sen aika oli töihin palaamiseni jälkeen. Osallistuin kilttinä tyttönä retkelle, sillä en halunnut, että toisten reissu menisi pieleen. Pidin salaisuutena, mitä siellä tapahtui. Paluumatkalla koin niin suurta epäonnistumisen kokemusta, että ratkesin palasiksi. Seuraavana aamuna otin kaikki löytämäni lääkkeet ja hoidin postiasiani ja jopa kukkieni kastelun. Kävin kertomassa mielenterveysneuvolassa, että "lähden pois". Uudella omahoitajallani oli tuntokarvat koholla ja hän kysyi yksinkertaisesti: "Paljonko ja mihin aikaan?" Lääkäri suoritti vatsahuuhtelun, ja tällä kertaa menin ambulanssikyydillä samaiselle osastolle, jolla olin aiemminkin ollut.

Tunsin tulleeni turvaan. Sain osallistua osaston ohjelmaan täysin voimieni mukaan. Suurin piirtein joka tunti tuli joku hoitaja tai lääkäri muutaman sanasen vaihtamaan. Tämä oli varmaankin se pohjamuta, jossa pitkään tarvoin. Kauan vei aikaa ymmärtää, ettei pahemmaksi muutu. Suunta voi olla vain ja ainoastaan

*ylöspäin. Mutta nytkin yritin liian kovasti ja liian ai-
kaisin. Monttu oli kuusi metriä syvä ja minulla kahden
metrin seiväs apunani.*

*Kun minulta kysyttiin rehellisesti ensimmäisen ker-
ran, mitä oikeasti haluaisin tapahtuvaksi, jotta minulle
tulisi parempi olo, en osannut vastata muuta kuin he-
voset. Olin ratsastanut säännöllisesti ja kaipuu hevo-
sen liki oli voimakas. Ei niinkään ratsastus, vaan itse
hevonen. Asia järjestettiin! Sain käydä kaksi kertaa lä-
heisen ratsastuskoulun tunneilla sairaanhoitopiirin las-
kuun. Arvaa vain, olinko kuin Hangon keksi, kun pala-
sin osastolle?*

Paluu kirkonpenkkiin ahdisti

*Palasin samalle osastolle hoitoon vielä kolmannenkin
kerran, ja silloin oli jo aika selvää, että jatkuvista sai-
raslomista siirrytään kuntoutustukeen. Olin lipunut jo
aika kauas omasta seurakunnastani, koska paluu edes
kirkonpenkkiin tuntui liian ahdistavalta. Osa tutuista
työntekijöistä ja lapsista kyselivät kadulla: "Miksi sä
et ole enää meidän kanssa? Tykkäätkö sä edes meis-
tä enää?" Kun vastasin, että "kyllä minä tykkään teis-
tä, mutta nyt en kerta kaikkiaan jaksa", niin 10-vuotias
tyttönen vastasi: "Ai jaa, ei meidän äitikään aina jak-
sa. Kyllä me jaksetaan odottaa!"*

*Eniten pelotti, kenelle voin kertoa ja mitä. Olin pär-
jäävä, suorittava aikuinen. Koska seurakunta oli ollut
suuressa määrin pahan olon aiheuttaja, pysyin kauka-
na kirkon ovista. Kaipasin kyllä seurakuntaan, mut-
ta en kotiseurakuntaani, koska paha olo tuli heti, kun
näin päättäjiä ja työntekijöitä. Minut oli vedetty ai-
van loppuun ja vieläkin enemmän – eihän siitä voi olla*

*seurauksena kuin katkeaminen. Kävin kuitenkin puhu-
massa ajatuksistani naapuriseurakunnassa, koska siel-
tä olin löytänyt miellyttävän naispapin. Hän ei kyseen-
alaistanut mitään ja sain vapaasti kertoa kaikesta.*

Osastojen hoitokulttuureissa eroja

*Kelan kuntoutusjaksolla työelämän valmennuksessa
kävi selväksi, etten ole työkuntoinen, sillä tarvitsin
puolipäivätyön jatkuvaksi tueksi mielenterveysneuvolan
käyntejä. Yhtenä syksynä jouduin uuteen sairaalaan.
Sen suljetulla osastolla ei keskusteltu, hoitotoimenpi-
teitä ei selitetty ja pakkokeinojakin käytettiin. Sairaan-
hoitajilla oli autoritäärinen ote potilaisiin ja he toi-
mivat täysin mielivaltaisesti ja perusteettomasti. Siellä
minut lopulta potkaistiin ulos vaikeahoitoisena potilaa-
na ja sain lähetteen eri sairaalaan, mikä oli minulle
kuin lottovoitto. Sain omahoitajaksi mahdottoman hy-
vän ihmisen, jonka kanssa myös ystävystyimme. Myös
ns. kakkoshoitaja oli todella kiva, uskovainen elämää
nähnyt nainen. Näiden kahden hoitajan avulla saatiin
selvitettyä ajoittain kovin merkillinen oireistoni. Olin
uudessa sairaalassa monta kertaa, ja siellä huomattiin,
että minua oli hoidettu myös yksinkertaisesti väärin.
Masennuksen, ahdistuksen ja persoonallisuushäiriön
sijaan minulla olikin tyypin 2 bipolaarinen mieliala-
häiriö eli maanis-depressiivisyys. Näinä aikoina olin
sairaalassa aika pitkään ja kävin juttelemassa myös
sairaalateologin kanssa, osin ajankuluksi, mutta myös
siksi, että sain siellä rukoilla.
    Eräällä hoitojaksolla yksi osastomme potilas teki it-
semurhan osastolla. Samana iltana osastolle pyydettiin
paljon ulkopuolisiakin hoitajia sekä lääkäri. Pidimme*

tytölle muistohartauden sairaalateologin johdolla. Lauloimme muutamia virsiä ja vietimme muistohetken. Itse halusin muistaa tyttöä myös henkilökohtaisesti. Kävin ostamassa sairaalan puutarhasta ruusuja ja sain laskea ne suurin piirtein tapahtumapaikalle. Koin sen helpottavana eleenä yrittäessäni ymmärtää toisten potilaiden täydellistä avuttomuutta ja ottaessani osaa meidän kaikkien suruun. Soittelin myös lähinnä Simojoen Pekan lauluja pianolla ja yritin siten rakentaa jonkinlaista turvakehikkoa ympärilleni.

Kun hoitojaksoja oli tullut tasaiseen tahtiin, siirryimme kokeilemaan intervallihoitoa. Silloin ei tarvitsisi pelätä, milloin on tarpeeksi sairas, että pääsisi osastolle. Osastojaksot sovittiin etukäteen, ja minun piti vain jaksaa avohoidon vahvalla tuella intervallista toiseen. Tämä oli selvä selviytymiskeino. Myös intervallihoidossa olivat mukana tutut musiikkiterapeutti, kuvataideterapeutti ja sairaalateologi. Joskus kävin myös työterapiassa posliininmaalauksessa ja leipomassa. Kaikkeen, mihin halusin, mielestäni pääsin. Osallistuin kerran jopa koko sairaalan joulujuhlaan soittamalla ja laulamalla joululauluja. Myös fyysiset sairaudet otettiin tosissaan, ja sain niihin aina kunnon lääkitykset.

Eläkepäätöksestä alkoi uusi elämä

Viimein tuli se aika, jolloin moniammatillisen tiimin avulla tehtiin päätös siitä, miten elämäni jatkuu eteenpäin. Työkyvynarvioimisjakson jälkeen pidettiin iso hoitokokous, jossa pääsin ihan ensimmäiseksi ääneen itse. Minulta kysyttiin, olenko halukas kokeilemaan työtäni, jos hoitokokous niin päättää. Vastasin: "Voit-

tehan te niin päättää ja minä voin sinne mennä, mutta 15 minuutin kuluttua viimeistään minut saa kantaa sieltä jalat edellä suoraan ruumisautoon". En nähnyt mitään valoa työuralla tunnelin päässä. Tältä pohjalta aloimme keskustella pysyvän työkyvyttömyyseläkkeen prosessista ja siitä, ovatko kaikki moniammetillisen tiimin jäsenet samaa mieltä eläkkeen mielekkyydestä. Myös psykologi kannatti eläkkeen hakemista – hän, joka oli aiemmin sanonut minulle: "älykkyydessä ei ole mitään vikaa. Ei sinun pitäisi olla ollenkaan täällä sairaalassa, vaan menossa jo Mensan testiin."

Eläke haettiin viitisentoista vuotta sitten. Eläkepäätös tuli alle kuukaudessa ja toistaiseksi voimassa olevana. Pian eläkkeen myöntämisen jälkeen kuoli isäni ja pian myös siskoni, ja jäin äitini kanssa aivan yksin. Oli minulla jo kihlattu, ja olimme menossa samana vuonna naimisiin, mutta häät siirtyivät, koska kaksinkertaisena suruvuotena emme halunneet häitä järjestää. Pääsimme vihille seuraavana vuonna.

Sairaalasta lopetettiin intervallihoidot kokonaan eläkkeelle jäämiseni aikoihin, mikä oli harmi. Olen jatkanut kotikuntani mielenterveysneuvolan asiakkaana. Joskus hoitosuhdetta ollaan keskusteltu purettavaksi, mutta neuvolakäyntini toimivat minulle kuin intervallit – jaksan aina seuraavaan. Ja jos en jaksa, voin soittaa ja keskustelemme hoitajan kanssa puhelimessa tai pääsen ns. kriisikäynnille. Lääkitys on minulla nykyään ns. annosjakelussa. Se on sovittu turvallisuuden vuoksi näin.

Kävin myös kaksi vuotta KELA:n kustantamaa yksilöterapiaa, mutten hyötynyt siitä yhtään mitään, päinvastoin. Psykologi avautui minulle omista avioliitto-

ongelmistaan ja rahahuolistaan. Olin siis hänen "raha-
samponsa".

Kun eläke alkoi, alkoi minullakin kokonaan uusi
elämä. Olen löytänyt oman tapani olla mukana mo-
nenlaisessa menossa, myös seurakunnassa ja mielen-
terveystapahtumissa. Olen myös tehnyt vapaaehtoistyö-
tä kriisissä olevien auttamiseksi. Kun on apua saanut,
sitä haluaa antaa toisillekin.

Hengellisyyttä ei saa ohittaa

Olen käynyt muutamilla Mielenterveyden Keskusliiton
kuntoutuskursseilla, ja niissä on uskonnollisuus jätetty
minimiin sanomalla: "Täällä ei sitten puhuta hengelli-
sistä asioista eikä politiikasta." Ei sitten.

Olen myös kokemuskouluttaja. Olen tykätty luen-
noitsija, ja palaute opiskelijoilta on ollut poikkeukset-
ta erittäin kannustavaa. Olen muistuttanut, että kun
menette töihin, niin teille tulee vastaan potilaita, jotka
ovat syystä tai toisesta kiinnostuneita myös hengelli-
sistä asioista. Olen sanonut, ettei teidän tarvitse näis-
tä asioista osata kaikkea, vaan voitte ottaa yhteyttä jo-
ko sairaalapappiin tai sairaalasielunhoitajaan, joka on
yleensä paikallisen seurakunnan työntekijä. Hengelliset
asiat ovat tärkeitä, eikä niitä saa missään tapauksessa
ohittaa potilaan hoidossa.

Potilaan kuuleminen kaikissa hoidon vaiheissa on
tärkeää, koska silloin potilaskin sitoutuu hoitoonsa pa-
remmin. Silloin potilaalla ja hoitohenkilökunnalla on
yhteinen tehtävä. Omaisiakin on hyvä kuulla, koska
he näkevät kuntoutujan kotielämää läheltä. Omaisille
on myös tärkeää selvittää, mitä milloinkin on kokeil-
tu, millaiset reaktiot kuuluvat "sairauden kuvaan" ja

milloin on syytä olla todella huolissaan. On tärkeää, että mahdollisimman moni oikeasti tietää sairaudesta ja minulla siihen liittyvistä ns. varomerkeistä. Jos ne unohtaa, voi maanisuus puskea esiin, ja sen pysäyttäminen on vaikeaa avohoidossa. On hyvä, että on toimintasuunnitelma jo valmiina. Minulla on puhelimeen tallennettuna lista kavereista, joille voi soittaa 24/7 sekä lääkärin/osaston numero. Täällä toimii myös psykiatrinen akuuttityöryhmä, joka vastaa myös 24/7. Viimeinen oljenkorsi on 112.

Tällä hetkellä koen, että olen niskan päällä sairauksieni kanssa. Voin auttaa muita ymmärtämään sairauksia luentojeni kautta ja saada itsellekin voimaa niistä.

Mari Stenlund

Kolme eri käsitystä uskonnon- ja mielipiteenvapaudesta

Johdanto

Uskonnon- ja mielipiteenvapaus ovat kansainvälisissä ihmisoikeussopimuksissa määriteltyjä ihmisoikeuksia sekä Suomen perustuslain turvaamia perusoikeuksia, jotka turvaavat ihmisten totuuden, elämän tarkoituksen ja yhteyden etsintää.[90] Nämä oikeudet kuuluvat kaikille ihmisille heidän ihmisyytensä ja kansalaisuutensa perusteella. Ihmisellä siis lähtökohtaisesti on ja tulee olla uskonnon- ja mielipiteenvapaus myös silloin, kun hänen mielenterveytensä järkkyy tai kun hänelle asetetaan jokin psykiatrinen diagnoosi.[91]

Haasteena kuitenkin on, että uskonnon- ja mielipiteenvapaudesta keskusteltaessa ja noiden oikeuksien si-

---

[90]Ks. ICCPR 1966, artiklat 18–19; PL 11.6.1999/731, 11§–12§.
[91]Ks. YK 1991, Principle 5:1.

sältöä määriteltäessä taustaoletuksena ovat olleet mieleltään terveet aikuiset ihmiset. Tästä johtuen ihmisoikeusteoriaan sisältyvät käsitykset uskonnon- ja mielipiteenvapauden sisällöstä ja rajoista näyttävät olevan ristiriidassa psykiatrian lainsäädännön ja mielenterveystyön käytäntöjen kanssa. Erityinen ristiriita ja hankaluus koskee uskonnon- ja mielipiteenvapauden sisäistä ulottuvuutta.[92]

Forum externum ja forum internum

Ihmisen uskomiseen, ajatteluun ja mielipiteen ilmaisemiseen liittyviä ihmis- ja perusoikeuksia on useita. Uskonnonvapauden (eng. freedom of religion) lisäksi voidaan puhua vakaumuksenvapaudesta (eng. freedom of belief), omantunnonvapaudesta (eng. freedom of conscience), ajatuksenvapaudesta (eng. freedom of thought), mielipiteenvapaudesta (eng. freedom of opinion) ja sananvapaudesta (eng. freedom of expression). Näillä vapausoikeuksilla on omat eronsa sen suhteen, millaista uskomista ja ajattelua ne suojaavat. Yleisempi periaate kuitenkin on, että uskomista, ajattelua ja mielipiteen ilmaisemista koskevilla oikeuksilla on ulkoinen ja sisäinen ulottuvuus.[93]

Uskomiseen, ajatteluun ja mielipiteen ilmaisuun liittyvien oikeuksien (uskonnon- ja mielipiteenvapauden) ulkoista ulottuvuutta kutsutaan ihmisoikeusteoriassa *forum externum* -ulottuvuudeksi. *Forum externum* tarkoittaa sananmukaisesti "ulkoista toria" eli toisten ihmisten keskuudessa käytettyä uskonnon- ja mielipiteenvapautta. Se siis tarkoittaa kaikenlaista us-

---

[92]Ks. Stenlund 2014a, 89–91; Stenlund & Slotte 2018.
[93]Ks. Stenlund 2013; 2014a, 75–84.

komusten ja mielipiteiden mukaan toimimista ja niiden ilmaisemista. Kun ihminen osallistuu jumalanpalvelukseen, pysäyttää toisen ihmisen kadulla kertoakseen hänelle "hyvästä sanomasta", käyttää uskonnollisia symboleja tai lukee Mormonin kirjaa lähijunassa tai kotonaan, hän käyttää uskonnon- ja mielipiteenvapauden *forum externum* -ulottuvuutta. *Forum externum* -ulottuvuuden puitteissa hän toimii myös osallistuessaan mielenosoitukseen, äänestäessään tai kertoessaan näkemyksistään sosiaalisessa mediassa.[94]

Uskonnon- ja mielipiteenvapauden sisäinen ulottuvuus eli *forum internum* -ulottuvuus puolestaan tarkoittaa ihmisen "sisäisellä torilla" tapahtuvia asioita. Kun ihminen miettii, uskoako Jumalaan ja kun hän rukoilee hiljaa mielessään, hän toimii *forum internum* -ulottuvuuden piirissä. Tämän sisäisen ulottuvuuden puitteissa ihminen myös pohtii elämänsä tarkoitusta ja sitä, millainen maailma on. *Forum internumin* piiriin on joissakin keskusteluissa laskettu myös uskonnollisten yhdyskuntien jäsenyys, mutta kapeimmillaan kyse on siis uskonnon- ja mielipiteenvapauden ulottuvuudesta, joka suojaa ihmisen mielen sisäistä toimintaa: sitä, mitä hän ajattelee, uskoo ja pohtii.[95]

Ihmisoikeussopimusten mukaan uskonnon- ja mielipiteenvapauden *forum externum* -ulottuvuutta voidaan tarvittaessa rajoittaa, jos henkilö käyttää näitä vapauksiaan sellaisella tavalla, että siitä koituu uh-

---

[94]Ks. Ojanen & Scheinin 2011, 416; Partsch 1981, 214, 217; Tahzib 1996, 26–27, 87. Ks. lisää Stenlund 2013; 2014a.

[95]Evans 2001, 68, 72–74; Nowak 1993, 314–315; Ojanen & Scheinin 2011, 417; Partsch 1981, 214, 217; Rainey, Wicks & Ovey 2014, 412; Tahzib 1996, 25–26. Ks. lisää Stenlund 2013; 2014a; Stenlund & Slotte 2018.

kaa toisten ihmisten oikeuksille. Mitä vain ei siis saa uskonnon- ja mielipiteenvapauden nimissä tehdä tai sanoa. *Forum internum* -ulottuvuuden suhteen tilanne on kuitenkin toinen. Se määritellään ihmisoikeussopimuksissa ja niitä tarkastelevissa ihmisoikeusteorioissa absoluuttiseksi ihmisoikeudeksi, jota ei saa rajoittaa missään tilanteessa eikä mistään syystä. On esitetty, että oikeus vapaaseen ajattelemiseen ja mielipiteiden muodostamiseen sekä oikeus mihin tahansa oman mielen sisältöön on ehdoton. On väitetty, että esimerkiksi ihmisen mielen manipulointi tai mieleen vaikuttaminen pakkolääkinnällä rikkovat tätä absoluuttista oikeutta vastaan.[96]

Forum internum ja tahdosta riippumaton psykiatrinen lääkintä

Miten tulisi ymmärtää mielenterveydeltään järkkyneiden ihmisten uskonnon- ja mielipiteenvapauden *forum internum* -ulottuvuus? Jos ihmisoikeussopimuksia ja ihmisoikeusteoriaa tulkittaisiin kirjaimellisesti, täytyisi ajatella, että ihmisellä tulee olla oikeus myös ns. sairaisiin ajatuksiinsa ja jopa psykoottisiin harhaluuloihinsa. Käytännössä näin ei kuitenkaan ajatella, sillä psykiatrisen hoidon piirissä voidaan pakkolääkitä ihmisiä vastoin heidän ilmaistua tahtoaan. Myös mielenterveystyötä ohjaava lainsäädäntö mahdollistaa tällaiset rajoitustoimet. Jännitteisyys ja ristiriitaisuus ihmisoikeusteorian ja psykiatrian lainsäädännön ja käytännön välillä paljastaa, että ihmisiä, joiden mielenterveys järk-

---

[96]Evans 2001, 68, 72–74; ICCPR 1966, Article 19:1; Nowak 1993, 314–315; Ojanen & Scheinin 2011, 417; Partsch 1981, 214, 217; Tahzib 1996, 87–88. Ks. lisää Stenlund 2013; 2014a.

kyy, ei ole otettu kunnolla huomioon, kun uskonnon-
ja mielipiteenvapautta koskevaa ihmisoikeusteoriaa on
kehitetty.[97]

Milloin ihminen on vapaa? Eri ihmiset vastaisivat
tähän kysymykseen eri tavoin. Jos kysymystä täsmen-
netään tiedustelemalla, mihin ihmisellä on oikeus si-
lä perusteella, että hänellä on oikeus vapauteen, eroa-
vat näkemykset toisistaan edelleen. Tässä artikkelissa
esittelen kolme erilaista tapaa ymmärtää uskonnon- ja
mielipiteenvapaus. Se, miten uskonnon- ja mielipiteen-
vapaus ymmärretään, vaikuttaa oleellisesti siihen, mi-
tä mielenterveydeltään järkkyneen ihmisen tapaukses-
sa pyritään suojaamaan ja miten uskonnon- ja mieli-
piteenvapautta arvotetaan suhteessa muihin ihmisoi-
keuksiin.[98]

Uskonnon- ja mielipiteenvapaus negatiivisena vapautena

Kun kysytään, milloin ihminen on vapaa, useimmille
tulee kenties ensimmäisenä mieleen tilanne, jossa ih-
mistä ei rajoiteta, vaan hän saa tehdä, mitä hän sil-
lä hetkellä haluaa. Tällainen vapauden ymmärtämista-
pa on niin sanottu klassinen tapa ymmärtää vapausoi-
keudet, joihin uskonnon- ja mielipiteenvapauskin kuu-
luu. Uskonnon- ja mielipiteenvapaus toteutuvat tämän
näkökulman mukaan silloin, kun muut ihmiset eivät
puutu ihmisen uskomuksiin, ajatuksiin ja mielipitei-
siin konkreettisin, biologisin tai lainsäädännöllisin kei-

[97]Stenlund 2013; 2014a, 89–91; Stenlund & Slotte 2018. Ks. Mie-
lenterveyslaki 1116/1990, 8§; 2001/1423, 22b§.
[98]Ks. eri vapauskäsityksistä lisää Stenlund 2014a, 92–320.

noin, vaan ihminen voi tehdä, mitä häntä huvittaa. Oikeus vapauteen on ikään kuin kilpi, joka suojaa ihmistä toisten hyökkäyksiltä. Tällaista vapauskäsitystä kutsutaan usein negatiiviseksi, sillä siinä oleellista on esteiden puuttuminen ja rajoittamattomuus – se, että ihmisen annetaan olla ja toimia ilman, että ulkopuoliset konkreettisesti puuttuvat hänen olemiseensa ja toimimiseensa tai rajoittavat sitä.[99]

Kun uskonnon- ja mielipiteenvapaus ymmärretään negatiivisessa merkityksessä, *forum internum* suojaa ensisijaisesti ajatus- ja uskomussisältöjä, joita ihmisellä on "mielessään".[100] Ihmisoikeusteoriassa on vanhastaan ymmärretty ja määritelty *forum internum* tämän vapauskäsityksen mukaisesti.

Tahdosta riippumaton hoito uskonnon- ja mielipiteenvapauden rajoituksena

Myös mielenterveydeltään järkkyneen ihmisen tapauksessa negatiivinen uskonnon- ja mielipiteenvapaus toteutuu silloin, kun häntä ei estetä toimimasta uskomustensa ja mielipiteidensä mukaisesti ja hän saa ajatella, mitä sitten ajatteleekin.[101] Kun ihmisen mielenterveyden häiriön epäillään olevan psykoottistasoinen ja hänen arvellaan olevan sen vuoksi vaaraksi itselleen tai muille ihmisille, voidaan hänet kuitenkin mielenterveyslain nojalla määrätä tahdosta riippumattomaan psykiatriseen hoitoon eli niin sanottuun pakkohoitoon.[102] Tahdosta riippumatonta hoitoa pidetään

---

[99]Ks. Berlin 2005, 169–170; Feinberg 1973, 7–15.
[100]Stenlund 2014a, 103, 326. Stenlund & Slotte 2018.
[101]Stenlund 2014a, 101.
[102]Mielenterveyslaki 1116/1990, 8§.

yleisesti ihmisen vapausoikeuksien rajoituksena, mikä kertoo omalta osaltaan siitä, että negatiivinen vapauskäsitys on oikeusjärjestelmässä ja oikeustajussamme hyvin keskeinen. Lähtökohtaisesti pidetään ongelmallisena, jos ihminen pakotetaan hoitoon.[103]

Tahdosta riippumattomassa hoidossa ihmisen uskonnon- ja mielipiteenvapautta voidaan rajoittaa monin eri tavoin. Hänen liikkumisvapauttaan voidaan rajoittaa, minkä johdosta hän ei voi mennä paikkoihin, jotka olisivat uskonnon harjoittamisen tai mielipiteiden vaihdon kannalta oleellisia. Hänen yhteydenpitoaan ihmisten kanssa voidaan rajoittaa, samoin hänen omaisuuttaan voidaan ottaa haltuun, mikäli hoitohenkilökunta arvioi, että näillä rajoituksilla suojataan hänen terveyttään ja muiden ihmisten hyvinvointia.

Uskonnon- ja mielipiteenvapauden *forum internum* -ulottuvuuden kannalta kiinnostavin rajoitus on kuitenkin se, että tahdosta riippumattomassa psykiatrisessa hoidossa potilas voidaan pakottaa käyttämään psyykenlääkkeitä, ja tarvittaessa näitä lääkkeitä voidaan antaa hänelle injektiona hänen vastustuksestaan huolimatta.[104] Pakkolääkinnällä pyritään edistämään potilaan parasta, mutta negatiivisen vapauskäsityksen näkökulmasta voidaan kysyä, eikö siinä samalla puututa potilaan uskonnon- ja mielipiteenvapauden *forum internum* -ulottuvuuteen – eli siihen oikeuden ulottuvuuteen, jota ei saisi koskaan eikä millään perusteella rajoittaa.[105] Lääkityksellä nimittäin pyritään lieven-

---

[103]Stenlund 2014a, 106–117.

[104]Stenlund 2014a, 117–122. Ks. Euroopan neuvosto 2004, Article 28:1; Mielenterveyslaki 2001/1423, 22a–22j§; YK 1991, Principle 11:6.

[105]Stenlund 2014a, 121–129. Stenlund & Slotte 2018.

tämään psykoottisia harhaluuloja, jotka on määritelty
psykiatriassa uskomuksiksi, joista ihminen pitää kiinni,
vaikka hänelle osoitettaisiin niiden virheellisyys.[106]

Riittävä kompetenssi uskonnon- ja mielipiteenvapauden edellytyksenä

Vaikka tahdosta riippumatonta hoitoa pidetäänkin
yleisesti ihmisen vapautta rajoittavana, on tällaista
rajoittamista pidetty myös usein perusteltuna. Nega-
tiivisen vapauskäsityksen näkökulmasta syynä on se,
että negatiivista vapautta ei pidetä ainoana tärkeänä
arvona, ja muut arvot ja oikeudet priorisoidaan sen
yläpuolelle tilanteissa, joissa henkilön ei katsota olevan
kykenevä päättämään omista asioistaan eli häntä ei
pidetä riittävän kompetenttina.[107]

Lainsäädännössä siis negatiivisesti ymmärretty us-
konnon- ja mielipiteenvapaus edellyttää riittävää kom-
petenssia. Kompetenttina henkilönä pidetään ihmistä,
joka riittävissä määrin ymmärtää tekojensa seurauksia
ja todellisuuden luonnetta, jotta hän pystyy tekemään
omaa itseään ja hoitoaan koskevia päätöksiä. Vain riit-
tävän kompetentti henkilö voi kieltäytyä hoidosta tai
antaa suostumuksensa hoitoon. Tahdosta riippumatto-
massa hoidossa on kyse siitä, että riittävän kompetens-
sin puuttuessa ihmistä hoidetaan riippumatta siitä, mi-
tä hän on asiasta mieltä. Samalla perusteella hänen us-
konnonharjoitustaan voidaan myös rajoittaa, jos kat-
sotaan, että siitä on hänelle haittaa. Ajatellaan, että

---

[106]Ks. DSM-V, 819.
[107]Stenlund 2014a, 129–153. Stenlund & Slotte 2018.

näissä rajoituksissa on kyse oikeutetusta paternalismista.[108]

Niin sanotun antipsykiatrisen näkökulman mukaan negatiivista vapautta tulisi arvostaa enemmän kuin ihmisen hyvinvointia eikä siihen tulisi puuttua sillä perusteella, että henkilö on itselleen vaaraksi. Jos henkilö on vaarallinen toisille ihmisille, tulisi tilannetta hoitaa antipsykiatrisen kannan mukaan samoin kuin muissakin tilanteissa, joissa henkilön uhkaavaan käytökseen tai väkivaltaisuuteen puututaan poliisivoimin ja juridisin sanktioin. Yhteiskunnan ei kuitenkaan tulisi pakottaa ketään hoitoon sillä perusteella, ettei tämä ymmärrä omaa parastaan ja on "päästään sekaisin". Antipsykiatrisen näkemyksen mukaan pakkokeinoja käytettäessä aliarvioidaan ihmisen omaa vastuuta omasta käyttäytymisestään ja valinnoistaan.[109]

Vastakkainasettelu paternalistiseen vallankäyttöön perustuvan tahdosta riippumattoman hoitokäytännön ja ihmiset oman onnensa nojaan jättävän antipsykiatrisen näkökulman välillä on selvä, joskin edellinen edustaa yhteiskunnassamme selvästi valtavirtaa. Paternalistinen vallankäyttö hyväksytään muun muassa mielenterveyslaissa[110]. Merkittävä osa tahdosta riippumattomassa hoidossa olleista on jälkikäteen kiitollisia, että heitä kohtaan on käytetty paternalistista valtaa. Osa potilaista kuitenkin suhtautuu tahdosta riippumattomaan hoitoon erittäin kielteisesti niin hoidon aikana

---

[108]Stenlund 2014a, 129–153. Ks. Beauchamp and Childress 1989, 69, 79.

[109]Ks. esim. Ei pakkohoitoa, kiitos! 2017; Puhakainen 1999, 69–74; Szasz 2008, 112–117.

[110]Ks. Mielenterveyslaki 1116/1990, 8§; 2001/1423, 22a–22j§.

kuin sen jälkeenkin – siis silloinkin, kun he ovat riittävän kompetentissa tilassa.[111]

Haasteena kompetenssin ja forum internum -ulottuvuuden suhde

Kun käsitys uskonnon- ja mielipiteenvapaudesta on negatiivinen, haasteena näyttää olevan ristiriita paternalistisen vallankäytön käytäntöjen ja *forum internum* -ulottuvuuden välillä. Tahdosta riippumattomassa psykiatrisessa hoidossa toteutetulla pakkolääkinnällä pyritään toimimaan potilaan parhaaksi, mutta se tehdään yrittämällä vaikuttaa biologisin keinoin hänen ajatuksiinsa ja uskomuksiinsa. Se, että nuo ajatukset ja uskomukset on määritelty sairauden oireiksi, ei ole ratkaisevaa, sillä ihmisoikeusteoriassa *forum internum* -ulottuvuuden on katsottu suojaavan aivan kaikenlaisia uskomuksia ja ajatuksia. Idea on, että ihmisellä pitää olla absoluuttinen oikeus pitää mitä tahansa mielessään.[112]

Jos *forum internum* -ulottuvuutta ei saa rajoittaa missään tilanteessa, miksi pakkolääkintää harrastetaan? Yleensä perusteluna on, että ihmistä halutaan suojella eikä häntä haluta jättää heitteille. Tämäkään ei periaatteessa ole hyvä syy silloin, kun kyse on sellaisen oikeuden ulottuvuuden rajoittamisesta, jonka rajoittaminen on ihmisoikeusteoriassa ja -sopimuksissa kielletty täysin.[113] On nimittäin erikoista, jos riittä-

---

[111]Ks. Kaltiala-Heino 1995, 84, 112–113; Lönnqvist, Moring & Henriksson 2014, 741.

[112]Stenlund 2013; 2014a, 82–89, 121–129. Stenlund & Slotte 2018.

[113]Stenlund 2013; 2014a, 82–89, 121–129.

vä kompetenssi on edellytys absoluuttisille oikeuksille. Voiko *forum internum* -ulottuuvuus olla absoluuttisesti suojattu, jos tuon suojan voi menettää kompetenssin heikentymisen myötä?[114]

Jäljelle jää kaksi vaihtoehtoa. Ensinnäkin, on mahdollista vaatia, että pakkolääkintä on lopetettava ihmisoikeuksien vastaisena. Jos seurataan sitä, miten *forum internum* -ulottuvuus on määritelty ja mitä sen on ajateltu suojaavan, olisi pakkolääkinnän kieltäminen johdonmukaista. Toinen vaihtoehto on, että tarkennetaan, mitä uskonnon- ja mielipiteenvapaudella ja siihen sisältyvällä *forum internum* -ulottuvuudella tarkoitetaan. Jos täydellinen luopuminen pakkolääkinnästä vaikuttaa epäeettiseltä ja välinpitämättömältä mielenterveydeltään järkkyneitä ihmisiä kohtaan, on syytä pohtia, voidaanko uskonnon- ja mielipiteenvapaus ymmärtää muistakin näkökulmista kuin negatiivisesta näkökulmasta käsin.

Uskonnon- ja mielipiteenvapaus autenttisuutena

Etenkin filosofisessa keskustelussa vapauden käsite ymmärretään toisinaan autenttisuuden eli omaehtoisuuden näkökulmasta. Autenttisuudeksi ymmärretty uskonnon- ja mielipiteenvapaus suojaa ihmisen oikeutta uskomuksiin, jotka ovat aidosti hänen omiaan ja hänen itse muodostamiaan.[115] Kun uskonnon- ja mielipiteenvapaus ymmärretään autenttisuuden näköku-

---

[114]Stenlund & Slotte 2018.

[115]Autenttisuuden käsitteestä, ks. Brison 1996; Dworkin 1985, 353–359; Guignon 2004; Oshana 2007; Scanlon 1972.

masta, ensisijaisena suojan kohteena ovat ajatus- ja uskomusprosessit, joiden siis olisi tarkoitus olla autenttisia.[116] Kun oikeus autenttisuutena ymmärrettyyn uskonnon- ja mielipiteenvapauteen toteutuu, ihmisen uskomuksille ja mielipiteille voidaan ikään kuin myöntää aitoussertifikaatti.

Kun negatiivisessa uskonnon- ja mielipiteenvapauskäsityksessä näiden oikeuksien rajoitukset ymmärretään konkreettisiksi biologisiksi tai lainsäädännöllisiksi rajoituksiksi, autenttisuutta korostavassa vapauskäsityksessä myös psykologiset keinot ja syyt nähdään uskonnon- ja mielipiteenvapautta rajoittaviksi. Esimerkiksi psykologinen toisten ihmisten manipulointi tai niin sanottu uskonnollinen aivopesu ymmärretään ihmisen autenttisia uskomuksia ja ajatuksia vääristävinä ja näin ollen hänen uskonnon- ja mielipiteenvapauttaan loukkaavina.[117] Myös erilaiset mielenterveysongelmat, erityisesti psykoottistasoiset häiriöt, voidaan nähdä uskonnon- ja mielipiteenvapautta rajoittavina tekijöinä.

Mielenterveysongelmat uskonnon- ja mielipiteenvapauden uhkana

Uskonnon- ja mielipiteenvapaus ymmärretään autenttisuuden näkökulmasta monissa psykiatrian filosofiaa ja etiikka koskevissa keskusteluissa, vaikkakin mielenkiinnon kohteena näissä keskusteluissa on yleensä ylipäätään potilaan vapaus, autonomia ja toimijuus. Näissä keskusteluissa arvioidaan erilaisten mielenterveysongelmien vaikutusta siihen, missä määrin ihmisen usko-

---

[116]Ks. Stenlund 2014a, 186, 326. Stenlund & Slotte 2018.
[117]Ks. Beltran 2005.

mukset ja ajatukset ovat todella hänen omiaan ja missä määrin ne ovat mielenterveyden häiriön vääristämiä ja näin ollen pohjimmiltaan ihmiselle vieraita tai epäautenttisia uskomuksia ja ajatuksia.[118]

Erityisesti psykoosia pidetään usein vieraana voimana, joka tekee ihmisestä epäautenttisen ja vääristää hänen uskomuksensa harhaisiksi. Psykoottiset harhaluulot siis ymmärretään epäautenttisiksi vääristyneen "psykoottisen minän" tuotoksiksi eikä ihmisen aidon minän autenttisiksi näkemyksiksi.[119] Jonathan Glover ehdottaa, että vakavat mielenterveyden häiriöt voivat jopa muuttaa ihmisen ytimen.[120] Uskonnon- ja mielipiteenvapauden osalta voidaankin päätellä, että autenttisuusnäkökulmasta katsottuna psykoosi (tai laajemmin ymmärrettynä myös muut mielenterveyden häiriöt) ovat ikään kuin ulkopuolisia voimia, jotka vahingoittavat ihmisen *forum internum* -ulottuvuutta.

Osa psykoosin kokeneista ihmisistä hahmottaa tilanteen niin ikään sillä tavalla, että jokin heille vieras asia on ottanut heidät valtaansa. Luciane Wagner ja Michael King huomasivat tutkimuksessaan, että monet psykoosin kokeneet pitivät psykoottisuutta itsestään erillisenä kummajaisena ja heidän oli vaikea ymmärtää psykoottisia ajatuksiaan.[121] Erler ja Hope puolestaan raportoivat kaksisuuntaista mielialahäiriötä sairastavasta, joka masennusjaksonsa aikana koki pimeyden kummajaisena, joka tunkeutui mielen sisään ja kävi

---

[118]Ks. esim. Erler & Hope 2014.

[119]Ks. esim. Gutheil 1980, jonka mukaan monet psykiatrian parissa käytännössä työskentelevät ajattelevat, että psykoosi on ihmiseen tunkeutuva ja ihmisen mieltä kontrolloiva voima.

[120]Glover 2003, 537–538.

[121]Wagner & King 2005.

sotaa luonnollisen minän kanssa.[122] Eeva Iso-Koiviston
tutkimuksessa kävi niin ikään ilmi, että osa psykoo-
sin kokeneista ihmisistä eriyttää psykoosin omasta it-
sestään. Yksi Iso-Koiviston haastattelemista ihmisistä
kertoi kokevansa psykoosin vieraana ja käsittämättö-
mänä uhkana, joka on hänen itsensä sisällä.[123]

Kun psykoosiin suhtaudutaan tällaisena ihmisen *fo-
rum internum* -ulottuvuuteen tunkeutuvana ulkopuo-
lisena pakotteena, näyttäytyy psykiatrinen hoito ih-
mistä vapauttavana asiana. Jopa tahdosta riippuma-
ton hoito ja "pakkolääkitys" nähdään pyrkimyksiksi va-
pauttaa ihminen psykoosin vallan alaisuudesta.[124] Täs-
tä näkökulmasta katsottuna ristiriita pakkolääkinnän
ja *forum internum* -ulottuvuuden suojaamisen välillä
väistyy, sillä lääkityksellä ja muulla tahdosta riippu-
mattomalla hoidolla pyritään rajoittamisen sijaan pa-
lauttamaan potilaan uskonnon- ja mielipiteenvapaus.
Iso-Koiviston tutkimukseensa haastattelema psykoosin
kokenut henkilö esimerkiksi koki psyykenlääkkeet pe-
lastusrenkaaksi, jonka avulla hän kontrolloi ulkopuolel-
taan tulevaa psykoosin uhkaa.[125]

Liian idealistinen ihmiskäsitys?

Vaikka autenttisuusnäkökulma uskonnon- ja mielipi-
teenvapauteen näyttää olevan joillekin psykoosin ko-
keneille ja psykiatrista hoitoa tarjoaville tahoille miele-
käs, on lähestymistavassa myös merkittäviä ongelmia.

---

[122]Erler & Hope 2014.
[123]Iso-Koivisto 2004, 11, 98.
[124]Ks. Gutheil 1980, 327; Kaltiala-Heino ym. 2000, 213.
[125]Iso-Koivisto 2004, 98.

Ensinnäkään kaikki psykoosin kokeneet eivät koe psykoosia itselleen vieraana uhkana, vaan osa pitää sitä omaan elämään ja sisäisyyteen aidosti kuuluvana asiana tai autenttisena kärsimyksenä, joka on myös auttanut ymmärtämään asioita uudella tavalla.[126] Toiseksi, käsitys siitä, että jokin päällepäin rajoittavana näyttäytyvä toiminta, kuten tahdosta riippumaton hoito ja siinä toteutettu pakkolääkitys, olisikin pohjimmiltaan vapautta lisäävä, mahdollistaa laajentuessaan jopa totalitaristisen vallankäytön. Kolmanneksi, autenttisuusnäkökulman taustalla oleva ihmiskäsitys näyttää olevan hyvin idealistinen. Siinä ikään kuin oletetaan, että ihmiset muodostavat uskomuksiaan hyvin itsenäisesti riippumattomina toisistaan – tai ainakin tällainen itsenäisyys näyttäytyy aidon ihmisyyden kriteerinä. Pahuus, kärsimys, riippuvuus, alttius vaikutteille ja järjettömyys sen sijaan näyttäytyvät aitoon ihmisyyteen kuulumattomina asioina. Voi kysyä, onko tällainen käsitys ihmisyydestä kovinkaan realistinen.

Uskonnon- ja mielipiteenvapauden luonne hahmottuu siis hyvin eri tavoin riippuen siitä, tarkastellaanko sitä negatiivisen vapauskäsityksen vai autenttisuuskäsityksen näkökulmasta: tahdosta riippumattomaan hoitoon ja pakkolääkintään tarjoutuu jopa päinvastaiset vastaukset näkökulmasta riippuen. Se, mikä negatiivisen vapauskäsityksen näkökulmasta on vapautta rajoittavaa, voi autenttisuusnäkökulmasta olla vapauttavaa.

Jos tällainen vastakkainasettelu negatiivisen ja autenttisuutta korostavan lähestymistavan välillä kärjistyy, ongelmana on, että monet psykiatrisen hoidon käytäntöihin ja yhteiskunnan rakenteisiin liittyvät kysy-

---

[126]Ks. Stenlund 2014a, 215–218.

mykset jäävät huomiotta.[127] Keskeinen kysymys ei nimittäin aina välttämättä ole se, lääkitäänkö vai ei, vaan se, miten tuetaan ihmisen kykyä ajatella, uskoa ja elää arvojensa mukaan toisten kanssa.

Uskonnon- ja mielipiteenvapaus valmiuksina

Uskonnon- ja mielipiteenvapaus voidaan ymmärtää myös kyvykkyysteorian (capabilities approach) näkökulmasta. Tällöin uskonnon- ja mielipiteenvapauden tarkoituksena on suojata yksilön kykyä olla ajatteleva ja uskomuksia muodostava ihminen, joka myös pystyy ainakin jossain määrin valitsemaan oman vakaumuksensa ja sellaisen elämän, jota hän arvostaa ja joka on ihmisarvon mukaista.[128] Oikeus vapauteen tarkoittaa siis ikään kuin oikeutta työkaluihin, joilla ihminen kykenee toimimaan sekä hyviin työtiloihin, joissa hän voi noita välineitä tarkoituksenmukaisesta käyttää.

Tällainen lähestymistapa uskonnon- ja mielipiteenvapauteen on linjassa sellaisen ihmisoikeusajattelun kanssa, jossa negatiivisten vapausoikeuksien ja toisten ihmisten tai yhteiskunnan aktiivista toimintaa edellyttävien positiivisten oikeuksien välille ei tehdä tiukkaa rajaa. Nykyään ihmisoikeusteoriassa korostetaan sitä, että vapaus on luonteeltaan niin negatiivista kuin positiivistakin. Sen lisäksi, että vapaa ihminen on turvassa toisten puuttumiselta, hänellä on myös erilaisia

---

[127]Ks. Stenlund 2017a.
[128]Ks. Stenlund 2014a, 260–270; 2017a; 2017b.

resursseja, joiden avulla hän voi elää tahtomansa laista elämää.[129]

Valmiusnäkökulmaa ovat kehittäneet muun muassa Amartya Sen[130] ja Martha Nussbaum[131]. Nussbaum on listannut keskeisiä valmiuksia, jotka tulisi turvata kaikille ihmisille. Näiden valmiuksien joukossa on useita, jotka liittyvät keskeisesti uskonnon- ja mielipiteenvapauteen. Ensinnäkin uskonnon- ja mielipiteenvapaus liittyvät aisteihin, mielikuvitukseen ja ajattelemiseen (senses, imagination, and thought) liittyviin valmiuksiin. Toiseksi ne koskettavat valmiutta muodostaa käsitystä hyvästä elämästä ja siitä, miten sitä voi tavoitella (practical reason). Kolmanneksi uskonnon- ja mielipiteenvapauden kannalta oleellista on valmius olla yhteydessä toisten kanssa (affiliation). Myös valmius kontrolloida ympäristöään (control one's environment) ja ilmaista tunteitaan (emotions) ovat merkittäviä uskonnon- ja mielipiteenvapauteen liittyviä valmiuksia.[132] Kun uskonnon- ja mielipiteenvapaus ymmärretään valmiuksina, nämä oikeudet suojaavat ensisijaisesti ihmisen kykyjä mielen sisältöjen tai ajatusprosessien sijaan.[133]

---

[129]Karapuu 1999, 68–69; Nussbaum 2006, 287; Perusoikeuskomitean mietintö 1992, 51–52; Sen 1999, 3–11.

[130]Ks. Sen 2009; 1999.

[131]Ks. Nussbaum 2006; 2011.

[132]Nussbaum 2011, x, 18–19, 33–34.

[133]Stenlund 2014a, 326. Stenlund & Slotte 2018.

Mielenterveysongelmat ja niiden hoito valmiuksien näkökulmasta

Valmiusnäkökulmasta katsottuna huomio kiinnittyy moniin mielenterveyspotilaiden ja -kuntoutujien kannalta keskeisiin kysymyksiin, jotka jäävät negatiivisen ja autenttisuutta korostavan näkökulman tiimoilta katveeseen. Psykoottistasoisten mielenterveysongelmien osalta huomio kiinnittyy ensinnäkin siihen, että harhaluulojen perusteella toimivan ihmisen voi olla vaikea päästä tavoittelemiinsa päämääriin, koska maailma ei tunnu toimivan hänen olettamallaan tavalla. Myös sosiaalisten suhteiden muodostaminen voi osoittautua vaikeaksi, jos henkilö ymmärtää todellisuuden hyvin eri tavoin kuin muut ihmiset hänen ympärillään, mistä voi seurata ymmärtämisvaikeuksia ja kaoottisuutta. Siksi ihmisellä voi olla vaikeuksia elää sellaista elämää, mitä hän itselleen toivoisi.[134]

Toiseksi, monissa tapauksissa psykoosiin liittyy kognitiivisten kykyjen heikentymistä, kuten keskittymisvaikeuksia ja motivaation heikentymistä, joita voidaan pitää valmiusteorian näkökulmasta ihmisoikeuksien toteutumista heikentävinä tekijöinä ja joita sopivalla psykiatrisella hoidolla voidaan lievittää.[135] Epäselvää tosin on, missä määrin tällaiset vaikeudet ovat psykoosin aikaansaamia, missä määrin elämäkriisiin ja leimaantumiseen liittyviä ja missä määrin myös psykiatrisen lääkityksen ei-toivottuja vaikutuksia. Psykoosilääkitys voi nimittäin osaltaan heikentää ihmisen

---

[134]Ks. Bolton & Banner 2012, 94; Gillet 2012, 242.
[135]Ks. Kuosmanen 2009, 11.

motivaation kokemusta sekä kykyä kokea kaipausta ja
mielihyvää.[136]

Valmiusteorian näkökulmasta taipumus psykoo-
tisiin harhaluuloihin tai aistiharhoihin voidaan myös
nähdä asiana, jonka kanssa ihminen joutuu erityisen
paljon kamppailemaan, joka vie häneltä energiaa ja ka-
ventaa hänen valinnanmahdollisuuksiaan. Vaikka hen-
kilö itse pitäisi esimerkiksi kuulemiaan ääniä mielen-
terveyden häiriön oireena, joista hänen ei tarvitse vä-
littää, voivat ne silti toisinaan yltyä niin voimakkaik-
si ja tärkeistä teemoista viestiviksi, että ne kuormit-
tavat ihmistä erityisen paljon.[137] Osa harhaluuloihin
taipuvaisista ihmisistä voi myös pidättäytyä uusien
ideoiden kehittelystä välttääkseen harhaista ajattelua.
Esimerkiksi John Nashin kerrotaan vältelleen poliitti-
sesti orientoitunutta ajattelua opittuaan tunnistamaan
ja tiedostamaan taipumuksensa paranoidiseen ajatte-
luun.[138] Jos henkilön harhaluulot ja aistiharhat ovat
olleet uskontoon liittyviä, voi hän kokea joutuvansa te-
kemään pesäeroa kaikkeen uskonnolliseen pysyäkseen
järjissään.[139] Näillä tavoilla mielenterveyden järkky-
minen voi siis olla este sille, että ihminen voi jatkaa
elämäänsä uskonnollisen tai poliittisen vakaumuksen
tunnustajana tai uusien ajatusten kehittelijänä

On kuitenkin huomattava, etteivät psykoosikoke-
mukset ole yksiselitteisesti ja pelkästään negatiivisia ja
valmiuksia kaventavia kokemuksia. Osa ihmisistä ko-

---

[136]Ks. Gøtzsche 2016; Kapur 2003; Whitaker 2016.

[137]Gillett 2012, 242; Romme & Escher 2000, 22–24.

[138]Nasar 1998, 353, 356; Radden 2011, 127–128.

[139]Iso-Koiviston tutkimuksessa yksi potilas (2004, 85) liitti psy-
koottisuutensa huonoon hengelliseen vaiheeseen ja toinen
(2004, 91) alkoi kuulla ääniä aloitettuaan rukoilla apua tunne-
elämäänsä.

kee, että psykoosin myötä he ovat tulleet tietoisemmiksi elämästään ja sen merkityksestä. Joskus psykoottiset kokemukset ovat elämää rikastuttavia. Ne voivat myös olla myönteisiä kriisejä, jotka ohjaavat ihmisen näkemään aiemman elämänsä tarkoituksettomuuden ja tekemään uusiin suuntiin vieviä valintoja.[140]

Psykoosikokemukset voivat siis joissakin tapauksissa myös lisätä ihmisen uskonnon- ja mielipiteenvapauteen liittyviä valmiuksia. Tämä ei välttämättä tarkoita, että ihmisiä tulisi rohkaista läpikäymään psykooseja. Psykoosikokemusten moninaisuuden ymmärtäminen kuitenkin auttaa näkemään, että psykoosit voivat olla muutakin kuin yksinomaan huonoja, vältettäviä ja välittömästi pois hoidettavia kokemuksia.[141] Avarampi suhtautuminen psykooseihin voi myös vaikuttaa siihen, millaisia eri hoito- ja tukimuotoja pidetään mielekkäinä ja mahdollisina. Näkökulma hoidossa voi keskittyä ihmisen elämän laatuun ja elämän mielekkyyteen sen sijaan, että tarkkailtaisiin yksinomaan oireita ja pyrittäisiin niiden kontrolloimiseen.

Tulisiko forum internum -ulottuvuuden suojata kykyjä?

Näyttää siltä, että eri uskonnon- ja mielipiteenvapauskäsitykset suojaavat ensisijaisesti eri asioita, etenkin mitä tulee näiden vapausoikeuksien *forum internum* -ulottuvuuteen. Siinä missä negatiivinen vapaus suojaa ensisijaisesti ihmisen mielen sisältöjä, autenttisuutta korostava näkemys on kiinnostunut etenkin siitä, onko

---

[140]Fulford & Radoilska 2012; Iso-Koivisto 2004, 84; Kapur 2003, 13, 18; Roberts 1991.
[141]2014a, 277–279; Stenlund 2017a.

uskomus- ja ajatusprosessi ollut omaehtoinen. Valmius-näkökulmasta katsottuna uskonnon- ja mielipiteenva-paudessa ensisijaista on ihmisen kyvyt.[142]

Kun uskonnon- ja mielipiteenvapauden *forum internum* -ulottuvuutta tarkastellaan erityisesti psy-koottisten ihmisten oikeuksien näkökulmasta, vaikut-taa valmiusnäkökulma mielekkäimmältä. Kun mielen-kiinto on ihmisen kyvyissä, voidaan *forum internum* -ulottuvuuden nähdä suojaavan jotain oleellista samal-la, kun vältetään negatiiviseen vapauskäsitykseen liit-tyvä välinpitämättömyys ja autenttisuusnäkökulmaan liittyvä totalitarismin uhka, jossa vapautta rajoitetaan vapauden nimissä.[143]

Selvennystä kuitenkin vaatii, millaisia kykyjä *forum internum* -ulottuvuus suojaa. Näyttää siltä, että suo-jan piiriin voisivat kuulua ainakin sellaiset kognitiiviset kyvyt, jotka kytkeytyvät kompetenssiin. Olisi *forum internumin* vastaista, jos tällaisia ihmisen kykyjä tuhot-taisiin psykiatrisessa hoidossa tai muissa yhteyksissä. Myös ihmisen tunne-elämä voisi kuulua ainakin joilta-kin osin *forum internumin* suojan piiriin. Valmiusnäkö-kulmasta voidaankin väittää, että sellaiset toimet, joil-la tuhotaan peruuttamattomasti ihmisen kykyä usko-miseen, ajatteluun ja rikkaaseen tunne-elämään, ovat absoluuttisesti kiellettyjä ja ihmisoikeuksien vastaisia. Esimerkiksi osa aivokirurgisista "hoitomuodoista" (ns. lobotomia), jotka eivät onneksi nykypsykiatrian hoito-muotoihin enää kuulukaan, voidaan pitää valmiusteo-rian näkökulmasta absoluuttisten ihmisoikeuksien vas-taisina.[144]

---

[142]Stenlund 2014a, 326.
[143]Ks. Stenlund 2017a.
[144]Stenlund 2014a, 305–310; 2017b.

Lisäksi valmiusteorian näkökulmasta voidaan käydä keskustelua muiden psykiatristen hoitomuotojen riskeistä ja siitä, mitä haittoja niistä voi valmiuksien kannalta olla. Esimerkiksi psyykenlääkkeiden eitoivotut vaikutukset ajattelu- ja tunne-elämään ovat valmiusteorian näkökulmasta tärkeä pohdinnan aihe, eikä psykiatrista hoitoa tule toteuttaa hinnalla millä hyvänsä. Myös psykiatristen potilaiden leimaaminen ja verrattain heikot vaikutusmahdollisuudet yhteiskunnassa ovat valmiusteorian kannalta oleellisia uskonnon- ja mielipiteenvapauteen liittyviä keskustelun aiheita.[145]

---

[145]Ks. Stenlund 2017a.

Uudempaa maailmaa toivoo Joni

Silmänreikiä tynnyrissä

Mietin, kannattaako kirjoittaa menneen ajan kokemuksista, kun yleensä ajattelen, että tulee keskittyä vain siihen, mitä näkee. Kokemusten jäljet ovat kuitenkin syvät ja pysyvät. Ne näkyvät ja vaikuttavat nykypäivän elämääni.

Vähän takki auki olen astellut lääkäriin

Se, että muut ihmiset ovat puuttuneet asioihini milloin minkäkin viran oikeuttamina, on tuntunut epämiellyttävältä – vapauteen puuttumiselta. Koen näin etenkin siksi, että virka tai koulutus on ollut toisarvoinen seikka sen suhteen, millainen ihminen on ollut asialla. Korkea koulutus ei ole oikeastaan tae juuri mistään.

Hoitoihin määrääminen tai lääkityksiin puuttuminen ilman vapaaehtoisuutta tai joskus painostuksella on vaikea asia.

Tilanteeni on ollut nuorena aikuisena tai jo aiemmin se, että sosiaaliset ainekset ovat raskauttaneet elämiseni, punaisella langalla olon. Vähän takki auki olen astellut lääkäriin, ja niin on käynyt, että sitä on ikään kuin myynyt halvalla sielunsa ja terveytensä heidän käsiinsä, tai joskus jopa hampaisiinsa.

Minulla on ollut pitkä kokemus koulussa syrjinnästä ja vähän ahdistettuna olemisesta. Tuntui niin väärältä, että olen heittopussin lailla ollut kuin hoitomaailman pitkään labyrinttiin pudonneena ja joutunut taistelemaan omasta hyvinvoinnistani. Samanaikaisesti olen yrittänyt hakeutua koulutuksiin, jaksaa työharjoitteluja ja ylipäätänsä saada elämää näyttämään normaalilta.

Oma uskoni alkoi vuosien aikana vahvistua. Koin vaikeina kolkkoina hetkinä monessa hoitopaikassa, että korkeampi voima on läsnä ja puolellani, vaikka ympärillä tuntuisi olevan paljon pimeyden piinaa. Sairaaloiden osastoilla oli usein kiellettyä puhua uskonasioista. Tuo sääntöviidakko tuntuu raskaalta ja ärsyttävältäkin – tuntui varsinkin silloin, kun olin päättänyt opetella suhtautumaan asioihin vapaammin ja omaksua rennomman elämäntyylin.

Ettei hoidossa pidettäisi rimaa liian matalalla

Hoitomaailman kokemukseni on siis ollut pitkä. Se on ollut tie, joka yli kaksikymmentä vuotta on varjostanut niin ajatuksissani arjessa kuin aika ajoin yhteiskunnan ulkopuolella olemista. On tuntunut kuin jossain pullossa olisi elänyt. Ihmisoikeudet, ihmisen vapaa tahto määrätä omaa elämäänsä ja oikeastaan löytää myös sitä, mihin suuntaan elämän toivoisi menevän, ei ole ollut yksiselitteistä. Ihmissuhteita tämä kaikki on rajoittanut suuresti. Yhteiskunta on tarkka luokittelemaan poikkeavuudet – niin työnhaussa, seurustelussa kuin omassa elämässä pärjäämisessä.

Olisin aina toivonut, että hoidoissa ei pidetä rimaa liian matalalla. Se vaihtelikin riippuen lääkärin ammattitaidosta ja henkilökemioiden kohtaamisesta. Luokittelu eri tason potilaisiin on karkea ilmiö. Ihmisten raakuus näkyy sosiaalisten yhteisöjen toiminnassa. Joskus jopa tuntui, että hoitopaikka on yhteiskunnan typistymä ja samanaikaisesti sivussa, kuin olisi jossakin yhteiskunnan paineisen ilmapiirin keskuksessa, jossain teloituspaikassa. Vietit ohjaavat äärimmäisissä tunnelmissa käyttäytymistä tylyyn suuntaan, jopa henkilökunnan käyttäytymistä. Tuntui kuin yhteiskunta olisi määrännyt paikkani ja yksilön tarve jäänyt toissijaiseksi. Elämässä voi olla monenlaisia vaikeuksia, mutta vaikeimmat asiat elämässäni ovat liittyneet hoitoon.

Oma ajatus pysyy

Oma ajatukseni jää kuitenkin aina olemaan, sitä ei voi riistää. Oma ajatukseni on tärkeä, kokemuspohjainen ja henkilökohtainen sen keskellä, mitä näkee ja missä on. Olivatpa yhteiskunnalliset pelottelumekanismit millaiset tahansa, ja vaikka valtaapitävät manipuloivat ja yrittävät saada toimimaan tietyllä tavalla, oma ajatus pysyy. Mutta kun lääkkeet annetaan pakolla, oma tahto heikkenee, etenkin, kun samalla tarjotaan valmiita ajatuksia. Osa lääkäreistä oli poliittisesti vaikutusvaltaisia, ja jotkut eivät tuntuneet ehkä senkään takia olevan puolellani. Vähän kuin yhteiskunnassakin.

Jouduin usein tunnustelemaan eri arvomaailmoja edustavien henkilöiden kohdalla, miten he reagoivat esimerkiksi uskonnon ja rajatiedon asioihin, kun olin ymmärtänyt, että usein sellaiset nähdään psykiat-

riassa melko raadollisen ihmisen uskomus- ja harhaajatteluun liittyviksi. Isot ajatukset ja "turhat" pohdinnat olisi jätettävä ja keskityttävä vain arkeen, perusasioiden hoitoon. Sellainen elämä voi vain olla teoreettisemmin pohdiskelevalle vaikea omaksua. Kun jokainen on jossain hyvä, ja sitten pitäisi keskittyä johonkin sellaiseen, mikä on omasta mielestä epäoleellisempaa.

Minua myös häiritsi se, että kun aivoja lääkitään fyysisenä elimenä, tietty sielullisuus kokemuksena ei ole puhdas ja elävä. Kun lääkityksestä on vielä muitakin haittoja, seurauksena on tylsistyminen ja kokemus omasta olemassaolosta kapenee. En sinänsä ole lääkekielteinen, sillä jotkut saavat näkyvästi hyötyäkin psyykenlääkkeistä.

Jos ihminen nähtäisiin enemmän henkisenä kokonaisuutena, ei varmasti kaikkea kokemusmaailmaa leimattaisi sairauden oireiksi. Tällöin ei mitätöitäisi yksilön uskon kautta saamaansa arvoa. Minulle tuli jo jossain vaiheessa niin paljon palautetta, jonka mukaan kokemusmaailmani on sairas, että tunsin itseni hyvin arvottomaksi. Tämä arvottomuus himmensi elämänkoulun tärkeyttä.

Uskonnonopettajani kertoi esimerkin paniikkihäiriöstä. Eräs raamatunhenkilö koki voimakasta henkistä tuskaa, mutta lopulta antoi sen vain tulla läpi. Näin kohtaus loppui, ja hän sai selvännäkijän armolahjan. Kun kertoo tällaisista, tai vaikka enneunista, niin kuunnellaan kyllä uteliaana, mutta samalla aletaan pisteyttämään diagnoosia.

Omasta kokemusmaailmasta ei parane avautua joka paikassa

Vanhemmat hoitoihmiset aika vapaasti komentelevat potilaita, aivan kuin ihmisarvo olisi kokonaan jokin kateissa oleva juttu. Se nostatti tunteita, miksi jonkun on niin vaikea ymmärtää, että samoja ihmisiä kaikki ollaan. Kaikkien tulee lähteä samalta viivalta. Intoa riittää, mutta inhimillisyyttä vähemmän. Kaikki outous nähdään vain yhtenä hulluutena.

Sitten on niitä tilanteita, joissa lääkityksessä mennään liian pitkälle. Yksi hoitaja kertoi, että häntä ihmetytti, miksi sairaalan vanhemman polven lääkäreillä on ikään kuin tarkoituskin latistaa potilaiden seksuaalisuus siten, että heidän elämisensä ja olemisensa tulisi olemaan vaikeampaa kuin esimerkiksi homoilla. Syyksi näiden lääkäreiden toimintaan hoitaja arveli, että kun heillä on jo omat lapset hankittu, niin ei tarvitse enää välittää toisten tuntemuksista.

Paikoissa, jotka ovat yhteiskunnalta piilossa, kaikki yksinkertaistetaan lääketieteellisen maailman varjolla ja pilkotaan paloiksi – myös ihmisyys. Suhtautuminen voi olla yllättävää, ei aina se, jota olettaisi. Kerran esimerkiksi pyörryin, kun minulle annettiin pakolla tärinään pistos ja kun minua raahattiin jaloista käytävää pitkin sohvalle. Myöhemmin henkilökunta vain nauroi tilanteelle.

Myös uskon asiat ovat joskus hieman pilkallisen tuumailun kohteena, yleensä tietysti sellaisten, jotka eivät ymmärrä tapoja. Koko hoitoala on tuntunut jotenkin ristiriitaiselta. Ensimmäisenä tuosta tulee mieleen, että ajettaisiin ihmisen etuja, mutta lopputulos ei ole niin häävi. Oma kokemusmaailmani on ollut erilai-

nen uskonnollinen kokemusmaailma, eikä siitä parane
avautua ainakaan joka paikassa. Kokemusmaailmaa
ja mahdollisten harhojen perusteita ei selvitetä. Olet-
ko taikauskoinen vai tuntuuko vain? Sitten lääkkeitä
syötetään sivuvaikutusten hinnalla, ja sairaanhoidon
ammattitauti taitaa olla huolissaan olo. Sillä saadaan
ajettua päätöksiä läpi. Heillä on oman ymmärryksensä
mukaan määräysvalta.

Jotkut hoitajat, useimmiten aika yksittäiset, ym-
märtävät paremmin. Jotkut ovat itse uskossa, ja sekin
saattaa heijastua suosituksissa. Joku on kieltänyt tai
suositellut, etten kävisi vaihtoehtoisissa hoidoissa, kos-
ka se on oppien mukaan huono valinta.

Mielipiteenvapaus on olemassa, jos mielipiteensä saa esitettyä mallikkaassa muodossa

Mekanismi on niin byrokraattinen ja koneistot niin
vahvoja, ettei kenelläkään ole oikein vahvuutta vastus-
taa, eikä ole oikein mitään keinojakaan, jos ei tunnu
hyvältä. Lääkäri sai kerran päähänsä kokeilla 30-luvulla
kehitettyä lääkettä, joka oli aivan kammottavan tuntui-
nen. Taisin olla kooman rajoilla. Yhtenä iltana koin,
että lähdin kehostani ja että enkelit palauttivat mi-
nut nopeasti. Lääkäri kuittasi kokemukseni sanomalla
käytävällä, että tällaisia kokemuksia ihmisillä on ollut
2000 vuoden ajan. Lääkitystä jatkettiin silti, tunteet
olivat kauheat.

Kokemusta lääkkeistä ei arvosteta juuri sen enem-
pää kuin muutenkaan missään asiassa kuultaisiin. Hoi-
dot ovat kuin jotain näytelmää, jossa roolit ovat koh-
talonomaisesti määräytyneet. Joskus pinnan alta pal-

jastuu, että asiallisesti lähestyvät ihmiset vain leikkivät ystävää.

Mielipiteenvapaus on olemassa, jos mielipiteensä saa esitettyä mallikkaassa muodossa. Vastalauseet eivät ole tervetulleita. Olisi osattava odottaa toistc vaahtokarkkia, kun asioita ilmaisee.

Oma kokemukseni mieleen vaikuttamisesta on myös se, että terapioilla on pakotettu pohtimaan sellaisia asioita, jotka tekevät minusta itsestäni tärkeär, ehkä jotenkin minäkeskeisen persoonan. En olisi halunnut sellaiseen prosessiin. Sekä terapia että lääkkeet ovat vähän vaikuttaneet vaistooni, jonka avulla ohjaudun ja selviän.

Yhtä lailla kuin voi valita, minkä uskonmuodon haluaa, pitäisi voida valita, mistä ovesta menee sisälle tai minne meneekään tai mitä valitsee. Mielisairaalassa on kuin velvollisuus olla vähän niin kuin onnellinen keinolla millä hyvänsä. Hyvinvointivaltiossa sitä velvoitetta ei yleensä ole.

Muistan, kun yksi nainen joutui ottamaan pakotetusti sähköshokkeja. Sanottiin vain, että ne auttavat, mutta ei annettu muuta vaihtoehtoa kuin ottaa niitä. Pakkohoitolakikin on niin monitulkintainen. Esimerkiksi pakkohoidon kriteeri "vaaraksi itselle tai muille" täyttyy, jos oma terveydentila on vaaraksi hoitamatta jättämisen takia. Tahdonvastaisen hoidon perusteet ovat veteen piirrettyjä.

Lääkkeillä ongelmat muuttuvat toisiksi

Lääketeollisuus tuntuu sanelevan, mitä lääkkeitä määrätään. Psykoottisen kokemukseni johdosta, joka oli nopeasti kylläkin ohi, sain lääkkeeksi yliannoksen. Veressä oli *450* yksikköä, vaikka suositus jää *150* yksikköön. Olin niin voimaton, että nukuin *17* tuntia päivässä aina, kun oli vain mahdollista. Ja rauhoittavat lääkkeet eivät mielestäni tuo herkille ihmisille varsinaista rauhaa, vaan jotain koostunutta vauhtia päälle ja levottomuutta, eri lailla itse kullekin. Ja koin, että rukousyhteyskin vähän haalenee samalla, kun yhteys omaan sieluun vähän katoaa.

Jälleen ilman vaihtoehtoa tällaisia aineita. Lääkityksen määräämiseen riitti pari outoa ajatusta, ja sitten kaupan päälle saa tietynlaisen syrjäyttämisen. Ei ole ratkaisukeskeistä ollenkaan. Tuli sellainen tunne, että tässäkö ja tällaistako tämä elämä oli. Sairaaloiden osastot muistuttavat vähän jotain vanhainkotia ja joillekin ehkä jopa saattohoitopaikkaa. Olen pari kertaa kuullut sanottavan, että ihan kuin potilaita rangaistaisiin lääkkeillä ja että ei tällaista voi olla Suomessa.

Sittemmin kävin vielä yksityisellä psykologilla, jonka kanssa voi vapaasti keskustella hoitojen jälkeen, jotka olivat kovia paloja, rankkoja kokemuksia kemioineen. Henkilökunnan kanssa ei aina saanut edes puhua sivuvaikutuksista. Yhteistyötä henkilökunnan ja apua tarvitsevien välillä tulisi kehittää. Lapsikin jo tajuaa, että jotain on ollut liikaa. Lääkkeillä ongelmat vain muuttuvat helposti toisiksi. Aluksi ruoho voi näyttää vihreämmältä aidan toisella puolella, mutta niin myös myöhemmin. Mieluummin silti turvautuu jatkossa Jumalan apuun.

Joutsenet otetaan kiinni ja laitetaan häkkiin

Ehkä voisi pakkokäytänteitä verrata joutseniin, jotka otetaan kiinni ja laitetaan häkkiin, pitkäksi aikaa. Eivät ole enää vapaita kuin taivaan linnut!

Jotkut diagnoosit antavat leiman jopa hoitajien silmissä. On kuin selitettävä, että ei kaikki ole niin huonosti, miltä näyttää. Myöskään kokemusmaailmaa ei oteta ihan todesta, vaikka on saanut ympäristön kovaa palautetta milloin missäkin. Usein teki mieli sanoa, että onpa teillä kapea ajatusmaailma, kun ette ymmärrä. Jotenkin niin sinisilmäistäkin.

Sairaalapappi on ollut saatavilla ja joskus esimerkiksi sosiaalityöntekijä on saattanut olla ymmärtäväisempi kuin hoitaja tai lääkäri. Usein psykologiaan perehtyneet eivät tunnu ymmärtävän uskonasioita, ja on kannattanut välttää aihetta, joskus jopa vain nyökyttää olevansa samoilla linjoilla vähän asioita piilotellen. Osastolta sai toki kirkossa käydä. Mielipiteenvapauteen myös liittyy ajatusmaailman joskus totaalinen tutkinta ja avaaminen, joka vähän rikkoo yksityisyyden rajoja.

Pohdin myös, ovatko vaikeasti määriteltävät sairauden tilat, joiden suhteen ei löydy täysin selvää absoluuttista totuutta, hyväksyttävä ja oikeutettu syy puuttua potilaan itsemääräämisoikeuteen ja riistää se. Jos tunteella vastaisin, niin sanoisin jyrkästi ei.

Pitäisi enemmän perehtyä potilaan tilanteeseen. Puolen tunnin mietintä lääkärin kanssa ei ole riittävä selvitys esimerkiksi lääkkeiden aloitukseen, koska väärinkäsitykset ja virheet ovat mahdollisia. Syyllisiä ei ole tapana eikä oikein mahdollistakaan löytää, joten voi vain nostaa kissan pöydälle.

(kirjoitusajankohta elokuu 2015)

Mari Stenlund

Uskonnon- ja mielipiteenvapaus psykiatrisessa hoidossa ja yhteiskunnassa

Johdanto

Kun uskonnon- ja mielipiteenvapaus ymmärretään valmiuksien näkökulmasta, päädytään mielenterveydeltään järkkyneen ihmisen kohdalla pohtimaan, millaisia esteitä hänen uskonnon- ja mielipiteenvapautensa toteutumiselle on ja millaisilla hoitokäytännöillä sitä voitaisiin tukea ja vahvistaa. Millainen voisi olla uskonnon- ja mielipiteenvapausmyönteinen yhteiskunta, jossa hulluksi leimautumisen uhka ei liikaa rajoita ihmisten mahdollisuuksia esittää näkemyksiään ja toimia omien arvojensa mukaan? Vai onko stigmatisoinnista vapaa yhteiskunta täysi utopia?

Tässä luvussa tarkastellaan ensinnäkin erilaisia hoidon käytäntöihin liittyviä kysymyksiä psykiatrisen potilaan uskonnon- ja mielipiteenvapauden kannalta. Miltä psyykenlääkitykseen liittyvät kysymykset näyttävät potilaiden ihmisoikeuksien kannalta? Saako psykiatrisessa hoitoyksikössä harjoittaa uskontoa ja osallistua kansalaiskeskusteluun ja missä rajoissa? Millainen olisi uskonnon- ja mielipiteenvapausmyönteinen linjaus potilaiden käymiin keskusteluihin, jotka koskevat uskontoa ja politiikkaa? Voiko potilas kritisoida koulupsykiatriaa ja tukeutua vaihtoehtohoitoihin uskonnon- ja mielipiteenvapautensa nojalla? Toiseksi luvussa pohditaan sitä, miten niin sanottu hullun leima vaikuttaa mielenterveyskuntoutujien asemaan uskonnollisissa ja muissa ideologisissa yhteisöissä. Millä tavoin mielenterveyskuntoutujien uskottavaa ja aktiivista toimijuutta voitaisiin tukea?

Haasteellinen ja tärkeä psyykenlääkekeskustelu

Psykiatriassa on meneillään niin sanottu neurobiologisen paradigman aikakausi. Se tarkoittaa sitä, että mielenterveysongelmien taustatekijöinä korostetaan geneettistä alttiutta ja muuta biologista pohjaa. Mielenterveysongelmia myös kuvataan viittaamalla neurobiologisiin poikkeamiin aivoissa, vaikka varsinainen diagnosointi tehdäänkin yksilötasolla yleensä sen perusteella, millaisia oireita henkilöllä on. Tähän paradigmaan liittyen myös mielenterveysongelmien hoidossa korostuvat biologiset hoitomuodot, mikä yleensä tarkoittaa psyykenlääkitystä.[146] Psyykenlääkkeiden

---

[146]Ks. Fulford, Thornton & Graham 2006, 18–21; Karlsson 2006, 30–31; Talvitie & Skoglund 2010.

käyttö on tavallista, sillä suomalaisista noin 700 000 käyttää vuosittain jotakin psyykenlääkettä lyhyen aikaa ja noin 10% aikuisista käyttää jotakin psyykenlääkettä säännöllisesti.[147] Skitsofrenian, kaksisuuntaisen mielialahäiriön ja muiden psykoottistasoisten mielenterveyden häiriöiden hoidossa sopiva lääkitys on valtavirtapsykiatrian näkökulmasta itsestäänselvyys, johon yhdistetään erilaista psykososiaalista tukea.[148]

Lääkkeet ja vallankäyttö

Keskustelua psyykenlääkkeiden hyödyistä ja haitoista käydään laajenevissa määrin, ja hyvä niin. Näyttää siltä kuin viime vuosien aikana olisi levinnyt jonkinlainen psyykenlääkekeskustelun uusi aalto. Harmillista sen sijaan on, että keskustelussa vallitsee sen kaltainen vastakkainasettelu, että lääketutkimuksia ymmärtämätön ei välttämättä osaa hahmottaa, kuka on oikeassa ja miten asia "oikeasti on".[149]

Esimerkiksi avoimeen dialogiin perustuvan Keroputaan mallin, jossa lääkitystä käytetään vähemmän kuin niin sanotussa tavanomaisessa psykiatrisessa hoitomallissa, on väitetty lisäävän potilaiden hyvinvointia.[150] Tästä huolimatta hoitokäytäntö ei ole levinnyt Suomessa laajempaan käyttöön ja on vaikeaa ymmärtää, millä perusteella näin on. Onko Keroputaan mallista puhuttu liian myönteisessä valossa ja joitakin tosiseik-

---

[147]Huttunen 2016.

[148]Ks. esim. Suvisaari ym. 2014, 172.

[149]Ks. esim. Gøtzsche 2016; Furman 2017; Isometsä 2017; Kopakkala 2015; Lauerma 2014, 246–269; Whitaker 2016.

[150]Seikkula & Alakare 2012, 125–126; 2004.

koja huomioimatta, kuten Hannu Lauerma väittää?[151]
Vai löytyykö selitys muualta?

Valtakysymykset tekevät lääkeasian hankalaksi. Ensinnäkin näyttää siltä kuin asiantuntijat kävisivät valtataistelua, jossa psyykenlääkkeisiin kriittisesti suhtautuvat ovat jonkinlaisia haastajia tai altavastaajia, kun taas nykylinjauksia pääasiassa hyvinä pitävillä on enemmän yhteiskunnallista valtaa (esim. turvatummat työolosuhteet ja valtaa antavat statukset).[152] Toiseksi on kysyttävä, mikä on lääkefirmojen merkitys tutkimuksen toteuttajina ja mikä vaikutus niillä on ollut varsinaisiin tutkimustuloksiin.[153] Kuten tiedetoimittaja Jani Kaaro lääkeyhtiöiden vaikutusvaltaa kritisoineen professori Lisa Cosgroven haastattelun pohjalta toteaa: psykiatriselta tutkimukselta edellytetään rehellisyyttä, jotta mielenterveysongelmien kanssa taistelevat ihmiset voivat tehdä harkittuja päätöksiä hoitonsa suunnasta.[154]

Valmiusteorian näkökulmasta erilaiset psykiatriseen hoitoon ja siitä keskustelemiseen liittyvät tiukat vastakkainasettelut näyttäytyvät myös ennemminkin mahdollisilta oikeuksien toteutumisen esteiltä kuin niitä edistäviltä. Vastakkainasettelu ei välttämättä sellaisenaan edistä potilaiden oikeuksia, vaan voi myös jättää epätietoiseksi ja joustamattomien näkemysten

---

[151]Lauerma 2014, 259–260.

[152]Erkki Isometsä on psykiatrian professori ja Hannu Lauerma Psykiatrisen vankisairaalan ylilääkäri ja Terveyden ja hyvinvoinnin laitoksen tutkimusprofessori. Sen sijaan Aku Kopakkala on lääkekriittisten kantojensa vuoksi työstään irtisanottu psykologi ja Ben Furman psykiatrian erikoislääkäri ja psykoterapeutti.

[153]Ks. esim. Gøtzsche 2016; Isometsä 2017.

[154]Kaaro 2018.

vangiksi. Psyykenlääkekeskustelun tulehtunut kulttuuri ei myöskään auta hahmottamaan, millainen linjaus parhaiten edistäisi potilaiden oikeuksia. Toisinajattelijoiden irtisanominen (vrt. Kopakkalan tapaus[155]) tai heille annetut varoitukset (vrt. Järvisen tapaus[156]) eivät välttämättä vakuuta itse asiasta, vaan näyttäytyvät ennemminkin epäilyksiä herättävinä voimannäyttöinä. Tulehtunut ja hiiltynyt keskustelukulttuuri[157] ei välttämättä lisää luottamusta asiantuntijoihin. Psyykenlääkitykseen liittyy monia tärkeitä kysymyksiä, joissa kaivattaisiin asiallista argumentointia ja mahdollisimman helposti arvioitavaa ja selkeää sekä itsekriittistä tietoa toisten mollaamisen sijaan.

Tahdosta riippumattomassa sairaalahoidossa olevilla potilailla ei useinkaan ole mahdollisuuksia kieltäytyä heille määrätystä lääkityksestä, vaikka periaatteessa tahdosta riippumatonta lääkitystä koskevaa päätöstä ei pitäisi tehdä pelkästään sillä perusteella, että potilas on toimitettu tahdosta riippumattomaan hoitoon.[158] Valtakysymykset näkyvät myös avohoidon potilasvastaanotoilla. Kaikki mielenterveyskuntoutujat eivät syö lääkkeitä "omasta vapaasta tahdostaan" vaan käytännössä pakotettuina, vaikka olisivatkin periaatteessa avohoidossa vapaaehtoisina potilaina. Osa avohoidossa olevista mielenterveyskuntoutujista elää "hoitopelotteen" alaisuudessa. He tietävät, että lääkityksen käyttämättä jättämisestä tai muusta hoitavan

---

[155]Ks. Kaihovaara 2014.

[156]Ks. Malin 2017; Pälve 2017.

[157]Ks. esim. Lauerma 2014, 258–263, 268–269.

[158]Ks. Mielenterveyslaki 1116/1990, 8§; 2001/1423, 22c; Stenlund 2014a, 116–117.

tahon näkemyksen vastaisesti toimimisesta seuraa todennäköisesti heidän tahdostaan riippumatonta hoitoa.

Osa potilaista taas voi suostua tarjottuun lääkitykseen, ettei menettäisi tärkeäksi kokemaansa hoitosuhdetta "hoitomyöntyvyyden puuttumisen" perusteella ja saattaa käytännössä säädellä lääkitystään itselleen sopivammaksi. Lääkityksen käyttö on myös mahdollisesti ja joidenkin yksilöiden kohdalla sidottu erilaisten sosiaalietuuksien saamiseen. Esimerkiksi osa masennuspotilaista ilmeisesti myöntyy lääkitykseen, koska pelkää muutoin menettävänsä erilaisia hoidollisia ja sosiaalisia etuuksia (esimerkiksi mahdollisuuden psykoterapiaan tai sairauspäivärahaan). Osan puolestaan kerrotaan valehtelevan lääkkeiden käytöstään, jottei menettäisi näitä etuuksia. KELA:n linjaukset niin psykoterapian kuin sairauspäivärahan saamisen kriteereistä jäävät kuitenkin hämäriksi, sillä esimerkkejä löytyy siitäkin, että niin sairauspäivärahan kuin KELA:n tukeman psykoterapiankin voi saada myös psyykenlääkityksestä kieltäydyttyään.[159]

Kysymys lääkityksestä on kuitenkin ydinasia mielenterveyskuntoutujien kannalta, jotka päivästä ja vuodesta toiseen käyttävät lääkkeitä, joiden vaikutuksista elämän laadun ja oman kokemusmaailman kannalta eivät ole varmoja. Osalle lääkitys on elintärkeä – ja kun sopiva sellainen on löytynyt, elämänlaatu kohenee rytinällä. Osa taas miettii, mistä saisi ammattiapua lääkkeistä vieroittautumiseen, ja jos sitä ei saa, ottaa riskin ja päättää vähentää lääkettä vailla ammatillista

---

[159]Tiedot "hoitopelotteesta" sekä lääkityksen käytön suhteesta sairauspäivärahan ja KELA:n tukeman psykoterapian saamiseen perustuvat viime vuosien kokemuspohjaisiin keskusteluihin eri ihmisten kanssa.

tukea.[160] Psyykenlääkkeiden käyttöön näyttää siis liittyvän potilaiden kannalta monia epävarmuustekijöitä, jotka voivat heikentää mahdollisuutta tehdä omien arvojensa mukaisia valintoja ja saada tarvittavaa tietoa ja tukea niihin.

Sopiva lääkitys tukee valmiuksia eikä nöyryytä

Uskonnon- ja mielipiteenvapauden ymmärtämistapa vaikuttaa siihen, millaisena psyykenlääkitys ja muut biologiset hoidot potilaan oikeuksien kannalta näyttäytyvät.

Negatiivisen vapauskäsityksen näkökulmasta ongelmana pidetään sitä, että (erityisesti vastoin potilaan tahtoa annetut) lääkkeet vaikuttavat mieleen ja että niillä pyritään harhaluulojen ja muiden psykoottisten oireiden lieventymiseen. Autenttisuutta korostava vapauskäsitys puolestaan keskittyy kärjistettynä siihen, miten lääkitys vapauttaa potilaan sairauden orjuudesta sekä vääristyneistä ajatuksista ja uskomuksista. Valmiusteorian näkökulmasta psyykenlääkkeet ja muut biologiset hoitomuodot eivät ole mustavalkoinen asia. Ei oikeastaan voida sanoa, rajoittavatko vai edistävätkö ne uskonnon- ja mielipiteenvapautta, sillä niillä todennäköisesti on sekä rajoittavia että suojelevia vaikutuksia.[161] Mielenkiinto on valmiusteorian näkökulmasta siinä, millaisia vaikutuksia psyykenlääkityksellä on ihmisen valmiuksiin, jotka liittyvät hänen

---

[160]Mad in Finland -verkoston piiriin on myös syntynyt psyykenlääkkeistä vieroittautuvien ihmisten vertaistukiryhmiä. Hulluna Suomessa: Parhaat linkit.

[161]Ks. Stenlund 2104a.

ajatteluunsa, tunne-elämäänsä ja kykyyn muodostaa uskomuksia.[162] Esimerkiksi antipsykoottinen lääkitys voi aiheuttaa keskittymisvaikeuksia ja masennusoireita. Ikävää on, että tällaiset lääkityksen haittavaikutukset saatetaan tulkita väärin sairauden oireiksi, minkä johdosta on lisätty lääkitystä.[163]

Kun uskonnon- ja mielipiteenvapaus ymmärretään valmiusteorian näkökulmasta, on psyykenlääkityksen kannalta tärkeää pohtia kahta kysymystä. Ensinnäkin, millainen lääkitys tukee mielenterveyskuntoutujan valmiuksia omien arvojensa mukaiseen elämään? Onko lääkityksestä apua hänen ajatustoiminnalleen ja tunne-elämälleen? Uskonnon- ja mielipiteenvapaus ihmisoikeuksina haastavatkin tutkimuslaitoksia ja lääketeollisuutta kehittämään sellaisia lääkehoitoja, jotka tukisivat mahdollisimman vähäisillä haitoilla mielenterveyskuntoutujien toimintakykyä, uskomus- ja ajattelutoimintaa sekä tunne-elämää niiltä osin kuin mielenterveyden haasteet niitä heikentävät.

Vaikeissa mielenterveyden ongelmissa, kuten psykoottisissa häiriöissä, antipsykoottinen lääkitys voi monissa tapauksissa olla tarpeellinen ensiapu, joka lisää osaltaan toipumisen mahdollisuuksia ja auttaa ihmistä omalta osaltaan luopumaan harhaluuloistaan ja muista haitallisista ajattelumalleistaan.[164] On kuitenkin huomattava, että lääkitys on parhaimmillaankin vain osatekijä ajatustoiminnan ja tunne-elämän valmiuksien vahvistumisessa. Recovery-lähestymistapaa edustavien Rommen ja Escherin mukaan on tärkeää, että

---

[162]Ks. Stenlund 2014a; 2017a.

[163]Suvisaari ym. 2014, 178–180.

[164]Ks. Ford 1980, 338; Kader & Pantelis 2009, 342–343; Kapur 2003, 17.

psykoottisen häiriön kanssa elävät oppivat puhumaan kokemuksistaan ja käsittelemään niitä siten, että he nousevat ikään kuin kokemansa yläpuolelle oman elämänsä toimijoiksi sen sijaan, että he kokevat olevansa hallitsemattomien kokemusten kohteena. Tässä processissa on Rommen ja Escherin mukaan apua siitä, jos psykoottiset kokemukset nähdään osana ihmisen elämän ongelmia ja heidän ajatuksiinsa elämästä suhtaudutaan mielenkiinnolla ja kunnioituksella.[165]

Toinen tärkeä lääkitykseen liittyvä kysymys valmiuksina ymmärretyn uskonnon- ja mielipiteenvapauden näkökulmasta on, millaisen lääkityksen kanssa mielenterveyskuntoutuja kokee, että hänen tarpeitaan, rajojaan ja näkemyksiään kunnioitetaan. On potilaan toimijuutta vahvistavaa, jos hänellä itsellään on aitoa valtaa ja mahdollisuus aitoon suostumukseen lääkkeitä koskevassa päätöksenteossa[166]. Koska lääkitys vaikuttaa ihmisen ruumiin ja mielen toimintaan, on erityisen tärkeää ottaa huomioon ihmisen omat kokemukset ja ajatukset lääkityksen käyttämisen suhteen. Jos ihminen joutuu käyttämään pitkäkestoisesti lääkitystä, jota hän ei pohjimmiltaan haluaisi käyttää, voi kokemus olla nöyryyttävä ja nöyryytys puolestaan voi heikentää ihmisen valmiuksia itsekunnioituksen heikentymisen ja uhriutumisen kautta.

Jos henkilö kokee, että häntä kiristetään lääkkeiden käyttöön esimerkiksi siten, että lääkkeiden käyttö on sosiaalietuuksien tai psykoterapian saamisen tai avohoidon puolella pysymisen ehtona, voi lääkitys muodostua valmiuksia heikentäväksi asiaksi. Ihminen saattaa kokea, ettei hänellä ole valtaa omaan mieleensä ja

---

[165]Romme & Escher 2000, 10, 14.
[166]Ks. Iso-Koivisto 2004, 103.

ruumiiseensa.[167] Nöyryyttävää voi olla sekin, jos mielenterveyskuntoutuja kokee lääkkeiden haittavaikutukset itselleen sillä tavoin elämänlaatua heikentäviksi tai hallitsemattomiksi, että hän kokee kontrollinsa heikentyvän suhteessa omaan käyttäytymiseensä. Mitä ihmiselle tekee esimerkiksi se, että hän kokee lääkkeiden tekevän hänestä väkivaltaisen vastoin sitä, mitä hän haluaisi olla ja millaista käyttäytymistä hän itse arvostaa?[168]

Sopiva lääkitys on siis sellainen, joka kannattelee ihmistä ja auttaa häntä elämään omien arvojensa mukaista elämää. Joissakin tapauksissa puolestaan psyykenlääkkeiden käyttämättömyyteen voi liittyä tällaisia valmiuksia tukevia merkityksiä.

Kun potilaalla on mielipiteitä

Psykiatrisen hoidon lähtökohtana on, että potilas saa harjoittaa uskontoa ja politiikkaa sekä kehittää elämänkatsomustaan. Uskonnon- ja politiikan harjoittamista rajoitetaan jossain määrin, mutta yleensä psykiatrisia potilaita ei varsinaisesti estetä käymästä poliittisissa tilaisuuksissa, jumalanpalveluksissa tai muissa uskonnollisissa tilaisuuksissa muutoin kuin tahdosta riippumattoman hoidon aikana mahdollisen liikkumisvapauden rajoittamisen seurauksena. Yleensä potilaat saavat lukea uskonnollista ja elämänkatsomukseensa liittyvää

---

[167]Itsekunnioituksesta valmiusteoriassa, ks. Nussbaum 2006, 80–81; Stenlund 2014a, 307.

[168]Ks. Anonyymi l. Joni 2017.

kirjallisuutta ja pitää yhteyttä vakaumuksensa ja elämänkatsomuksensa kannalta tärkeisiin ihmisiin.[169]

Henkilökohtaisten älypuhelimien ja muiden tietoteknisten laitteiden käyttömahdollisuus tahdosta riippumattoman hoidon aikana lisää myös potilaiden mahdollisuuksia uskonnon ja politiikan harjoittamiseen ja elämänkatsomuksensa kehittämiseen. Valviran ohjeistuksen mukaan näitä laitteita saa lähtökohtaisesti käyttää. Valvira perustelee linjan muun muassa vetoamalla sananvapauteen.[170] Toisaalta älylaitteiden käyttömahdollisuuteen on myös liittynyt haasteita, sillä potilaat voivat aktivoitua sosiaalisessa mediassa erilaisin asiattomin, syyttävin ja loukkaavin ilmaisuin, ja esimerkiksi maanisessa psykoosissa olevat potilaat ovat saattaneet tehdä älylaitteellaan kohtuuttomia määriä nettiostoja.[171]

Vaikka mielenterveyslaki mahdollistaa hyvin monenlaisen uskonnon, politiikan ja muun elämänkatsomuksellisen toiminnan rajoittamisen tahdosta riippumattoman hoidon aikana[172], yleensä negatiivinen uskonnon- ja mielipiteenvapaus toteutuu uskonnon ja politiikan harjoittamisen osalta varsin hyvin, kun kyse on sellaisesta uskonnon tai politiikan harjoittamisesta, joka suuntautuu psykiatrisen hoitokontekstin ulkopuolelle. Tosin psykiatristen hoitoyksiköjen erilaisilla

---

[169]Mahdollisimman vähän rajoittavan hoidon periaatteesta ja uskonnon- ja mielipiteenvapaudesta lähtökohtana, jota rajoitetaan vain erityisin perustein, ks. Euroopan neuvosto 2004, Article 4:47, 8:58; Stenlund 2014a, 106–111; YK 1991, Principle 1:5.

[170]Krautsuk 2016; Valvira 2015.

[171]Krautsuk 2016.

[172]Lain sallimista rajoituksista, ks. Mielenterveyslaki 1116/1990, 8§; 2001/1423, 22a–22j§.

hoitokulttuureilla on merkittävä vaikutus siihen, miten mielenterveyslakia ja tilanteita tulkitaan. Joissakin yksiköissä negatiivista uskonnon- ja mielipiteenvapautta saatetaan siis rajoittaa huomattavasti enemmän kuin toisissa.[173]

Uskonto ja politiikka – kielletyt puheenaiheet?

Negatiivisen uskonnon- ja mielipiteenvapauden varsin hyvä toteutuminen ei kuitenkaan tarkoita, että valmiuksia uskonnon ja politiikan harjoittamiseen erityisesti tuettaisi psykiatrisessa hoidossa. Esimerkiksi psykiatrian eettisissä ohjeissa kiinnitetään tyypillisesti huomiota siihen, että potilaalla olisivat koulutukseen, työntekoon ja vapaa-ajan viettoon liittyvät asiat mahdollisimman hyvin. Psykiatrista hoitoa ohjaavien eettisten ohjeistojen mukaan potilaalla on myös oikeus hoitoon, joka sopii hänen kulttuuriseen taustaansa ja joka toteutetaan ympäristössä, joka vastaa mahdollisimman hyvin hänen normaalia elinympäristöään.[174] Joissakin eettisissä ohjeissa mainitaan myös, että psykiatrian yksikössä on huomioitava potilaan vakaumus ruokajärjestelyissä.[175]

Potilaan uskonnon ja politiikan harjoittamisen ja elämänsä tarkoituksen etsinnän mahdollistamiseen kiinnitetään kuitenkin huomiota yllättävän vähän. Eettisissä ohjeissa ei mainita esimerkiksi äänestysmahdollisuuden turvaamista tahdosta riippumattoman hoidon

---

[173]Hoitokulttuuria on pidetty merkittävänä pakkotoimien määrään vaikuttavana tekijänä ainakin vastantahtoisten eristämisten osalta. Ks. Ala-aho, Hakko & Saarento 2003.

[174]Ks. Euroopan neuvosto 2004, Article 9:1; YK 1991, Principle 7:1–3, 13:2.

[175]Ks. Euroopan neuvosto 2004, Article 9:66.

aikana. Myöskään uskonnollisia erityistarpeita (kuten rukoukseen tai hiljentymiseen varattu tila tai mahdollisuus ehtoollisen saamiseen) ei eettisissä ohjeissa huomioida. Käytännössä hoitoyksiköissä voidaan toki tehdä ja tehdäänkin järjestelyjä erityistarpeiden huomioimiseksi ja muun muassa äänestämisen mahdollistamiseksi, mutta kiinnostavaa on, kuinka vähälle huomiolle nämä asiat ovat eettisissä ohjeissa jääneet. Herää kysymys, onko taustaoletuksena, että mielenterveyskuntoutuja tarvitsee ensisijaisesti turvalliset taloudellis-sosiaaliset raamit ja että nämä saatuaan hänen ikään kuin kuuluisi olla tyytyväinen ja passiivisesti yhteiskunnassa viihtyvä ihminen sen sijaan, että hänet nähtäisiin aktiivisena yhteiskunnallisena toimijana, joka etsii vaikutusmahdollisuuksia, elämän tarkoitustaan, kutsumustaan ja mahdollisesti myös yhteyttä johonkin ihmisiä korkeampaan.

On mahdollista, että psykiatristen potilaiden eksistentiaalisia tarpeita ei huomioida hoidossa aina riittävästi, joskin hoitoyksikköjen ja -kulttuurien väliset erot lienevät tässäkin asiassa merkittävät. Wagner ja King huomasivat Etelä-Amerikassa toteutetussa tutkimuksessaan, että psykoottistasoisesta mielenterveyden häiriöstä kärsineet potilaat pitivät eksistentiaalisia kysymyksiä kaikista tärkeimpinä teemoina omiin tarpeisiinsa liittyen. Mielenterveystyöntekijät ja potilaiden omaiset korostivat sen sijaan potilaiden terveyden, asumisen, vapaa-ajan ja työmahdollisuuksien tärkeyttä ja pitivät heidän eksistentiaalisia pohdintojaan toissijaisina ja jopa sairauden oireina tai merkkeinä (lääke)hoidon epäonnistumisesta.[176]

---

[176]Wagner & King 2005.

Herää kysymys, missä määrin erityisesti psykoosidiagnoosi leimaa sitä tapaa, jolla mielenterveystyöntekijät ja potilaiden läheiset alkavat ihmistä ymmärtää. Vaikka eksistentiaaliset kysymykset koskien elämän tarkoitusta, ihmissuhteita ja sairauden merkitystä ovat keskeisiä ihmisyydessä, jostain syystä näitä kysymyksiä pidettiin psykoottisten ihmisten kohdalla toissijaisina.

John Swinton on kiinnittänyt huomiota erityisesti psykiatrikunnan melko välinpitämättömään suhtautumiseen uskontoa kohtaan. Swintonin mukaan uskonto nähdään tyypillisesti mielenterveystyössä läsnä olevana "taustameluna" tai osana mielenterveyden häiriön oireistoa. Samaan aikaan monet potilaat toivovat Swintonin mukaan, että heidän uskonnolliset ja henkiset kokemuksensa hyväksyttäisiin todellisiksi ja merkittäviksi asioiksi mielenterveyden hoidossa.[177]

Merkille pantavaa on, että uskontoon liittyvät pohdinnat nousevat esiin monissa psykoosin itse kokeneiden kirjoituksissa. Esimerkiksi Anu Korvenniemen toimittamassa psykoosikokemuksia kuvaavassa kirjassa "Lotta" kysyy, onko hänellä mielenterveysongelma vai onko hän pikemminkin šamaani, jonka on vaikea löytää nyky-yhteiskunnassa omaa paikkaansa.[178] "Ville" puolestaan kertoo, kuinka hän alkoi uskoa olevansa enkeli, jolle ei tapahtuisi mitään, vaikka hän kävelisi kädet pystyssä rekan eteen.[179] "Pirkko" pohtii, auttoiko häntä homeopatia, hahmoterapia vai Jumala, kertoo uskovansa jälleensyntymiseen ja mietiskelevänsä usein alkoholistien läheisten vertaistukiryhmässä oppimaan-

---

[177]Swinton 2001, 40–41, 135.
[178]"Lotta" 2013, 21, 26.
[179]"Ville" 2013, 43.

sa tyyneysrukousta.[180] "Antero" kertoo, kuinka hän koki Jumalan siinä vaiheessa, kun hän oli tulemaisillaan hulluksi: "Jumala ei auttanut, ei kuullut, ja silloin tuntui että pitkät haistatti."[181]

Monissa mielenterveystyön yksiköissä kuitenkin rajoitetaan uskonnosta ja politiikasta puhumista. Näistä kysymyksistä on sallittua keskustella yksityisesti, mutta harvemmin yhdessä toisten mielenterveyskuntoutujien kanssa. Näyttääkin siltä, että psykiatrisen hoidon piirissä ihmisten uskonnon- ja mielipiteenvapautta rajoitetaan verrattain enemmän sillä perusteella, että uskonnollinen toiminta ja mielipiteiden ilmaisu koetaan kiusalliseksi, häiritseväksi ja sopivuuden rajat ylittäväksi.[182]

Rajoittamisen taustalla on ilmeisesti pyrkimys luoda potilaille ja mielenterveyskuntoutujille mahdollisimman rauhallinen toipumisympäristö ja suojata potilaita toisten hyökkääviksi koetuilta ilmaisuilta. Taustaoletuksena voi myös olla, että etenkin uskontoa ja politiikkaa koskevat aiheet ovat niin tulenarkoja, että syntyy herkästi konflikti, jos sananvaihto niistä alkaa. Osa mielenterveyskuntoutujista pitää keskustelun aiheiden rajaamista hyvänä käytäntönä. Herää kuitenkin kysymys, ylläpidetäänkö tällaisilla rajoittavilla linjauksilla asetelmaa, jossa vaikeista ja erimielisyyksiä herättävistä aiheista ei opitakaan keskustelemaan. Olisiko kuitenkin tarvetta siihen, että oppisimme niin psykiatrisen hoidon piirissä kuin muutoinkin keskustelemaan vaikeista asioita toistemme kanssa? Entä miten uskontoa ja politiikka koskevien keskustelujen kieltäminen

---

[180]"Pirkko" 2013, 80, 85,

[181]"Antero" 2013, 167.

[182]Ks. esim. Iija ym. 1996, 231–232.

111

valmentaa elämään yhteiskunnassa, jossa kohdataan
erilaisia näkemyksiä niin uskonnollisista kuin poliittisistakin asioista ja jossa haastetaan ottamaan niihin
kantaa? Onko taustaoletuksena tai vihjauksena peräti,
että mielenterveyskuntoutujien kannattaa olla näistä
asioista hiljaa, koska keskustelut ovat ihan tarpeeksi
"hulluja" jo muutenkin?[183]

Toki kysymys uskontoa ja politiikkaa koskevien
keskustelujen periaatteista on hyvin vaikea. Ajoittain
kohdataan varmasti konfliktiherkkiä vaiheita, joissa väliaikaisesti on mielekästä rauhoittaa tilanne uskontoa
ja politiikkaa koskevaa keskustelua rajoittamalla. Laajempana ja yleisenä linjauksena rajaus kuitenkin vaikuttaa valjulta mielenterveyskuntoutujien valmiuksien
tukemisen kannalta. Pohdinkin, missä määrin uskontoa
ja politiikkaa käsittelevien keskustelujen rajoittamisen
sijaan mielenterveystyön toimijat voisivat aktiivisesti
kehittää omaa kompetenssiaan keskustelun ohjaajina,
jotta he osaisivat entistä taitavammin luotsata myös
uskontoa ja politiikkaa käsittelevää mielipiteenvaihtoa.
On myös huomattava, että uskonnollista ja poliittista
aktiivisuutta suitsevilla linjauksilla voi olla se seuraus,
että näistä teemoista kiinnostuneet päätyvät etsimään
tukea ja keskusteluyhteyttä sellaisista yhteisöistä ja
sellaisilta toimijoilta, jotka saattavat myös vahingoittaa heidän hyvinvointiaan[184].

---

[183]Ks. Stenlund 2014b.
[184]Ks. esim. Villa 2013.

Valtataistelut: kuka määrää, mitä psykiatrisesta hoidosta on ajateltava?

Psykiatreilla ja mielenterveysyksiköillä on merkittävää valtaa suhteessa psykiatrisen diagnoosin saaneeseen potilaaseen. Tämä epätasapainoinen valta-asetelma heikentää Lauri Kuosmasen mukaan mielenterveyskuntoutujan vapautta.[185] John Sadler puolestaan huomauttaa, että niillä, joihin psykiatrinen hoito eniten vaikuttaa ja joiden elämää ja elämäntyylejä eniten hoidossa syynätään, on yleensä kaikista vähiten suoraa valtaa siihen, mitä heille hoidossa tapahtuu.[186] Psykiatrisen hoidon rakenteet ovat myös sellaiset, että psykiatrisen hoidon toteuttajilla on paljon sellaista valtaa, jota ei käytännössä juuri kontrolloida tai valvota.[187] Periaatteessa potilas voi kohdata vastaanottotilanteissa nöyryyttämistä, alistamista, kiristämistä tai utelua, joka ei tule ulkopuolisille ilmi. Potilaan voi myös olla hyvin vaikeaa pitää omia puoliaan, kun hän on lähtökohtaisesti harhainen, jonka jutut "eivät pidä paikkaansa".

Entä missä määrin mielenterveyskuntoutuja voi olla psykiatriakriittinen? Periaatteessa puhutaan asiakas- tai potilaslähtöisyydestä, mutta onko tällaisen ajattelun taustalla kuitenkin oletus, että potilaalla on aktiivisesti hoitomyöntyväisen ihmisen rooli eli hän lähtökohtaisesti suostuu diagnosoitavaksi, hyväksyy diagnoosin ja hoidon päälinjat ja että hänellä on näihin lähtökohtiin myönteisesti suhtautuvana mahdollisuus hienosää-

---

[185]Kuosmanen 2009, 11.
[186]Sadler 2005, 4.
[187]Radden & Sadler 2010, 16–17.

tää omaa hoitoaan ja ohjata sitä näiden taustaoletusten valossa itselleen mielekkääseen suuntaan?[188]

Mutta entä jos mielenterveyskuntoutuja suhtautuu kriittisesti koulupsykiatrian taustaoletuksiin? Onko hän tällöin vain hankala potilas, jonka hoitomyöntyväisyyttä tulee edistää ja jonka lähtökohtaisesti tulee muuttaa psykiatriakriittistä näkemystään? Kysymys on oleellinen sikäli, että psykiatriakriittisille näkemyksille on kannatusta laajemminkin kuin vain marginaaliin jääneiden "hullujen" keskuudessa. Niin psykiatriaa vastustavat antipsykiatriset näkemykset kuin psykiatriaa mielenterveyspalvelujen käyttäjien näkökulmasta kehittämään pyrkivät postpsykiatriset näkemykset ovat esimerkiksi akateemisessa keskustelussa mahdollisia ja hyvin perusteltuja kantoja. Mutta missä määrin hoidon piirissä olevalla mielenterveyskuntoutujalla on mahdollisuus niitä edustaa? Myös mielenterveyden kokemusasiantuntijuuden osalta on syytä kysyä, onko kriittisille näkemyksille aidosti tilaa, vai pääsevätkö ääneen lähinnä ne yhteistyökykyisiksi koetut kokemusasiantuntijat, joiden perussuhtautuminen hoitoon on myönteinen ja hyväksyvä[189].

Entä jos mielenterveyskuntoutuja on kiinnostuneempi vaihtoehtoisista hoitomuodoista koulupsykiatrian tarjoamien hoitojen sijaan? Onko hän silloin vain omaa parastaan ymmärtämätön hullu, jota puoskarit käyttävät hyväkseen, kuten esimerkiksi Sosiaali- ja terveysministeriö näyttää vihjaavan vaihtoehtohoitojen riskejä kartoittaessaan? Vaihtoehtohoitojen tarjoamisen rajoittamista on Suomessa kaavailtu koskemaan muun muassa psykoottisille ihmisille tarjottujen hoi-

---

[188]Ks. esim. Lönnqvist 2014, 23.
[189]Ks. Meriluoto 2018.

tojen osalta. Ideana on, että haavoittuvassa tilassa
olevat ihmiset ovat helposti hyväksi käytettävissä e:-
vätkä ymmärrä omaa parastaan.[190] Näin toki toisinaan
voi ollakin ja huolenpito niistä, jotka saattavat pää-
tyä moninaisen hyväksikäytön kohteiksi, on tietenkin
tärkeää. Toisaalta voidaan kysyä, onko vaihtoehtohoi-
tojen rajoittamiseen keskittyvä lähestymistapa liian
yksipuolinen. Entä jos mielenterveydeltään järkkyneel-
lä ihmisellä on esimerkiksi omien aikaisempien koke-
mustensa perusteella hyviä syitä uskoa, että hän tulee
paremmin autetuksi vaihtoehtoisten hoitojen kuin val-
tavirtapsykiatrian piirissä, jossa hän on mahdollisesti
kokenut nöyryyttäviä pakkotoimia?

Herää kysymys, voivatko erilaisiin uskonnollisiin
mielenterveyden häiriöitä koskeviin ajattelutapoihin
liittyvät vastakkainasettelut joissakin tapauksissa hei-
kentää potilaan valmiuksia. Vaikka huoli potilaasta on
ymmärrettävää, vaihtoehtohoitojen leimaaminen yksi-
nomaan epäeettiseksi puoskaroinniksi jättää huomioi-
matta ne syyt, minkä vuoksi potilas etsii apua niin
sanotuista vaihtoehtohoidoista.

Yhtenä äärimmäisenä esimerkkinä on keskustelu
uskonnollisista henkipossessioita koskevista käsityksis-
tä, joiden mukaan ihminen voi tulla pahan hengen
valtaamaksi ja johon jotkut uskonnolliset toimijat tar-
joavat pahan hengen pois ajamisen mahdollisuutta eli
eksorsismia. Monet psykiatrian asiantuntijat suhtautu-
vat eksorsismiin erittäin torjuvasti, mutta esimerkiksi
eksorsismia Suomessa harjoittava katolinen Isä Sgreva

---

[190]Ks. Sosiaali- ja terveysministeriö 2009, 43–46, 61; Stenlund
ja mielenterveyden kokemusasiantuntijoiden konsulttiryhmä
2017.

on avoin yhteistyölle psykiatrian toimijoiden kanssa.[191] On syytä kysyä, missä määrin potilasta auttaa vastakkainasetteluja ylläpitävä joko–tai-lähestymistapa, ellei hän itse koe olevansa selkeästi hengellisen vallankäytön uhri. Voisiko sekä uskonnollisen että psyykkisen hyvinvoinnin kannalta olla hedelmällistä, jos tilanteessa pystytään löytämään sekä–että-lähestymistapa? Esimerkiksi Antti Pakaslahti on edustanut kulttuurisensitiivistä lähestymistapaa henkiin, jossa nähdään myös sellaisten yhteisöllisten rakenteiden merkitys, jotka voivat käytännössä auttaa kriisissä olevaa ihmistä pääsemään prosessissaan eteenpäin.[192]

Huomattavasti helpompia ovat tapaukset, joissa taustayhteisön käsitys mielenterveyden häiriöistä on samankaltainen psykiatrisen käsityksen kanssa, mutta hoitometodit ovat erilaiset. Esimerkiksi masennusta voidaan hoitaa niin lääkkeillä kuin sielunhoidollisilla keskusteluillakin (joissa voi olla psykoterapeuttisen keskustelun piirteitä). Rukouksen voi yhdistää psykoterapiaan ja niin edelleen.[193] Sekä–että-lähestymistavalla voidaan mahdollisesti välttää sellaisia vastakkainasetteluja, jotka saattavat johtaa potilaan hyvinvoinnin kannalta liian äärimmäisiin ratkaisuihin. Pelkät uskonnolliset hoitokeinot eivät välttämättä vastaa potilaan oikeuteen saada hoitoa psyykkisiin ongelmiinsa. Toisaalta psykiatria ei voi viedä pois hengellistä hätää.

---

[191]Ks. Ora 2017; Stenlund ja mielenterveyden kokemusasiantuntijoiden konsulttiryhmä 2017.

[192]Pakaslahti 2006.

[193]Uskonnollisista lähestymistavoista ja menetelmistä mielenterveystyössä, ks. Stenlund ja mielenterveyden kokemusasiantuntijoiden konsulttiryhmä 2017.

Maailman terveysjärjestö WHO:n mukaan uskonnolliset auktoriteetit ja muut mielipidevaikuttajat voitaisiin ottaa mukaan mielenterveyspotilaiden oikeuksia koskevaan keskusteluun.[194] Yhteistyö eri näkökulmia edustavien välillä voi auttaa uskonnollisia toimijoita ymmärtämään paremmin mielenterveysongelmien haasteita. Mielenterveystyössä toimivat puolestaan voivat entistä paremmin käsittää, millainen uskonnollinen ajattelu ja millaiset mystiset kokemukset ovat yhteisöissä normaaleja ja mitä yhteisössä puolestaan pidetään mahdollisen mielenterveyden häiriön merkkinä. Esimerkiksi kokeneet sielunhoitajat ovat saattaneet olla vuosikausia kiinnostuneita uskon erämaaksi kutsutun kokemuksen ja masennuksen välisestä yhteydestä ja näiden ilmiöiden välisestä rajanvedosta[195] sekä muiden hengellisten kriisien suhteista mielenterveyden haasteisiin.

Miten uskomiseen ja ajatteluun liittyviä valmiuksia voidaan hoidossa tukea?

Valmiusteorian näkökulmasta uskonnon- ja mielipiteenvapaus ei tarkoita ainoastaan sitä, että psykiatrisessa hoidossa olevaa potilasta estetään mahdollisimman vähän uskonnon- ja politiikan harjoittamisessa ja mielipiteidensä ilmaisussa. Nämä oikeudet velvoittavat myös luomaan sellaisia rakenteita ja käytäntöjä, jotka mahdollistavat potilaiden mielipiteen muodostamisen ja ilmaisun sekä uskomiseen ja ajatteluun liittyvien valmiuksien kehittymisen.

---

[194]WHO 2005.

[195]Ks. Stenlund 2017c; Wikström 2002.

Ensinnäkin valmiusteorian näkökulmasta on tärkeää luoda mahdollisuuksien mukaan potilaiden uskonnon ja politiikan harjoittamisen edellyttämiä välittömiä rakenteita, kuten tiloja rukoukseen, meditointiin ja mielipiteiden vaihtoon. Vaalien aikaan äänestysmahdollisuus on järjestettävä myös suljetuille psykiatrisille osastoille. Toiseksi on tärkeää, että mahdollisuudet ajattelun kehittämiseen ovat myös psykiatrisen hoidon aikana mahdollisimman hyvät. Tämä tarkoittaa paitsi toimivaa keskusteluyhteyttä hoidon piirissä, myös mahdollisuutta tiedon hankitaan ja ajatusten vaihtoon hoitokontekstin ulkopuolella. Internetin käyttömahdollisuus, kattavat potilaskirjastot, taide-elämysten mahdollistaminen, kulttuurin tuominen myös sairaalaympäristöön sekä opiskelun ja työnteon tukeminen myös psykiatrisesta hoidosta käsin tukevat hoidossa olevien ihmisten valmiuksia niin ikään.[196] Ylipäätään suhtautuminen, jossa psykiatrisen hoidon piirissä olevat ihmiset nähdään lähtökohtaisesti ajattelukykyisinä ja elämän tarkoitusta etsivinä toimijoina, jotka voivat kehittää kykyjään, osaamistaan ja ajatteluaan, voi parhaimmillaan heijastua siihen, millaisia hoitokäytäntöjä ja rakenteita luodaan.

Toisaalta on huomioitava, että potilaat voivat käydä läpi kriisejä ja olla hyvin kuormittuneita ja epätietoisia sen suhteen, mitä haluavat ja arvostavat. Kriisiä läpikäyvä ihminen voi tarvita tukea, jotta hän voi löytää itselleen henkilökohtaisesti tärkeitä ja kannattelevia kiinnekohtia ja saada niissä myös onnistumisen elämyksiä. Osa kriisissä olevista ihmisistä voi tarvita paljonkin apua päätöksenteossa. Maritta Välimäen tutkimus osoitti, että monet mielenterveyspotilaat pi-

---

tävät yhdessä asioista päättämistä yhtenä tärkeänä itsemääräämisoikeuden ulottuvuutena.[197] Widdershoven ja Abma ymmärtävät itsemääräämisoikeuden moraalisen kehittymisen näkökulmasta, jossa potilas oppii tarkastelemaan omia arvojaan ja löytää selviytymiskeinoja omassa elämäntilanteessaan. Tässä prosessissa potilas voi tarvita runsaastikin apua, jotta hän pystyy kehittämään uuden ja paremmat ymmärryksen tilanteestaan ja mielekkäästä toiminnasta.[198] Toisaalta Martha Nussbaumin mukaan potilaan valinnanmahdollisuuksia on erityisen paljon tuettava juuri niissä tilanteissa, joissa hän on riippuvainen toisista.[199] Lauri Kuosmanen näkee tärkeänä pienenpienienkin valintojen mahdollistamisen, joiden avulla voidaan tukea potilaan valmiutta valintojen tekemiseen.[200]

Vuonna 2011 Lapin sairaanhoitopiirissä otettiin käyttöön psykiatrisen hoitotahdon laatimismahdollisuus, ja käytäntö on levinnyt ainakin Pirkanmaan sekä Helsingin ja Uudenmaan sairaanhoitopiireihin.[201] Psykiatrisessa hoitotahdossa voi ilmaista näkemyksensä ja toiveensa psykiatrista hoitoa koskien niissä tilanteissa, joissa tahdosta riippumattoman hoidon kriteerit täyttyvät eikä ihmisen ajatella olevan kykenevä sillä hetkellä päättämään hoidostaan. Psykiatrisessa hoitotahdossa voi selvittää esimerkiksi suhdettaan uskontoon ja uskonnon harjoittamiseen sekä lääkitystä koskevia toiveitaan. Haasteena kuitenkin on, että psykiatrisesta hoitotahdosta huolimatta lääkäri viime kä-

<hr>

[197]Välimäki 1998, 64–65.

[198]Widdershoven & Abma 2012.

[199]Nussbaum 2006, 189, 199.

[200]Kuosmanen 2009, 21–22.

[201]Meriläinen 2014.

dessä päättää, mikä on potilaan edun mukaista hoitoa.
Potilaan laatimasta psykiatrisesta hoitotahdosta voidaan myös poiketa, jos potilaan tahto on muuttunut,
henkilökunta arvelee hoitotahdon perustuvan potilaan
virheelliseen käsitykseen, sairauden luonne ja hoitoon
liittyvät seikat sitä vaativat tai kun mielenterveyslaki ohjaa välttämättömien pakkohoitotoimenpiteiden
toteuttamiseen.[202] Vaikka psykiatrinen hoitotahto voi
auttaa hyvän ja yksilöllisen hoidon toteuttamisessa ja
vaikka se ilmeisesti on auttanut välttämään pakkotoimenpiteitä[203], se ei kuitenkaan näytä ratkaisevan niitä
vaikeita tilanteita, joissa potilas haluaa kieltäytyä joistakin lääkärin välttämättömiksi arvioimista psykiatrisista hoitomenetelmistä tai peräti koko psykiatrisesta
hoidosta.[204]

Haasteena hullun leima

Psykiatrinen hoito ja siihen liittyvät haasteet ja mahdollisuuden ovat uskonnon- ja mielipiteenvapauden näkökulmasta jäävuoren huippu. Psykiatrinen hoito ei
ole omalakinen erillinen yhteiskunnan saareke, vaan se
hoitaa yhteiskunnassa ongelmallisiksi koettuja ihmisiä
ja heidän huolestuttavaksi, kiusalliseksi tai uhkaavaksi
koettua käyttäytymistään. Psykoosidiagnoosi perustuu pitkälti siihen, miten ihmisen todellisuusnäkemys
hahmottuu hänen sosiaalisessa ympäristössään. Kun
jotakuta pidetään siinä määrin kummajaisena, että
hänestä ollaan huolissaan, hänet ohjataan tai hän itse

---

[202]Ks. Psykiatrinen hoitotahto 2016.

[203]Ks. Meriläinen 2014.

[204]Ks. Ei pakkohoitoa, kiitos! 2017; Stenlund 2014a, 163–164.

hakeutuu psykiatrisen hoidon piiriin. Näyttää siis siitä, että psykiatrinen hoito ja yhteiskunta ovat kytköksissä toisiinsa. Näin ollen mielenterveydeltään järkkyneen ihmisen uskonnon- ja mielipiteenvapautta koskevat haasteet eivät rajoitu vain psykiatrisen hoidon piiriin, vaan niitä on laajemmin koko yhteiskunnassa.

Hullun leima sosiaalisissa yhteisöissä

On esitetty, että etenkin vakavien mielenterveysongelmien yhteydessä niihin liittyvä leimautuminen vaikuttaa ihmisen tulevaisuuteen enemmän kuin mielenterveysongelma sinänsä. Mielenterveyskuntoutujan voi olla vaikeaa saada äänensä kuuluviin. Erityisesti psykoottistasoiset mielenterveyden häiriöt vaikuttavat siihen, millaisessa roolissa ihminen on omissa sosiaalisissa yhteisöissään ja koko yhteiskunnassa.[205] Seurauksia voi olla myös uskonnon- ja mielipiteenvapauden alueella, mutta tutkimusta on hyvin vähän siitä, millaisia nuo seuraukset ovat.

On arvioitu, että mielenterveyskuntoutujien marginalisoituminen ja leimautuminen heikentää heidän integroitumistaan yhteiskuntaan.[206] Mielenterveysongelmista kärsivät esimerkiksi jättävät keskimääräistä enemmän äänestämättä vaaleissa. Hong Kongissa mielenterveyskuntoutujien poliittista aktiivisuutta tutkineiden Chan ja Chiun mukaan protestoiva yhteiskunnallinen aktiivisuus oli mielenterveyskuntoutujien keskuudessa keskimääräistä yleisempää, mutta tällainen

---

[205]Kuosmanen 2009, 11,15; Nussbaum 2006, 99–100, 191; Radden & Sadler 2010, 35; Stenlund 2017a, 284–288.

[206]Drew ym. 2005.

aktiivisuus ei kuitenkaan yhdistynyt äänestysaktiivisuuteen tai kansalaistunteen vahvistumiseen.[207]

Vakavista mielenterveysongelmista kärsivillä voi myös olla suurentunut riski riippuvuuteen perheenjäsenistä. Jos tuen tarve on suuri, voi henkilö joutua miettimään, missä määrin hänen tulee ottaa huomioon läheistensä näkemykset valintoja tehdessään. Joissakin tapauksissa läheisistään riippuvainen ihminen voi seurata heidän mielipiteitään ja uskomuksiaan sen sijaan, että harkitsisi valintojaan itse.[208] On arvioitu, että etenkin haavoittuvassa tilanteessa olevat ihmiset ovat erityisen alttiita toisten ihmisten vaikutuksille ja näin ollen myös erilaiselle riistolle, mikä osaltaan mahdollistaa hyväksikäytön myös erilaisissa ideologisissa ja uskonnollisissa yhteisöissä.[209] Toisaalta hyväksikäytön riskin kääntöpuolena on, että uskonnon- ja mielipiteenvapaus toteutuvat useimmiten jossakin yhteisössä, jonka osana henkilö voi harjoittaa uskontoaan tai toteuttaa poliittista näkemystään.

Toisinaan kuulee väitettävän, että ainakin kristillisten seurakuntien ja yhteisöjen toimintaan osallistuu suhteellisen paljon ihmisiä, joilla on mielenterveyden haasteita. Jos näin on, ei siitä voida päätellä, että uskonnollinen aktiivisuus olisi mielenterveyttä horjuttavaa, sillä tutkimusnäyttöä löytyy pikemminkin uskonnollisuuden ja keskimääräistä paremman hyvinvoinnin yhteyksistä. Terveyden ja uskon yhteyttä tutkinut Timo Teinonen myös huomauttaa, että kristillinen kirkko

---

[207]Chan & Chiu 2007; Denny & Doule 2007.

[208]Ks. esim. Fulford, Thornton & Graham 2006, 480, 554; Stenlund 2017a.

[209]Ks. Villa 2013; YK 1991, Principle 1:13.

on onnistunut tehtävässään, jos sen sanoman ja toiminnan piiriin hakeutuvat avun tarpeessa olevat.[210]

Uskonnon- ja mielipiteenvapauden kannalta on kuitenkin oleellista pohtia, miten uskonnollisissa ja ideologisissa yhteisöissä suhtaudutaan mielenterveydeltään järkkyneisiin ihmisiin. Tutkimustiedon puuttuessa aiheesta voi esittää lähinnä kokemustietoon perustuvia arvioita. Onko esimerkiksi niin, että ideologisissa ja uskonnollisissa yhteisöissä on tapana suhtautua "vähemmän vakavasti" sellaisiin mielipiteisiin ja kokemuksiin, joiden esittäjän tiedetään kärsivän mielenterveyden ongelmista? Vaikka ihmistä siedettäisiin yhteisössä ja vaikka häneen suhtauduttaisiin ymmärtäväisesti, ei hänen ajatuksiinsa kuitenkaan välttämättä suhtauduta samalla vakavuudella kuin muiden ihmisten näkemyksiin eikä hänen valintojaan välttämättä samalla tavalla tueta.[211]

Kuinka todennäköistä on, että uskonnollisissa ja ideologisissa yhteisöissä mukana olevat mielenterveyskuntoutujat ikään kuin jämähtävät "oudon ihmisen" rooliin, mikä voi ehkäistä muissa rooleissa toimimista? Missä määrin heidän on mahdollista olla aktiivisia toimijoita ja vastuunkantajia omissa yhteisöissään? Näiden kysymysten valossa voi pohtia myös sellaisia psykiatrisen hoidon käytäntöjä, jotka pyrkivät hillitsemään mielenterveyskuntoutujien uskonnollista ja ideologista aktiivisuutta. Suojellaanko psykiatrisessa hoidossa yhteiskuntaa erityisesti psykoottisten potilaiden

---

[210]Ks. Abu-Raiya & Pargament 2014; Teinonen 2007, 34–36, 130.

[211]Ks. Stenlund 2014a, 279–280. Kokemuksista uskonnollisista yhteisöistä, ks. esim. Wachter 2011.

aktiivisuudelta, jonka pelätään olevan kiusallista tai jopa vaarallista kanssaihmisille?[212]

Miten uskottavaa ja aktiivista toimijuutta voidaan tukea?

Uskonnon- ja mielipiteenvapauden käyttämiseen rohkaiseva ja valmiusmyönteinen yhteiskunta ei leimaa, kontrolloi tai kyykytä ihmistä, vaan pyrkii mahdollisuuksien mukaan lieventämään näiden vapauksien käytön esteitä ja vahvistamaan kunkin yhteiskunnan jäsenen valmiuksia omien arvojensa mukaisen elämän elämiseen.

Mitä tämä voisi tarkoittaa käytännössä erityisesti niiden ihmisten kannalta, jotka ovat läpikäyneet psyykkisiä kriisejä tai jotka elävät elämäänsä mielenterveyspalvelujen käyttäjinä? Yksi uskottavan ja aktiivisen toimijuuden mahdollistaminen liittyy mahdollisuuteen tehdä työtä. Erityisesti länsimaissa työelämään liittyy sellaisia mahdollisuuksia ja vaikutuksia, joista osalliseksi pääseminen voi parhaimmillaan vahvistaa ihmisten valmiuksia. Osa-aikaisen työnteon ja turvallisen perustulon yhdistelmä voi olla monien sellaisten mielenterveyskuntoutujien valmiuksia tukevaa, jotka eivät kykene täyspäiväiseen työhön, mutta joilla silti on osaamista ja halua käyttää asiantuntemustaan.[213] On myös mahdollista, että perustulon avulla voitaisiin vahvistaa osallisuutta kansalaisyhteiskunnassa, joka ei perustu niin merkittävästi yksilöiden palkkatyönä antamaan panokseen kuin nykyään.

---

[212]Ks. Stenlund 2017a.
[213]Ks. Stenlund 2014a, 281–282; 2017a.

Ilmainen kirjastojärjestelmä, kulttuuripalvelut ja erilaiset koulutusmahdollisuudet voivat niin ikään olla tukemassa erityisesti sellaisten ihmisten ajatteluun liittyviä valmiuksia, joiden tulotaso on alhainen. Valtio voi myös tukea taloudellisesti sellaisia työllistäjiä sekä kulttuuri- ja koulutuspalveluita tarjoavia toimijoita, jotka tarjoavat itsensä ja ammatillisen kehittämisen mahdollisuuksia erityisesti syrjäytymisvaarassa oleville mielenterveyskuntoutujille, ja näin ohjata eri toimijoita kehittämään myös väliinputoajaryhmille sopivia väyliä valmiuksiensa kehittämiseen. Myös mielenterveyden kokemusasiantuntijoiden osallistaminen tutkimuksen tekemiseen on yksi keino heidän valmiuksiensa tukemiseen, sillä siinä avautuu mahdollisuus paitsi vaikuttaa asioihin, myös oppia lisää erilaisista näkökulmista.[214]

Ajatteluvalmiuksien vahvistumisen kannalta tulisi myös selvittää, missä määrin valtio voisi tukea psykoterapiaa KELA-korvauksin muidenkin kuin niiden osalta, joiden kohdalla psykoterapian tärkeyttä voidaan perustella työ- ja opiskelukyvyn ylläpitämisellä tai palauttamisella. Nykylinjauksilla esimerkiksi työkyvyttömyyseläkkeellä olevat jäävät KELA:n tukeman psykoterapian ulkopuolelle, vaikka heillä voi olla yhtä lailla tai osittain enemmänkin tarvetta ajatustensa käsittelyyn kuin sellaisilla ihmisillä, jotka ovat työelämän piirissä.

Mielenterveyskuntoutujia voitaisiin myös rohkaista olemaan aktiivisia omissa uskonnollisissa ja ideologisissa yhteisöissään. Keskustelunavausten ja omien lahjojen käyttämisen kautta "mielenterveyskuntoutujien passiivisen kummajaisen rooliin" voi ehkä tulla jokin muutos, kun roolit monipuolistuvat ja käy ilmi, että

---

jokaisella yhteisön jäsenellä on toisia ja yhteistä hyvää edistävää annettavaa.

On myös huomattava, että osallisuus yhteisössä voi myös vahvistaa ihmisen mielenterveyttä.[215] Vaikka toisinaan erityisesti uskonnolliset yhteisöt nousevat otsikoihin hengellisen väkivallan ja muiden väärinkäytösten vuoksi, yhteisöjen avulla uskonnolliset näkemykset myös usein kehittyvät niin sanottuun terveempään suuntaan. Timo Teinonen arvioi, että niin sanottuun yksityiseen uskonnollisuuteen liittyy terveydellisiä riskejä, sillä ihmisen jumalakuva saa usein piirteitä ihmisen omista peloista ja syyllisyydentunnoista. Yksilön mielenterveyden kannalta vahingolliset uskonnolliset käsitykset saattavatkin ohjautua uskonnollisessa yhteisössä lempeämmiksi.[216]

Vaikka toisinaan asianmukainen psykiatrinen hoito estyy uskonnollisen yhteisön hengellistäessä yksilöiden mielenterveyden häiriöitä[217], näyttää myös siltä, että useimmiten uskonnolliset yhteisöt tukevat psykiatrisen hoidon vastaanottamista. Borras ym. tutkimuksessa kävi ilmi, että ne skitsofreniaa sairastaneet ihmiset, joiden uskonnollisuus toteutui jossakin uskonnollisessa yhteisössä, olivat hoitomyöntyväisimpiä psykiatrisen hoidon suhteen, kun taas sellaiset skitsofreniaa sairastavat, joiden uskonnollisuus toteutui yhteisöstä irrallaan, suhtautuivat myös psykiatriseen hoitoon kielteisimmin.[218]

Vaikka julkisissa keskusteluissa uskonnolliset yhteisöt esitettäisiinkin usein potentiaalisesti yksilöitä pai-

---

[215]Abu-Raiya & Pargament 2014; Stenlund 2014a, 281.

[216]Teinonen 2007, 149–150.

[217]Ks. esim. Villa 2013.

[218]Borras ym. 2007.

nostavina toimijoina, on asiassa siis toinenkin puoli: individualistinen uskonnollisuus on kenties vielä riskialttiimpaa.

Juridiikkaa vai etiikka?

Kun uskonnon- ja mielipiteenvapautta tarkastellaan valmiusteorian näkökulmasta, huomataan, että näitä ihmisoikeuksia vahvistaviksi tekijöiksi nousee tärkeitä asioita, joita on kuitenkin vaikeaa pitää sellaisina juridisina oikeuksina, joiden toteutumatta jäämisestä henkilö voisi haastaa jonkun oikeuteen. Tämä on valmiusteorian kannalta haaste sikäli, että juridisten ihmisoikeuksien vastapuolella täytyisi olla myös jonkun tahon juridisia velvollisuuksia. Onkin epäselvää, missä määrin valmiuksien tukemisessa on kyse ennemminkin eettisestä velvoitteesta kuin juridisesta ihmisoikeusasiasta.

Hyvää psykiatrista hoitoa on käytännössä vaikeaa taata juridiikan keinoin, vaikka räikeimpiä negatiiviseen vapauteen puuttuvia väärinkäytöksiä voidaankin suitsia. Se, että hoito on potilaan valmiuksia aidosti tukevaa, jää kuitenkin pitkälti etiikan piiriin kuuluvaksi asiaksi. Valtiolla voi periaatteessa olla yleisellä tasolla velvollisuus valmiuksia tukevan hoidon järjestämiseen ja stigmatisoinnin ennaltaehkäisyyn, mutta epäselvää on, milloin voidaan sanoa tällaisen juridisen velvollisuuden olevan riittävissä määrin hoidettu ja kuka ja ketkä ovat syyllisiä, jos hyvän hoidon toteutumatta jääminen on laajempien yhteisöjen yhteisellä vastuulla ja laajojen sosiaalisten ja yhteiskunnallisten rakenteiden tulosta.[219]

Näyttää myös siltä, että kun uskonnon- ja mielipiteenvapaus ymmärretään valmiuksien näkökulmasta, ei pystytä juurikaan esittämään selkeitä ja täsmällisiä toimintaohjeita, joita noudattamalla mielenterveydeltään järkkyneiden ihmisten oikeuksia voitaisiin tukea. Selkeiden toimintaohjeiden ja periaatteiden noudattamisen sijaan potilaan ihmisoikeusmyönteinen kohtelu tarkoittaa suhtautumistapaa, jossa potilasta lähestytään monella tapaa kykenevänä ja kehittyvänä ihmisenä, jonka valmiuksia voidaan hoidossa tukea. Paljon jää siis yksittäisissä tilanteissa harkittavaksi ja niin sanotulle harmaalle alueelle.

---

[219]Stenlund 2014a, 302–305; 2017a.

Kokemukseni ja näkemykseni uskonnon- ja mielipiteenvapaudesta

Kysymys uskonnon- ja mielipiteenvapaudesta vaivaa meitä silloin, kun olemme tekemisissä viranomaisten kanssa. Nuorimmaisella lapsista on ollut koulunkäyntiin liittyviä ongelmia. Toki meidän perheessä on ollut muutenkin ongelmia – masennusta, huutoa, väkivaltaisuutta, työttömyyttä ja sen tuomia pieniä tuloja. Jostain syystä sinä aikana, kun me olemme olleet perheellisiä, ei meillä kenelläkään ole ollut mitään diagnooseja. Itselläni diagnosoitiin parikymmentä vuotta sitten ennen lasten syntymää masennus ja syömishäiriö, ja miehelläni oli päihdeongelmia. Kävin tuolloin pari vuotta psykoterapiassakin, mutta koen, että ennen kaikkea nämä vuodet perheellisenä ovat olleet omalla kohdallani matkan tekoa kohti terveyttä, jonkinlaista hidasta voimaantumistrippiä. Toki meidän aikuisten tuska ja oireilu ovat heijastuneet myös lapsiin, toisaalta olemme siirtäneet heille myös geeniperimäämme ja tietynlaisia persoonallisuudenpiirteitä. Perheen kanssa olemme kiertäneet eri paikkakunnilla ja saaneet niissä erilaisilta viranomaisilta erilaisia apumuotoja perheneuvolasta, psykologeilta ja sosiaalityöntekijöiltä.

Yhteiskunta on maallinen, perheemme henkinen

Uskonnon- ja mielipiteenvapauteen liittyy se dilemma, että tämä yhteiskunta on tosi maallinen. Meidän perhe on uskonnoton – olen itse eronnut kirkosta 18-vuotiaana ja mieheni erosi siinä vaiheessa, kun menimme naimisiin. Lapsiamme ei siis ole kastettu. Maailmankuvani on kuitenkin paljon laajempi kuin vain maallinen, itse käytän sanaa henkinen. Omassa maailmankatsomuksessani on paljon new age -tyyppisiä asioita, jotka ovat toisaalta tuttuja monista muista vanhoista uskonnoista, mutta eivät kristinuskosta.

Muistan mielestäni ison määrän edellisiä elämiäni ja mietin usein tämän elämäni tapahtumia niiden valossa: kuinkahan tämä asia voisikaan johtua siitä ja siitä. Aistin myös erilaisia energioita ja energiakenttiä, niin kauniita kuin ikäviäkin, tosi herkällä tuntoaistillani. Toisaalta itselleni merkityksellisiä ovat enkelit ja henkioppaat, joiden kanssa koen tekeväni yhteistyötä joka päivä ja joilta saan hirmuisen paljon suojelusta, turvaa, apua, neuvoja, oivalluksia ja kumppanuuttakin – sellaista mitä koen, että en saa ihmisiltä, voin saada heiltä. Itse olen oppinut, että en pidä sitä omituisena. Ajattelen sen sijaan, että on luonnollista, että maan päällä on erilaisia henkiolentoja: toisilla niis-

tä on kehot ja toisilla ei. On myös luonnollista, että maan päällä on ihmistä viisaampia olentoja kuten enkelit. Olisi hullua ajatella, että ihminen on jonkinlainen luomakunnan kruunu. Tähän näkemykseen minua ovat opettaneet myös muut perheenjäseneni, sillä sekä mieheni että kaksi lapsistani näkevät kaikenlaisia olentoja, mitä ympärillä olevat ihmiset eivät noin yleisesti ottaen näe. Varsinkin alakouluikäisellä nuorimmaisella tämä on jokapäiväistä: hänen maailmansa tuntuu olevan hyvin paljon vielä yhteydessä ns. näkymättömään maailmaan.

Jos otamme oman näkökulmamme puheeksi, keskustelu tyssää siihen

Kun olemme käsitelleet psykologin ja sosiaalityöntekijän kanssa nuorimmaisemme koulunkäyntiin liittyviä vaikeuksia, nousee usein esiin mielipiteenvapauden näkökulma. Toki saamme sanoa mielipiteemme esimerkiksi siitä, millainen koulujärjestelmä on ja millaisia epäkohtia juuri lapsen koulussa on, mutta silloin itsellemme syntyy kokemus, että sanomallamme ei ole muuta merkitystä kuin se, että olemme hankalia vanhempia. Meille koulu näyttäytyy yhtenä osana tätä yhteiskuntaa ja näemme, että koulu, varsinkin tuo koulu, jossa lapsemme tällä hetkellä on, pyrkii vanhanaikaisin keinoin tekemään lapsista työntekijöitä yhteiskuntaan. Itse taas ajattelen, että koulun tarvitsisi lähteä enemmän lapsen omista lähtökohdista, mihin lapsella on kykyjä ja kiinnostusta. Niin yhteiskuntakin saisi aikuisia, jotka ammentaisivat nykyistä voimakkaammin heille annetuista ainutlaatuisista kyvyistä sen sijaan, että suorittaisivat sitä, mitä ulkopuolelta odotetaan.

Olemme mieheni kanssa huomanneet, että kun tämän näkökulman ottaa puheeksi joko koululla tai mielenterveyspalveluissa, niin keskustelu tyssää aina siihen – ja sitten vaihdetaan näkökulmaa. Itse kokisin, että lasten parhaaksi toimivat työntekijät voisivat tehdä yhteistyötä kunnan sisällä myös sillä tasolla, että he pyrkisivät luomaan moninaisempia koulunkäyntimahdollisuuksia tai lisäkouluttaisivat opettajia. Tällä hetkellä peruskoululuokkien vaihtoehtona näyttäytyy sairaalakoulu. Jos lapsemme saa sopivan diagnoosin, hän pääsee odottamaan paikkaa sairaalakouluun.

Itselleni tuo diagnosoiminen on suoraan sanoen turhake. En jaksa ymmärtää, miksi ihminen täytyy ensin diagnosoida, että hän voi saada apua. Meidänkin perheessä jokaiselle saisi varmasti jonkun diagnoosin. Ymmärrän, että joskus diagnoosi voi helpottaa sekä avun antajia että sitä, joka diagnoosin saa, jotta on helpompi elää sairautensa kanssa. Itselleni diagnoosit vain kertovat vähintään yhtä paljon kulttuurista kuin siitä yksilöstä, joka saa diagnoosin. Jos esimerkiksi asuisimme jollakin muulla paikkakunnalla, jossa olisi laajempi kirjo erilaisia koulunkäynnin mahdollisuuksia, voisiko lapsemme löytää itselleen koulun, jossa hän viihtyisi paremmin kuin normiperuskoulussa? Kenties häntä ei tarvitsisi koulunkäymisvaikeuksien johdosta diagnosoida lainkaan? Toki lapsi oireilee varmasti myös kotioloistamme johtuen, sillä meillä on ollut ja on hetkittäin yhä paljon huutoa ja haukkumista ja joskus mennään fyysisen väkivallan rajoilla.

Kuinka omia itsejämme voimme mielenterveyspalveluissa olla?

Toisaalta, jos yhteiskunta ja vallalla oleva kulttuuri antaisivat enemmän toiminnan mahdollisuuksia, tukea ja vapautta tällaisille meidän perheen kaltaisille herkille ja luoville ihmisille, emme todennäköisesti oireilisi näin paljon. Sitä näkökulmaa täytyisi saada enemmän esille yksilöiden syyllistämisen tai diagnosoinnin sijaan. Toki siitä puhutaan lehdissä ja tutkimuksissa, mutta käytännön avunsaamisen järjestelmät pyörivät vain yksilön tai perheen ympärillä, ja ovat kykenemättömiä vaikuttamaan sairastuttavaan ympäristöön.

En tiedä, minkä verran mielenterveyspalvelut voivat meidän perhettämme auttaa, sillä en tiedä, kuinka kokonaisia omia itsejämme voimme tuolla mielenterveyspalveluissa olla. Peläten pohdin, mitä voin kertoa ammattilaisille ilman, että kertomani johtaa kohti seuraavaa diagnoosia. Pelkään, että se, mikä on meille "laajaa maailmankuvaa", sitä että tulkitsen jonkun asian johtuvan edellisestä elämästä tai että maan päällä elää muitakin kuin ihmisolentoja, voi olla mielenterveyspalveluissa merkki skitsofreniasta tai jostakin muusta vakavasta. Toisaalta, missä menee raja, jolloin uskomuksiin ja kokemuksiin tarvitsisi puuttua? Esimerkiksi toinen lapsemme kuulee erilaisia ikäviäkin ohjeita, mitä hänen pitää tehdä – laskea pakkomielteisesti jotain, olla hengittämättä jonkin tietyn asian ajan ja niin edelleen. Mistä hakea lapselle apua ja missä vaiheessa, kun itsellä ei ole sellaista luottamusta mielenterveyshenkilöstöön, että tietäisi, miten he suhtautuvat äänien kuulemiseen? Hankalinta on juuri tuon nuorimmaisen lapsen kohdalla, joka näkee vaikka mitä mustia epämiel-

lyttäviä henkilöolentoja viipottamassa koulun käytävillä, ja osittain siksi pelkää käydä koulua. Lapsi ei kuitenkaan halua puhua noista olennoista kodin ulkopuolella ja on kieltänyt minuakin puhumasta. En voi kertoa asiasta psykologille rikkomatta lapsen luottamusta.

Olen miettinyt melko uhmakkaasti, mutta myös uskoen ja luottaen, että voisin tulla ulos kaapista ja kertoa omasta näkökulmastani avoimesti mielenterveyspalveluissa. Otan riskin, koska yleisesti ottaen haluan uskoa, että avoimuus ja rehellisyys palkitaan. Kyllä mielenterveyshenkilöstön on nykyaikana oltava jo valmis ottamaan vastaan erilaisia tapoja kokea ja aistia elämää. Tähän asti olen vain puhunut, että meidän perhe on "niin herkkiksiä", mutta en ole spesifimmin avannut, mitä kaikkea tuo herkkyys elämänkatsomuksen mukaan ja arkisessa elämässä tarkoittaa. Tietenkään en puhu avoimesti lasteni kokemuksista, jos he eivät anna lupaa, mutta omistani aion alkaa puhua häpeilemättä. Omassa elämässäni on aika aiempaa rohkeammin testata uskomusten vapautta: saako Suomessa nähdä maailman niin kuin näkee? Kuinka toimijuutta tulkitaan tai sallitaan ja kenelle: onko psykologilla, rehtorilla tai opettajalla siihen suurempi oikeus kuin minulla? Määritteleekö ihmisen ammatti sen, kuinka uskottava hänen maailmankatsomuksensa on? Kuka voi määritellä toisen ihmisen kohdalta hänen hyvin- tai pahoinvointinsa? Voiko lapsi todellisuudessa suojella omaa hyvinvointiaan sillä, ettei käy sitä koulua, johon hänet on määrätty, vaikka viranomaisten yhteisenä tavoitteena on saada lapsi takaisin samaan kouluun? Kenellä on oikeus tietää toisten puolesta? Kenellä?

Mari Stenlund

Arvoperustainen postpsykiatria oikeuksia turvaamassa?

Mihin suuntaan psykiatriaa tulisi kehittää, jotta se olisi entistä uskonnon- ja mielipiteenvapausmyönteisempää? Kuten tässä kirjassa on käynyt ilmi, mieleltään järkkyneiden ihmisten oikeuksien parantamiseen ei juurikaan ole olemassa yksiselitteisiä toimintaohjeita. Asioista ollaan toisinaan hyvinkin kiivaasti eri mieltä.

Erimielisyyksiä voivat herättää ensinnäkin erilaisten ihmisten erilaiset uskonnolliset ja poliittisten näkemykset. Toiseksi erimielisyyttä on siitä, mitä uskonnon- ja mielipiteenvapauteen kuuluu ja miten sitä tulisi turvata suhteessa muihin oikeuksiin. Kolmanneksi on erimielisyyttä siitä, mistä psykiatriassa on kysymys ja onko siitä mieleltään järkkyneille ihmisille hyötyä vain pääasiassa vain haittaa. Neljäs erimielisyys koskee mieleltään järkkyneitä ihmisiä: onko heitä pohjimmiltaan edes olemassa vai onko psykiatrisissa diagnooseissa kyse vain vallankäytöstä, jolla osa ihmisistä painetaan alas leimaamalla heidät hulluiksi? Erimielisyyttä on siis paljon.

Yhteiskunnallisia erimielisyyksiä on pyritty tyypillisesti ratkomaan kansalaiskeskustelulla ja demokratialla. Uskonnonvapaus ja mielipiteenvapaus on määritelty liberaalin demokraattisen yhteiskunnan ydinoikeuksiksi.[220] Myös psykiatrista hoitoa on pyritty kehittämään demokraattisempaan suuntaan, jossa erilaisille mielipiteille ja vaikutusmahdollisuuksille olisi entistä enemmän tilaa ja suoranaista tilausta. Näitä erityisesti mielenterveyspalvelujen käyttäjien näkemyksiä arvostavia liikkeitä ovat esimerkiksi toipumisorientaatioliike (eng. Recovery Movement)[221], moniääniset (eng. Hearing Voices)[222], avoimen dialogin malli[223], mielenterveyspalveluja käyttävän asiakkuutta korostava malli (eng. consumer model[224]) ja kokemusasiantuntijuutta palvelujen kehittämisessä ja tutkimuksen teossa korostava lähestymistapa[225].

Voidaan myös puhua psykiatrian ja antipsykiatrian vastakkainasettelun ylittävästä "postpsykiatriasta[226]" tai "arvoperustaisesta psykiatriasta[227]" (eng. Values-

---

[220]Rainey, Wicks & Ovey 2014, 411, 435.

[221]Ks. esim. Coleman & Taylor 2012; Kankaanpää & Kurki 2013; Korkeila 2017; Romme ym. 2009.

[222]Ks. esim. Dillon & Longden 2012; Romme & Escher 1999; Suomen Moniääniset ry.

[223]Ks. esim. Seikkula & Alakare 2004; 2012.

[224]Ks. esim. Hickey & Kipping 1998, 84–85; Radden & Sadler 2010, 21–22, 31–32, 38–39.

[225]Ks. esim. Falk ym. 2013; Hyväri & Rissanen 2014; Kokemustoimijaverkosto.fi; KoKoA – Koulutetut Kokemusasiantuntijat ry; Wallcraft ym. 2009.

[226]Ks. Bracken & Thomas 2005.

[227]Ks. Fulford 2014; Fulford, Thornton & Graham 2006, 521, 586–608; Fulford & Wallcraft 2009.

based Practice), jossa korostetaan psykiatrian niin
kuin kaiken muunkin lääketieteellisen toiminnan pe-
rimmäistä arvosidonnaisuutta. Näyttää siltä kuin tä-
lainen demokraattisempaa psykiatriaa korostava lii-
kehdintä muodostaisi ikään kuin kimpun, jonka rajat
psykiatriaan ja antipsykiatriaan ovat päällekkäiset (ks.
alla oleva kuva[228]) ja joka voi toimia niin kriitikkona
psykiatriaa ja antipsykiatriaa kohtaan kuin välittäjänä
niiden välillä.

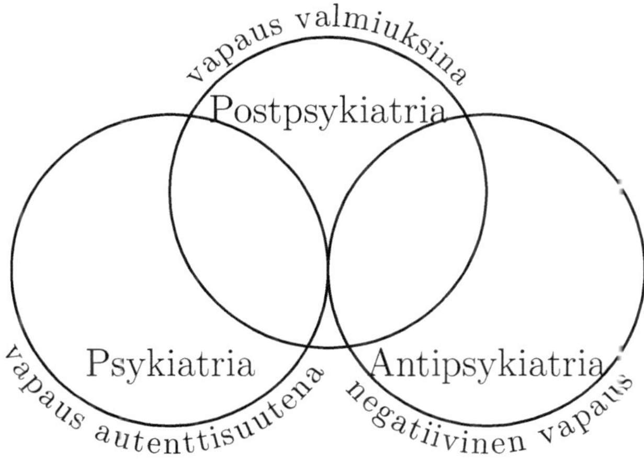

Kuva 2: Psykiatria, antipsykiatria ja postpsykiatria

Psykiatrian, antipsykiatrian ja postpsykiatrian kim-
put sisältävät kukin keskenään erilaisia lähestymista-
poja ja korostuksia. Lisäksi postpsykiatrian voidaan
katsoa olevan päällekkäinen kimppu sekä psykiatrian
kimpun että antipsykiatrian kimpun kanssa. Rajanve-

---

[228]Kuvan ideoinnissa ja koostamisessa on käytetty Karoliina ja
Jose Maanmielen toistaiseksi julkaisemattomassa artikkelissa
tekemää hahmotelmaa kovan psykiatrian, pehmeän psykiat-
rian ja antipsykiatrian erilaisista lähestymistavoista.

dot näiden kimppujen välillä ovat siis hyvin karkeat. Kärjistäen voidaan kuitenkin sanoa, että eri kimpuissa korostetaan erilaisia vapauskäsityksiä, ja näihin erilaisiin vapauskäsityksiin liittyy erilaisia uhkia.

Siinä missä psykiatrisessa kimpussa on korostus, jonka mukaan mielenterveysongelmat ovat ihmisen uskonnon- ja mielipiteenvapautta rajoittavia ja hoidolla kuriin laitettavia "vihollisia", antipsykiatriassa tuo vapauden vihollinen on erityisesti psykiatrinen pakkohoito, joka puuttuu ihmisen toimintaan tunkeutuen jopa hänen mielensä sisälle. Psykiatrian kimppuun sisältyvä vapauskäsitys on siis ensisijaisesti autenttisuutta korostava, kun taas antipsykiatrisen kimpun vapauskäsitys on pääasiassa negatiivinen.[229]

Autenttisuutta korostavassa näkemyksessä paternalistiset toimet voidaan nähdä viime kädessä vapauttavina, mutta laajentuessaan paternalistiset toimet ja paternalistinen ajattelutapa voivat johtaa totalitaristisiin järjestelmiin, jotka ovat vapauden irvikuvia. Antipsykiatrisessa suuntauksessa vallalla oleva negatiivinen vapauskäsitys käy puolestaan käsi kädessä sellaisen valtiollisen järjestelmän kanssa, jossa lain vastaisesti toimivat tuomitaan rikollisina, eikä heidän psyykkiseen pahoinvointiinsa liittyviä lieventäviä asianhaaroja tunnisteta saati hoideta. Äärimmillään antipsykiatrinen kimppu voi kytkeytyä myös anarkismiin, jossa heikommat jäävät vahvempien jalkoihin. Silloinkin vapaus muuttuu irvikuvakseen.

---

[229]Negatiivinen vapauskäsitys vaikuttaa toki myös psykiatrian kimpussa. Psykiatrian ja antipsykiatrian kimpuissa ollaan karkeasti ottaen eri mieltä siitä, onko psykiatrisiin potilaisiin kohdistettu paternalismi toisinaan oikeutettua.

Tällaiset erottelut ja vastakkainasettelut ovat kärjistettyjä, mutta auttavat osaltaan hahmottamaan, mihin postpsykiatrista "kimppua" ja valmiusteorian mukaisesti hahmoteltua vapauskäsitystä tarvitaan. Niiden merkitys on niiden mahdollisuudessa kyseenalaistaa ja laajentaa käsityksiä niin vapaudesta kuin psykiatriastakin. Parhaimmillaan postpsykiatrinen kimppu tuokin psykiatriaan demokraattisempaa otetta, jossa mielenterveyspalvelujen käyttäjien näkemykset ja tavoitteet vaikuttavat entistä enemmän siihen, millaisia hoitokäytännöt ovat ja millaisia hoitomahdollisuuksia on ylipäätään tarjolla.

Postpsykiatrian kimppu ja valmiusteorian mukainen uskonnon- ja mielipiteenvapauskäsitys kohtaavat myös oman haasteensa: epäselvyyden ja relativismin uhkan. Suhtautuessaan avoimesti hyvin erilaisiin kokemuksiin ja näkemyksiin, voidaan päätyä "kaikki käy" -ajattelutapaan. Jos jotain halutaan muuttaa, on kutenkin tehtävä konkreettisia valintoja niistä suunnista, joihin edetään, ettei demokraattisemman psykiatrian kehittäminen jää vain maalailevien puheiden ja mitään muuttamattoman kritiikin tasolle.

Ihmisiä, joiden mielenterveys on järkkynyt, on myös jossain määrin suojeltava pahalta ja tähdättävä heidän hyväänsä joskus ohi senkin, mitä he itse toivovat Toisinaan mielenterveyspalvelujen käyttäjien toimintaan on syytä puuttua siksikin, että toiset palveluiden käyttäjät kokevat toiminnan uhkaavaksi. Onkin huomattava, että "kaikki käy" -ajattelutavan sijaan myös postpsykiatrisessa kimpussa on käsityksiä toipumisesta, hyvinvoinnista ja oikeanlaisesta vapaudesta, ja oikeastaan hyvä niin.[230] Nämä postpsykiatriseen kimppuun sisä-

---

[230]Ks. Stenlund 2017b.

tyvät käsitykset näyttävät kuitenkin sallivan enemmän moninaisuutta ja yksilökohtaista vaihtelua kuin tiukat psykiatriset ja antipsykiatriset käsitykset.

Mieleltään järkkyneiden ihmisten uskonnon- ja mielipiteenvapaus on haaste, jonka käsittelyyn tarvitaan erilaisten vastakkainasettelujen ja mielipide-erojen kanssa toimeen tulevia välineitä. Näyttää siltä, että tällaisia välineitä on kehitetty erityisesti postpsykiatrisessa kimpussa, johon myös arvoperustaisen psykiatrian näkökulmat kuuluvat.

Arvoperustaisen psykiatrian lähestymistapaa on kehitetty Isossa Britanniassa psykiatrian filosofian asiantuntijoiden, mielenterveyspalvelujen käyttäjien sekä mielenterveystyössä työskentelevien kesken. Arvoperustaisen psykiatrian teoriasta ja käytännöistä on kirjoittanut erityisen paljon Bill Fulford. Arvoperustaisen psykiatrian keskeinen periaate on, että psykiatria, kuten muukin lääketiede, on pohjimmiltaan arvosidonnaista. Arvosidonnaisuutta on kuitenkin erityisen vaikeaa tunnistaa silloin, kun ihmiset ovat keskenään samaa mieltä. Silloin kuvitellaan herkästi, että ollaan tekemisissä arvoneutraaleiden asioiden kanssa, vaikka näin ei olisikaan. Arvot tunnistetaan paremmin silloin, kun syntyy konflikteja, ja niitä esiintyy muuta lääketiedettä enemmän juuri psykiatrian alueella. Koska ihmisten arvot eroavat toisistaan, tarvitaan erityisesti psykiatriassa välineitä erilaisten hyväkäsitysten kanssa toimeen tulemiseen. Arvoperustaista psykiatriaa onkin verrattu demokratiaan, jossa lähtökohtana on arvojen moninaisuus ja jossa oikeaa lopputulosta tärkeämpänä pidetään oikeaa prosessia, jonka kautta päätöksiä tehdään.[231]

Fulford ja Fulford ym. ovat listanneet arvoperustaisen psykiatrian käytäntöjä, joiden avulla erilaiset arvot huomioon ottava prosessi toteutuu. Ensinnäkin on tärkeää, että päätöksentekijät tulevat tietoisiksi erilaisista henkilökohtaisista eettisistä, esteettisistä, taloudellisista ja tiedollisista arvoista, jotka päätöksenteossa vaikuttavat.[232] Tässä prosessissa mielenterveystyöntekijöille voi käydä ilmi, että monet arvot, joita he pitivät jaettuina, ovatkin itse asiassa heidän omia henkilökohtaisia arvojaan eivätkä välttämättä sellaisia, joita palvelujen käyttäjät korostavat.[233]

Toiseksi arvoperustaisen psykiatrian käytäntöjen kannalta on tärkeää, että päätöksiä tehdään yleisten periaatteiden noudattamisen sijaan yksittäisissä tilanteissa.[234] Arvoperustaisessa psykiatriassa ei kuvitella, että hyvät päätökset syntyvät valmiita eettisiä periaatteita noudattamalla, jotka ikään kuin ennalta määrittävät oikean lopputuloksen. Arvoperustaisessa psykiatriassa ollaan sen sijaan kunkin yksittäisen mielenterveyden palvelujen käyttäjän kohdalla valmiita prosessiin, jossa hyödynnetään niin eettistä harkintaa kuin saatavilla olevaa tietoakin, jotta päästään selville, mitä arvoja jaetaan ja mistä vallitsee erimielisyyttä.[235] Lähtökohtana tässä prosessissa ovat ennen kaikkea mielenterveyspalveluja käyttävän arvot,

---

[231]Fulford 2014, 11; Fulford, Thornton & Graham 2006, 519–523; Thornton 2011.

[232]Fulford 2014, 4; Fulford, Thornton & Graham 2006, 521; Fulford & Wallcraft 2009, 38–39.

[233]Fulford 2014, 6–7.

[234]Fulford 2014, 4.

[235]Fulford 2014, 7.

mutta myös eri tieteenaloja edustavat ammattilaiset (mukaan lukien eetikot, filosofit ja juristit) tuovat keskusteluun omat arvonsa, joista käydään keskustelua. Fulford korostaa viestintätaitojen tärkeyttä tässä prosessissa, jossa etsitään yhdessä tasapainoista ratkaisua kussakin yksittäisessä tilanteessa.[236]

Fulford korostaa, ettei arvoperustainen psykiatria ole psykiatriaa, jossa "kaikki käy", sillä laajasti jaetut arvot muodostavat raamit, joiden sisällä päätöksiä tehdään.[237] Näyttääkin siltä, että arvoperusteisen psykiatrian käytäntöjä voitaisiin hyvin yhdistää valmiusteorian mukaiseen käsitykseen uskonnon- ja mielipiteenvapaudesta. Ehkäpä juuri arvoperusteisten käytäntöjen kautta voidaan edistää mielenterveydeltään järkkyneen ihmisen valmiuksia ajatella, muodostaa käsitystään hyvistä ja tavoiteltavista asioista sekä tehdä omien arvojensa mukaisia valintoja. Kun mielenterveystyön ammattilaiset ovat mukana arvoperustaisen psykiatrian käytännöissä, myös heidän valmiutensa eettiseen harkintaan kasvavat. Ehkäpä myös taidot uskonnollisten ja poliittisten kiistakysymysten käsittelyyn karttuvat niin, että tabut karisevat ja entistä avoimempi keskustelu myös vaikeiksi koetuista aiheista tulee mahdolliseksi.[238]

Arvoperustainen postpsykiatria ja sen käytännöt toteutuvat jo siellä täällä jossakin muodossa, eikä vastakkainasettelu psykiatrian ja arvoperustaisen postpsykiatrian välillä olekaan mielekäs. On jopa kysytty, tarjoavatko arvoperustaisen psykiatrian käytännöt pohjimmiltaan uusia välineitä vai tarjotaanko lähes-

---

[236]Fulford 2014, 12–13.
[237]Fulford 2014, 12–13.
[238]Ks Stenlund 2017.

tymistavassa "samoja vanhoja ideoita" uudessa paketissa.[239] Haasteena arvoperusteisessa psykiatriassa niin kuin monissa muissakin postpsykiatrian kimppuun kuuluvissa suuntauksissa on niiden jossain määrin teoreettinen luonne yhdistettynä niiden peräänkuuluttamaan yksilöllisyyden korostukseen. Näiden haasteiden vuoksi psykiatrisen hoidon kehittäjät voivat jäädä ihmettelemään, mitä käytännössä pitäisi tehdä toisin ja millaisiin konkreettisiin kokeiluihin olisi syytä ryhtyä.

Ehkäpä arvoperustaisen postpsykiatrian lähestymistavat voivat kuitenkin omalta osaltaan ohjata näkemään hyviä käytäntöjä ja päämääriä, joissa mielenterveyden häiriön oireiden sijaan korostuu ihmisen elämän laatu ja "harhojen" sijaan se, mitä kykyjä ja mahdollisuuksia ihmisellä uskomisen ja ajattelun alueella on. Voisiko arvoperustainen psykiatria peräti mahdollistaa erimielisyyksien käsittelemisen niin, että edistämme oikeuksia emmekä vastakkainasetteluja?

---

[239]Ks. Gupta 2014.

Kirjallisuus

Abu-Raiya, H. & Pargament, K.I. 2014. On the links between religion and health: what has empirical research taught us? – M. Cobb, C.M. Puchalsk & E. Rumbold (eds.), Oxford Textbook of Spirituality in Healthcare. New York: Oxford University Press. 333–339.

Ala-aho, Sirkka; Hakko, Helinä & Saarento, Outi 2003. Vastentahtoisten eristämisten vähentäminen psykiatrisella osastolla. – Duodecim 2003;119(20):1969–1975.

Anonyymi l. Joni 2017. Pakkovalta mietityttää. – Mielioikeudet.net. Luettu 29.11.2017. https://mielioikeudet. net/verkosto/2017/11/10/pakkovalta-mietityttaa/.

"Antero" 2013. Kaksi kuolemaa kirjailijaksi. – Amu Korvenniemi (toim.) Toisen maailman kartalla: kirjotuksia psykoosista. Helsinki: ntamo. 151–177.

Beauchamp, Tom L. & Childress, James F. 1989 Principles of Biomedical Ethics. New York & Oxford: Oxford University Press.

Beltran, Susana 2005. The International Protection of Human Rights versus Groups Employing Psychological

Manipulation. The International Journal of Human Rights 2005;9(3):285–305.

Berlin, Isaiah 2005. Liberty. Ed. Henry Hardy. Oxford: Oxford University Press.

Bolton, Derek & Banner, Natalie 2012. Does Mental Disorder involve loss of personal autonomy? – Autonomy and Mental Disorder. Ed. Lubomira Radoilska. International Perspectives in Philosophy and Psychiatry. Oxford: Oxford University Press. 77–99.

Borras, L.; et al. 2007. Religious beliefs in schizophrenia: Their relevance for adherence to treatment. Schizophrenia Bulletin, 33(5). 1238–1246.

Bortolotti, Lisa 2010. Delusions and other irrational beliefs. International Perspectives in Philosophy and Psychiatry. Oxford: Oxford University Press.

Bracken, Patrick & Thomas, Philip 2005. Postpsychiatry. Mental health in a postmodern world. Oxford: Oxford University Press.

Brison, Susan J. 1998. The Autonomy Defence of Free Speech. - Ethics, vol. 108. 312–339.

Chan, K.K.L., & Chiu, M.Y.L. 2007. The politics of citizenship formation: Political participation of mental health service users in Hong Kong. Asian Journal of Social Sciences, 35. 195–215.

Chodoff, Paul 2009. The abuse of psychiatry.
– Psychiatric ethics. Fourth edition. Ed. Sidney Bloch & Stephen A. Green. Oxford: Oxford University Press. 99–110.

Cialdini, Robert B. 2009. Influence: Science and Practice. Pearson International Edition. Fifth Edition. Boston: Pearson.

Coleman, Ron & Taylor, Karen 2012. The process of recovery and the implications for working with psychosis. – Psychosis as a Personal Crisis An Experience-based Approach. Ed. Marius Romme & Sandra Escher. London & New York: Routledge. 37–44.

Dawkins, Richard 2007 (2006). The God Delusion. London: Black Swan.

Denny, K.J., & Doyle, O.M. 2007. "Take up thy bed, and vote." Measuring the relationship between voting behaviour and indicators of health. European Journal of Public Health, 17(4). 400–401.

Dillon, Jacqui & Longden, Eleanor 2012. Hearing voices groups. Creating safe spaces to sahe taboo experiences. – Psychosis as a Personal Crisis. An Experience-based Approach. Ed. Marius Romme & Sandra Escher. London & New York: Routledge. 129–139.

Drew, N., Funk, M., Pathare, S., & Swartz, L. 2005. Mental health and human rights. – In H. Herrman, S. Saxena, & R. Moodie (Eds.) Promoting mental health. H. Herrman, S. Saxena, & R. Moodie (eds). Geneva, Switzerland: WHO. 81–88.

DSM-IV-TR 2000. Diagnostic and Statistical Manual of Mental Disorders. Fourth edition. Text revision. Washington D.C.: American Psychiatric Association.

DSM-V. Diagnostic and Statistical Manual of Mental Disorders 2013. Fifth edition, Washington D.C. & London: American Psychiatric Publishing.

Dworkin, Ronald 1985. A Matter of Principle. Cambridge and London: Harvard University Press.

Edwards, Rem B. 1997. Mental Health as Rational Autonomy. – Ethics of Psychiatry. Insanity, Rational Autonomy, and Mental Health Care. Ed. Rem B. Edwards. New York: Prometheus Books. 50–62.

Ei pakkohoitoa, kiitos! Mielioikeudet.net-verkoston jäsenen kirjoitus 26.9.2017. Mielioikeudet.net. Luettu 8.12.2017. https://mielioikeudet.net/verkosto/2017/09/26/ei-pakkohoitoa-kiitos/.

Erler, Alexandre & Hope, Tony 2014. Mental Disorder and the Concept of Authenticity. Philosophy, Psychiatry, & Psychology, 2014;21(3):219–232.

Euroopan neuvosto 2004. Recommendation no. Rec(2004)10 of the Committee of Ministers to member States concerning the protection of the human rights and dignity of persons with mental disorder and its Explanatory Memorandum. Luettu 7.12.2017. https://www.coe.int/t/dg3/healthbioethic/Activities/08_Psychiatry_and_human_rights_en/Rec%282004%2910%20EM%20E.pdf.

Evans, Carolyn 2001. Freedom of Religion under the ECHR. Oxford Echr series. Oxford: Oxford University Press.

Falk, Hanna ym. 2013. Kuntoutujasta toimijaksi – kokemus asiantuntijuudeksi. Työpaperi. Terveyden ja hyvinvoinnin laitos. Toim. Falk ym. s. 10–11. Luettu 4.12.2017. https://www.julkari.fi/bitstream/handle/10024/110670/URN_ISBN_978-952-302-028-3 pdf? sequence=1.

Feinberg, Joel 1973. Social Philosophy. Foundations of Philosophy Series. New Jersey: Prentice Hall.

Ford, M.D. 1980. The psychiatrist's double bind: The right to refuse medication. American Journal of Psychiatry, 137(3), 332.

Foucault, Michel 2005 (1961). Madness and Civilization. London and New York: Routledge.

Fulford, K.W.M. (Bill) 2014. Values-based practice: the facts. – Debates in Values-Based Practice. Arguments For and Against. Ed. Michael Loughlin. Cambridge: Cabridge University Press. 3–19.

Fulford, KWM (Bill) 2009. Values, Science and Psychiatry. – Psychiatric ethics. Fourth edition. Ed. Sidney Bloch & Stephen A. Green. Oxford: Oxford University Press. 61–84.

Fulford, K.W.M. (Bill) & Radoilska, Lubomira 2012. Three challenges from delusion for theories of autonomy. – Autonomy and Mental Disorder. Ed. Lubomira Radoilska. International Perspectives in Philosophy and Psychiatry. Oxford: Oxford University Press. 44–74.

Fulford, KWM (Bill); Thornton, Tim, & Graham, George 2006. Oxford Textbook of Philosophy and Psychiatry. Oxford: Oxford University Press.

Fulford KWM (Bill) & Wallcraft Jan 2009. Values-Based Practice and Service User Involvement in Mental Health Research. In Amering M et al, eds. Handbook of Service User Involvement in Mental Health Research. Hoboken: Wiley. 37–60.

Furman, Ben 2017. Prof. Isometsän Lääkärilehdessä julkaiseman artikkelin kritiikki. Luettu 8.12.2017. http://www.benfurman.com/blog/2017/10/08/770/.

Gallagher, Shaun 2009. Delusional realities.
– Psychiatry as cognitive neuroscience. Philosophical perspectives. Ed. Broome & Bortolotti. Oxford: Oxford University Press. 245–266.

Gillett, Grant 2012. How do I learn to be me again? Autonomy, life skills, and identity. – Autonomy and Mental Disorder. Ed. Lubomira Radoilska. International Perspectives in Philosophy and Psychiatry. Oxford: Oxford University Press. 233–251.

Glover, Jonathan 2003. Towards Humanism in Psychiatry, The Tanner Lectures on Human Values (Princeton University, February 12-14, 2003). Luettu 5.12.2017. http://tannerlectures.utah.edu/_documents/a-to-z/g/glover_2003.pdf.

Gosden, Richard 1997. Shrinking the freedom of thought: How involuntary psychiatric treatment violates basic human rights. Monitors: Journal of Human Rights and Technology, 1997; vol.1, Feb. Luettu 5.12.2017. http://web.archive.org/web/20030603222242/http://www.hri.ca/doccentre/docs/gosden.shtml.

Guignon, Charles 2004. On Being Authentic. Thinking in Action. London and New York: Routledge.

Gupta, Mona 2014. Values-based practice: a new tool or a new package? – Debates in Values-Based Practice. Arguments For and Against. Ed. Michael Loughlin. Cambridge: Cabridge University Press. 85–95.

Gutheil, Thomas G 1980. In Search of True Freedom: Drug Refusal, Involuntary Medication, and "Rotting with Your Rights On". – American Journal of Psychiatry, vol. 137, no. 3. 327–328.

Gøtzsche, Peter C. 2016. Tappava psykiatria ja lääkinnän harha. Kerava: Sitruuna Kustannus.

Hale, AS & Pinninti NR 1994. Exorcism-resistant ghost possession treated with Clopenthixol. - British Journal of Psychiatry, vol. 165, no. Sep. 1994. 386–388.

Hamilton, Andy 2007. Against the belief model of delusion. – Reconceiving Schizophrenia. Ed. Chung, Fulford & Graham. International Perspectives in Philcscphy and Psychiatry. Oxford: Oxford University Press. 217–234.

Heinimaa, Markus 2008. The grammar of psychosis. Turun yliopiston julkaisuja. Diss. Turku: Turun yliopisto.

Hickey, Gary & Kipping, Cheryl 1998. Exploring the concept of user involvement in mental health through a participation continuum. – Journal of Clinical Nursing, vol. 7. 83–88.

Holroyd, Jules 2012. Clarifying capacity: value and reasons. – Autonomy and Mental Disorder. Ed. Lubomira Radoilska. International Perspectives in

Philosophy and Psychiatry. Oxford: Oxford University Press. 145–169.

Hopper, Kim & Lincoln, Alisa 2009. Capacity-building. – Handbook of Service User Involvement in Mental Health Research, ed. J. Wallcraft, B. Schrank & M. Amering. Chichester: John Wiley & Sons, 73–86.

Hulluna Suomessa – ja vähän muuallakin: Etusivu. Luettu 25.9.2018. https://madinfinland.org/.

Hulluna Suomessa – ja vähän muuallakin: Parhaat linkit. Luettu 25.9.2018. https://madinfinland.org/parhaat-linkit/.

Huttunen, Matti 2016. Psyykenlääkkeet. 17.10.2016. Duodecim Terveyskirjasto. Luettu 21.11.2017. http://www.terveyskirjasto.fi/terveyskirjasto/tk.koti?p_artikkeli=dlk00412.

Hyväri, Susanna & Rissanen, Päivi 2014. Kuntoutujien kokemustutkimuksen menetelmät. Sosiaalilääketieteellinen aikakauslehti 2014:51;289–300.

ICD-10 1992. Classification of Mental and Behavioural Disorders. Clinical descriptions and diagnostic guidelines. World Health Organization. Luettu 11.4.2016. www.who.int/classifications/icd/en/bluebook.pdf.

ICCPR 1966. International Covenant on Civil and Political Rights. Luettu 7.12.2017. https://treaties.un.org/doc/publication/unts/volume%20999/volume-999-i-14668-english.pdf.

Iija, Aulikki ym. 1996. Mielenterveystyön perusteet hoitotyössä. Helsinki: Kirjayhtymä.

Iso-Koivisto, Eeva 2004. "Pois sieltä, ylös, takaisin" – ensimmäinen psykoosi kokemuksena. Diss, Turun yliopisto.

Isometsä, Erkki 2017. Peter Gøtzsche ja "tappava psykiatria". Blogikirjoitus 9.3.2017. Suomen Psykiatriyhdistys. Luettu 8.12.2017. http://www.psy.fi/blogit/peter_gotzsche_ja_tappava_psykiatria.798.blog

Jackson, Mike & Fulford, K. W. M. 1997. Spiritual Experience and Psychopathology. – Philosophy, Psychiatry, & Psychology, vol. 4.1. 41–65.

Jepsen, Peter W. 2011. Mental Disease Models. Lecture in Ethical Aspects of Mental Health. The Nordic Committee on Bioethics. Conference at the House of Science and Letters in Helsinki 31.10 – 1.11.2011. Luettu 23.4.2013. http://ncbio.org/nordisk/arkiv/jepsen2.pdf.

Kaaro, Jani 2018. Miten masennuksesta leivottiin kaikkien aikojen bisnes? Rapport.fi. 16.9.2018. Luettu 25.9.2018. https://www.rapport.fi/journalistit/jani-kaaro/miten-masennuksesta-leivottiin-kaikkien-aikojen-bisnes.

Kader, Linda & Pantelis, Christos 2009. Ethical aspects of drug treatment. – Psychiatric Ethics. Fourth Edition. Ed.Sidney Bloch and Stephen A. Green. Oxford: Oxford University Press. 339–365.

Kaihovaara, Riikka (toim.) 2014. Mehiläisen kuntoutusjohtaja Aku Kopakkala irtisanottu. 3.16.2014. Yle, MOT. Luettu 8.12.2017. https://yle.fi/aihe/artikkeli/2014/06/03/mehilaisen-kuntoutusjohtaja-aku-kopakkala-irtisanottu

Kaltiala-Heino, RK; Korkeila J; Tuohimäki C; Tuori T & Lehtinen V 2000. Coercion and restrictions in psychiatric inpatient treatment. European Psychiatry 2000;15(3):213–219.

Kaltiala-Heino, Riittakerttu 1995. Involuntary psychiatry hospitalization. A Comparison of Voluntarily and Involuntarily Admitted Psychotic Patient's, their Experiences of and Attitude to Coercion in Psychiatry. Acta Universitatis Tamperensis ser A, vol. 466. University of Tampere. Diss. Tampere.

Kankaanpää, Sini & Kurki, Marjo 2013. 1.1. Recovery-ajattelu. – Kuntoutujasta toimijaksi – kokemus asiantuntijuudeksi. Työpaperi. Terveyden ja hyvinvoinnin laitos. Toim. Falk ym. s. 10–11. Luettu 4.12.2017. https://www.julkari.fi/bitstream/handle/10024/110670/URN_ISBN_978-952-302-028-3.pdf?sequence=1.

Kapur, Sihtij 2003. Psychosis as a State of Aberrant Salience: A Framework Linking Biology, Phenomenology, and Pharmacology in Schizophrenia. American Journal of Psychiatry 2003;160(1):13–23.

Karapuu, Heikki 1999. Perusoikeuksien tausta ja yleinen sisältö (luvut 1.1-1.3.). – Perusoikeudet. Toim. Hallberg et al. Oikeuden perusteokset. Helsinki: WSLT. 61–86.

Karlsson, Hasse 2006. Psykiatria ja neurotiede.
– Ajattelen. Olen siis Psykiatri. Toim. Jyrki Korkeila, Markus Heinimaa & Tanja Svirskis. Helsinki: Duodecim. 30–37.

Kokemustoimijaverkosto.fi. Luettu 13.12.2017. http://www.kokemuskoulutus.fi/kokemuskoulutus/.

KoKoA – Koulutetut Kokemusasiantuntijat ry. Luettu 4.12.2017. http://www.kokemusasiantuntijat.fi/.

Kopakkala, Aku 2015. Masennus. Suuri serotoniinihuijaus. Helsinki: Basam Books.

Korkeila, Jyrki 2017. Toipumisorientaation paluu. Lääkärilehti, tiedepääkirjoitus 49/2017, vsk 72 s. 2865. Luettu 11.12.2017. https://www.laakarilehti.fi/ajassa/paakirjoitukset-tiede/toipumisorientaation-paluu/.

Krautsuk, Satu (toim.) 2016. Älypuhelinten käyttö vapautui psykiatrisilla osastoilla – seuraus: Holtitonta törsäystä ja muiden potilaiden salakuvausta Yle.fi 11.3.2016. Luettu 8.12.2017. https://yle.fi/uutiset/3-8731519.

Kuosmanen, Lauri 2009. Personal Liberty in Psychiatric Care – Towards Service User Involvement. Turun yliopiston julkaisuja, Sarja D: 841. Diss, Turun yliopisto.

Laing, R.D. 1971. Kokemisen politiikka ja paratiisin lintu. Original: The Politics of Experience and The Bird of Paradise (1967). Helsinki: Otava.

Lammenranta, Markus 2006 (1993). Tietoteoria. Helsinki: Gaudeamus.

Lauerma, Hannu 2014. Hyvän kääntöpuoli. Helsinki: WSOY.

Littlewood, Roland 1997. Commentary on "Spiritual Experience and Psychopathology". – Philosophy, Psychiatry, & Psychology, vol 4.1. 67–73.

"Lotta" 2013. Synnyinkö šamaaniksi vai onko minulla mielenterveysongelma? – Anu Korvenniemi (toim.)

Toisen maailman kartalla: kirjoituksia psykoosista. Helsinki: ntamo. 13–26.

Lysaker, Paul & Lysaker, John 2008. Schizophrenia and the Fate of the Self. New York: Oxford University Press.

Lönnqvist, Jouko 2014. Mielenterveyden häiriöiden diagnostiikka ja luokittelu. –Psykiatria. Toim. Lönnqvist et al. Helsinki: Duodecim. 57–87.

Lönnqvist, Jouko, Moring, Juha & Henriksson, Markus 2014. Hoitoon ohjaaminen. –Psykiatria. Toim. Lönnqvist, Jouko et al. Helsinki: Duodecim.

Malin, Tuula (toim.) 2017. Psykiatrian professori Lääkäriliiton varoituksen saaneelle kollegalle: "Korruptiosyytökset loanheittoa". Suomen Kuvalehti. Luettu 8.12.2017.
https://suomenkuvalehti.fi/jutut/kotimaa/psykiatrian-professori-laakariliiton-varoituksen-saaneelle-kollegalle-korruptiosyytokset-loanheittoa/.

McKay et al 2005. "Sleights of mind": Delusions, defenses, and self-deception. – Cognitive Neuropsychiatry, vol. 10, no. 4. 305–326.

Meriluoto, Taina 2018. Miksi kokemusasiantuntijat ovat asiantuntijoita? Ilmiö. Sosiologinen media kaikille. 28.5.2018. Luettu 27.9.2018. https://ilmiomedia.fi/artikkelit/miksi-kokemusasiantuntijat-ovat-asiantuntijoita/

Meriläinen, Ulla (toim.) 2014. Psykiatrinen hoitotahto välittää potilaan toiveet lääkäreille ja läheisille. Yle 12.3.2014. Luettu 6.8.2018. https://yle.fi/uutiset/3-7131340

Mielenterveyslaki 1116/1990, 2001/1423.

Nasar, S. 1998. A beautiful mind. London: Faber and Faber Limited.

Nousiainen, Anu (toim.) 2010. Valitut. - Helsingin Sanomien Kuukausiliite, joulukuu 2010, no. 464. 46–58.

Nowak, Manfred 1993. U.N. Covenant on civil and political rights. CCPR commentary. Kehl and Strasbourg: N.P Engel Publisher.

Nussbaum, Martha C. 2011. Creating Capabilities. The Human Development Approach. Cambridge, Massachusetts, London: The Belknap Press of Harvard University Press.

Nussbaum, Martha C. 2006. Frontiers of Justice. Disability, Nationality, Species Membership. Cambridge, Massachusetts, London: The Belknap Press of Harvard University Press.

Ojanen, Tuomas & Scheinin, Martin 2011. Uskonnon ja omantunnon vapaus (PL11§). – Perusoikeudet. Toim. Hallberg et al. Oikeuden perusteokset. Helsinki: WSOYpro. 413–458.

Ora, Janne 2017. Pahan pauloissa. Psykologi 1/2017, 14–19.

Oshana, Marina 2007. Autonomy and the Question of Authenticity. – Social Theory & Practice, vol. 33, issue 3. 411–429.

Pakaslahti, Antti 2006. Kolme transkulttuurista vinjettiä hengistä ja psykiatriasta. - Ajattelen – olen siis psykiatri. Toim. Korkeila, Jyrki et al. Helsinki: Duodecim. 38–69.

Partonen, Timo & Lönnqvist, Jouko 2014. Psykiatrian käsitteitä. – Psykiatria. Toim. Lönnqvist et al. Helsinki: Duodecim. 866–874.

Partch KJ 1981. Freedom of conscience and expression, and political freedoms. – The international bill of rights. The covenant on civil and political rights. Ed. Henkin L. New York: Columbia University Press. 209–245.

Perkins, Rachel & Parimala, Moodley 1993. The arrogance of insight? – Psychiatric Bulletin, vol 17, no. 4. 233–234.

Perusoikeuskomitean mietintö 1992. Komiteamietintö 1992:3. Valtion painatuskeskus.

"Pirkko" 2013. Oma huone. – Anu Korvenniemi (toim.) Toisen maailman kartalla: kirjoituksia psykoosista. Helsinki: ntamo. 53–89.

PL 11.6.1999/731. Suomen perustuslaki. Luettu 7.12.2017. https://www.finlex.fi/fi/laki/ajantasa/1999/19990731.

Psykiatrinen hoitotahto 2016. Luettu 21.2.2018. http://mtkl.fi/wp-content/uploads/2016/11/Psykiatrinen-hoitotahto-2016.pdf.

Puhakainen, Jyri 2000. Persoonan puolustaja. Lauri Rauhala ihmistutkimuksen pioneerina. Helsinki: Like.

Puhakainen, Jyri 1999. Persoonan kieltäjät. Ihmisen vapaus ja vastuu aivotutkimuksen ja lääketieteen puristuksessa. Helsinki: Like.

Pälve, Heikki 2017. Lääkäriliitto antaa julkisen varoituksen epäkollegiaalisesta käytöksestä. Lääkäriliitto

23.11.2017. Luettu 8.12.2017. https://www.laakariliitto.fi/uutiset/blogi/laakariliitto-antaa-julkisen-varoituksen-epakollegiaalisesta-kaytoksesta/.

Radden, Jennifer 2011. On delusion. London and New York: Routledge.

Radden, Jennifer & Sadler, John 2010. The Virtuous Psychiatrist. Character Ethics in Psychiatric Practice. New York: Oxford University Press.

Rainey, Bernadette; Wicks, Elizabeth & Ovey, Clare 2014. Jacobs, White & Ovey. The European Convention on Human Rights. Sixth Edition. Oxford: Oxford University Press.

Rauhala, Lauri 1992. Humanistinen psykologia. Helsinki: Yliopistopaino.

Rhodes, John & Gipps, Richard G.T. 2008. Delusions, Certainty, and the Background. – Philosophy, Psychiatry, & Psychology, vol. 15, no. 4. 295–310.

Ristin Johannes 2004. Pimeä yö. Helsinki: Kirjapaja.

Roberts, Glenn 1991. Delusional Belief Systems and Meaning in Life: A Preferred Reality? - British Journal of Psychiatry, vol. 159, suppl. 14. 19–28.

Romme, Marius ym. 2009. The Disease Concept of Hearing Voices and Its Harmful Aspects. – Living with Voices. 50 stories of recovery. Herefordshire: PCCS Books. 23–38.

Romme, Marius & Escher, Sandra 2010. Making Sense of Voices. A guide for mental health professionals working with voice-hearers. London: Mind Publications.

Sadler, John. Z. 2005. Values and psychiatric diagnosis. New York: Oxford University Press.

Sass, Louis Arnorsson 1994. The Paradoxes of Delusion. Wittgenstein, Schreber, and the Schizophrenic Mind. Ithaca and London: Cornell University Press.

Seikkula, Jaakko & Alakare, Birgitta 2012. Open dialogues with patients with psychosis and their families. – Psychosis as a Personal Crisis. An Experience-based Approach. Ed. Marius Romme & Sandra Escher. London & New York: Routledge. 116–128.

Seikkula, Jaakko & Alakare, Birgitta 2004. Avoin dialogi: vaihtoehtoinen näkökulma psykiatrisessa hoitojärjestelmässä. Duodecim 2004;120:289–96.

Sen, Amartya 2009. The Idea of Justice. London: Allen Lane.

Sen, Amartya 1999. Development as Freedom. Oxford & New York: Oxford University Press.

Siirala, Martti 1960a. Mielisairaan kohtaamisesta. – Elämän ykseys. Kirj. Aarne ja Martti Siirala. Helsinki: WSOY. 51–74.

Siirala, Martti 1960b. Olemmeko mieleltämme terveitä? – Elämän ykseys. Kirj. Aarne ja Martti Siirala. Helsinki: WSOY. 93–102.

Sims, Andrew 1997. Commentary on "Spiritual Experience and Psychopathology". Philosophy, Psychiatry, & Psychology 1997;4(1):79–81.

Sosiaali- ja terveysministeriö 2009. Vaihtoehtohoitojen sääntelyn tarve. Vaihtoehtohoitoja koskevan lainsäädännön tarpeita selvittäneen työryhmän raporti. Sosiaali- ja terveysministeriön selvityksiä 2009:17. Luettu 7.7.2016. https://julkari.fi/bitstream/handle/10024/112500/URN%3aNBN%3afi-fe201504225671.pdf?sequence=1

Stanghellini, Giovanni 2004. Disembodied spirits and deanimated bodies. The psychopathology of common sense. Oxford: Oxford university Press.

Stenlund, Mari 2013. Is there a right to hold a delusion? Delusions as a Challenge for Human Rights Discussion. Ethical Theory and Moral Practice, 2013;16(4): 829–843.

Stenlund, Mari 2014a. Freedom of delusion. Interdisciplinary views concerning freedom of belief and opinion meet the individual with psychosis. Teologisen etiikan ja sosiaalietiikan väitöskirja. Helsingin yliopisto. Luettu 5.12.2017. http://urn.fi/URN:ISBN:978-952-10-9747-8.

Stenlund, Mari 2014b. Mielipiteenvapaus kuuluu myös psykiatriaan. Suomen lääkärilehti 69, 50 – 52; 3433–3434.

Stenlund, Mari 2017a. The freedom of belief and opinion of people with psychosis: The viewpoint of the capabilities approach. – International Journal of Mental Health. 2017, vol. 46, no. 1, 18–37.

Stenlund, Mari 2017b. Promoting the freedom of thought of mental health service users: Nussbaum's capabilities approach meets values-based practice. – Journal of Medical Ethics. Online first, 2017 Aug 9.

Stenlund, Mari 2017c. Hyvän mielen jumala. Lääketieteellinen aikakauskirja Duodecim 2017;133, 2209–2213.

Stenlund, Mari 2018. Vastavuoroisuus sosiaalietiikan tutkimuksessa: kokemusperustainen käsiteanalyysi tutkimusmetodina. Teologinen aikakauskirja 2/2018, 135–149.

Stenlund, Mari ja mielenterveyden kokemusasiantuntijoiden konsulttiryhmä 2017. Uskonnolliset menetelmät ja lähtökohdat suomalaisessa mielenterveystyössä. Diakonian tutkimus 2/2017, 8–42.

Stenlund, Mari & Slotte, Pamela 2018. Forum Internum Revisited. Considering the Absolute Core of Freedom of Belief and Opinion in Terms of Negative Liberty, Authenticity, and Capability. – Human Rights Review. First Online 12 June 2018. Luettu 25.9.2018. https://link.springer.com/article/10.1007/s12142-018-0512-8.

Suomen Moniääniset ry. Luettu 4.12.2017. http://www.moniaaniset.fi/.

Suvisaari, Jaana ym. 2014. Skitsofrenia ja muut psykoosit. – Psykiatria. Toim. Lönnqvist et al. Helsinki: Duodecim. 136–220.

Swinton, John 2001. Spirituality and Mental Health Care: Rediscovering a 'Forgotten' Dimension. London and Philadelphia: Jessica Kingsley Publishers.

Szasz, Thomas 2008. Psychiatry – The science of lies. New York: Syracuse University Press.

Szasz, Thomas S. 1990. Law and psychiatry: The problems that will not go away. – The Journal of Mind and Behaviour, vol. 11, no. 3. 557-564.

Szasz, Thomas S. 1979. The theology of medicine. The political-philosophical foundations of medical ethics. Oxford: Oxford University Press.

Szasz, Thomas S. 1972. The myth of mental illness. Foundations of a theory of personal conduct. London: Paladin.

Tahzib, Bahiyyih G. 1996. Freedom of Religion or Belief. Ensuring Effective International Legal Protection. International Studies in Human Rights. Volume 44. Hague: Martinus Nijhoff Publishers.

Talvitie, Vesa 2017. Psykoterapia ja elämänongelmien medikalisointi – kuka, miksi ja kuinka. Psykoterapia 2017, 36(3).

Talvitie, Vesa & Skoglund, Risto 2010. Selittääkö biologinen psykiatria oireet tieteellisemmin kuin psykologinen? Duodecim 2010;126:49–54.

Teinonen, Timo 2007. Terveys ja usko. Helsinki: Kirjapaja.

Thornton, Tim 2011. Radical liberal values-based practice. Journal of Evaluation in Clinical Practice 2011;17(5):988–991.

Uskonnot.fi: Maitobaari. Luettu 7.12.2017. http://www.uskonnot.fi/yhteisot/view.php?orgId=1086.

Vaillant, George E. 2003. Mental Health. – American Journal of Psychiatry, vol. 160, no. 8. 1373–1384.

Valvira 2015. Potilaan tietotekniset laitteet psykiatrisissa yksiköissä. Muistio 9.10.2015. Luettu 8.12.2017. http://www.valvira.fi/documents/14444/414583/Potilaan%2Btietotekniset%2Blaitteet%2Bpsykiatrisissa%2Byksik%25C3%25B6iss%25C3%25A4/ae557309-d49e-4bdb-bc01-ad6a1e760676.

Villa, Janne 2013. Hengellinen väkivalta. Helsinki: Kirjapaja.

"Ville" 2013. Tuntematon sotilas. – Anu Korvenniemi (toim.) Toisen maailman kartalla: kirjoituksia psykoosista. Helsinki: ntamo. 27–52.

Välimäki, M. 1998. Psychiatric patients' views on the concept of self-determination: findings from a descriptive study. Journal of Clinical Nursing, 7(1). 59–66.

Wachter, J. 2011. A mental health patient seeks (but does not find) religious community. Communities, 150. 44–45.

Wagner, Luciane C. & King, Michael 2005. Existential needs of people with psychotic disorders in Pôrto Alegre, Brazil. – The British Journal of Psychiatry, vol. 186. 141–145.

Wallcraft, Jan; Schrank, Beate; Amering, Michaela 2009. Handbook of Service User Involvement in Mental Health Research. Hoboken: Wiley.

Whitaker, Robert 2016. The Case Against Antipsychotics. A Review of Their Long-term Effects. Mad in America. Luettu 5.12.2017. https://www.madinamerica.com/wp-content/uploads/2016/07/The-Case-Against-Antipsychotics.pdf.

WHO 2005. WHO Resource Book on Mental Health, Human Rights and Legislation. Luettu 30.10.2018. https://ec.europa.eu/health/sites/health/files/mental_ health/docs/who_resource_book_en.pdf.

Widdershoven, G.A.M., & Abma, T.A. 2012. Autonomy, dialogue, and practical autonomy. – Autonomy and mental disorder. Ed. L. Radoilska. Oxford: Oxford University Press. 217–232.

Wikipedia: Anders Behring Breivik. Luettu 7.12.2017. https://fi.wikipedia.org/wiki/Anders_Behring_Breivik.

Wikström, Owe 2002. Häikäisevä pimeys. Näkökulmia hengelliseen ohjaukseen. Helsinki: Kirjapaja.

YK 1991. Principles for the protection of persons with mental illness and the improvement of mental health care, A/RES/46/119, 75th plenary meeting, 17 December 1991. Luettu 7.12.2017. http://www.who. int/mental_health/policy/en/UN_Resolution_on_ protection_of_persons_with_mental_illness.pdf.

Zimbardo, Philip 2007. The Lucifer Effect. How good people turn evil. London–Sydney–Auckland– Johannesburg: Rider.

AF295238

Kustantaja: BoD – Books on Demand, Helsinki, Suomi

BoD – Books on Demand, Norderstedt, Saksa

ISBN: 978-952-80-0429-5

Luku 1 Terra Antiqua

Sinä päivänä meidän oli tarkoitus aloittaa parin viikon mittainen retkemme Terra Antiquan asumattomiin metsiin, äärelle hiljentyneiden lampien ja tienpiennarten. Aluetta kutsuttiin Terra Antiquaksi virallisissa tutkimusraporteissa, asiakirjoissa ja dokumenttielokuvissa. Me tunsimme sen paremmin "Kehämuurin ulkopuolisena alueena" tai tuttavallisemmin pelkkänä metsänä. Latinankielinen nimi, Terra Antiqua, tarkoittaa muinaista maata, mutta sekään ei varsinaisesti kuvannut aluetta millään tavalla. Me tiesimme siitä niin kovin vähän – tai niin minä ainakin luulin.

Huokaisin ja katsoin vieressäni istuvaa Fransia. Poika oli kuin muissa maailmoissa ja jotenkin kiusaantuneen oloinen. Tätä oli jatkunut jo jonkin aikaa. Vielä kuukausi sitten Frans olisi hymyillyt minulle ja ottanut minut kainaloonsa. Nyt poika käänsi katseensa ikkunaan ja tuijotti jonnekin kaukaisuuteen sanomatta mitään. Samassa kuulin Sanin kätkättävän naurun bussin etuosasta.

Sani kompuroi laukkujen ja jalkojen yli ääntäni kohti. Tummanvioletti tukka heilahteli puolelta toiselle ja ruskeat silmät hymyilivät.
- Äh, Inna oliks sun pakko varata mulle paikka just tästä! Sani puuskahti kärsivän näköisenä huomatessaan käytävän toisella puolella istuvan Amidin, mutta heitti sitten rinkkansa matkatavarakasaan ja istui alas. Vilkaisimme Sanin kanssa toisiamme ja tiesin, että sama innostus ja jännitys paistoi myös omilta kasvoiltani.

Tätä päivää oli odotettu hartaasti. Muistin ne loputtomilta tuntuvat bioteknologian tunnit hiusvoiteiden ja kemikaalien tuoksuisessa luokassa. Lähes jokaisen tunnin alussa maikka oli muistuttanut ekskursiostamme himmeän siniutuisten ikkuna-lasien sisällä. Aluksi mitään muurin ulkopuolisia eläviä orgaaneja ei ollut tietenkään saanut tuoda luokkahuoneen sisälle, mutta se seikka oli muuttunut, kun lähtijöiden ryhmä oli lopullisesti päätetty. Meitä oli rokotettu pitkin talvea erilaisilla rokotteilla hienosäädetyn rokotusohjelman mukaisesti. Osa meistä oli sairastanut vesirokon tai kahaloyskän lievemmän version. Itse olin onneksi selviytynyt parilla kuumeisella päivällä H7N23-rokotteen jälkeen.

Olin käynyt Kehämuurin toisella puolella pari kertaa alemmin, mutta vain aivan lyhyitä ajeluita turvallisesti bussin seinien ja panssari-ikkunaisten lasien takana. Muurin toisella puolella kaikki oli hirvittävän vihreää ja eloisaa. Jokainen kolo tuntui kihisevän jonkinlaista liikettä. Se kaikki oli ollut samalla kamalan pelottavaa ja toisaalta myös järjettömän kaunista ja kiehtovaa. Silloin päätin, että jonain päivänä pääsisin Kehämuurin toiselle puolelle ja bussista ulos. Nyt se päivä oli tullut.

Käännyin katsomaan Fransia, joka nojasi päätään ikkunaan ja vaikutti väsyneeltä. Katselin pojan mustia kiharoita hiuksia ja pitkiä ripsiä. Kaulan maitokahvin värisessä ihossa näkyi pienen pieni valkoisempi kuoppa vesirokon jäljiltä. Olin juuri aikeissa kysyä jotain, kun ohjaajan kimittävä ääni kajahti kaiuttimista. Franskin säpsähti ja käänsi katseensa edessä olevan penkin selkänojaan avautuvaan nestekidenäyttöön. Hetken aikaa linnunnenäinen ohjaaja honotti jotain opettavaisesta videon-pätkästä, joka meidän ilmeisesti olisi ihan pakko katsoa matkalla. Joku kysyi, kauanko video kestäisi. Sen jälkeen ohjaajan punehtuneet kasvot katosivat näytöltä. Frans huokaisi raskaasti vieressäni, kun kuvat alkoivat vilistää edessämme.

Se oli jokin vanha dokumentti ydinvoimalaonnettomuudesta sadan vuoden takaa 2010-luvulta. En jaksanut keskittyä kunnolla, mutta oletin videolla puhuttavan kielen olevan japania. Ensin näytettiin kuvia maanjäristyksistä ja hyökyaallosta. Seuraavassa hetkessä näytöllä jo näkyikin lauta- ja sementtilohkareista koostuvia kasoja. Sitten näytön valtasivat ilmasta kuvatut videonpätkät suurista ydinvoimaloista, jotka hehkuivat punaisina. Betonimöhkäleiden liepeillä näkyi pienen pieni joki tai purontapainen, joka näytti virtaavan voimalan uumenista suoraan sinisenä vellovaan mereen. Minulle tuli epämiellyttävä olo. Vologdan voimalan possahdettua Venäjällä vuonna 2034 kukaan ei tietenkään enää järkyttynyt vastaavista kuvista jossain toisella puolen maapalloa, mutta silti hitaasti valuva näennäisen vaaraton vesi toi mieleeni limaisen käärmeen, joka odotti vain tilaisuutta iskeä. Päätin lähteä vessaan, vaikka todennäköisesti video olisi jatkunut opettavaisena dokumenttina siitä, kuinka suojaudutaan säteilyltä ääriolosuhteissa, eli Kehämuurin ulkopuolella.

Vessassa katselin itseäni peilistä. Juurikasvu puski taas

näkyviin tummanruskeaksi värjättyjen hiusten tyvestä. Äidin mukaan minusta olisi pitänyt tulla ruskeatukkainen, niin he olivat isän kanssa valinneet, mutta jotain oli ilmeisesti mennyt pieleen. Hymähdin mielessäni, kun muistelin, mitä kaikkea muuta kyseinen firma oli aikoinaan sössinyt. En halunnut ajatella sitä. Seitsemänteentoista ikävuoteeni mennessä olin pääasiassa oppinut hyväksymään puutteeni. En edes muistanut, miltä luonnollinen hiusvärini näytti, mutta sen ainakin tiesin, että se oli kiusallisen paljon vaaleampi kuin erikoispitkäkestoinen Camóne-hiusvärini. Vaalea väri ei ollut vieläkään muodissa, vaikkei juuri kukaan enää uskonutkaan siihen syntymäni aikaan vallinneeseen käsitykseen, että vaaleat värit jollain tavalla imivät ydinsäteilyä enemmän itseensä kuin tummat.

Komusin pois vessasta ja suuntasin kohti paikkaani. Hidastin kulkuani, kun näin Sanin istuvan Fransin vieressä paikallani ja hihittävän hermostuneesti. Franskin oli herännyt eloon ja huitoi käsillään selittäessään jotain hänelle. Tismalleen samalla Frans oli näyttänyt puoli vuotta sitten, kun ensimmäisen kerran tapasimme jossain Kallion kytyisessä kahvilassa. Siitä asti olin ollut lääpälläni poikaan ja ainakin aluksi tunne oli ollut molemminpuolinen. Muistin kuumat suudelmat biokemian luokan suojavaatevarastossa ja sen, miten Frans oli vitsaillut jotain suojaseksistä suojavaatteet päällä. Niin pitkälle emme kuitenkaan olleet ehtineet – ei vaatteet päällä eikä ilman, ei silloin eikä myöhemminkään.

Änkesin mököttävän Amidin viereen bussin keinahdellessa verkkaisesti eteenpäin. Seinän tummanvihreä mattapinta imi valon itseensä synkentäen koko tilan. Sani ja Frans eivät huomanneet minua, tai eivät ainakaan noteeranneet tuloani mitenkään. Kaivoin laukustani tunteita tasaavan tabletin ja heitin sen suuhuni. Loppumatkan istuin hiljaa tuijottaen nestekidenäyttöä muka kiinnostuneena, vaikkei minulla todellisuudessa ollut hajuakaan siitä, mitä näytöllä tapahtui. Sanin nauru raivostutti ja pari kertaa hän kääntyi minun puoleeni kysymään jotain täysin yhdentekevää. Murahtelin vastauksia ja olin kiitollinen, kun Amid alkoi avautua jostain viimeaikaisesta ongelmastaan. Ihmisiä ei kuulemma voinut ymmärtää. Olin samaa mieltä. En käsittänyt Sanin toimintaa ja oma lamaantunut nököttämiseni raivostutti.

Luku 2 Muurin takainen metsä

Ohjeiden ja suojavarusteiden jako tuntui kestävän iku_suuden, vaikka kaikki sanottu oli kuultu talven aikana jo ainakin biljoona kertaa ja varusteiden käyttöä oli opeteltu huolella. Kärttyisä mielialani hälveni, kun vihdoin pääsimme bussista. Ulkona tuoksui vihreältä, vaikka edessä häämöttävä harmaa tutkimusasema sorapihoineen ei ollutkaan aivan sitä, mitä olin kuvitellut. Rakennuksen takana kirkaslehtiset koivut kuitenkin huojuivat tuulessa. Aito tuuli – sitä en ollut montaa kertaa eläissäni tuntenut. Ilmastoinnin ja tuulettimien puhallus Kallion laatikoissa, yhdyskäytävissä ja jopa keskustan toriaukiolla oli tunkkaista ja haisi suodattimien metalliosilta. Tämä tuuli oli raikas ja tuntui salpaavan hengityksen. Emme nähneet lintuja tai oravia, mutta tutkimusaseman sisältä pujahtaneen lyhyen keski-ikäisen miehen mukaan niidenkin aika tulisi.

Keskipäivään mennessä olimme jo sorapolulla talsimassa. Katselimme kaikki silmät suurina molemmin puolin polkua kohoavia puita, sieltä täältä pilkistäviä pikkuruisia valkoisia kukkasia ja puolukanvarpuja sekä maahan pudonneita käpyjä. Mihinkään ei missään tapauksessa saanut koskea, vaikka mieli tekikin. Kengät olivat raskaat paksun eristepohjan vuoksi. Huomasin kaikkien hengittävän liikkumisesta huolimatta varovaisesti ja niin tein itsekin. Ilma oli varmasti sakeanaan meille vieraiden vaarallisten tautien itiöitä, säteilyä ja erilaisia hiukkasia. Niin ainakin oli helppo kuvitella.

Noin kilometrin päässä polku haarautui ja opas selitti oikeanpuoleisen haaran johtavan tutkimusviljelmille. Jatkoimme eteenpäin vasemmanpuoleista polkua ja pian saavuimme vihreänä kimmeltävän järven rantaan. Mitään niin kaunista en ollut koskaan nähnyt. Aurinko sädehti rauhoittavasti veden pinnasta ja lähempänä rantaa sen väri muuttui turkoosiksi. Ensimmäisinä rantaan ehtineet kiljahtelivat innostuneina pienen kalan potkaistessa hätäisesti pakoon tungettelijoilta.

Vietimme rannalla koko iltapäivän. Ohjaaja poimi luonnosta turvakäsineillään erilaisia kasveja ja jopa kiviä ja esitteli meille niitä maailmanomistajan elkein ärsyttävä luennoitsijan ääni innosta kohoillen. Kuuntelimme kiltisti, mutta monikaan meistä ei taatusti jaksanut keskittyä kunnolla. Istuin Fransin vieressä metallipenkillä ja vilkuilin poikaa huomaamatta. Kerran huomasin hänen tuijottavan kiinteästi piirin toisella puolella istuvaa Saniaa, joka töni vaivihkaa Amidia irti itsestään ja yritti keskittyä asiaan. Hirveä lehmä! Olin aina pitänyt Sania diivana, mutta en pahalla tavalla. Minusta oli hauska katsella, miten hän pyöritti sormiensa ympärille kenet vain halusi. Sanin porukassa minäkin olin usein tuntenut itseni jos ei nyt ihan bileiden kuningattareksi, niin vähintäänkin ensimmäiseksi perintöprinsessaksi.

Hieman ennen lähtöämme ohjaaja lainasi meille kumikinttaat, jotka kädessä saimme käydä etsimässä yhden kasvin tai muun mielenkiintoisen luontokappaleen huomiselle oppitunnille. Hajaannuimme lähiympäristöön viiden hengen ryhmissä. Kävelin määrätietoisesti rantavedessä etsien katseellani jotain sellaista, mitä ohjaaja ei ollut jo esitellyt. Frans kulki aluksi edelläni, mutta jatkoi sitten matkaansa, kun pysähdyin tutkimaan näkinkenkää.
- Odota hetki, pyysin, mutta Frans paineli jo kauempana, samoin muu ryhmäni Sani mukaan lukien. Menkööt sitten.

Kaivoin taskustani muovipussin ja sujautin näkinkengän sinne. Näin uskalsin viedä kasvoni aivan lähelle kauniin valkoisena hohtavaa täydellisen muotoista luomusta. Kuulin oikealta puoleltani muiden ryhmäläisten jalkojen alla katkeilevien risujen ääniä ja vaimeaa puhetta sieltä täältä. En halunnut palata vielä rannalle, vaan jatkoin kulkuani, vaikka rantaheinikko kasvoi täällä korkeampana ja tuuheampana. Pian saavuin kohtaan, jossa metsä yhtyi järveen. Koivujen upeat valkoiset rungot vilahtelivat pienempien mäntyjen ja leppien lomassa. Mietin, kuinka syvälle metsään voisi tunkeutua koskematta kasvoillaan puiden oksiin. Oikealla puolellani seisoi myös rykelmä kitukasvuisia pajuja. Kiersin pajukon metsän puolelta ja pysähdyin niille sijoilleni. Noin viiden metrin päässä pajukon keskellä suurten harmaiden voikukkien lempeässä syleilyssä seisoi Frans, joka piteli tummilla vahvoilla käsillään Sanin vaaleana hohtavaa poskea ja suuteli tyttöä suulle kiirettä pitämättä.

Tuijotin näkyä ja olisin halunnut sukeltaa takaisin sinne mistä olin tullut, mutten voinut. Jos kyseessä olisivat olleet jotkut muut kuin paras kaverini ja poikakaverini, näky olisi ollut romanttisin koskaan näkemäni. Nyt lamaannuin paikalleni tuijottamaan heitä epäuskon vallassa. Pitkän tovin jälkeen Frans irrotti otteensa Sanista ja huomasi varmaan kirkkaankeltaisen hupparini, koska kääntyi katsomaan minua. Fransin tummissa silmissä ei näkynyt ripaustakaan katumuksesta ja "anna mun selittää" -aikomuksesta. Ne näyttivät yhtä aikaa raukean omahyväisiltä ja tyytyväisiltä. Perkeleen perkele! Käännyin vihaisesti ympäri ja lähdin talsimaan risukossa mahdollisimman nopeasti mahdollisimman kauas. En halunnut nähdä Sanin ilmettä, mutta tiesin katsomattakin sen vääristyvän valheellisen anteeksipyytelevään virneeseen. Olin nähnyt sen monta kertaa aiemminkin, muttei koskaan kohdistettuna minuun itseeni. Sani huusi jotain perääni, mutta en saanut sanoista selvää. Tarvoin eteenpäin välittämättä siitä, että osa risuista sipaisi käsiäni. Kohta Sanin huudot vaimenivat. Rämmin pajukossa kyyneleiden sumentaessa silmiäni, mutta pyyhin niitä vihaisesti pois. Heitin kumikinttaat maahan. Jatkoin eteenpäin kuurona ja sokeana.

En muista kuinka kauan olin rämpinyt metsässä, montako haavaa olin saanut ja mihin suuntaan olin edes matkalla. Olin kulkenut ehkä vartin, ehkä tunnin. Joka tapauksessa aloin hiljalleen havahtua kiehuvasta olotilastani ja tiedostin ympärilläni hiljaisuuden, jota en ollut ennen kokenut. Kalliossa oli aina jostain kuulunut etäisiä ääniä tai vähintäänkin ilmastointilaitteiston ulinaa. Nyt en kuullut mitään. Pysähdyin paikalleni ja tähystelin taivaalle, jonne pilvet olivat kerääntyneet varjostamaan heinäkuista aurinkoa. Kallion kupolikaton alla kasvaneena en todellakaan osannut lukea luonnon merkkejä, mutta jostain syystä minulla oli tunne, että kohta alkaisi sataa. Hetken päästä pienet pisarat putoilivatkin nenänpäähäni, ohimoille ja niskaan hupparin kauluksesta sisään. Pian sade nielaisi maiseman harmaaseen syleilyynsä.

Luku 3 Sateen sylissä

Kävelin sateessa eteenpäin tietämättä oikeastaan, minne olin menossa. Olin tajunnut jo aikoja sitten, että olin eksyksissä, mutta jostain syystä tuo tieto ei juurikaan herättänyt minussa levottomuutta. Sen olisi kyllä pitänyt. Minä, joka en ollut koskaan aikaisemmin ollut Kehämuurin ulkopuolella luonnossa, rämmin nyt täällä vaatteet märkänä ja vailla mitään tarvittavia työkaluja suojavarusteista puhumattakaan. Ensimmäinen päivä häkin ulkopuolella ja minä olin eksynyt! Tästä saisin varmasti kuulla koko loppumatkan. Jostain syystä kaikki tuntui kuitenkin yllättävän samantekevältä, vaikkei minulla ollut mitään mielialaan vaikuttavaa mukanani. Välillä näin edessäni jo utuiseksi muuttuneen kuvan Fransista ja Sanista voikukkameressä. Sekin tuntui jollain tavalla yhdentekevältä. Sateessa päälleni valuva ja ihohuokosiini tunkeutuva säteily tuntui juuri nyt pieneltä pahalta sydäntäni raastavan raivon, pettymyksen ja suoranaisen kivun rinnalla.

Aistin, että päivä oli kääntymässä iltaan ja yhtäkkiä tajusin, miten kipeät jalkani olivat maastossa kulkemisesta. Epätasainen alusta sai minut tuntemaan reisien ja pohkeiden sivuilla käytön puutteesta kireät jänteet, joita alkoi vihloa. Reppu painoi selässä ja hetken mielijohteesta irrotin sen vaivalloisesti ja istahdin sen päälle suuren kuusen alle. Kokeilin varovaisesti kädelläni puun pihkaista pintaa ja nojauduin sitä vasten niin kevyesti kuin uskalsin. Sade humisi ympärilläni ja yllättäen siinä oli jotain tavattoman tuttua ja turvallista. Jokainen täysjärkinen ihminen olisi minun tilanteessani ollut ahdistunut ja tehnyt jotain paniikinomaista, kuten huutanut ja yrittänyt löytää maastossa takaisin sinne, mistä oli tullut. Minä painoin silmäni kiinni ja nukahdin.

Heräsin siihen, että ympärilläni leijui kesäinen yö ja sade oli tiessään. Vesipisarat putoilivat mustikanvarvuista sammalee-seen ja läheiseltä suolta nousi pehmeä usva. Silloin kuulin pöllön huhuilun jostain kaukaa. Ääni tuntui tulevan ylhäältä ja se oli ehkä kauneinta, mitä olin koskaan kuullut. Se oli sointuisa ja ystävällinen. Kuvittelin kuvaamataidon luokassa olleen pöllösiluetin istumaan jonnekin puun oksaan, koska en nähnyt varsinaista lintua missään. Nousin vaivalloisesti seisomaan ja tunsin ilman viilentyneen ympärilläni. Keltainen hupparini suojatakin alla tuntui kostealta, samoin reisiin kiinni liimaantuneet antimikrobiset ja säteilyltä suojaavat maasto-housut. Yskähdin ja tajusin kurkkuni olevan käheä, lähes kipeä. Nostin repun selkääni ja päätin, että oli aika palata leiriin. Uhma, kiukku ja raivo olivat kadonneet jonnekin pöllön huluilun ja voikukkien väliseen aikaan.

Lähdin kulkemaan jälkiäni takaisin, sikäli kun muistin edes suunnilleen, mistä päin olin sateessa kuusen alle tullut. Vilkaisin myös kännykkääni, mutta kuten olin arvellutkin ja kuten meille oli miljoonat kerrat toitotettu, Kehämuurin ulkopuolella ei ollut kenttää. Kuusivanhus jäi huokailemaan paikoilleen. Muutama tummanruskea hiussuortuvani heilahteli lähes näkymättömästi kiinnittyneenä sen röpelöiseen kaarnaan. Kaksi tuntia myöhemmin pitkät sormet poimisivat ne hellästi kädelleen. Sormien omistaja haistaisi tuoksuni niistä ja tietäisi täsmälleen, mistä olin kulkenut.

Luku 4 Jäljittäjä

Vaeltelin seuraavat päivät metsässä tietämättä laisinkaan, minne olin menossa. Pidin askeleeni ripeinä ja kuljin määrätietoisesti pysähtymättä juuri lainkaan. Näin pystyin säilyttämään tunteen siitä, että hallitsin tilanteen, vaikka levottomuus alkoi tykyttää kurkunpäässäni, jota vihloi jo tuntuvasti. Huomasin myös niiskuttavani ja tajusin olevani flunssainen, vaikken montaa kertaa elämäni aikana ollutkaan sairastanut. Kerran kuulin etäistä moottorin ääntä, kenties helikopterin, mutten nähnyt mitään, vaikka yritin tähyillä taivaalle. Vaihdoin kulkusuuntaani ääntä kohti, mutta se loittoni ja katosi lopulta kokonaan. Minua kuitenkin etsittiin ja pian he varmasti löytäisivät yksinäisen harhailijan, vaikka maasto ympärilläni tuntui paikoitellen loputtomalta pensaiden, puiden ja aluskasvillisuuden viidakolta.

Olin nähnyt henkeäsalpaavia maisemia ja ohittanut myös pieniä tummavetisiä lampia. Koska oli enimmäkseen pilvistä, minua ei juurikaan janottanut ja repussani ollut vesipullollinen oli riittänyt tähän asti mainiosti. En kuitenkaan uskaltanut täyttää sitä lammen vedellä. Se olisi ollut jo liian uhkarohkeaa. Rankasta liikunnasta huolimatta minulla ei myöskään ollut nälkä. Olin syönyt kunnolla muistaakseni noin kaksi päivää sitten ja sen jälkeen nakertanut kaikenlaista pientä, mitä löysin laukustani: keksejä, laboratorioviljelty omena ja muutama tiivisruokapakkaus.

Välillä minulla oli tunne, että joku tarkkaili minua. Päätin kuitenkin olla ajattelematta asiaa, koska en mielikuvituksen päästäminen valloilleen erämaassa ei ollut hyvä idea. Tietojeni mukaan kukaan ihminen ei enää asunut Kehämuurin ulkopuolella. Viimeiset vastentahtoiset oli siirretty muurin eteläpuolelle jo 2030-luvun lopulla. Olin kuitenkin kuullut, ja isän mielestä oli sanomattakin selvää, että joku urpo oli jäänyt koittamaan itsepäisesti onneaan isiensä maille. Virallisten tietojen mukaan Kehämuurin ulkopuolella ei kuitenkaan voinut elää ilman suojavarusteita muuntoviirusten ja ydinsäteilyn vuoksi. Ei ainakaan montaa vuotta. Puhumattakaan siitä kaikesta, mitä säteily oli ehkä tehnyt eläin- ja kasvikunnalle. Kenties oppikirjojen fauna oli nykyään jotain aivan muuta ja juuri sitä meidän olisi tarkoitus tutkia, kunhan aika olisi sopiva ja kunhan läpäisisimme kaikki vaadittavat kokeet vaihe vaiheelta. Yritin käsittää, mitä tämä tarkoitti myös minun kohdallani, mutta jostain syystä en jaksanut uskoa, että jokin niin kaunis, rauhallinen ja ystävällinen kuin metsä ympärilläni, voisi olla hengenvaarallinen. En kyennyt ajattelemaan vaarallista ajatusta loppuun asti.

Kolmantena yönä nousi kuume ja nukuin levotomasti kosteassa kanervikossa nähden sekavia unia Fransista ja Sanista. Aamulla oloni oli kurja ja sekava. Päässäni pyöri outo uni, jossa jokin sinisilmäinen ja mullantuoksuinen olento kosketti varovasti poskeani ja vaikken halunnutkaan myöntää sitä itselleni, olin lähes varma, ettei se ollut pelkästään unta. Olin kuitenkin liian väsynyt ja voimaton huolestuakseni. Fiktion ja faktan raja alkoi hämärtyä. Uusi outo maailma kaikkine aistiärsykkeineen ja tapahtumaketju, joka oli alkanut jo bussissa ja jonka ansiosta olin nyt oman onneni nojassa, oli saattanut minut tähän tilaan.

Järkeilin itselleni, että jos jokin oli käynyt lähelläni nukkuessani, se ei ollut vaarallinen, koska muuten en olisi enää tässä. Istuin koko seuraavan päivän kuivahkolla mäntyjä kasvavalla mäennyppylällä torkahdellen välillä poski havunneulaisella mättäällä. Kuume tärisytti vartaloani ja minulle tuli jano. Aurinko alkoi paistaa ensimmäistä kertaa sitten sen elämäni onnellisimman päivän, kun pääsin luontoon. Nyt luonto tunki sisään jokaisesta huokosestani ja olisin kiljahdellut riemusta, jos tutkimusparakki pehmeine vuoteineen olisi yhtäkkiä ilmestynyt eteeni. Halusin luovuttaa, mutta sen sijaan riisuin märän suojatakin päältäni, jotta sen alla oleva vaatekerros voisi kuivaa auringon lempeässä paisteessa. Laskeuduin takaisin makuuasentoon kyljelleni ja itkin.

Silloin kuulin aivan selvästi varovaisia askeleita takaani mäennyppylän toiselta puolelta. En uskaltanut hievahtaakaan. Oliko tulija jo huomannut minut? Todennäköisesti oli. Keltainen hupparini loisti liikennevalona mäen harjanteella. Saamarin tyhmää! Päätin teeskennellä nukkuvaa, vaikka mielikuvat demonisista maailmanlopun mutanttieläimistä vilistivät päässäni ja saivat sydämeni takomaan. Olin liian heikko paetakseni. Askeleet lähestyivät, ja muuttuivat vieläkin verkkaisemmiksi ja varovaisemmiksi. Kukaan kehämuurilla tuskin osaisi liikkua noin. Oksia ei katkeillut askelten alla ja kengät eivät tömähdelleet maahan. Kuulin vain hyvin hiljaisia kahahduksia. Terveenä olisin luultavasti käännähtänyt lähestyjäni puoleen – ties vaikka minua oli etsitty porukalla ja nyt joku etsijöistä oli löytänyt minut – mutta kuumehoureisena en halunnut ottaa sitä riskiä, että tulija ei ollutkaan kukaan tuntemani henkilö. Eikö karhun läheisyydessä pitänytkin vain leikkiä kuollutta?

Askeleet pysähtyivät aivan selkäni taakse ja lakkasin hengittämästä. Olento kumartui puoleeni niin lähelle, että tunsin hennon henkäyksen niskassani. Vaistomaisesti suljin silmäni. Kun varjo lipui ylitseni, yritin näyttää tyyneltä, kuolleelta. Tunsin katseen kasvoillani ja haistoin multaisen tuoksun. Kirkaisin mielessäni, kun viileät sormet painautuivat kaulakuoppaani, mutten hievahtanutkaan. Pako ei nyt auttaisi. Kuvittelin mielessäni, miten terävät hampaat pian iskeytyisivät kurkkuuni tai sormet kiertyisivät henkitorveni ympärille. Sormet kuitenkin pysyivät paikallaan ja vetäytyivät sitten äkkiä pois. Seuraavaksi tajusin etääntyvät askeleet. Pitkän ajan kuluttua avasin silmäni ja hengitin läähättäen hyvän tovin. Hetken aikaa asiaa ajateltuani, tulin siihen tulokseen, että olento oli mitä todennäköisimmin tunnustellut pulssiani. Aivan kuin rintakehästäni ulos hakkaavan sydämeni ääniä ei olisi kuullut muutenkin.

Kuljin koko illan kohti tuntematonta päämäärää niin ripeästi kuin kykenin. Mieleni oli nyt selvä ja kirkas, vaikka kuume tuntui kolotuksena jäsenissä ja toistuvina vilunväristyksinä. Yritin päättää, mitä tekisin ja lopulta päädyin laatimaan suunnitelman siitä, miten kohtaisin olennon. Se varjosti minua, siitä ei ollut epäilystäkään. Torkahtelin kallionkolossa ja_at rintaa vasten. Aamuyöllä lähdin kulkemaan heti hämärimmän hetken jälkeen. Jalkani tuntuivat jäykiltä ja epävarmoilta pitkän kyhjöttämisen jäljiltä. Kulkiessani etsin katseellani sopivan kokoista risua tai keppiä ja viimein löysinkin sellaisen.

Keppi kädessäni jatkoin matkaani taas uudella innolla ja kuljin käsittääkseni etelään. Tosin auringon asemasta ei tähän aikaan vuodesta voinut olla ihan varma. Oliko kello kolme, kuusi vai jo yhdeksän? En osannut arvioida asiaa heikolla retkeilykokemuksellani eikä sillä oikeastaan ollut merkitystä. Olin melko varma siitä, etten kuitenkaan ollut lähelläkään tutkimusasemaa viljemineen. Maasto oli muuttunut tasaisemmaksi ja yhä tiuhempaan jouduin kiertämään upottavia suolammikoita. Myös muutama hyttynen – niitä ne varmaan olivat – oli ilmestynyt jostain seurakseni. Ne eivät kuitenkaan pyrkineet iholleni vaan lennähtelivät hermostuttavasti silmieni edessä.

Päätin pitää tauon erään suoaukean reunassa ja kuulostelin mahdollisia ääniä. En kuitenkaan kuullut mitään muuta kuin vaimeita korahduksia ja lorinaa, joita suomättäät päästivät hyllyessään pohjattoman veden päällä. Yritin näyttää siltä, kuin lepäisin täysin levollisena, mikä käsittääkseni onnistui huonosti. Mahassani kurni, minua heikotti ja sydämeni läpätti kuin olisin juuri kumonnut kurkustani alas tölkeittäin energia-juomaa. Pakottauduin olemaan aloillani puolisen tuntia ja samalla tarkastelin läheistä maastoa. Kauempana metsä muodosti terävän niemen suolle ja päätin, että jossain sen takana, melko pian, kohtaisin jäljittäjäni. Ajatus sai aistini valpastumaan entisestään. Yhtäkkiä minussa heräsi mieletön halu selviytyä, taistella ja olla antamatta periksi. Mitä muutakaan enää voin? Ajatus oli terävä, selkeä ja täynnä alkukantaista voimaa. Minä taistelisin. Olin 171-senttinen kuumehoureinen pikkutyttö, mutta tunsin itseni korpimetsän amazoniksi.

Pengoin reppuani ja löysin yhdestä sivulokerosta alkeellisen näköisen partahöylän, jolla olin varautunut ajelemaan ihokarvat jaloistani kaksi viikkoa kestävällä retkellä. Minulla ei ollut aavistustakaan, minkä takia se oli päiväretkirepussani, mutta olin siitä joka tapauksessa iloinen. Noin kaksi ja puoli senttiä pitkä terä irtosi varresta helposti ja tungin sen kepissä olevaan halkeamaan. Terä katosi lähes kokonaan näkyvistä, mutta se oli minusta vain hyvä. Se, joka erehtyisi hyökkäämään kimppuuni ja luulisi saavansa risusta poskilleen, saisi kokea ikävän yllätyksen. Ajattelin lämpimänä pulppuavaa verta ja nousin ylös jatkaakseni matkaa.

Kiersin metsäniemekkeen ja tähystelin sopivaa paikkaa. Koska olin hetki sitten levännyt, jäljittäjäni ei arvaisi minun pysähtyvän näin pian. Tarkoitukseen sopiva kiviröykkiö levittäytyi edessäni täysin yllättäen. Siellä täällä nököttävien sammaloituneiden kivien keskellä kohosi isompi kivi, vai oliko se kallio? Kiersin kiven ympäri ja huomasin, että se oli haljennut keskeltä kahtia. Muistin, että tällaisista kivistä oli joskus puhuttu koulussa. Ne olivat liikkuneet jääkaudella jäätiköiden mukana satojakin kilometrejä, mikä selitti sen, että suuri kivi oli keskellä höttöistä suomaata.

Kiven jyrkät seinämät kohosivat ehkä neljän tai viiden metrin korkeuteen. Päätin yrittää kiven päälle. Yläilmoista minua ei ainakaan päästäisi yllättämään ja voisin rauhassa jäädä odottamaan, kuka tai mikä kulki perässäni. Kiven yksi sivusta oli rosoisempi ja soveltui paremmin kiipeämiseen kuin muut, pyöreämmät ja sileämmät pinnat. Lyhyen ähellyksen jälkeen istuin voipuneena kiven päällä lähellä noin kahdenkymmenen sentin levyistä halkeamaa. Kämmenissä tykytti ja pisteli. Suuta kuivasi pahemmin kuin koskaan. Samassa kuulin rasahduksen ja painauduin nopeasti mahalleni kivelle.

Kuten olin arvellutkin, tismalleen jälkiäni pitkin kulki ihmishahmo selvästi ajatuksiinsa vaipuunena, ei varuillaan. Välillä se pysähtyi ja näytti tutkivan maata ja … haistelevan? Muussa tilanteessa minua olisi alkanut naurattaa, mutta nyt tunsin, miten suoneni täyttyivät kylmänä virtaavasta nesteestä. Kukaan normaali ihminen ei toimisi noin. Tulija oli minua suurikokoisempi, hänellä oli yllään vanhat maastohousut, jotka eivät sopineet mitenkään yhteen harmahtavan epämääräisen koltun kanssa, jonka kaulukset oli nostettu pystyyn. Se, mikä kiinnitti huomioni, oli vaalea, lähes valkoinen päivänpolttama tukka, joka oli takaa lyhyt, mutta roikkui edestä silmillä. Lähemmäs tultuaan hahmo selvästi valpastui, nosti päättään ja alkoi pälyillä ympärilleen. Hetken aikaa katselin lumoutuneena jäätävänsinisiä silmiä, jotka paljastuivat pitkän otsatukan alta.

Näin pojan kasvojen piirteet selvästi piilopaikastani, vaikken uskaltanutkaan kohottautua ylemmäs. Kasvot olivat kapeat, mutta poskipäät työntyivät terävinä ulospäin hieman ulkonevien silmien alla. Niiden sininen katse oli terävä ja valpas kuin eläimellä. Kasvojen ilmeestä ei voinut paljoa lukea, mutta ei se ainakaan ollut ystävällinen. Pitkät hoikat sormet kiertyivät vyötäisillä olevan kahvan ympärille. Se, millainen ase sen alla oli, jäi toistaiseksi arvoitukseksi. Tulija oli kaikesta päätellen minua vanhempi, mutta silti selvästi vielä nuori. Ryhti oli suora ja hartiat kulmikkaat.

Sininen katse tarkasteli kiviröykkiötä ja suurta kiveä, jonka päällä makasin liikkumatta. Kun se alkoi siirtyä ylemmäs, painoin pääni nopeasti sammaleeseen välittämättä niistä miljoonista bakteereista, joiden täytyi ryömiä jo ennestään tulehtuneiden ja kuumottavien silmieni, nenäni ja korvieni limakalvojen pinnoille. Hetkeen en kuulunut mitään. Sitten tunsin aivan yllättäen, kuinka jokin tarttui jalkaani ja veti minut kanssaan kiven halkeamaan.

Luku 5 Pakkorako

Käännähdin selälleni juuri ennen kuin putosin halkeamaan ja löin alahuuleni kipeästi vastakkaiseen seinämään. Luiskahdin pimeään ja kosteaan koloon, joka oli sisältä yllättäen leveämpi kuin päällepäin näytti. Siitäkin huolimatta kolossa oli ahdasta. Toinen nilkkani oli kiilautunut ikävästi jonkin pohjalla olleen kivenmurikan väliin. Toinen jalka oli vapaa, mutta jalkaterä sojotti oikealle siten, että polvilumpioon sattui. Kaikki oli käynyt äkkiä ja minut oli yllätetty täydellisesti, vaikka luulin olleeni ovelampi. Heti kun silmäni tottuivat pimeään, tajusin olevani kasvokkain metsästäjäni kanssa. Ohimoissa tykytti ja kuume tuntui taas nousevan, mutten pystynyt ajattelemaan sitä. Siniset silmät tuijottivat minua odottavasti otsalle liimaantuneen tukan alta.

Hämärässä metsästäjän silmien mykiöt peittivät lähes koko iiriksen. Kosteassa kallionkolossa kuului vain aavemainen kamppailun jälkeinen kiihtynyt hengitys, hänen ja minun. Tiesin näyttäväni kiikkiin jääneeltä eläimeltä ja siltä minusta myös tuntui. Hetken kumpikin odotti toisen seuraavaa siirtoa. Ponnistin kaikki voimani, kiskaisin ulvahtaen jalkani irti kivien välistä ja yritin karkuun. Jäntevät kädet kuitenkin estivät pakoni määrätietoisesti. Rimpuilin, minkä pystyin, mutten

päässyt irti. Raivoissani ja turhautuneena avasin suuni ja huusin kaikin voimin päin ahdistelijan kasvoja:
- Päästä irti!

Kun tukahtunut huutoni oli kuollut kiviseinämään, valahdin hervottomaksi ja jäin tuijottamaan eteeni. Sinisilmään tuli eloa ja yhtäkkiä metsästäjän vaaniva katse suli aavistuksen verran, toinen kulmakarva kohosi säälivästi ylöspäin ja suu vetäytyi hieman ivalliseen hymyyn, jossa oli kuitenkin häivähdys jotain minkä tunnistin liiankin hyvin – huvittuneisuutta. Se siis ymmärsi, mitä sanoin. Se puhui suomea.

Tieto huojensi minua. En tiedä mitä olin odottanut, mutta jokin pojan olemuksessa oli saanut minut jo kuvittelemaan, ettei hän ollut samalta planeetalta. Kehämuurilla ihmisten katseet olivat sameita, turrutetun raukeita, kun taas pojan valpas katse, jota olin salaa päässyt katsomaan ennen putoamistani, toi mieleeni enemmänkin smartspace-projektorilla näytetyn kuvan ilveksestä kulkemassa kannasmaastossa päivällisen toivossa. Nyt pojan kasvoilla oli selvästi tulkittavia ja tuttuja ihmisilmeitä, huvittuneisuutta ja ehkä aavistus hellyyttä. Minä huvitin tuota mullalta tuoksuvaa sarkatakkista olentoa ja tunsin, miten käsien puristus vyötärölläni hieman löystyi. Se riitti minulle. Nopeasti asetin jalkani oikealla olevaan koloon ja kyyristyin pojan käsivarren alta. Muutama haparoiva askel, ja olin vapaa.

Päivänvalo sokaisi hetkeksi silmäni, mutten ehtinyt jäädä sitä ihmettelemään. Painelin täyttä vauhtia kivenlohkareiden välissä välittämättä nilkassa olevasta kivusta. Keppi ja siinä oleva pieni metalliterä olivat varmasti jääneet kiven päälle pudotessani. Se harmitti, mutten voinut kuvitellakaan palaavani takaisin. Vilkaisin olkapääni yli ja samassa tumpsahdin suoraan vasten kosteaa sarkatakkia, jonka pinta raapi ikävästi poskeani. Poika menetti tasapainonsa – olin juossut kovaa häntä päin – ja kaatua mätkähti selälleen. Kasvoni valuivat pitkin pojan takin miehustaa jättäen jälkeensä ohuen verivanan. Vuotiko minusta verta?

Maassa metsästäjä kierähti ketterästi päälleni ja naulitsi minut mättääseen.
- Rauhotu ny! se huudahti. - Mitä nää tolleen pyöriskelet?
En ollut koskaan kuullut kenenkään puhuvan noin, mutta ehkä kyse oli jostain pohjoisten alueiden murteesta. Ääni oli käheä ja matala, jotenkin täysin metsästäjän olemukseen sopimaton.
- En mää aio satuttaa sua. Ei sun tartte pelätä.
- Ookko nää Kehämuurilta? poika kysyi, mutten vieläkään saanut sanaa ulos suustani. Odottamatta vastausta, metsästäjä kierähti pois päältäni.
- Oot nää. Voiko sut ny päästää?
Nyökkäsin typerän näköisenä ja poika hellitti otteensa ja nousi

seisomaan. Jäin maahan makaamaan ja yhtäkkiä tunsin itseni tavattoman väsyneeksi ja sairaaksi. Kuume hehkui poskillani ja silmäluomet halusivat vain painua kiinni. Tiesin, ettei sinisil-mästä ollut minulle uhkaa. Hän ei hyötyisi mitään satuttamisestani. Pyyhin oikealla kädellä verta alahuulestani ja kohottauduin vaivalloisesti istumaan.

Olin yltä päältä kaikenlaisen maa-aineksen peitossa ja yhtäkkiä paniikki iski kuristusotteella. Vapina alkoi olkapäistä ja levisi siitä koko kehoon. Tajusin avohaavan huulessani ja sen, mitä se näissä olosuhteissa merkitsi. Tulehdus, verenmyrkytys, varma altistuminen kaikille niille miljoonille taudeille, joista minulla ei ollut edes mitään käsitystä. Nostin katseeni sinisilmään, jonka ilme oli nyt vaihteeksi mietteliäs.
- Oot Kehämuurilta. Mitä nää täällä teet? poika kysyi ja katsoi minua arvioiden.
- Mä oon eksynyt, tokaisin ja vilkuilin pojan kasvoja alta kulmieni.
- Tule, poika sanoi ja ojensi kätensä auttaakseen minut pystyyn.
Kampesin itseni pystyyn omin voimin. Metsästäjä kohautti hartioitaan ja lähti kävelemään suolle päin sanaakaan sanomat-ta. Minulla ei ollut vaihtoehtoja. Päätin seurata.

Luku 6 Määränpäänä tuntematon

Päiviä kestäneen metsäretkeni aikana en ollut törmännyt mihinkään ihmiskäsin muovattuun, vaikka jotkin metsäpalstat olivat kasvaneet verrattain nuorta puuta. Sinisilmää seuratessani suomaaston seassa alkoi kuitenkin vilahdella niittyjä, vanhoja aitauksia ja ruohottuneita metsäteitä. Illalla saavuimme jonkinlaiselle laavulle, joka näytti vanhalta. Rojahdin istumaan sileälle puupinnalle ja keskityin kuulostelemaan pihisevää hengitystäni. Poika oli liikkunut nopeasti eikä juuri puhunut. Minullakin oli ollut täysi työ pysytellä perässä. Pari kertaa olin kysynyt, mihin päin olimme matkalla, mutta olin saanut vastaukseksi vain käheitä murahduksia. Kömmin peremmälle laavuun ja jäin tuijottelemaan kattoon raaputeltuja nimikirjoituksia. *Jeni & Ransku, Atte ja Laura* suuren sydämen keskellä. *Masa päätti täällä päivänsä 14.5.2047.* Masentavaa. Osa nimistä oli tuhrittu lautoihin hiilellä, jonka aika ja läpi tihkuva vesi olivat sotkeneet.

Yhtäkkiä olin näkevinäni hiilellä mustatun tekstin *Sani & Frans.* Ähkäisin ihmeissäni ja nousin istumaan nähdäkseni paremmin. Sinisilmä keskeytti nuotion kyhäämisen. Tarkemmin katsottuna teksti oli kuitenkin jo kadonnut. Mahtavaa, aloin nähdä näkyjä! En vaivautunut vastaamaan sinisilmän ihmettelyyn, vaan suljin silmäni syvään huokaisten. Ennen nukahtamistani kuulin nuotion räsähtelyn keskeltä sanat:

- Mää oon muuten Akseli.

Tai sitten sekin oli vain unta.

Seuraavana aamuna Akseli tarjosi minulle auliisti matkaeväitään. Kieltäydyin keltaisista vadelman näköisistä marjoista, koska ne oli kuulemma poimittu suolta. Leipäpalaa haukkasin kuitenkin hyvällä ruokahalulla, vaikka hän kutsuikin sitä rieskaksi. Otin myös pienen kulauksen vettä, joka maistui ihanan raikkaalle. Päätin olla kysymättä veden alkuperää. Oloni koheni huomattavasti ja olin jo valmis jatkamaan matkaa, mutta sitä ennen halusin tietää pari asiaa:

- Mihin me ollaan matkalla? kysyin.

- Pohojammaalle, Akseli vastasi, ja minulle tuli tunne, että hän vältteli jotain.

- Onko siellä tutkimusasema? tiedustelin samalla, kun yritin kaivella muistini sopukoista karttakuvia, nimiä ja paikkoja pohjoisesta. En löytänyt mitään.

- Ei siellä mitään tutkimusasemaa ole, ihmisiä vain. Meitä on yksistään Pohojammaalla vajaat kolme tuhatta. Lapissa on omia kyliään, mutta niitten asukasmääristä mulla ei ole tarkkaa tietoa.

- Mutta täällä asuminenhan on kiellettyä ja lisäksi kauhean

vaarallista terveydelle! huudahdin hämmästyneenä.

Akseli hymyili sarkastisesti koko valkealla hammasrivistöllään.

- Niinhän teille sanotaan.

En oikein käsittänyt, mitä hän vihjaili, joten päätin jättää aiheen toistaiseksi.

- Ollaanko me kaukana tutkimusasemasta? jatkoin uteluani.

- Vajaan seittemänkymmenen kilsan päässä.

- No kuinka pitkä matka sinne Poho-.. Poho-jammaalle on?

- Jotain 150 kilsaa.

Ajattelin juuri pyytää häntä viemään minut takaisin tutkimusasemalle, mutta metsästäjä näytti jo päättäneen puolestani.

- Me saadaan varmaan kyyti Kasitien varresta. Sinne ei ole enää ku parikyt kilsaa.

- Entä jos mä en halua lähteä enää pohjoisemmaksi, jonnekin jossa tämä kaikki kaunis on niinku... niinku saastaista ja kirottua. Tännehän kuolee! totesin ja tuijotin metsästäjää lievän pakokauhun vallassa.

- Ei sulla ole vaihtoehtoja, hän vastasi ykskantaan ja kulmiaan kohotellen.

- Hetkinen, oonko mä sun vanki vai? Pakotatko sä mut riskeeraamaan terveyteni lähtemällä jonnekin... jonnekin zombikaupunkiin? kimpaannuin ja aloin samalla aavistella, että jotain peruuttamatonta oli tapahtunut.

Akseli sen sijaan katsoi minua kulmat kurtussa ja suu hieman auki hämmästyksestä. Ilme tuntui kysyvän, enkö tajunnut mistään mitään.

- Mulle on kyllä ihan se ja sama, tee mitä tykkäät. Mutta kai nää nyt tajuut, että jos oot rämpinyt täällä korvessa viikon yksiksesi ja sun pahin ongelma on nenästä valuva räkä... Niin mitä luulet, että viranomaiset ja poliitikot sanoisi, kun palaisit takaisin terveenä ja hyvinvoivana? Akseli kysyi ja katsoi minua kuin vähäjärkistä.

- En tajua mitä ajat takaa - tietysti mua juhlittaisiin selviytyjä-sankarina!

- Justiinsa joo! Akseli purskahti nauruun. - Mietipä niitä tuhansia ihmisiä Kehämuurin sisällä, jotka edelleen haikailee paluuta menetetyille alueille ja haluaisi muuttaa mummonmök-keihinsä sen lasikuvun sijaan. Mitä ihimettä viranomaiset sen jälkeen sanoisi niille, kun nyt ne uskoo, että niitten haaveku-vien raparperipensaassa kasvaa kolmipäinen kyklooppi ja että ihminen kuolee, jos koskee täällä siihen samaan maahan ja multaan, jossa niiden omat päivittäiset perunat on kasvatettu, vaikka toisin väitetään.

Akseli nousi ylös polkemaan nuotion sammuksiin. Minäkin nostin repun selkääni ja taiteilin itseni pystyyn. Nenästäni vuosi keltaista limaa, mutta kurkkukipu oli yön aikana hellittänyt, eikä kuume tuntunut enää kovin korkealta. En osannut sanoa mitään. Kaikessa äsken kuulemassani oli jollain tavalla järkeä, vaikken sitä myöntää halunnutkaan. Salaliitto-teoria tuntui liian uskomattomalta. Hänen täytyi valehdella minulle. Mutta miksi? Mitä jos tämä oli jokin ansa? En kuitenkaan tuntenut itseäni uhatuksi Akselin seurassa. Vain todella psykopaatti sieppaaja heittäisi läppää uhrinsa kanssa. Pelon sijaan minussa oli herännyt halu tietää ja nähdä lisää.

Iltapäivällä tulimme soratielle ja lampsimme sitä pitkin hiljaisuuden vallitessa. Olisin halunnut kysellä kaikenlaista siitä, mikä edessäpäin odotti ja Akselista itsestään. Mitä hän teki näin kaukana kylästään? Kuinka kauan hän oli asunut Kehämuurin ulkopuolella? Välillä kuvittelin mielessäni äidin huolestuneet kasvot ja isän murheen murtaman olemuksen. En antanut ikävälle kuitenkaan valtaa. Olin jo toipumassa flunssasta. Voisin käydä Pohojammaalla ja palata takaisin tavalla tai toisella viettämään turvallista elämää Kehämuurin sisälle. Mielessäni häivähtivät myös Frans ja Sani. Pettymyksen ja loukkaantumisen puristava möykky nousi kurkkuuni. Tulisiko minulle toisaalta vastaavaa tilaisuutta enää toistamiseen? Koska Akseli oli elossa ja hyvinvoivan näköinen, ei elämä täällä voinut olla niin vaarallista kuin meille oli sanottu. Vai oliko Akselilla jotain, mikä suojasi häntä?

Välillä soratiestä haarautui pienempiä teitä, jotka oli merkitty ruostuneilla tienviitoilla. Oravantie, Koskelantie. Ohitimme myös kaksi autiotaloa, jotka eivät näyttäneet kiinnostavan Akselia lainkaan. Tuijotin mustia ikkunoita ja suljettuja ovia. Umpeen kasvaneista pihoista huolimatta talot näyttivät ehjiltä ja koskemattomilta. Sitten yllättäen soratie päättyi leveämmän tien reunaan. Joskus muinoin tie oli päällystetty asfaltilla, mutta sitä ei ollut korjattu aikoihin. Valtavat montut ja halkeamat risteilivät sinne tänne ja täplittivät vaaleanharmaaksi kulunutta pintaa. Puita kasvoi paikoin keskellä tietä.

- Nonii, tässä on Kasitie. Yksi entisen Suomen pääväylistä.

Akselin äänessä oli sarkastista ylpeyttä. En viitsinyt sanoa mitään ja hetken päästä tarvoimmekin jo tien laitaa pohjoiseen päin.

- Millaista Kehämuurin sisällä on? Akseli kysyi tovin hiljaisuuden jälkeen.

Mietin hetken ennen kuin vastasin:

- Kliinistä, ummehtunutta, turvallista ja liian ahdasta. Etkö ole koskaan käynyt siellä? Ootko syntynyt täällä? tiedustelin.

- Jep. Mää ja mun kaksi vanhempaa siskoa. Onko sulla sisaruksia?

En huomannut heti vastata Akselin kysymykseen, koska jäin pohtimaan pojan vastausta. Kehämuurin sisällä oli tarkoin säännelty yhden lapsen politiikka. Muuten tila ja pääasiassa ulkomailta tuodut elintarvikkeet loppuisivat lyhyessä ajassa.

- Hmm, ei mulla ole, totesin lyhyesti ja päätin samalla olla kertomatta Kehämuurin ankeista rajoituksista, jotka jatkuvasti ajoivat ihmisiä rikkomaan niitä tavalla tai toisella.

Aurinko oli pilkahdellut pilvien välistä pitkin päivää, mutta nyt suon takana näkyvä taivaanranta hehkui oranssina laskevan valon väreissä. Jalat tuntuivat raskailta ja huokailin merkityksellisesti.

- Yövytään kohta. Päästään jopa sänkyihin tällä kertaa. Siis sänkyihin nukkumaan.

Poika kääntyi vilkaisemaan minua ja virnisti. Oranssit auringonsäteet kimmelsivät vaaleassa tukassa ja siniset silmät nauroivat. Hymyilin häkeltyneenä ja unohdin hetkeksi väsymykseni. Kaiken tämän keskellä olin kyllä pannut merkille, että sinisilmä oli hyvännäköinen hassunkurisista vaatteistaan huolimatta. Tai ehkä juuri sen vuoksi. En ollut koskaan tavannut ketään Akselin kaltaista.

Pian tien reunassa kasvavasta metsästä pilkisti aukko, jonka keskellä nökötti pieni puutalo. Piha oli karu, mutta selvästi hiljattain raivattu.

- Täällä voi sitten olla muitaki. Tämä on vähä niinku tämmönen kievari, Akseli selitti.

- Ai ketä muita? Kievari?

- No ketä vaan, jotka kulukee tässä tiellä.

- En mä nähnyt ketään.

- No et tietenkään, ku ne on kaikki on jo täällä mökissä, Akseli nauroi ja asteli etuovelle.

Huojennuksekseni mökissä ei ollut ketään. Mökin kaksi huonetta olivat täynnä kerrossänkyjä, jotka tuskin olivat mökin alkuperäistä kalustoa. Akseli valitsi alapedin läheltä tulisijaa. Kiipesin vaivalloisesti yläpedille ja jäin makaamaan huojentuneena paikoilleni. Kuume tuntui taas nousevan ja minua paleli. Kohta päälleni lennähti peitto ja sitten kostealta tuoksuva tyyny, jonka otin kuitenkin ilomielin vastaan. Tämän lähemmäksi entistä elämääni en ehkä tällä reissulla pääsisi. Torkahdin Akselin laittaessa iltapalaa. Heräsin jossain vaiheessa herkulliseen pastan tuoksuun. Mökissä oli hiljaista.

Vilkaisin ikkunasta ulos ja näin Akselin pihakaivon luona. Täytyi olla jo yö, koska ulkona leijaili vain utuista valoa. Poika vinttasi kaivosta vettä, heitti sitten manttelin ja paidan yltään ja alkoi peseytyä. Vesi oli kaiketi kylmää, koska pesu kävi hätäisesti. Näin vilauksen pienestä tatuoinnista pojan olkapäässä, mutta en saanut selvää kuviosta. Aamulla minäkin voisin koittaa hieman siistiä itseäni, vaikkei suihkusta ollut tietoakaan. Haisin varmasti kuvottavalle. Laskeuduin alasängylle ja vilkaisin tulisijan tuntumassa keikkuvaan kattilaan. Kaksi lautasta oli nostettu pienelle sivupöydälle ja lapoin niistä toiseen herkullisen näköistä pastakeitosta. Nälkä oli hirvittävä. Söin lautasellisen ennen kuin Akseli tuli sisään. Sitten oikaisin vuoteelle pitkäkseni. Hän istui jalkopäähän nauttimaan ruokaansa. Olin juuri nukahtamassa, kun kuulin ulkoa oudon yhtä aikaa särisevän ja kimeän äänen.

- Mikä tuo on?
- Mikä?
- Tuo säksätys.
- Tarkotatko tuota heinäsirkkaa?
- Onko tuo heinäsirkka?
- On.

Tiesin kyllä, miltä heinäsirkka näyttää, mutten ollut koskaan kuullut sen siritystä. Kuuntelin korvat höröllä. Ääni oli uskomattoman korkea ja siinä oli jotain salaperäistä. Vedin jalkani sykkyrälle ja peittoa tiukemmin ympärilleni. Jossain vaiheessa havahduin siihen, että Akseli kömpi viereeni pitkälleen. Pojasta huokuva lämpö tuntui miellyttävältä ja hänen läsnäolonsa siinä selkäni takana maailman luonnollisim-malta asialta.

Luku 7 Kylmää vettä

Aamulla heräsin sinisten silmien tuijotukseen. Tiesin, että hiukseni olivat päivien tarpomisen ja kuumeisen hikoilun rasvoittamat, mutten voinut olla nauttimatta näkemästäni. Vastasin katseeseen ja yhtäkkiä hengittäminen kävi vaikeammaksi. Hetken kuluttua Akseli kumartui yllättäen lähemmäs kohti kasvojani aivan kuin aikoisi suudella. Ele oli niin yllättävä, että kavahdin taaksepäin. Akseli hymyili vinoa hymyään ja kohotti kulmiaan kysyvästi. Sitten hän nousi ylös vuoteelta. Olisin halunnut sanoa jotain. Pyytää poikaa takaisin luokseni ja suudella häntä. En tietenkään tehnyt mitään. Akseli viritteli tulet ja lämmitti vettä. Kohta näin hänen nostavan jälleen kaivosta vettä, mutta jättävän ämpärin tällä kertaa maahan kaivon viereen. Tupaan tullessaan hän heitti puolikkaan saippuapalan minulle.

- Ulkona on vettä. Ota tuosta hellalta lämmintä ja lata kaivoveden sekaan. Se on kylmää. Oli viileä yö.

Pyörittelin hetken saippuaa käsissäni. En vieläkään ollut tottunut Akselin puhetapaan. Erityisesti sen yksitoikkoisen matalaan sävelkulkuun, joka sai joskus ystävällisenkin sanan kuulostamaan tylyltä.

Tein kuten käskettiin. Kompuroin jalkeille ja suuntasin

avojaloin ulos. Ulkona riisuin itseni ilkosen alasti ja peseydyin pitkään ja hartaasti. Vinssasin kaivosta toisenkin ämpärillisen vettä ja annoin sen valua ylleni. Ehkä säteilyä ei ollut enää täällä pohjoisessa niin paljon. Kehämuurilla saisin vastalääkettä, jos altistuisin sille liikaa. Mietin Akselia, poika selvästikin piti minusta. Tai sitten hän kohteli kaikkia naisia noin, mene ja tiedä. Kasvoja huuhdellessani tunsin rosoisen arven alahuulessani ja huuhtelin hyytyneen veren pois. Sitten puin likaiset vaatteet ylleni ja surkuttelin vaihtovaatteiden puutetta. Hupparin taskusta kierähti pieni muovipussi, jonka sisällä kiilteli vaalea näkinkenkä. Katselin sitä hetken ja tuntui aivan siltä, kuin olisin törmännyt törmännyt johonkin vuosikymmeniä vanhaan lapsuuden leluun. Näkinkenkä oli jostain toisesta maailmasta ja toisesta paikasta. Miten ihmeessä olin ylipäätään hengissä vielä? Se oli täysin järjenvastaista - ymmärsin sen nyt kirkkaasti, kun flunssainen kuume oli selvästi irrottamassa otettaan.

Palasin tupaan. Marssin suorinta tietä sängyllä istuvan pojan luokse, istuuduin hänen viereensä ja työnsin kasvoni aivan lähelle. Koska Akseli ei liikahtanutkaan, aloin empiä. Sitten katsoin jäänsinisiin silmiin ja tajusin heti niiden epätavallisesta palosta ja lähes huomaamattomasta uteliaasta hymystä, että hän oli katsellut peseytymistäni. Siinä tuvassa suutelin ventovierasta poikaa pitkään ja hartaasti. Akseli vastasi suudelmaani ja tunsin pitkien sormien hipaisevan niskaani. Hän suuteli hieman kömpelösti ja ensin varovaisesti. Huulessani olevaa haavaa kirveli, mutta en välittänyt siitä.

Yhtäkkiä ovelta kuului raskaita askelia. Käännähdin säikähtäen ovelle päin ja näin suurikokoisen miehen astelevan sisään maastokuvioisessa kokopuvussa aseen piippu olkapään takaa pilkistäen.
- Terve terve, mies mörähti ja tunkeutui huoneeseen turhia ujostelematta.
Hänen jälkeensä tupaan tuli vielä kolme samalla tavoin varustautunutta parrakasta miestä. Miesten syvälle painuneissa silmissä ja auringonpolttamissa ahavoituneissa kasvoissa näkyi paitsi runsaan ulkoilman aiheuttamaa ennenaikaista vanhentumista, myös määrittelemätöntä väsymystä, vai oliko se välinpitämättömyyttä? Akseli tervehti kaikkia ja kyseli jotain yhdentekevää miesten matkanteosta keräillen samalla omia tavaroitaan. Miehet katselivat minua ja vaatteitani epäluuloisena, mutta eivät kysyneet mitään.

Pian olimme jo tiellä. Taivas riippui tummana yllämme ja äskeinen intiimi tunnelma oli vaihtunut tarpomisen yksitoikkoisuuteen.
- Tunsitko noita? kysyin Akselilta hetken kuluttua.
- En, mutta ne oli varmaan jostain rannikolta. Riistanhaku-

matkalla.

Täällä eleli siis todella muitakin kuin Akseli, jota olin jo hetki sitten alkanut epäillä mielikuvitukseni tuotteeksi. Kuin kangastus autiomaassa. Talsimme jälleen eteenpäin hiljaisuudessa. Yhtäkkiä jostain kauempaa kuului moottorin säksätystä, joka läheni nopeasti. Akseli katsahti taivaalle, tarttui nopeasti käteeni ja repäisi minut tieltä sivuun. Kompastelin piennarta alas ja pian jo makasin puiden siimeksessä rähmälläni. Moottorin tykyttävä räpätys läheni ja tajusin äänen tulevan helikopterista, joka lensi matalalla seuraillen tietä. Kopterin mentyä kaikki tuntui taas poikkeuksellisen hiljaiselta. Vain Akselin kevyt hengitys kuului selkäni takaa.

- Ne oli varmaan Kehämuurilta, Akseli puhui kuiskaamalla.
- Etsiköhän ne mua? Siellä ollaan varmaan jo hädissään siitä, miten pärjään täällä. Miksi me piilouduttiin?
Akseli huokaisi ja alkoi kömpiä pystyyn.
- Ei ne siitä ole huolissaan, miten sää pärjäät, vaan siitä, että sää tuutkin takasin.
- Miten niin? ihmettelin. Taas näitä salaperäisiä vihjauksia.
- No, tämän matkan jäläkeen sää ehkä tiiät semmosta, mitä ne ei halua kenenkään Kehämuurin sisällä tietävän.
- Kuten mitä?
- No vaikkapa sen, että täällä ei olekaan järkyttävää määrää

ydinlaskeumaa eikä tänne kuole. Etkö nää jo tajuu?

Sulattelin tietoa samalla, kun palailimme tielle. Nyt olin
kuullut ääneen sanottavan sen, mitä olin epäillyt jo koko
matkani ajan. Meiltä pimitettiin tietoja Kehämuurin sisällä ja
meille uskoteltiin Kehämuurin ulkopuolisesta maailmasta
asioita, jotka eivät olleet totta. Tämän tiedon myötä matkalleni
tuli merkitys. Ennen kuin voisin palata entiseen elämääni
Kehämuurin sisäpuolelle, halusin palavasti saada tietää
totuuden tästä maasta, joka oli minulta ja muilta ankarasti
kielletty. Maa, joka oli hylätty tänne oman onnensa nojaan,
henki yllätyksellistä elämää ja tajunnanräjäyttävää villiä
luontoa. Jos jokin oli aina saanut minut liikkeelle, pakottanut
toimimaan, se oli ilman muuta uteliaisuus. Ei ahkeruus tai
oikein tekemisen vimma, vaan puhdas uteliaisuus. Mitä
kielletympää ja salatumpaa jokin oli, sitä enemmän minun oli
pakko saada selvittää se. Kuukausia myöhemmin tajusin tuon
yksittäisen hetken ja oivalluksen merkityksen. Se muutti koko
matkan. Siinä hetkessä tehty päätös muutti koko elämäni.

Talsimme taas tiellä ja katselin vaivihkaa poikaa, jota olin
aamulla suudellut. En tuntenut itseäni rakastuneeksi, en
oikeastaan edes ihastuneeksi. Akseli tuntui turvalliselta ja
miellyttävältä. Tuntui hyvältä tietää, että poika piti minusta.
Kuka tietää, mitä mökissä olisi aamulla tapahtunut, jos miehet

eivät olisi tulleet. Joka tapauksessa olin nauttinut läheisyydestä ja tunsin itseni jo paljon terveemmäksi. Kuumetta ei enää selvästikään ollut. Tauti oli talttumassa. Siniset silmät vilkaisivat minua yllättäen ja kasvoille kohosi pieni hymy. Hymyilin takaisin ja minua harmitti epäsiisti olemukseni ja kosmetiikan puuttuminen. Tuon katseen alla olisin halunnut näyttää kauniilta.

Puolen päivän aikaan tietä pitkin takaamme ajoi vihdoin auto. Se oli vanha ruosteinen maasturi, jonka ratissa istui pieni kuusikymppinen mies, jolla oli tummanpuhuvat kasvot ja risuparta. Saimme kyydin märältä eläimeltä tuoksuvassa autossa ja nukahdin takapenkille melkein heti.

Töyssähtelevä kyytimme saapui illalla perille kylään, joka kaikesta päätellen oli joskus ollut kaupunki. Siellä täällä oli autionnäköisiä kerrostaloja, matalammissa taloissa näkyi liikettä ja pyykkiä kuivumassa sisäpihoilla. Yksittäisiä autoja huristeli vanhoja kuluneita asfalttiteitä pitkin väistellen pahimpia kuoppia. Kaduilla liikkui muutamia ihmisiä käytännöllisissä lenkkareissa, maihareissa, reisitaskuhousuissa ja verkkatakeissa. Vaatteet olivat hullunkurisia ja omituisia yhdistelmiä vanhaa ja uutta. Ihmisten katseet olivat valppaita ja auton perään käännyttiin tuijottamaan lähes poikkeuksetta. Vanhoista kukoistuksen ajoista kertovat mainostaulut törröttivät paikoillaan rakennusten kyljissä ja katoilla, mutta niiden värivalot eivät enää vilkkuneet. Siellä täällä tiessä näkyi mustana ammottavia aukkoja. Symmetrisen pyöreästä muodosta päättelin niiden johtavan kaupungin alaiseen viemäriverkostoon. Ajatuskin pimeistä tunneleista tämän kummituskaupungin alla sai ihoni kananlihalle.

Auto jätti meidät laitakaupungille keltaisen puutalon eteen, jonka arkkitehtuuri toi mieleen 1900-luvun historiasta kertovat dokumentit. Tottuneesti Akseli nousi portaat ovelle, kaivoi taskustaan avaimen ja meni sisään. Seurasin perässä kostealta tuoksuvaan eteiseen. Akseli asteli peremmälle ja kuulin, kuinka ikkuna avattiin.

Eteisessä oli suuri peili. Jäin tuijottamaan itseäni. Keltainen hupparini oli edestä vihreiden ja ruskehtavien läikkien peitossa. Hiukset olivat huolimattomalla takkuisella ponihännällä. Farkuissa oli polvipussit ja niin ikään likaläikkiä siellä täällä. Hurmaavaa kerrassaan! Akseli sanoi menevänsä lämmittämään saunaa ja katosi pihalle. Sillä aikaa tarkastelin taloa. Sen sisustus oli niukka ja nuoren miehen tyyliin sopimaton. Pitsiverhoja, kuivahtanut kaktus ja roosanvärinen muovipöytäliina. Keittiön nurkassa komeili suuri tiilinen rakennelma, jonkinlainen uuni.

Ulkoa kuului pauketta ja ikkunasta näin Akselin pienivän halkoja. Hän kantoi sylillisen puita pihan perällä nököttävään pieneen rakennukseen, ilmeisesti saunaan, ja pian savu nousi piipusta. Akseli tuli ulos ja kaivoi taskustaan tupakan. Ele yllätti, sillä Kehämuurilla juuri kukaan ei polttanut tupakkaa. Terveyttä vaalittiin ja sitä pidettiin yllä monenlaisilla rohdoilla ja tableteilla. Kaipasin päivittäistä pilleriannostani.

- Anna, sanoin ulkona ja ojensin kättäni tupakkaa kohti. Akseli tökkäsi käteeni lyhyen natsan. Vein sen suulleni ja vetäisin ilmaa sisään filtterin läpi. Tupakan pää hehkui punaisena, maistui pahalta ja yskitti. Akselia nauratti.
- Älä nyt perkele yski pois mun kalliita tupakkeja, poika nauroi.
Hekotellen ja kakistellen ojensin natsan takaisin.
- Savu pittää vettää syvälle keuhkoihin ja sitte antaa sen muhia siellä. Akseli näytti mallia.
- Se oli pahaa.
- No mitä kuvittelit? Tottakai se on pahhaa.
- Pahaa.
- Pahhhhaaa. Kahdella hoolla.
- Kuka täällä oikein opettaa ihmisiä puhumaan. Sä kuulostat puhevikaiselta, sanoin.
Akseli tarkasteli minua huvittuneena. Yhtäkkiä tulin tietoiseksi pojan läheisyydestä. Pojan katse viipyili kasvoillani ja hetken

jo ajattelin aamuisen tilanteen toistuvan. Ajatus sai sydämeni takomaan yllättävän kovaa ja oloni muuttui taas kuumeiseksi. Akselin katse siirtyi alemmas.

- Tarttet puhtaat vaatteet, hän tokaisi ja tumppasi tupakan kosteaan nurmikkoon.

Saunassa pesin itseäni hartaasti vihreällä saippuan palallani, jonka olin pitänyt itselläni. En uskaltanut heittää vettä kiukaalle, koska en ollut tottunut koviin höyryihin, vai pitikö sanoa löyly? Kotona saunassa hengiteltiin vain pikkuisen lämpimiä höyryjä eikä kiuas hehkunut punaisena kuten täällä. Saippuan tuoksu oli huumaava ja iho tuntui sen jälkeen nahkealta. Hieroin saippualla myös vesiämpärissä lonneita alusvaatteita sekä keltaista hupparia.

Saunan jälkeen vedin ylleni pukuhuoneeseen ilmestyneet löysät collegehousut, joiden lahkeet olivat liian pitkät. Akselinko? Ilman alusvaatteita housut tuntuivat epämiellyytäviltä, mutta ei auttanut. Rinnan kohdalta liian pieni t-paita oli selvästi jonkun pikkupojan ja sen päälle vedettävä neule taas ilmeisesti mökin entisen omistajan. Persikan värisen palmikkoneuleen etumukseen oli kirjailtu valkoisia helmiä, mutta se oli ainoa vaatekappaleista, joka oli sopivan kokoinen ja oikeastaan aika söötti. Kietaisin märät hiukseni suttuisalle nutturalle päälaelle ja astelin takaisin tupaan. Matkalla huomasin pihalla vielä toisenkin pienen puurakennuksen, jossa puita säilytettiin. Millä nimellä sitä kutsuttiinkaan? Aitta, talli, liiteri? Historian oppitietokannoille olisi nyt käyttöä.

Sain makuuhuoneen yläkerrasta. Akseli sanoi olevansa alakerrassa, jos tarvitsisin jotain. En saanut pitkään aikaan unta. Pääni oli selvempi kuin aikoihin ja korvani olivat herkistyneet kuulemaan jokaisen rapsahduksen vanhassa talossa. Ikkunan takana luonto kylpi kirkkaassa väriloistossaan ja ajatuksetkin tuntuivat juoksevan nopeammin kuin koskaan Kehämuurin sisällä. Lopulta olin kuitenkin nukahtanut, sillä tajusin vain hämärästi portaiden natisevan askelten alla. Sen jälkeen Akseli katseli minua hetken ovenraossa ja sulki sitten oven hiljaa. Olin metsästäjän kotona.

Luku 8 Salattu kaupunki

Ilmeisesti oli aamuyö, kun heräsin ja hiippailin alakertaan.
Neule oli jäänyt yläkertaan ja ihoni nousi kananlihalle.
Puuhellassa kyti vielä hiillos. Lisäsin sinne puita, mutta ne
eivät syttyneet. En tiennyt mitä tehdä. Keittiössä oli yksi
kaappi, josta löysin väljähtäneitä kahvinpuruja. Keitintä ei
kuitenkaan näkynyt missään.

Menin varovasti kamarin ovelle, joka oli raollaan. Ovi ei
narahtanut, kun avasin sen. Kamarin sänky oli tyhjä, mutta
Akseli retkotti nurkassa olevassa nojatuolissa ja nukkui suu
auki. Pojalla oli yllään samat vanhat maastohousut ja harmaa
t-paita. Hiivin varovasti lähemmäs ja hetken mielijohteesta
kosketin pojan parransänkistä poskea kädelläni. Samalla
hetkellä, kun käteni tavoitti pojan ihon, tämä säpsähti ylös
tuolista ja tarttui lujalla otteella ranteestani. Toinen käsi
vetäytyi jo taakse valmiina iskuun. Akseli tuijotti minua
aukirävähtänein silmin ja kesti hetken ennen kuin hän tajusi,
kuka hänet oli herättänyt. Ote ranteestani hellitti ja toinen käsi
laskeutui hitaasti alas. Akselin kaulavaltimo kohoili.

- Älä koskaan yllätä mua noin.
Tuijotin poikaa itsekin säikähtäneenä.

- Ootko vähän säikky?

- Mää oon tottunut oleen aina valppaana.

- Miksi? Uhkaako täällä jokin?

- Voi uhatakin.

Hymähdys. Akseli nousi ylös tuolista ja suoristautui ilmeisen epämukavasta asennostaan.

- Onko tässä talossa kahvinkeitintä? kysyin.

- Arvaa.

- Ei ole. Kenen tämä talo on?

- Paljon kysymyksiä. En tiiä. Mää muutin tänne, kun halusin omilleni, eikä kukaan ole tullut häätämään. Omistaja asuu varmaan jossain Kehämuurin sisällä tai on sitten jo kuollut. Täälä on kuule vaikka millä mitalla näitä taloja ja tönöjä, joista puuttuu asukkaat. Monissa on vielä huonekalut tallella ja tavaroitakin. Yksi kaunis päivä vaan ihmiset otti tärkeimmät mukaansa ja hyppäsi oottaviin kuorma-autoihin ja ajoi pois. Silleen kävi pohojoisen Suomen tyhjennys.

- Miksi sun perhe ei lähtenyt?

- Ne ei halunneet muuttaa seinien sisälle eikä ne uskoneet sitä, mitä kansalle tiedotettiin ydinlaskeumasta ja muusta. Niillä oli omat syynsä uskoa siihen, ettei sinä päivänä tuullutkaan kaakosta, vaan koillisesta. Täällä pohjoisessa on itse asiassa turvallisempaa kuin etelässä. Kai täälläkin säteilee, muttei puoleksikaan niin paljon kuin siellä teidän turvallisessa kuplassa.

En ymmärtänyt.

- Ei kuvun alla säteile, koska se suojaa meitä. Miksi ihmiset laitettiin muka asumaan etelään?

- No sepä se. Kai siinä nähtiin mahdollisuus tyhyjentää kituvat syrjäseudut. Sen jälkeen kun ihmiset saatiin täältä pois, valtio pystyi raiskaamaan luontoa täällä ihan rauhassa. Vai mistä nää luulet kaikkien luonnonvarojen ja materiaalien tulevan Kehämuurille?

En mistään. Minä en tiennyt Kehämuurin ekosysteemistä yhtään mitään, koska se ei kuulunut minulle eikä muillekaan tavallisille ihmisille. Valtion ylin johto oli täynnä erilaisia organisaatioita, jotka vastasivat kansalaisten turvallisuudesta ja elämisen edellytyksistä suojatussa ympäristössä. Ei ollut minun tehtäväni huolehtia niistä asioista, ainakaan vielä. Ehkä koulutuksen jälkeen sekin päivä koittaisi. Tottakai Kehämuurin ulkopuolelta tarvittiin yhtä ja toista, mutta siitä ei puhuttu, koska mikään muurin ulkopuolinen ei koskaan päässyt kosketuksiin ihmisten kanssa ilman tarkkaa seulontaa ja puhdistusta.

- Syötkö munia? Akseli kysyi.

Tuijotin poikaa hölmistyneenä. Mitä munia? Akseli nosti kaapista korin, jossa oli pieniä luonnonvalkoisia ja ruskehtavia munia, kuulemma kananmunia. Hän latoi munat kattilaan,

annosteli ämpäristä vettä ja nosti kattilan puuhellan päälle.
Akseli puhalsi kytevään pesään ja vilkaisi minua.
- Tarttee laittaa jotain syttyä.
Halkopinosta löytyi tuohta, jonka avulla pesä syttyi.
- Eikö täällä ole sähköä?
- On, mutta ei ruoanlaittoon.

Söimme munia ja joimme pannukahvia päälle. Akseli kertoi, että kohta lähtisimme keskustaan, jossa minut kirjattaisiin väestöön. Minun pitäisi ottaa kaikki tavarani mukaan. Ajatus piristi mieltäni ja lievitti vierauden tunnetta. Täälläkin oli viranomaisia, joiden apuun saattoi aina luottaa. He auttaisivat minut takaisin Kehämuurille jollain konstilla.

Kävelimme lyhyen matkan keskustaan. Aamupäivään heräilevä kaupunki tulvi eläinten ääniä, viheltelyä ja pesuveden loisketta. Huomasin, että kadulla vastaan tulevat ihmiset edustivat monia etnisiä ryhmiä. Oli tummaihoisia ja tummatukkaisia, vaaleita ja punahiuksisia. Erään talon pihamaalla leikki joukko tummahiuksisia suoranenäisiä lapsia, jotka toivat mieleeni Etelä-Amerikan sademetsät. Mitä nämä kaikki ihmiset tekivät täällä kylmässä ja pohjoisessa Suomessa? He eivät selvästikään olleet alkuperäistä väestöä.

Tulimme suurelle toriaukealle, joka oli vielä hiljainen. Vasta muutama koju oli pystyssä ja toisia pystyteltiin. Valkoharmaat linnut kirkuivat yläpuolellamme ja torin toiselta laidalta nousi suolainen tuuli. Käänsin kasvoni tuulta päin ja oivalsin, että edessämme oli kaiketi meri. Olin nähnyt sen Kehämuurillakin lasin takaa. Avomerta ei kuitenkaan näkynyt, vaan vedestä kohosi särkkiä ja niemiä niin kauas kuin silmä kantoi. Seisahduin paikalleni ja jäin hetkeksi katselemaan auringon säteiden liikahtelua kosteassa mukulakiveyksessä ja lintujen kaartelua taivaalla. Akseli hoputti eteenpäin.

Menimme torin laidalla olevaan matalaan harmaaseen rakennukseen, jonka lasiovet oli vedetty sivuun ja ovaukkoa peitti pressukangas. Akseli nosti kangasta ja seurasin perässä hämärään aulaan, jonka seinustoilla oli pöytiä. Muutama ihminen kuljeskeli aulassa joutilaan näköisenä ja pöytien takana oli touhukkaita nuoria ihmisiä, jotka juttelivat toisilleen ja nauroivat.
- No niin, ilmoittaudut noille, Akseli sanoi. - Pärjäile Inna, hän lisäsi ja suukotti nopeasti poskeani. Pressukangasta nostettiin ja sitten hän oli poissa. Seisoin tyrmistyneenä paikoillani. Ensimmäistä kertaa Akseli oli kutsunut minua nimeltä. Mutta missä tapaisimme ja mihin aikaan? Pärjäile? Kuvitteliko hän voivansa jättää minut tähän näin ja häipyä omille teilleen? Olisin halunnut juosta Akselin perään, mutten saanut itseäni liikkelle. Yhtäkkiä minua alkoi jostain syystä itkettää. Luulin,

että olimme olleet vähintäänkin ystäviä. Yksinäinen pölypallero leijaili hiekkaisella laattalattialla.

Virkailija kiinnitti huomionsa minuun, tuli pöytänsä takaa luokseni ja tiedusteli murteellisella suomella, kuinka voisi auttaa minua.
- Mä oon tullut Kehämuurilta.
Nainen ohjasi minut istumaan pöytänsä eteen ja alkoi kirjata tietojani. Nimi, ikä, vanhemmat, aiemmat asuinpaikat, koulutus, naimisissa vai naimaton.
- Naimaton, vastasin ja sanassa oli vanhanaikainen kaiku. Ei-naitu. Mieleeni tulvahti kuva Fransista hymyilemässä välinevarastossa. Sitten näin Akselin kasvot edessäni nukkumassa. Karhea vaalea parransänki sormieni alla.

- Kuunteleeko sinä? nainen tivasi ja ojensi minulle kartan, johon oli ympyröity yksi kaupunginosa.
- Täältä sinä etsi talo. Talossa on uuni. Täältä saat vesi, täältä vaattet. Tänne tulet aamulla töihin. Nainen osoitti kaupungin laidalla olevaa kohtaa kartassa ja piirsi siihen rastin. Rastin alla luki *Kaukovainio*. Se kuulosti pahaenteiseltä. Kysymykset risteilivät mielessäni, mutten saanut niistä yhtäkään puristettua ulos.
- Tervetuloa Uuleoon.
Tungin paperit ja kartan reppuuni ja poistuin rakennuksesta.

Torin laidalla otin suunnan sinne päin, mistä muistelin meidän tulleen aamulla. Muutaman kerran kävelin harhaan, mutta löysin lopulta keltaisen puutalon. Talo oli hiljainen ja ovi oli lukossa. Istahdin portaille. Mihin Akseli oli mennyt? Kyyneleet alkoivat tipahdella silmistäni farkuille. Pettymys ja hylätyksi tulemisen tunne vyöryivät ylitseni. En mielestäni itkenyt, mutta kyyneleet juoksivat nyt pitkin poskiani valtoimenaan. Olin täydellisen yksin tässä vieraassa paikassa, vailla turvaa ja tuttuja ihmisiä. Mietin vanhempiani Kehämuurilla. Heidän täytyi olla jo todella hädissään.

Frans tuskin ikävöi minua, mutta luultavasti hänkin ihmetteli, mihin olin kadonnut. Reettaa ja Fransia oli varmasti kuulusteltu, koska he olivat viimeiset, jotka olivat minut nähneet. Hetken aikaa kuvittelin jo etsiväni Kasitien ja lähteväni takaisin. Mitä minä täällä tekisin? Nousinkin ylös, mutta sitten kaivoin taskustani kartan ja päätin etsiä talon, jossa voisin ensin levähtää ja suunnitella matkaani.

Päivä alkoi kääntyä jo iltapäiväksi, kun saavuin puutalokortteliin kaupungin toiselle laidalle. Joissakin taloissa näkyi liikettä ja ohitin ne nopeasti. En kaivannut uusia tuttavuuksia juuri nyt. Sain asua yksin, koska olin sanonut naiselle iäkseni kahdeksantoista. Kulkemani katu päättyi yllättäen pajupusikon reunaan. Kaksi viimeistä taloa näyttivät tyhjiltä. Pihat olivat ruohottuneet. Talot seisoivat toisiaan vastapäätä ja hetken päästä tajusin niiden olevan toistensa peilikuvia. Molemmat olivat sinisiä ja niissä oli valkoiset ikkunanpokat. Oikeanpuoleisen talon ulko-oven eteen oli naulattu lauta, joten menin vasemmanpuoleiselle ovelle. Koetin ripaa ja ovi avautui valittaen.

Mökki oli sisältä hyvin samanlainen kuin se, josta olin aamulla lähtenyt. Ikkunoissa ei ollut verhoja eikä lattialla mattoja. Alakerrassa oli keittiön lisäksi yksi suurempi huone, mutta siellä ei ollut yhtäkään huonekalua. Yläkerran makuuhuoneessa oli kaappi, josta löysin muutaman täkin ja yhden tyynyn. Laskin ne parisängylle vaahtomuovipatjan päälle. Päätin oikaista hetkeksi sängylle ja pian olinkin jo unessa. Minun piti jäädä taloon yhdeksi päiväksi, mutta kaksi viikkoa myöhemmin totesin, etten ollut vieläkään laatinut suunnitelmaa kotimatkalleni.

Luku 9 Elossa

Ulkona kuului tiaisen levoton tititys, jonka olin oppinut jo tunnistamaan. Haukottelin ja yhtäkkiä mieleeni tuli monen viikon takainen aamu pirtissä jossain Kasitien varrella, kun olin herännyt vieraan pojan kainalosta. Sinisten silmien katse ja ruumiin lämpö vieressäni. Huulet painautumassa omiani vasten ja aamun raukeus jäsenissä. Nyt käsivarsien lihakset tuntuivat jäykiltä viime viikkoisesta aherruksesta kasvimaalla.

Kaipasin poikaa mielettömästi. Tässä vieraassa maassa hän edusti minulle tuttua ja turvallista. Akseli oli pelastanut henkeni ja pitänyt minusta huolta, auttanut alkuun täällä. Sitten hän oli kadonnut retkilleen. Oletin, että hän vakoili tutkimusasemaa ja Kehämuurilta tulevia ihmisiä, toimi linkkinä uuteen maailmaan niille, jotka halusivat pois turvatusta ympäristöstä. Montakohan minunlaistani hän oli jo saatellut Uuleoon? Toisaalta nainen oli sanonut, ettei ketään ollut tullut pitkään aikaan. Miksipä olisikaan? Kehämuurilla uskottiin vakaasti, että ulkopuolelle meno tarkoitti hidasta ja kivuliasta itsemurhaa. Minä olin kuitenkin enemmän elossa kuin koskaan aiemmin.

Alun apaattinen olo ja pettymys olivat rauenneet pikkuhiljaa toimeliaisiin päiviin Kaukovainion viljelmillä ja istuskeluihin iltanuotiolla. Olin tutustunut moniin uusiin ihmisiin ja minut oli hyväksytty joukkoon mutkattomasti. Saman kadun varrella asuivat keski-ikäiset sisarukset, Ingrid ja Birgitta. Siskokset olivat molemmat lyhyitä ja hyvin tummia. He puhuivat keskenään räävittömiä juttuja ruotsiksi. Minulle he puhuivat murteellista suomea, jossa lähes jokaiseen sanaan oli ängetty h-kirjain. Jostain syystä he kutsuivat minua aina vain flikaksi, vaikka olin monta kertaa sanonut heille nimeni. Ingrid ja Birgitta olivat auttaneet vaatteiden hankinnassa ja heidän veljensä, Per oli opettanut minua puuhellan käytössä. Osasin jo vuolla klapista kiehisiä ja sytyttää pesään tulen, joka lämmitti ihanasti sateisina aamuina.

Vainiolla olin saanut työparikseni Laurin, jota olisin kuvaillut Sanille sanoilla iso, kiltti nalle. Lauri vaikutti olevan aina hyvällä tuulella ja paiski töitä mistään valittamatta. Minulla oli ollut täysi työ pysytellä Laurin perässä, vaikka hän olikin aina ottanut raskaimmat työt itselleen. Lauri oli kertonut ja näyttänyt kädestä pitäen, mitä minun piti tehdä ja naureskellut aina hyväntahtoisesti, kun oli löytänyt minut ihastelemasta kaalikerää tai maistelemasta ruohosipulia. Monet vihannekset ja juurekset olivat minulle outoja tai ne maistuivat aivan erilaisilta kuin Kehämuurilla syömäni samaa nimeä kantavat lajikkeet. Luultavasti makuerot johtuivat erilaisesta kasvuympäristöstä.

Lauri oli ensimmäisenä pyytänyt minut iltanuotiolle mukaan. Lähes joka ilta puutalokorttelin laidalla pellon reunassa poltettiin nuotiota suuressa sementistä valetussa renkaassa. Koska täällä ei katseltu 3D-näyttöjä tai kuunneltu radiota, iltanuotiolla hassuteltiin ja kerrottiin tarinoita. Joskus joku innostui laulamaankin surumielisen kitaran säestyksellä. Toisinaan nuotion liekit synnyttivät yläpuolelleen kuvia kerrotusta tarinasta. Se oli todellisempi kuin ilmaan heijastettu moniulotekuva. Tarina heräsi eloon, se oli totta.

Nuotiossa sai käristää kepin nokassa mitä ikinä halusikin, mutta useimmat käärivät keppinsä nokkaan suikaleen notkeaa taikinaa tikkupullaksi. Ingrid ja Birgitta pitivät huolen siitä, että taikinaa oli aina saatavilla. Hetken aikaa olin luullut Laurin pyytäneen minut treffeille. Nuotiolla epäilyni olivat kuitenkin kaikonneet, kun olin nähnyt Laurin katselevan koko ajan nuotion vastakkaisella puolella istuskelevaa vaaleatukkaista tyttöä. Hän ei käynyt töissä Vainiolla enkä tiennyt hänen nimeään. Jostain syystä olin kuitenkin helpottunut siitä tiedosta, että olin Laurille vain ystävä ja työkaveri.

Havahduin mietteistäni ja nousin sängystä, kun kuulin alakerrasta tutun naukaisun. Heti sen jälkeen, kun olin asettunut taloon asumaan, olin saanut asuinkumppanin. Ensimmäisenä aamuna oveni takana oli naukunut lohduttomasti pienikokoinen mustan ja ruskeankirjava kissa, jolla oli keltaiset silmät ja valkoiset tassut. Olin päästänyt kissan sisään ja jakanut aamupalani sen kanssa. Siitä lähtien se oli istunut joka aamu portaillani. Pienestä koostaan huolimatta kissalla oli hellyttävän pyöreät posket ja hetken mielijohteesta olin alkanut kutsua sitä Matiksi. Nytkin Matti naukui kuuluvasti portailla ja astelin alakertaan vetäen samalla hupparia yöpaidan päälle. Aamuista oli alkanut tulla koleita.

Matti pujahti sisään puristen ja alkoi kiehnätä jaloissani. Kaadoin sille lasipullosta maitoa, josta en itse erityisemmin välittänyt. Täällä maito kiikutettiin suoraan niityltä pöytään. En ollut tottunut niin rasvaiseen ja homogenoimattomaan juomaan. Ingrid oli kuitenkin sitä mieltä, että kasvava nuori tarvitsi maitoa ja toi sitä minulle vastusteluistani huolimatta monta kertaa viikossa. Matille järjestely sopi erinomaisesti. Se hotkaisi maidon kulhosta sillä aikaa, kun virittelin tulta hellaan ja alkoi sitten puhdistaa viiksiään ilmeisen tyytyväisenä. Minulla ei tietenkään ollut koskaan ollut lemmikkiä ja Matti oli ensimmäinen eläin, jota olin silitellyt. En vieläkään lakannut ihastelemasta eläimen turkin pehmeyttä ja liikkeiden sulavuutta. Kissa vietti päivät talossani nukkuen hellan lähettyvillä. Öisin se luultavasti juoksenteli jyrsijöiden perässä autioissa kerrostaloissa, joissa ihmiset eivät romahtamisvaaran vuoksi juurikaan liikkuneet.

Niukan aamiaisen jälkeen lähdin tallustelemaan Kaukovainiolle. Lauri odotti minua jo kärryjen ja kuokkien kanssa. Tänään kuokkisimme ylös perunoita, jotka kuskattaisiin yhteiseen ruokavarastoon. Uuleossa jokainen yhteisön jäsen teki jotain työtä ja sai vastineeksi ruokaa ja vaatteita, joita kuitenkin säännösteltiin tarkasti. Tuhlailuun ei ollut varaa Näin pohjoisessa talvi kului Laurin mukaan mökeissä hytisten, joten ruokaa ja polttopuita piti kerätä lyhyen kesän aikana mahdollisimman paljon. Periaatteessa Uuleon ekosysteemi kuulosti ihanteelliselta, mutta Laurin mukaan vähän väliä joku yritti vetää välistä ja jos sellainen tuli ilmi, siitä sai ankaran rangaistuksen ja pahimmassa tapauksessa jopa karkotuksen. Ihmiset olivat näköjään samanlaisia kaikkialla.

Lauri työnsi kottikärryt perunapellon laitaan ja alkoi kuokkia maata. Seisoin tumput suorina ja ajattelin Akselia. Olin kerran kysynyt Laurilta, mitä hän tiesi Akselista, mutta pettymykseni pojat tuskin tunsivat toisiaan. Laurin mukaan Akseli ei koskaan työskennellyt pelloilla, kuten olin arvellutkin. Hänellä oli jokin muu tehtävä jossain aivan muualla. Ilmeisesti Akselin vanhemmat ja sisarukset olivat kaupungissa, mutta minulla ei ollut aavistustakaan, mistä olisin heitä etsinyt.

- Voisikko nää kerätä noi perunat? Lauri sanoi hetken kuluttua ja huitaisi kädellään kohti työmaata.

- Sano Inna, eikä mikään nää. Se kuulostaa samalta kuin Birgitan "ei". Nää.

- Voisikko nää, Inna, kerätä nuo perunat? Lauri toisti hymyillen ja viittoi käsillään kärsimättömästi pieniin valkoisiin mukuloi-
hin päin, jotka olivat pulpahdelleet maan pinnalle Laurin heilu-tellessa tottuneesti kuokkaa.

Aloin kerätä perunoita kottikärryihin ajatukset edelleen jossain muualla. Parin tunnin aherruksen jälkeen kaksi pitkää penkkiriviä oli käännetty ja kottikärryt käyty tyhjentämässä moneen kertaan. Lauri huokaisi, iski kuokan maahan ja meni istumaan pellon vieressä nököttävälle kivelle. Keräsin loput perunat, hain evääni ja istahdin viereen. Leppäkerttu teki minulle tilaa kivellä.

- Jos otetaan vielä tuo yks rivi, niin sitte varmaan riittää tältä päivältä. Iltapäivällä sattaa varmaan vettä, Lauri sanoi.

- Mitä teet illalla? kysyin.

Ajatus yksinäisestä mökki-illasta pelkästään Matin kanssa tuntui jotenkin laimealta.

- En varmaan mittää. Syljen kattoon ja ihimettelen elämää. Äitee pyysi käymään.

- Mikset pyydä sitä tyttöä koskaan mihinkään? Vai ootko pyytänyt ja saanut pakit?

Lauri katsoi minua hölmistyneenä.

- Mitä tyttöä?

- No sitä blondia, jota tuijottelet aina nuotiolla. En tiedä sen nimeä.

Ensin Lauri yritti kieltää tuijotelleensa ketään, mutta tunnusti viimein.

- Äh, ei Arina nää mua.

- Miksi sä oot siitä niin varma?

- No sillä on niitä maanmiehiään vaikka joka sormelle. Iigorit ja Sergeit piirittää sitä aina.

Hetken mietittyäni tajusin Laurin olevan oikeassa. Arinaksi nimetty tyttö oli aina nuotiolla tiiviisti ystäväpiirinsä ympäröimänä. Porukassa oli enimmäkseen nuoria miehiä ja vain pari tyttöä. En ollut aiemmin oikeastaan ajatellut asiaa, mutta nyt muistin heidän puhuneen keskenään venäjää. Vilkaisin Lauria, joka oli ilmeestä päätellen vaipunut epätavallisen synkkiin aatoksiin. Kaduin, että olin ottanut tytön puheeksi.

Uuleossa oli paljon eri kansalaisuuksia. Enemmistö oli tietysti suomenkielisiä, mutta ruotsalaisia ja venäläisiä oli paljon. Ydinvoimalaonnettomuuden jälkeen Pohjois-Norjaan oli muodostettu Kehämuurin tapainen suljettu alue. Venäjän länsiosat taas olivat tiettävästi tyhjentyneet samoin kuin koko itäinen Eurooppa. Nykyinen Venäjä alkoi Ural-vuoriston itäpuolelta. Laurilta olin kuullut, että eksoottisen näköiset tummahiuksiset olivat enimmäkseen toiselta puolen maapalloa, Venezuelasta. Maassa oli ollut verinen huume- ja sisällissota meneillään jo jonkin aikaa ja mikä olikaan sen helpompi pakopaikka pakolaisille kuin maa, jossa ei ollut virallista hallintoa. Ei-kenenkään maa oli kaikkien. Täällä jokainen yhteisön sääntöjä noudattava sai kaiken tarvitsemansa riippumatta siitä, omistiko edes henkilöllisyystodistusta. Minullakaan ei ollut sellaista mukanani eikä kukaan ollut kysynyt sitä kertaakaan.

Kuokimme Laurin kanssa vielä sovitun viimeisen rivin ja lähdimme kotiin ensimmäisten pisaroiden tipahdellessa. Lauri sanoi menevänsä keskustaan ja minä jatkoin kulkuani kotiin. Matti jolkotti ovella minua vastaan ja käpertyi tyytyväisenä syliini, kun rojahdin väsyneenä Birgitan lahjoittamaan nojatuoliin. En jaksanut laittaa ruokaa. Rapsuttelin kissaa hajamielisesti ja se kuolasi tyytyväisenä. Vaikka ulkona sataa tihuutti, päätin lähteä pilkkomaan puuläjää, jonka Per oli kipannut pihani perälle toissapäivänä. Ei ollut olemassa parempaa keinoa purkaa turhautumista kuin pilkkoa kirveellä valmiiksi puita. En uskonut viettäväni täällä talvea, mutta varmasti valmiit klapit kelpaisivat jollekulle. Ne voisi vaihtaa johonkin tarpeelliseen. Tuore puu tuoksui huumaavalta.

Sade kasteli pikkuhiljaa vaatteeni ja hanskat muuttuivat märiksi sitä mukaa, kun halkaistujen puiden pino hakkuupölkkyni vieressä kasvoi. Aluksi kirveen heilutelu oli tuntunut vaikealta ja kömpelöltä, mutta nykyään osuin jo vaivatta kaksi kertaa peräkkäin samaan kohtaan ja sain isommatkin puut halkeamaan. Työskentelin rytmikkäästi ja nautin ranteissa tuntuvista tärähdyksistä. Samalla mietin, mitä minun pitäisi tehdä. Palaisinko takaisin Kehämuurille talveksi? Kesä olisi ohi viimeistään kuukauden päästä ja jo silloin voisi olla liian myöhäistä aloittaa paluumatka. Selviäisinkö siitä yksin? Kuinka löytäisin takaisin? Sinä lyhyenä aikana, jonka olin viettänyt Kehämuurin ulkopuolella, olin oppinut tuntemaan täysin uuden ja erilaisen maailman, mutten ollut mikään luontainen luonnossa liikkuja: en osannut suunnistaa enkä hankkia ravintoa. En tiennyt, mitä marjoja ja sieniä sai syödä ja mitä ei. Tuskin olisin koskaan päätynyt Uuleoon saakka ilman Akselia.

Nostin painavan kantopalan hakkuupölkylleni ja olin juuri kohottamassa kirveeni, kun jokin kiinnitti huomioni näkökenttäni laitamilla. Käännyin nopeasti katsomaan talon suuntaan ja näin tumman hahmon nojailevan seinään kaulukset pystyssä. Hahmolla oli päässään vanhanaikanen miesten lipallinen lakki ja vaikken voinutkaan nähdä vaaleaa tukkaa, tiesin heti kuka tulija oli. Saderintaman toisella puolella lipan alta minua katselivat siniset silmät. Vaalean parransängen keskellä oleva suu oli vetäytynyt huvittuneeseen hymyyn.

Luku 10 Saunan lämmössä

Sade oli voimistunut ja tunsin, miten pisarat tipahtelivat jo hiuksistani paidan sisään ja miten valuva vesi liimasi vaatteet kiinni ihooni. Olisin halunnut juosta Akselin luokse ja halata häntä rajusti, itkeä ilosta. Oli helpottavaa nähdä hänet monen viikon jälkeen, mutta samalla yritin hillitä iloani ja pitää kasvoni peruslukemilla. Hän oli jättänyt minut ja hylännyt näiden vieraiden ihmisten pariin. Hän voisi tehdä sen uudestaan. Se olisi jopa todennäköistä. Ei kannattanut elätellä turhia toiveita. Iskin kirveen hakkuupölkkyyn ja lähdin kulkemaan taloa kohti. Lähempänä huomasin, miten väsyneeltä ja rasittuneelta poika näytti. Seisahduin portaiden eteen ja katsoin häntä silmiin. Poika tarkasteli olemustani päästä varpaisiin, ja tiesin näyttäväni surkealta.

- Näytät kottiutunneen, Akseli sanoi viimein karhealla äänellä.

Sanaakaan sanomatta astelin portaat ylös ja menin sisään. Akseli tuli perässäni.

Sillä aikaa, kun herättelin sammunutta pesää, Akseli riisui eteiseen päällysvaatteensa.

- Tuo ne tänne kuivumaan, sanoin, kun liekit taas loimottivat hellassa. Akseli tassutteli avojaloin keittiöön ja asetteli vaatteitaan tuolin selkänojalle ja hellan edessä olevalle tangolle. Vaatteet höyrysivät ja pojasta lähti metsän tuoksu.

Ilmeisesti hän oli tullut suoraan retkeltään minun luokseni. En tiennyt, olisiko asiasta pitänyt olla mielissään vai ei. Touhusin ruokaa pöytään ja laitoin vesipannun hellalle. Toimitin askareitani katsomatta poikaan. Hetken kuluttua Matti tuli huoneeseen raukean näköisenä ja meni heti kiehnäämään vieraan jalkoihin tyytyväisesti hyristen. Petturi.

Akseli söi hyvällä ruokahalulla pöydälle ladotut leivät. Olin siivoavinani, vaikkei mitään varsinaista siivottavaa ollutkaan. Kaadoin Matille lisää maitoa, ja sain sen hyppäämään pois pojan sylistä. Kolmannen leivän jälkeen Akseli rykäisi kurkkuaan.
- Mitä tänne kuuluu?
Ensin en halunnut vastata. Sitten kuitenkin kallistin pääni sivulle ja hymyilin teennäisesti.
- Hyvää, kaikki on aivan mainiosti. Mä olen kotiutunut, niinku nää näät.

Akseli huomasi purevan sävyni ja siirsi katseensa pöytään.
- Oli hirveen kiva jäädä tänne ihan yksin.
Akseli pureskeli leipäänsä hetken ja oli hiljaa.
- Mun oli pakko mennä. Yks juttu jäi kesken.
En vaivautunut vastaamaan.

- Sää oot saanu seuraa, Akseli sanoi ja nyökkäsi Mattia kohti, joka istui odottamassa herkkupalaa hänen jaloissaan.

- Se on Matti.

- Vai Matti, Akseli sanoi ja hymyili leveästi. Myös pojan silmät alkoivat nauraa.

- Mitä?

- Ei mitään. Virnistely jatkui ja jostain syvältä pojan rinnasta kohosi lämmin hekotus. Sen sointi oli kaunis ja seksikäs. Minuakin alkoi hymyilyttää.

- Eiku mitä? Sano.

- Tää Matti on tyttö.

- Eikä ole.

- On se. Tässä kuuluisi olla pallit, Akseli sanoi ja osoitti kissan peräpäätä, joka juuri sopivasti nousi lattiasta kissan vaihtaessa hermostuneena istumapaikkaa.

- Että joko nää oot kuohinnut sen todella huolellisesti, tai sitte se on tyttö ja mää veikkaan kyllä jäläkimmäistä.

Akseli katseli hölmistynyttä ilmettäni ja nauroi jo täyttä päätä. Mistä minä olisin tiennyt jostain palleista? Itse asiassa en ollut miettinyt kissan sukupuolta lainkaan. Matti oli vain Matti. Ei sillä ollut sukupuolta. Silti minun oli pakko hymyillä ja tunnelma mökissä lämpeni huomattavasti. En pystynyt enää pitämään kylmää ja torjuvaa linjaani. Akselikin taisi huomata sen, koska hän siveli nyt parransänkeään ja katseli minua lämmin tuike sinisissä silmissään.

- Aattelin lämmittää saunan. Tuukko mukkaan?

Kävelimme kosteassa illassa kaupungin halki. Vesisade oli lakannut ja aavistus ilta-auringosta näkyi jossain pilvien lomassa. Olimme muutaman talon päässä Akselin kotoa, kun hän yllättäen kääntyikin kadunkulmasta vasemmalle.
- Kävästään äkkiä täällä mun systerin luona, Akseli sanoi huolettomasti.
Mieleni olisi tehnyt pysähtyä niille sijoilleni, mutta kipitin kiltisti perässä. Nyt siis tapaisin muita perheenjäseniä.
- Oota tässä, Akseli sanoi yhden mitäänsanomattoman talon edessä ja asteli sisään.

Jäin huojentuneena odottelemaan notkahtaneen puisen aidan viereen. Pihalla oli kumollaan pieni muovinen traktori ja keltainen hiekkalapio törrötti mullasta vähän kauempana. Systerillä oli ilmeisesti lapsia. Pian ikkunassa häivähtivät nuorehkot naisen kasvot. Vaaleat hiukset olivat letillä. Naisella oli sylissään parivuotias poika. Akseli tuli ulos ja lähti kävelemään tulosuuntaamme.
- Taina tullee perheineen myös käymään. Ehkä isä ja Ainokin myöhemmin.
Äidistä ei puhuttu mitään enkä minä kysynyt.

Myöhemmin illalla istuin aivan liian kuumissa löylyissä

Akselin siskojen, Ainon ja Tainan kanssa. Myös Tainan toinen lapsi, nelivuotias tyttö, jonka nimeä en muistanut, istuskeli kanssamme mutta alemmalla lauteella. Taina hyräili hiljaa ja Aino heitti vähän väliä kiukaalle löylyä. Aino oli naisista selvästi nuorempi, hänen silmänsä olivat vihreät ja hiukset tummemmat kuin Tainan ja Akselin. Ennen saunaan menoa olin tavannut myös Akselin isän, joka muistutti kovasti poikaansa, tai paremminkin poika isäänsä. Ilmeisesti Aino oli sitten tullut äitiinsä, josta kukaan ei vieläkään puhunut sanallakaan mitään. Molemmilla siskoilla oli Akselin kapeat kasvot ja korkeat poskipäät. Saunahetkessämme oli jotakin alkukantaista. Minua ahdisti istua niin lähellä ventovieraita ihmisiä ja vieläpä alasti, mutta yritin parhaani mukaan näyttää siltä kuin viihtyisin saunassa erinomaisesti. En oikein itsekään tiennyt, miksi halusin nähdä sen vaivan.

Välillä naiset juttelivat keskenään arkipäiväisistä asioista. Minusta he olivat jo saaneet selville kaiken haluamansa. Kerroin heille, että olin Akselin ystävä ja tullut Uuleoon vasta vajaa kuukausi sitten. Sen he luultavasti olivatkin jo tienneet ja enimmäkseen naisia tuntui kiinnostavan se, millaista elämä Kehämuurin sisällä oli. Vastailin heille parhaani mukaan, mutta jotenkin kuvat aiemmasta elämästäni tuntuivat utuisilta ja kaukaisilta, kuin unelta. Kehämuurin takainen elämä oli niin erilaista. Tuskin nämä ihmiset voisivat koskaan ymmärtää, millaista oli hengittää päivästä toiseen putkistoilmaa ja kulkea kivettyjä käytäviä pitkin vain rajatuilla alueilla. Ei sellaista voi selittää. Luultavasti minun antamani kuva Kehämuurin sisäisestä elämästä oli yhtä litteä, väritön ja epätodellinen kuin ne luentomateriaalien tyhjin silmin tollottavat hirvet, joita olin tuijotellut silmät suurina jossain päivä päivältä hämärtyvässä menneisyydessäni.

Taina alkoi pestä tyttöä ja katselin heitä suorastaan liikuttuneena. Lapsen ja äidin välinen läheisyys oli käsinkosketeltavaa ja siinä oli jotain ikiaikaista. Siinä he istuivat sylikkäin lapsi vasten äitinsä pehmeitä rintoja kuten kymmenet, sadat tai jopa tuhannet sukupolvet ennen heitä. Käänsin katseeni Ainoon, jonka vihreät silmät tarkkailivat minua saunan hämärässä.
- Tykkäätkö nää tuosta meijjän Aksusta? Aino kysyi ja siristi silmiään hieman hymyillen.
Hymähdin ja katsoin nopeasti poispäin, mutta olin varma, että katseeni oli jo paljastanut kaiken. Tainakin käännähti katsomaan minua alemmalta lauteelta.
- Se on sellanen mehtämies, ettei sitä kyllä kannata paljo kotia ootella.
Avasin jo suuni sanoakseni jotain siitä, miten tiesin jo varsin hyvin pojan tavat, mutta muutinkin sitten mieleni ja vaikenin. Mehän olimme vain kavereita, jos sitäkään. Yksi kiihkeä

suudelma ei vielä tarkoittanut sitä, että pitäisi tehdä tiliä menemisistään. Eihän?

Saunan jälkeen istuimme iltapalalle naisten kanssa miesten mennessä vuorostaan saunaan. Katselin ikkunasta Akselin paidatonta yläruumista ja harteilla keikkuvaa pyyhettä. Harmittelin hieman mielessäni illan saamaa käännettä ja sitä, että kahdenkeskinen illanvietto olikin muuttunut sukukokoukseksi. Myös Tainan mies oli tullut paikalle jonkun ystävänsä kanssa meidän löylytellessämme. Arvelin, että ilta venyisi pitkään ja tuskin ehtisin vaihtaa Akselin kanssa montaakaan sanaa. Iltapalan päätteeksi naiset tekivät lähtöä ja minua alkoi väsyttää armottomasti. Kamarin ovi oli auki ja siellä näkyvä vuode veti minua puoleensa. Hetken aikaa ajattelin oikaista itseni siihen, mutta olisin taatusti nukahtanut saman tien. Muistin, että Matti oli jäänyt sisälle, joten nousin ja keräsin tavarat lähteäkseni.

Saunasta kuului kovaäänistä juttelua ja löylyveden sihahtelua. Hymähdin itsekseni ja lähdin kotia kohti. Ilta oli ollut pettymys. Vaikka toisaalta, saunaahan minulle oli vain tarjottu. Miksi olinkaan kuvitellut mitään muuta? Matti naukaisi närkästyneenä, kun avasin oven, ja luikahti tiehensä. Kello oli varmaankin jo yli puolenyön. Heitin tavarat keittiön nojatuoliin ja kapusin yläkertaan. Uni tuli nopeasti.

Kuljen harmaata käytävää ja sen molemmin puolin on ovia. Käytävä on loputon ja kulkuni nopeaa ja kevyttä. Ovet vilahtelevat ohitseni yhä kiihtyvässä tahdissa. Minun on pakko juosta, jotten putoaisi kyydistä. Käytävä onkin juoksumatto. Ilmavirta käy yhä kovemmaksi ja minun on pakko tarrautua sattumanvaraisesti lähimpään ovenripaan. En ymmärrä, miten se on mahdollista, mutta yhtäkkiä ovi on auki. Kuuluu voimakas räjähdys, kun käytävä pysähtyy. Paineaalto lennättää minut ovesta sisään. Olen metsässä, joka on minulle vieras, mutta samalla merkillisen tuttu. Suuren kuusen alla istuu vaaleahiuksinen nainen silmät kiinni. Menen epäröiden lähemmäs, mutta nainen ei reagoi askelteni ääniin. Aika on hidastunut ja kaikki pysähtynyt. Hiivin aivan naisen lähelle, kumarrun suuren oksan ali ja ojennan käteni koskettaakseni naista. Yhtäkkiä vaaleat silmäripset värähtävät.

Katson jäänsinisiä silmiä, eikä minulla ole epäilystäkään siitä, kenelle ne kuuluvat. En voi hengittää. Tuijotan silmien sinisyyttä ja annan jään vallata jokaisen liikkeeni ja kohmettaa ajatukseni. Silmien mykiöt laajenevat ja peittävät lopulta koko iiriksen. Tyhjä ja musta on katse, jota joudun katselemaan, vaikken tahtoisi. Minua pelottaa ja käännyn juostakseni pois. Silloin olen taas juoksumatolla, mutta jalkani eivät pysy sen

*maksimivauhdissa. Kaadun mahalleni ja samassa lennähdän
johonkin takanani odottavaan. Olen tyhjän päällä ja putoan.*

- Inna! Ääni oli huudettu kuiskaus, mutta havahdutti minut silti
hereille.

Ikkunasta näin kesäyön oranssina hohtavat auringonsäteet.
Nousin ylös ja menin katsomaan alas. Akseli seisoi pihalla ja
viittilöi minua avaamaan oven.
- Et ole tosissasi, sanoin samalla kun aukaisin oven. - Nyt on
yö ja ihmiset on nukkumassa?
- Ai, nää näytät ainakin olevan suhteellisen hereillä, Akseli
sanoi hilpeään äänensävyyn ängetessään sisään ja arvelin, että
saunassa oli nautittu muutakin kuin vettä.

Pojan katse oli kuitenkin terävä, kun tavoitin sen keittiön
puolella. Uneni naiskasvot pelottavine silmineen viivähtivät
mielessäni.
- Mun piti kertoo sulle yksi juttu, Akseli sanoi ja nyt äänestä oli
kadonnut hilpeys ja tilalle tullut vakava asiallisuus.
- No?
- Sun etsinnät on lopetettu tuloksettomina.
Mietin hetken kuulemaani vieläkin unenpöpperöisenä. Sitten
näin edessäni kuvan äidistä itkemässä isän rintaa vasten. Ajatus
vanhemmista suremassa katoamistani tuntui kamalalta. Minun

pitäisi jotenkin ilmaista olinpaikkani heille. Juuri nyt halusin kuitenkin kömpiä takaisin sänkyyn ja miettiä asiaa vasta aamulla.

- Viranomaiset varmasti tietää sun olevan täällä, mutta ne ei ehkä kerro totuutta sun vanhemmillesi, Akseli totesi hetken päästä.

Hieroin unisia kasvojani ja pyyhkäisin hiukset pois silmiltäni.

Akseli astui askeleen lähemmäs minua ja yhtäkkiä olin täysin hereillä. Pojan hiukset olivat vielä kosteat ja pörrössä.

- Ne ei ehkä anna sun ennää palata, vaikka haluaisitkin, Akseli sanoi käheästi.

Sitten hän tarttui minua hellästi leuasta ja vei kasvoni lähemmäs omiansa. Katselin sinisiä silmiä nyt lähempää kuin pitkään aikaan ja tunsin itseni alastomaksi niiden katseen alla. Lämpimät huulet painautuivat omiani vasten ensin kokeilevasti. Vastasin suudelmaan hapuillen, jolloin pojan kädet tarttuivat lantiooni ja vetivät minut itseään vasten. Huulet omillani rohkaistuivat ja tunsin molempien hengityksen tihentyvän. Akseli työnsi minua edellään muutaman askeleen, kunnes tunsin keittiön seinän selkäni takana. Pojan jäntevä ruumis painautui omaani vasten ja minun tuli kuuma huolimatta siitä, että olin pelkässä yöpaidassa.

- Miks sä olit poissa niin kauan? Etkö tajunnut, että mä olisin tarvinnut sua täällä?

Ääneni oli käheä ja minun piti nieleskellä lauseiden välillä.

Akseli huokaisi ja vetäytyi kauemmas.

- Mulla on omat hommani mehtäsä ja Kehämuurin tunturmasa. Mun piti hoitaa muutama juttu.

- Mitä juttuja?

- Jos kertoisin, mun pittäisi tappaa sut, Akseli sanoi vakavana ja katsoi ikkunasta ulos.

Tuijotin häntä silmät suurina. Sitten hän kääntyi puoleeni ja purskahti nauruun. Huokaisin syvään ja lähdin portaikkoa kohti silmiäni pyöritellen. Mikä ääliö. Akseli seurasi pyytämättä perässäni.

Kömmin jäähtyneeseen vuoteeseen ja vedin peiton polvieni yli. Akseli rojahti jalkopäähän. Nojasimme molemmat selkämme vasten kamarin kulahtanutta kellertävää tapettia.

- Lähetkö taas huomenna? kysyin.

- En. En ainakaan pariin viikkoon, jos nyt enää ollenkaan tälle kesälle.

- Mun vanhemmille pitäisi saada tieto siitä, että oon kurnossa.

- Mm-m. Akseli nyökytteli. - Just nytten me ei olle oikein puheväleissä Kehämuurin väen kanssa. Ne pittää hallussaan Kainuun kaivoksia ja tekkee siellä ihan mitä huvittae. Kaksi päivää sitten kaivokselta oli tulitettu maastossa liikkureita ihmisiä, iliman syytä.

- Miksi?
- Kai ne haluaa pittää ulukopuoliset poisa. Jos Kehämuurilla yleisesti luullaan, että koko pohojonen Suomi on asuinkelevotonta, niille on aivan sama, vaikka siitä lopulta tulisikin sellanen.

Akseli pyyhkäisi hiuksia otsaltaan. Saunan lämpö alkoi selvästi haihtua pojan ruumiilta ja käsivarren vaaleat karvat sojottivat pystyssä ruskettunutta ihoa vasten. Nostin peiton kulmaa ja Akseli sujautti jalkansa omieni lomaan. Tunsin väsymyksen painavan luomiani ja Akselikin nojasi päänsä käsivarsiaan vasten eikä sanonut enää mitään. Kaivoin tyynyn peiton alta ja oikaisin vuoteelle pitkäkseni.
- Voinko mää nukkua täällä? Akseli kysyi juuri kun olin jo nukahtamassa.
- Joo.
Poika kömpi taakseni kapealle sängylle ja hetken päästä tunsin käsivarren laskeutuvan varovasti lantiolleni. Kevyt hengitys hiveli hiuksiani.

- Missä sun äiti on? kysyin Akselilta yön hiljaisuudessa.
Hetkeen ei kuulunut mitään, ja ajattelin hänen jo nukahtaneen.
- Se on kuollut.
- Ai. Miten se kuoli?
- Kun mä synnyin.

En ollut koskaan kuullut kenenkään Kehämuurilla kuolleen synnytykseen, mutta tiesin, että kurjissa oloissa niinkin saattoi käydä. Millainen terveydenhuolto täällä oikein oli?

- Tiiätkö, sulla on ihan omanlaisesi tuoksu, Akseli kuiskasi hiljaa korvaani.
Mietin pojan merkillistä tapaa haistella kaikenlaisia tuoksuja. Olin nähnyt, miten hän oli toiminut metsässä ja jäljittänyt minuakin. Eihän ihmisillä ollut luonnostaan erityisen tarkka hajuaisti. Ihmiset pelasivat näöllään ja kuulollaan, vaikka nekin olivat kovin vajavaiset verrattuna moniin eläimiin. Akseli oli selvästi poikkeuksellinen. Kuulin hengityksen niskassani muuttuvan raskaammaksi ja tajusin jäljittäjän nukahtaneen. Hetken päästä tunsin putoavani pehmeään, raskaaseen ja unettomaan uneen, jonka läpi kuulin jossain vaiheessa Matin vaativat naukaisut alakerrasta. Päätin, että kissa saisi tällä kertaa odottaa päivän valkenemista. Niin uskollinen ystävä kuin se olikin ollut koko Akselin poissaolon ajan.

Päivä paistoi jo ikkunasta sisään, kun heräsin vatsallani vaelteleviin sormiin. Kutittaen ne piirtelivät pieniä ympyröitä napani tuntumassa. Tarrasin kiinni käteen ja käännähdin Akseliin päin. Siniset silmät nauroivat minulle takkuisen tukan lomasta.
- Mitä kello on? kysyin.

Jo tutuiksi tulleet huulet tavoittelivat taas omiani, mutta käänsin pääni pois.

- Miksi teet noin? Siksikö, että tuoksun niin hyvältä. Oikeasti?

- Mitä? Akseli kysyi tuhahtaen.

- Miksi suutelet mua? Ei noin saa tehdä.

- Täh? Miksei?

- Teet sen niinku noin vaan. Miten kuvittelet, että tosta vaan änkeet tänne yötä ja ja... käyttäydyt kuin olisin yhtäkkiä vähintäänkin sun....

En löytänyt oikeaa sanaa. Akseli kohautti hartioitaan.

- Nää oot vaan niin pussattavan näkönen. Väitäkkö ettet tykkää?

- Ihan sama. Et silti voi tehdä noin. Ootin sua täällä ihan tosi monta päivää tietämättä ollenkaan, missä oot ja milloin tuut takasin tai tuutko koskaan. Tajuutko "nää" ettei mulla ole täällä ketään?

- Nyt sulla on mut.

- Tuskin tunnen suakaan, vaikka näytät kuvittelevan muuta, tuhahdin.

Nousin nopeasti sängystä ja löin jalkani lattialla lojuneeseen kirjaan. Paska aamu selvästikin. Lauri varmasti ihmetteli jo, missä viivyin. Kiskoin farkut jalkaani ja vaihdoin nopeasti yöpaidan t-paitaan. Vilkuilin ympärilleni huoneessa, mutten löytänyt ainoita rintsikoitani mistään. Ihan sama, olisin tänään

ilman. Näin pienille rinnoille ne eivät olleet välttämättömyys ja
toisaalta sellaista ylellisyysvaatetta kannattikin ehkä säästellä.

- Mulla on kiire töihin. Jäätkö tänne vai? huikkasin Akselille
portaikosta matkalla alakertaan.
Vastausta ei kuulunut, joten harpoin eteiseen. Hupparin
vetoketju ei ollut yhteistyöhaluinen.
- Hitto! kirosin, kun vasemman peukalon kynsi taittui ikävästi.
Akseli oli juuri tullut portaat alas ja tarttui vetoketjuun
rauhallisin liikkein.
- Anna mää autan.
Vetoketju liukui kiinni sulavasti ja kiirehtimättä nikama
nikamalta. Katselin pojan omahyväistä ilmettä.
- Oot ärsyttävän omahyväinen, sanoin hilliten ärtymystäni. En
voinut olla ajattelematta, miltä tuntuisi, jos hän liu'uttaisi
vetoketjua sulkemisen sijaan auki. Kuin lukien ajatukseni
Akseli pysäytti vetoketjun rintojeni kohdalle ja alkoikin sitten
avata sitä korostetun rauhallisesti tuijottaen läpitunkevan
intiimisti jääsilmillään. Läppäsin kädet vetoketjulta posket
punaisena harmista. Hän leikitteli minulla kuin kissa
pyydystämällään hiirellä.
- Nähhäänkö illalla?
Näytin pojalle kieltä ja avasin ulko-oven. Mattia ei näkynyt
missään.
- Mut löytää varmaan torilta, jos kiinnostaa! Akseli huusi

perääni.

Käännyin tiellä katsomaan oveen nojailevaa poikaa ja nostin hitaan korostetusti keskisormeni pystyyn. Uskoin käsimerkin tarkoittavan samaa kuin Kehämuurillakin.

Luku 11 Parhaat kotimaiset

Taisin hymyillä vielä Kaukovainiolle tullessanikin, koska Lauri tahtoi heti tietää, miten menninkäinen muuttuu päivänsäteeksi yhdessä yössä. Kerroin Laurille tarkemmin Akselista ja siitä, miten olimme tutustuneet sekä eilisestä paluusta.

- Taitaa olla vallan ihimemies tämä Akseli, Lauri sanoi lapion varteen nojaillen ja hymyili vinosti.

- No joo, mut siitä on vaikea ottaa selvää, vastasin ja pyörittelin rikkaruohotuppoa hanskoissani. - Jätkä tulee ja menee ja kohtelee mua vähän niinku jotain sen omaisuutta. Sitten sillä on sellanen outo tapa haistella kaikkea. Sillä on tosi hyvä hajuaisti tai jotain.

Lauri ei sanonut hetkeen mitään ja käännyin katsomaan häntä. Virnistely oli tiessään ja Lauri katseli metsänlaitaa kulmat kurtussa.

- Mitä? kysyin, mutten saanut vastausta.

Hetken päästä Lauri jatkoi lapioimista. Aavistin, että jokin oli nyt pielessä, enkä todellakaan aikonut antaa asian olla. Nousin seisomaan ja olin juuri aikeissa alkaa tivata tietoja, kun Maija lampsi kumisaappaissaan paikalle. Maija oli yksi niistä henkilöistä, jotka vastasivat viljelytöiden suunnittelusta ja toimivat ikään kuin esimiehinä.

- Miten täällä sujuu? Maija kyseli tullessaan.

- Homma hanskassa, Lauri vakuutteli, - Aattelin kääntää tästä vielä yhden tilikun, jos siihen ehtisi vielä jottain. Vaikka uusia taimia. Inna perkkaa rikkaruohoja mansikkapenkistä.

- Tuolta raksapuolelta kyselivät, että liikeniskö täältä muutama ihminen sinne apuun. Haluisitteko te mennä huomisesta alkaen? Meillähän on täällä oikeastaan vaan enää kastelua ja sadon oottelua, että täältä kyllä joutais.

Lauri vilkaisi minua. Kohautin harteitani.

- Ihan sama, voidaan mennäkin, Lauri totesi meidän molempien puolesta.

Teimme pitkän päivän töitä, jotta voisimme seuraavana aamuna siirtyä vanhalle ostarille purkutöihin. Viljelmien läheisyyteen oli tarkoitus rakentaa lisää varastoja ja romahtaneista rakennuksista haluttiin hyödyntää kaikki suinkin ehjänä irtoava. Koska päivä oli kääntymässä jo illaksi, menimme Laurin kanssa suoraan töiden jälkeen syömään keskustan paellakojulle. Venezuelalaisnainen hämmenteli ruokaseosta suurella pannulla. Olin syönyt parempaakin, mutta Uuleon ulkoruokailumahdollisuudet olivat rajalliset. Syönnin jälkeen lähdimme maleksimaan lämpimiä katuja pitkin näennäisen päämäärättömästi, mutta minä pidin huolen siitä, että suuntasimme torille.

Kuten arvata saattaa, leppoisa ilta oli vetänyt torin täyteen ihmisiä – nuoria ja vähän vanhempiakin. Kokoontumispaikkana tori oli ehkä nuotiopaikkojakin suositumpi, varsinkin silloin, kun mereltä puhaltava tuuli piti hetken hengähdystaukoa. Minun ei tarvinut kauaa etsiskellä Akselia. Jos hän kykenikin metsässä olemaan näkymätön, toripoliisipatsaan päällä rennosti istuvaa ja nauravaa komistusta ei voinut olla huomaamatta. Patsaan molemmilla puolilla oli kontteja, joiden päällä istuskeli muita nuoria miehiä, kaikki maastohousuissa ja maanläheisissä väreissä. Vasta nyt tajusin, että Akselinkin päällä olevat vaatteet olivat eräänlainen uniformu. Ilmeisesti joukko ei kuitenkaan liikkunut kaupungissa kovin paljon, koska olisin varmasti kiinnittänyt asusteisiin huomiota jo aikaisemmin.

Olin jo lähdössä kohti poikaporukkaa, kun huomasin Laurin penkovan erään rakennuksen seinustalla nököttävää jätesäkkiä. Säkin kylkeen oli teipattu lappu "cd-levyjä in memoriam. Vie mennessäsi".
- Ei vähänkö hienoa! Lauri hihkaisi ja nosti sinisävyisen kotelon säkistä, kun astelin lähemmäs. Pelkäsin, että Akseli päättäisi liueta paikalta enkä ollut kovin kiinnostunut antiikkisista ääntä toistavista läpysköistä.
- Mitä sä niillä? Onko sulla jossain toimiva cd-soitin? kysyin

kärsimättömänä.
- 2000-luvun alun parhaat kotimaiset, Lauri tavasi kotelon kannesta ja katsahti minua aarteenlöytäjän ilme kasvoillaan.

- Tässä on kaikkia klassikkoja, Lauri hehkutti lukiessaan takakannen biisilistaa. Sitten hän ojensi levyn minua kohti.
- En ole vielä koskaan antanu sulle mittään ja nää oot kuitenkin mun paras työpari ja oot selevinny kaikesta uudesta ja ihimeellisestä... ja sillee, Lauri sanoi tavoitellen juhlavuutta ääneensä.
- Ota siis tämä vaatimaton lahaja mitä nöyrimpänä kunnioituksen osoituksena.
- Kiitos, sanoin ja hymyilin Laurille aidon liikuttuneena odottamattomasta eleestä.
Tungin levyn hupparin helman alle odottamaan soittimen löytymistä ja tartuin Lauria kädestä ja lähdin vetämään häntä päättäväisesti kohti poliisipatsasta ja miesporukkaa ennen kuin lisää aarteita ilmaantuisi.

Akseli huomasi tulomme jo kaukaa ja hyppäsi alas patsaalta. Seisahduin hengästyneenä hänen eteensä ja katselin hetken silmiä, joiden sini meren äärellä näytti jos mahdollista vieläkin syvemmältä. Sitten esittelin pojat toisilleen ja he paiskasivat miehekkäästi kättä, vaikka aistinkin molempien eleissä pientä kireyttä. En kuitenkaan pystynyt sanomaan, johtuiko se aina yhtä vaivaannuttavasta uuden ihmisen tapaamistilanteesta vaiko minusta. Kenties molemmista.

Hetken tuumailutauon jälkeen päätimme lähteä porukalla etsimään cd-soitinta aivan kuin jonkin homehtuneen kokoelmalevyn kuunteleminen olisi seuraava missiomme. Akseli huikkasi jätkäporukalle pikaiset "nähhäät" ja olin hyvilläni siitä, että tänä iltana minun ei tarvitsisi kilpailla huomiosta koko lauman kanssa. Miehet olivat selvästikin tiukka tiimi – kaikki jollain tavalla kuin yhdestä muotista veistettyjä. Kauempaa katsottuna ryhmä näytti yhdeltä suurelta eliöltä, jonka osat hengittivät tasatahdissa ja liikkuivat toisiaan täydentäen.

Saimme kierrellä tyhjiä rakennuksia usemman tunnin ennen kuin toimiva laite löytyi. Pojat kyselivät myös vastaantulevilta ja koputtelivat muutamien tuttujensa oville cd-soittimen toiveessa. Viimein sopiva vehje löytyi aution liiketilan takahuoneesta. Syy soittimen paikallaoloonkin selvisi pian. Laite oli pultattu pöytälevyyn kiinni ja pöytä puolestaan seinään. Nähtävästi työntekijöihin ei ollut luotettu liikaa. Kesti vielä hyvän tovin ennen kuin pojat saivat yhteistuumin järjestetyksi sähkövirran jostain viereisestä rakennuksesta. Viimein ahtauduimme pieneen tilaan romujen keskelle ja saimme suuren tehtävämme loppuun ensimmäisten heleiden sointujen pompahdellessa vaimeina kaiuttimista.

Akseli väänsi ääntä kovemmalle ja pieni huone täyttyi kuiskuttelevista sävelmistä. Nyökkäsin Laurille hyväksyvästi, kun laulaja pääsi kuiskuttelusta melodiseen kertosäkeeseen, jossa puhuttiin yksinään yössä kulkevasta hahmosta, joka saa hetken pitää toista omanaan.

Vilkaisin Akselia, joka kuunteli sanoja keskittyneenä ja katsoi minua tiiviisti silmiin, mutta samaan aikaan ikään kuin ajatuksiinsa uppoutuneena. Kun kertosäe toistui, Lauri alkoi liikehtiä levottomasti.
- Perskules, mun piti toimittaa äiteelle yksi asia. Pitää tästä lähteä.
- Nyt jo?
Yritin tavoitella ääneeni edes pientä pettymystä tai hämmästystä. Lopputulos oli lähinnä ehkä toteamus. Hetki oli muuttunut pehmeällä tavalla intiimiksi, mutta Lauri oli auttamatta kolmas pyörä.
- Joo, nähhään huomenna. Muista tulla ostarille ja kuuntele koko levy ennenku heität sen mennee.
- Jep, kiitti vielä. Huomiseen, huikkasin Laurille.

Ovi kävi ja Lauri oli poissa. Biisi oli vaihtunut outoon yhdistelmään viuluja ja perinteisiä bändisoittimia. Miessolisti hoilasi kuohuvana koskena pauhaavasta sydämestään ja me suutelimme. Tällä kertaa varovaisuus ja tunnustelu oli tiessään. Painauduimme arkistokaappia vasten ja kaikki oli sykähtelevän lämmintä ja metsäntuoksuista. Akselin kädet etsiytyivät hupparini vetoketjulle ja pian nälkäiset kädet vaelsivat pitkin selkääni ja kaulaani. Yhtäkkiä tunsin käden paitani alla - sen saman pikkupoikien t-paidan, jonka Akseli oli kaivanut minulle jostain ensimmäisenä iltanani Uuleossa. Akselin huulet näykkivät edelleen omiani ja käsi lähestyi tunnustellen rintojani. Kun ne viimein löysivät etsimänsä, en voinut kuin huokaista. Selkäni taipui kaarelle ja siitä rohkaistuneena tunsien käsien pian leikittelevän ruumiillani. Tunne oli pyörryttävä ja pelkäsin valahtavani lattialle. Biisi oli surkea, mutta minä tuskin kuulin sitä. Vahvat mutta herkät kädet soittivat minua jossain täysin toisessa melodiassa enkä ollut koskaan kuullut mitään niin kaunista. Aivan kuin soittaja olisi soittanut ensimmäistä kertaa eläissään ja tehnyt sen silti täydellisen virheettömästi ja epäröimättä hetkeäkään.

Luku 12 Ihmiskoe

Tiesin, etten ollut Akselin ensimmäinen enkä viimeinen suudeltava. Koska olin saanut lähestulkoon täydellisen eroottisen hetken, en voinut olla pilaamatta sitä tyhmällä kommentilla.

- Kerro mulle itsestäsi?

Akseli huokaisi ja katsoi minua.

- Voisikko nää olla vähän kliseisempi? hän kysyi kasvot peruslukemilla.

- Sitä osataan oikein sivistyssanoja, heitin takaisin.

Miksi taas piti lähteä tälle linjalle? Mikä minua vaivasi? Kiihkeän iltatunnelman lässähtämisen kruunasi samassa sisään astellut kumisaapaseukko, joka nyppäsi kiukkuisena töpselin irti roikasta ilmoittaen sähkön tuhlaamisen loppuvan tähän. Poistuimme toimistosta eukon perässä aamuksi valkenevaan kesäyöhön.

Muutaman minuutin kävelyn jälkeen Akseli pysähtyi tyhjillään olevan toimistorakennuksen eteen ja pisti tupakaksi. Rakennuksen ympärillä oli joskus ollut verkkoaita, jota nyt tuskin erotti sankan kasvillisuuden seasta.

- Mikä paikka tämä nyt on? kysyin.

Aluksi en huomannut rakennuksessa mitään ihmeellistä, mutta

sitten muutama seikka kiinnitti huomioni. Vaikka monet Uuleon rakennuksista olivat kunnostuksen puutteessa lähes romahtamispisteessä, vain harvoja niistä oli hajotettu tahallaan. Tämän rakennuksen julkisivua oli kuitenkin kaikesta päätellen hajotettu tarkoituksella ja yhteen yläkerran ikkunaan oli tuherrettu jotain mustalla tussilla.

- Mut on suunniteltu tuolla, Akseli katkaisi hiljaisuuden.

- Älä viitti, vingahdin epäuskoisena.

- En ois viittinykkään, mutta iteppä halusit tietää, Akseli sanoi ja karisti tupakasta tuhkaa.

Tuijotin vuoroin poikaa, vuoroin rakennusta, jonka oikeasta yläkulmasta erotin vaivoin tekstin ”Procecom”. Sen vieressä komeili jännittävän näköinen logo, jonka muistin nähneeni jossain aikaisemmin. Akseli tumppasi tupakkansa ja kääntyi katsomaan minua. Ensimmäistä kertaa koko lyhyen mutta intiimin tuttavuutemme aikana pojan katse oli täysin avoin, paljas ja kujeilematon. Siinä oli myös ripaus jotain kielteistä. Katkeruutta, inhoa tai tuskaa? Omista silmistäni paistoi varmasti kilometrin päähän lisääntyvä epäuskon ja toisaalta paniikin tunne, kun yhtäkkiä aloin käsittää. Näin edessäni toriaukean miesjoukon – sinisiä silmiä, vaaleita hiuksia, kaiken kuulevia korvia ja jokaisen liikkeen havaitsevia katseita. Epäusko vaihtui ensin hämmästykseen ja siitä oravastavaan pelkoon. Halusin paeta, juosta pois. Tästä syystä Laurinkin ilme oli synkentynyt Kaukovainiolla, kun olin puhunut Akselista.

Akseli oli jonkinlainen humanoidi, kyborgi tai kenties jopa robotti. Yhtäkkiä tunsin oloni epämiellyttävän epäluuloiseksi. Samalla tavalla pelätään yllättäen kohdattua villieläintä, koska sen seuraavaa liikettä ei voida aavistaa. Jäljittäjä? Metsästäjä, vai kenties vaarallinen peto? Pelkoon ei ollut mitään syytä – olinhan nukkunutkin Akselin vieressä – mutta silti se nousi jostain syvältä pallean takaa. Otin askeleen kauemmas pojasta katse tiukasti sinisissä silmissä. Kevyt usva oli leijaillut jostakin paikalle ja kietoi nyt jalkojamme hyisten sormiensa ympärille.

- Rauhotu, Akseli sanoi tuskin kuuluvasti.
Se tuntui järkeenkäyvältä siitäkin huolimatta, että me molemmat seisoimme nyt lähes liikkumatta ja ääneti.
- Mikä sä olet? kysyin ääni käheänä yrittäen samalla hengittää rauhallisemmin.
- Miten niin?
- Ootko sää ihminen?
Nyt Akselin silmiin palasi tuttu pieni pilke ja hymynkare suupieleen.
- Totta kai olen.
Akseli levitteli nyt jo käsiään ja katsoi minua huvittuneen

kysyvästi.

- Ootsä joku klooni? Onks ne muut metsäsotilaat sun kopioitas? Tai sä niiden... Tai siis.., sönkötin. - Entä sun isä? Oliko se äiti valetta?
- Sanotaanko paremminkin, että oon jalostuksen tulos. Eikä ne muut ole mun klooneja, vaikka serkkupoikia ovatki. Mun äitini on synnyttänyt mut aivan normaalisti.
- Ai.
Siinä oli kaikki, mitä pystyin sanomaan. Pelko hellitti. Samassa tajusin, että olin itse vähintään yhtä "suunniteltu" kuin Akselikin, kenties jopa enemmän.
- Sun pittää mennä nukkumaan. Tuu, mää vien sut, Akseli sanoi ja tarttui hellästi käsivarteeni.

Seurasin Akselia leuka edelleen hämmentyneen ja silmät selälleen rävähtäneinä. Matkalla sain kuulla, että Procecom oli jo 1970-luvulla aloittanut salaisen ihmisten jalostusohjelman, jonka tarkoituksena oli tuottaa aisteiltaan ja älylliseltä suorituskyvyltään ylivoimaisia yksilöitä maanpuolustuksen tarpeisiin. Kenelläkään Kehämuurin ulkopuolella ei ollut enää aivan tarkkaa tietoa siitä, miten jalostus oli aluksi toiminut, mutta 2000-luvun alun geeniteknologia ja läpimurrot ihmisen perimän tutkimuksessa olivat tehneet hommasta lähes naurettavan helppoa.

Ydinonnettomuuden jälkeen myös osa Procecomin jalostustuotteista oli onnistunut piiloutumaan ja jäämään Kehämuurin ulkopuolelle muuttopakosta välittämättä. Akselin isä oli elänyt suhteellisen normaalia elämää Kehämuurin ulkopuolella ja valinnut aikoinaan puolisonsa itse. Jo edesmenneen isoäidin Akseli tiesi kuitenkin joutuneen erilaisten pakkotoimien kohteeksi. Kaikki Akselin kertoma tuntui yhtä aikaa käsittämättömältä ja epäuskottavalta, mutta samalla niin loogiselta osalta kaikkea sitä muuta, mitä olin saanut selville siitä kasvottomasta organisaatiosta, joka pyöritti nykyisen Suomen asioita.

Ingrid ja Birgitta olivat jo hereillä, kun saavuimme kotikadulleni. Naiset istuivat pihalla itse kyhäämässään keinussa ja siemailivat jotain emalimukeista. Meille suotiin tietäviä hymyjä ja pikkutuhmia letkautuksia. Sovin ohimennen Birgitan kanssa ylihuomisesta vaatteidenhakureissusta. Taloni portailla istuskellut Matti jolkotteli näennäisen välinpitämättömänä meitä vastaan, kun tulimme pihaan. Olin vilpittömän iloinen kissan paluusta, vaikka minulla oli nyt myös toinen ihminen. Sinä yönä Matti nukkui alakerrassa.

Luku 13 Viestinviejä

- Ei siellä asu ketään, sanoin Akselille, joka harppoi aamukahvin jälkeen tien toiselle puolelle kohti taloa, joka oli minun taloni peilikuva.

Olimme hetki sitten jutelleet siitä, että vanhempieni pitäisi saada tietää minun olevan kunnossa. Akseli oli sanonut tuntevansa yhden, joka voisi auttaa.

- Assuupas, Akseli sanoi ja kiersi talon taakse.

Menin perässä ja näin, että takapihalla yhden ikkunan edessä kasvoi suuri pensas, jota en tunnistanut. Kauempaa sitä ei huomannut, mutta pensaiden keskellä ikkunaa vasten nojallaan olivat pienet tikkaat ja ikkunaluukku oli hivenen raollaan. Akseli raivasi tiensä muitta mutkitta ikkunalle, kiipesi sisään ja auttoi myös minut tupaan, joka näytti muuten samalta kuin omani, mutta siellä ei ollut asumisen merkkejä. Olin edelleen ymmälläni.

Yläkerran toisessa makuuhuoneessa makoili kuitenkin sängyllä mies syöden purkista suoraan kellertävää nestemäistä litkua – ilmeisesti hunajaa. Miehen olemus oli yhtä aikaa epäsiisti ja toisaalta tietoisen huoliteltu. Tummat hiukset olivat ilmeisen takkuiset, mutta jokainen suortuva oli huolellisesti ponihännässä. Erähenkiset asusteet olivat likaiset, mutta mikään ei repsottanut huolimattomasti tai ollut rispaantunut. Päivettyineillä hoikilla kasvoilla oli varautunut ilme, joka välittyi ennen kaikkea tuuheiden tummien kulmakarvojen suorasta linjasta. Ruskeat silmät liikkuivat levottomina kohteesta toiseen. Vaikka mies oli harmittoman näköinen, hänen ympärillään pyöri levottomuuden epämääräinen leyhähdys, joka sai minut välittömästi tuntemaan vastenmielisyyttä. Mies nousi ylös vuoteelta ja oikaisi vartalonsa lähes parin metrin pituuteen.

- Harella on yhteyksiä Kehämuurin sisälle, Akseli sanoi ja viittasi kädellään hunajapurkkia pitelevään mieheen.
- Riippuu siitä, kuka kysyy, Hareksi esitelty mies sanoi kireällä ja pitkälle miehelle epätavallisen korkealla äänellä.
- Meidän pittää saada yksi viesti muutamalle henkilölle iliman, että Kehämuurin viranomaiset saa tietää.
Hare pyyhkäisi hunajapurkin pohjaa hihallaan ja laski sen sitten varovasti pöydälle.
- Se maksaa.
- Paljonko ja mitä?
- Mitä teillä on?

Akseli katsoi kysyvästi minuun. Ilmeisesti palveluiden maksullisuus ei ollut käynyt hänellä mielessäkään. Pudistin vaivihkaa päätäni. Minulla ei ollut mitään. Sitten muistin kuitenkin kännykän, josta minulle ei ollut iloa täällä.

- Mulla on kännykkä, sanoin.

- Kaupan päälle muutama linkkuveitsi, ei mitään laatutavaraa, mutta käypiä pelejä silti, Akseli lisäsi tarjoukseni tueksi.

Hare naurahti kuivasti ja alkoi pukea sängyllä retkeltänutta takkia päälleen. Huomasin nyt, että mies oli sukkasillaan, vaikken ollut nähnyt alakerrassa yhtiäkään kenkiä.

- Ei riitä mihinkään ja molempia mulla jo on, hän totesi.

Äänestä kuului, ettei tässä ollut kyse tinkaamisesta, vaan että tarjouksemme ei tulisi missään nimessä riittämään sellaisenaan.

Akseli ehdotteli jotain muitakin omistamiaan tavaroita, joiden käyttötarkoitusta en tiennyt, mutta joiden oletin liittyvän metsässä liikkumiseen.

- Te pennut ette taida oikein ymmärtää, millaisesta hommasta on kyse, Hare totesi ja alkoi asetella hunajapurkkia ja muita huoneessa olevia tavaroita suureen peltilaatikkoon. Ilmeisesti laatikko haudattaisiin jonnekin ja talo olisi kaikinpuolin asumattoman näköinen. - Kehämuurin sisälle mennään kuule henkensä kaupalla. Sitä ei ihan nappikaupalla viittis kyllä tehdä.

- No mitä nää sitten haluaisit? Akseli kysyi ja alkoi selvästi tuskastua. - Voiko sun onnistumiseen etes luottaa?

Hare keskeytti puuhailunsa ja tuijotti tiukasti Akselia.

- Minä onnistun aina. Ainakin niin kauan kuin onnistun. Ja palaan tänne takaisin.

- Selevä sitten. Mitä nää haluat siitä?

- Ei sulla pentu ole mitään sellaista, minkä eteen kannattaisi tehdä jotain niinkin vaarallista.

- No koita, Akseli sanoi ja kuulin pojan äänestä, että Hare oli pennutellut jo muutaman kerran liikaa. En ollut pitänyt miehestä ja koko tilanteesta alun alkaenkaan, mutta nyt Akselin hermostuneisuus ja turhautuminen tarttuivat minuunkin.

- Kyse on mun vanhemmista. Niiden pitäisi saada tietää, että mä oon kunnossa ja ennen kaikkea elossa.

Hare purskahti ilkeään nauruun.

- Ja minäkös luulin, että teillä oli jotain tärkeääkin viestiä vietävänä!

Miehen nauru sai minut raivostumaan ja samalla mieleni teki itkeä. En ollut vielä törmännyt Uuleossa hänenlaisiinsa selvästi itsekkäisiin ja pelkästään omaa etuaan tavoitteleviin yksinäisiin susiin, mutta nähtävästi ainakin yksi Hare mahtui myös tähän ihmisyhteisöön. Miehen omahyväisestä virnistelystä näki, että meidän oli turha odottaa hänen auttavan hyvää hyvyyttään, koska sellaista hänessä ei yksinkertaisesti ollut.

Kävelimme yhtä matkaa Kaukovainiolle, vaikkei Akseli ollut todennäköisesti menossa sinne päinkään. Hän pahoitteli Haren aiheuttamaa pettymystä ja sanoi tietävänsä vielä muita samalla alalla olevia, joilta voisi kysyä. En jaksanut keskittyä kuuntelemaan Akselin taukoamatonta vakuuttelua. Olin lamaantunut. Vasta nyt ymmärsin tilanteeni vakavuuden ja sen, että päätökseni lähteä pohjoiseen oli saattanut olla päätös, joka erottaisi minut vanhemmistani ja kaikesta minulle tutusta koko loppuelämäkseni. Akseli häipyi omille teilleen ennen vanhaa ostaria, mutta suukotti sitä ennen minua poskelle.

Seuraavat viikot kuluivat hyvin vaihtelevissa tunnelmissa. Ostarin purkutyömaalla vallitsi päivästä toiseen tavallisen leppoisa tunnelma, mikä oli pääasiassa Laurin ansiota. Omat ajatukseni risteilivät vanhemmissa ja piinaavan usein myös Akselissa. Haren tapaamisen jälkeen olin muuttanut Akselin luokse keltaiseen rintamamiestaloon, koska oma taloni Haren piilopaikan läheisyydessä ei tuntunut miellyttävältä. Toisaalta oli ihanaa nukahtaa joka yö Akselin kainaloon, mutta toisaalta olin huolissani siitä, kuinka kauan tuo kainalo olisi pelkästään minua varten.

Iltanuotiolla Arina oli nimittäin yllättäen alkanut tuppaantua seuraamme jenginsä kanssa. Lauri oli siitä tietysti lähes säälittävän mielissään, koska ei miehenä nähnyt sitä, minkä minä näin. Arina loi pitkiä katseita Akseliin ja tuntui aina ihan kuin sattumalta löytävän istumapaikan pojan lähettyviltä.

Venäläispojista kukaan ei tuntunut tällä hetkellä olevan Arinan kanssa muuta kuin hyvä ystävä. Akseli ei pannut pahakseen Arinan miellyttävää seuraa, vaan oli muutamaan otteeseen jopa hauskuuttanut tyttöä yrittämällä opetella venäjää. En ymmärtänyt, miksei Arina voinut ottaa kohteekseen jotakuta toista metsäsotilasta, joita pyöri nykyään aina iltanuotiolla. Miksi se venäläinen vikittelijä oli valinnut kohteekseen juuri minun Akselini?

Olin nähnyt tämän kuvion ennenkin ja ehkä juuri siksi se ahdisti kohtuuttomasti, vaikka todellisuudessa minun olisi pitänyt olla enemmän huolissani omasta tilanteestani Kehämuurin ulkopuolella. Tiesin Akselin kuluttavan päivisin paljon aikaa löytääkseen jonkun, joka suostuisi viemään viestin vanhemmilleni, mutta toistaiseksi kukaan ei ollut ollut kiinnostunut vaarantamaan niin paljon niin vähäisen asian vuoksi. Iltaisin ilmassa oli jo hiven syksyn viileyttä, joten minunkin pitäisi tehdä päätökseni melko pian. Jäisinkö tänne vai yrittäisinkö takaisin silläkin uhalla, että joutuisin vangituksi?

Viikon loppupuolella pelkoni kävivät toteen, kun Akseli ei tullut iltanuotiolle. Katkera pala nousi kurkkuuni, kun tajusin myös Arinan jengin puuttuvan nuotiolta. Lähdin aikaisin kotiin, mutta Akselia ei kuulunut koko iltana. Nukahdin jossain välissä iltaa, mutta näin painajaista ja heräsin hämärän hetkellä. Matti ei ollut muuttanut mukanani ja ikävä sekä Akselia että kissaa kohtaan valahti ylleni yön hiljaisimpina hetkinä. Istuin kauan ja tuijotin ikkunasta ulos näkemättä tiellä ketään. Yhtäkkiä jokin liikahti vastapäisen talon aidan tuntumassa. Ensin luulin ruohikkoon naamioitunutta miestä Akseliksi, mutta vieraasta pään asennosta ja sänkitukasta tajusin hetken päästä tuijottavani jotakuta Akselin "serkkupojista". Miksi ja kenen käskystä sänkitukka lymysi pusikossa?

Menin varovaisesti lähemmäs ikkunaa, mistä pystyin erottamaan pojan kapeat kasvot. Iltanuotiolla olin huomannut, että vapaa-aikanaan metsäsotilaat pyrkivät näyttämään mahdollisimman vähän toisiltaan. Kollektiivista identiteettiä pakoiltiin toisistaan poikkeavilla hiustyyleillä ja vaatteilla. Muutamilla oli lävistyksiä tai tatuointeja. Nyt yksi heistä kyyhötti tienvierustan heinikossa ja tarkkaili tietä. Poika ei katsonut ikkunaan, mutta uskoin hänen tietävän minun olevan talossa. Mitä oikein oli tekeillä? En kyennyt sinä yönä enää nukkumaan. Tuulenpuuskat tunkivat sisään avoimesta ikkunasta ja enteilivät lähestyvää myrskyä. Teki mieli lähteä ulos etsimään Akselia, mutta myrskyöinen Uuleo ei erityisemmin kiehtonut. Aamun sarastaessa rajuilma oli tiessään, mutta metsäsotilas istui edelleen pusikossa. Hän nousi ja lähti heti, kun avasin ulko-oven.

Luku 14 Perhonen betoniläjässä

Myös Laurin hyvä tuuli oli tiessään ja arvasin kyllä, mistä se johtui. Laurikin oli viimein tajunnut, ettei Arina lyöttäytynyt seuraamme hänen takiaan.

- Mihinkähän ne venäläisnuoret on hävinneet, kun niitä ei eilen illalla näkyny? Lauri kysyi muka huolettomasti mainitsematta tyttöä nimeltä.

- Sen kun tietäisi, vastasin ja tartuin kottikärryn kahvoihin kuljettaakseni betonimurskaa sille varattuun läjään.

Ajattelin ensin olla kertomatta Laurille Akselista, mutta kun palasin kottikärryjen kanssa, en voinut olla puhumatta. Meillä oli sama suru, vaikka tieto tuskin ainakaan vähensi Laurin pahaa mieltä.

- Akseliakaan ei ole näkynyt, totesin.

Lauri keskeytti hetkeksi betonimurskan lapioinnin ja näytti tekevän saman yksi plus yksi laskutoimituksen kuin minäkin. Hetken päästä hän totesi pettymystä äänessään:

- Niinpä tietysti. Kivat meille.

- Kivat joo, hymähdin takaisin.

- The winner takes it all, loser's standing small, Lauri runoili ja heitti sementtimöykyllä vielä pystyssä olevaa seinää. Muistin kuulleeni nuo sanat jossain ikivanhassa viisussa enkä voinut muuta kuin nyökyttää mukana. Teki mieli potkaista seinää ja raivota pettymys ulos nyt, kun se oli ääneen sanottu.

Tietysti oli olemassa pieni mahdollisuus, etteivät Arinan ja Akselin yhtäaikaiset katoamiset liittyneet mitenkään toisiinsa, mutta mielestäni kaikki oli melko selvää. Minut oli hylätty taas. Heivattu sivuun paremman lelun ilmaantuessa kehiin. Tunne ei juurikaan lievittynyt, vaikka yritin järkeillä, ettei Akseli ollut ihastumisen arvoinen, rakkaudesta nyt puhumattakaan. Sivuun dumpatun tympeä rooli alkoi kuitenkin jo kyllästyttää.
- Mää voin viedä tään. Pittää kipata välillä tonne kasan päälle, eikä koko ajan vaan vallata lissää alaa, Lauri sanoi keskeyttäen synkät mietteeni ja lähti työntämään kottikärryjä murskekasalle. Tällä kertaa lasti oli myös painavampi ja siinä oli kissankokoisia harkkoja mukana.

Jäin huilaamaan paikalleni ja katselin syvään huckaisten epämääräistä läjää betonia, sementtiä, lasia ja muita rakennusmateriaaleja, joista osa oli vieraita minulle. Tässä vierähtäisi vielä hetki jos toinenkin. Jostain syystä juuri meille kahdelle oli annettu tämä vanhan kaupan romahtanut pääty, kun taas toiset saivat naputella siististi vielä pystyssä olevaa tavaraa läjiin rakennuksen eteläpuolella. Pieni valkoinen perhonen liihotteli sekasotkun keskellä ja istahti sitten sementtimöhkäleen päälle aukomaan siipiään. Yksinkertaisesta ulkomuodostaan huolimatta se näytti tavattoman kauniilta ja hauraalta pölyn ja sotkun keskellä. Jos sekin selvisi täällä, kai minunkin piti.

Lauri ähkäisi betoniläjän luona. Käännyin katsomaan äänen suuntaan ja näin sarjan tapahtumia, jotka olivat ohitse nopeasti ja peruuttamattomasti. Laurin jalka lipesi aivan murskekasan päällä ja hän kaatui mahalleen kipaten samalla kottikärryn sisällön niskaansa. Kuului vaimea tömähdys, kun betoniharkko kolahti pojan takaraivoon. Kylmä hujahti olkapäistä selkää pitkin jalkoihini samaan aikaan kun kurkkuuni nousi käheä kiljaisu. Lauri jäi makaamaan paikoilleen pää hautautuneena murskekasan alle. Lähdin juoksemaan kottikärryjen ja maassa retkottavan hahmon luo huutaen samalla apua. Miksei Lauri liikkunut ja yrittänyt pois betonikasan alta? Hetken aikaa taisteltuani sain betonimöhkäleen pois pojan pään päältä. Paikalle juosseet näkivät veren juoksevan sementtipölyyn sormieni lomasta, joilla yritin painaa avohaavaa ja tukahduttaa verenvuotoa.

Hetken päästä työmaan käytössä ollut ruosteinen lava-auto kaarsi paikalle ja Lauri nostettiin sen kyytiin. Hyppäsin mukaan mitään ajattelematta. Matkalla Lauri tuli tajuihinsa ja sanoi päähän sattuvan. Rauhoittelin poikaa ja vakuuttelin kaiken järjestyvän. Pieni kolhu vain. Pitelin jonkun antamaa vaatekappaletta haavan päällä ja painoin hellästi, vaikka se oli vaikeaa töyssyisen kyydin vuoksi. Matka tuntui kestävän aivan liian kauan ja perillä odotti pettymys. Olin aavistanut, etteivät terveyspalvelut olleet Kehämuurin ulkopuolella samaa luokkaa kuin kotona, mutta matalan parakkirivin kutsuminen sairaalaksi vaikutti huonolta pilalta.

Itkin, kun Lauri kannettiin yhteen parakkihuoneista ja laskettiin sängylle. Odotimme hoitohenkilökuntaa hiljaisuuden vallitessa ja aloin pikkuhiljaa aavistaa, miten tämä tulisi päättymään. Lauri katseli kyynelvirtoja poskillani ja hymyili hieman. Sitten hän sulki silmänsä ja ilmeisesti menetti jälleen tajuntansa. Hengitys kuitenkin kulki kevyesti ja Lauri makasi silminnähden levollisena. Pitkän ajan kuluttua keski-ikäinen nainen saapui paikalle kainalossaan kovia kokenut muovilaatikko, josta hän alkoi kaivaa esille sidetarpeita. Vaate, jota olin pitänyt haavan päällä, oli kauttaaltaan veren peitossa.
- Se on menettänyt paljon verta, se tarttee verta, sanoin tukahtuneesti naiselle.
Nainen vilkaisi minua nopeasti ja nyökytteli ilmeettömänä jatkaen haavan sitomista.

Huomasin hengittäväni läähättämällä samaan aikaan kun levottomuus ja ärtymys muuttuivat sietämättömäksi olotilaksi.

Miksei hän tehnyt mitään? Mitä pelkkä haavan sitominen auttoi. Jopa minä tiesin, että kallo täytyisi kuvata ja verta pitäisi saada nopeasti lisää. Missä muu hoitohenkilökunta oli? Ovelle oli jostain saapunut vanhemmanpuoleinen mies, joka toi mieleeni entisaikain intiaanit. Poppamies huojutti vartaloaan eteen ja taakse, pysähtyi välillä ja heitti kourastaan hyppysellisen jonkinlaista punertavaa pulveria ilmaan. Työnsin ukon kiukkuisesti ulos huoneesta ja läimäytin oven kiinni.

Kierrettyään pään tukevaan sidekerrokseen nainen laski Laurin makaamaan vuoteelle, keräsi tavaransa muovirasiaan ja sulki sen. Sitten hän katsoi minua silmissään kuolema. Ilme kertoi kaiken. Lauri ei selviäisi eikä hänen hyväkseen voitaisi tehdä täällä mitään. Lyyhistyin parakin seinää vasten ja itkin hysteerisesti. En voisi menettää Lauria! Ilman Lauria minulla ei olisi ketään! Raahauduin vuoteen vierelle ja tartuin Laurin elottomana retkottaviin käsiin. Hetki sitten olimme jutelleet ja Lauri oli heittänyt sementtimöykyn kiukkuisena seinään. Miten se oli mahdollista? Hetki sitten täynnä elämää ja nyt voimaton, kalpea ja veltto. Tunsin, miten Laurin pulssi vaimeni ja elämä alkoi hiipua pois. Puristin kättä lujempaa ja sopersin itkien, ettei Lauri saisi kuolla. Lauri ei saisi jättää minua. Tätä ei voinut tapahtua!

Jossain vaiheessa Lauri oli lakannut hengittämästä ja minä

itkin vielä toistamiseen kylmenevän rintakehän päällä liuottaen veritahroja kyyneleilläni. Poppamiehen ohitse huoneeseen tuli jossain vaiheessa nuorehko tummatukkainen parrakas mies, jonka kaulassa roikkui pitkässä ketjussa messinkinen risti. Mies seisoi sängyn vierellä pitkään kuiskutellen salaperäisiä sanoja, joista en ymmärtänyt mitään, mutta jotka rauhoittivat kummasti. Ennen lähtöään mies piirsi sormillaan ristin Laurin kasvojen ylle. Huone kylpi epätavallisen vaaleankeltaisessa ilta-auringossa. Se oli Jeesus. Toivoin sitä niin. En koskaan ollut ymmärtänyt, miksi pitää kuolla, että Kristus suvaitsee näyttäytyä. Hetken aikaa vihasin Jeesusta. Minä halusin elää, en kuolla. Tämä ei tuntunut reilulta tai edes kohtuulliselta.

Laurin "äitee" saapui juosten paikalle vasta, kun kaikki oli jo ohi. Hänen lyyhistyessä poikansa ruumiin vierelle tein tilaa enemmänkin turtumuksesta kuin kohteliaisuudesta, nousin ylös ja poistuin parakista taakseni vilkaisematta. Lähdin ensin kävelemään päämäärättä ihmisten tuijottaessa tyhjiä silmiäni ja veriläiskäistä keltaista huppariani. Sitten muistin paikan, jossa olimme kuunnelleet Laurille niin kallisarvoista cd-levyä. En ainakaan muistanut ottaneeni levyä mukaani, joten sen täytyi olla yhä soittimessa. Riisuin verisen hupparin yltäni ja heitin sen katuojaan, vaikka tiesin katuvani sitä myöhemmin. Paita oli jo osa minua.

Perillä etsin kiireesti asutun talon, josta olimme viimeksi vetäneet sähkön soittimeen. Ketään ei ollut kotona ja pienen etsiskelyn jälkeen olin valitsemassa kappaletta. Kolme ensimmäistä skippasin itseinhon vallassa ja istahdin pöydälle kuuntelemaan musiikkia edelleen katkonaisesti nyyhkien. Muistin Laurin hehkuttaneen kahdeksannen kappaleen erinomaisuutta. Biisi oli ärsyttävä renkutus, enkä pystynyt keskittymään sanoihin. Puolessa välissä kumpparimummo tuli ovelle, mutta heitin sitä kädessäni olleella kotelolla. Kurttuiset kasvot hävisivät oviaukosta nopeasti. Kappaleen vaihtuessa keski-ikäinen mies asteli sisään ja sammutti soittimen.
- Meneppä tyttö kotias, mies sanoi rauhallisesti, mutta tiukasti.

Katselin miestä halveksiva ilme pöhöttyneillä ja läikikkäillä kasvoillani. Olisin halunnut tarttua miehen epäsiistiin partaan kaksin käsin ja repiä päätä puolelta toiselle. Hyppäsin kuitenkin kiltisti alas pöydältä ja lähdin hoipertelemaan ulos. Kulkiessani mietin, miten olimme leikkineet biokemian luokan laitteistolla vuodesta toiseen tuhlaten tarvikkeita naurettaviin kokeisiimme. Täällä ihminen kuoli, koska ei saanut verensiirtoa, joka olisi voitu toteuttaa luokkahuoneessamme leikiten, puhumattakaan Kehämuurin sairaaloista, joissa tämänkaltainen onnettomuus olisi merkinnyt ehkä samaa kuin täällä kipeä hammas: sattuu ja tuntuu ikävästi, mutta vaiva paranee, kun hammas otetaan pois.

Huomasin saapuneeni Akselin keltaiselle puutalolle, joka näytti nyt tyhjältä ja vieraalta. Sisällä keräsin pienen omaisuuteni muutamaan alakerrasta löytyneeseen kangassäkkiin ja vanhaan reppuuni. Illan jo kääntyessä yöksi raahasin säkit kaupungin halki Ingridin ja Birgitan pihaan. Naiset olivat ilmeisesti tapansa mukaan iltanuotiolla. Nostin säkit seinän vierustalle ja menin vajaan. Löysin sieltä pahanhajuista mustaa tököttiä, jolla kirjoitin toisen säkin kylkeen sanan "kiitos". Teksti näytti pikkupennun töherrykseltä ja sellaiseksi itseni tunsinkin. Jostain leijaili tikkupullan suloinen tuoksu, johon sekoittui nyt myös nuotiosavun kurkkua kirvelevä ja tympeä haju.

Kävin pikaisesti entisessä kodissani toteamassa, että ainakin polttopuut olivat kelvanneet jo jollekulle. Ihmettelin, kuinka koskaan olin saattanut kuvitella eläväni tällaisessa epävakaassa ja turvattomassa maailmassa niin käsittämättömän alkukantaisesti. Elämä Kehämuurin toisella puolella oli sittenkin hengenvaarallista, vaikkeikaan samalla tavalla, kuin olin joskus kuvitellut. Kun olin lähdössä, Matti ilmaantui nurkan takaa ja tuli tyytyväisenä kehräämään jalkoihini. Nostin sen syliini ja marssin päättäväisesti toiselle puolen tietä. Tikkaat ikkunan alta olivat kadonneet, mutta se ei estänyt minua pääsemästä taloon sisälle. Nousin yläkertaan ja istuin Matti sylissäni odottamaan Harea, joka saisi viedä minut takaisin Kehämuurille hinnalla millä hyvänsä.

Luku 15 Kotimatka

Kuljin eteenpäin metsäpolulla ja pidin katseeni tiukasti edelläni
kulkevassa Haressa. Matti oli lähtenyt mukaan viimeiselle
matkalleni ja kipitti kiltisti vierelläni. Olin odottanut Harea
kämpällä seuraavaan aamuun asti. Juuri kun olin ollut aikeissa
luovuttaa, tumma hahmo oli kivunnut ikkunasta
salapaikkaansa.

- Sun on vietävä mut Kehämuurille, olin sanonut heti hänet
nähdessäni.

- Katoppas vaan, mikä tänne on ilmaantunut, Hare oli todennut
hymyillen omahyväisesti.

- Saat mitä vaan. Mä voin järjestää sulle Kehämuurin sisältä
ihan mitä tahansa, olin luvannut, vaikka epäilin itsekin
sanojani. Yllätyksekseni Hare oli nyökännyt.

- Ok. Mä vien sut. Sä voit maksaa sillä, mikä näyttäisi olevan
sulla vielä kohtalaisen hyvässä kunnossa. Voit maksaa
luonnossa.

Ensin olin luullut kuulleeni väärin, mutta kaksimielinen
virnistys Haren kasvoilla oli vahvistanut asian. Ensimmäinen
ajatukseni oli ollut lähteä juosten talosta, mutta mittaillessani
siinä miehen vastenmielistä olemusta, olin tajunnut, ettei
minulla ollut valinnanvaraa. Nyt kuljin Haren perässä pitkin

metsäpolkuja, eikä minulla ollut muuta mahdollisuutta, kuin luottaa siihen, että hän veisi minut Kehämuurille. En ollut vielä päättänyt, miten toimisin, jos ja kun joskus olisimme perillä ja Hare alkaisi penätä palkkiotaan. Se ja moni muukin asia oli tuntunut eilisestä asti yhdentekevältä. En myöskään välittänyt tietää, missä Akseli oli. Tiesikö hän lähdöstäni? - Aivan sama.

Hieman ennen kuin olimme jättäneet Uuleon viimeiset rakennukset taaksemme, olin nähnyt venäläisnuoria erään talon pihalla. Etsin ryhmästä Arinaa ja Akselia, mutten nähnyt kumpaakaan. Joku tytöistä oli kuljeskellut päivänkakkara kädessään pitkässä aamukasteisessa heinikossa. Siron vartalon peittona oli ollut pelkkä keltainen froteepyyhe, joka oli korostanut kauniisti päivettynyttä ihoa ja myötäillyt vartalon sulavalinjaisia kaaria. Yksi pojista oli kantanut kahta vesiämpäriä kaivolta päin vaivattoman näköisesti käsivarren lihakset jännittyneinä. Muistan pysähtyneeni hetkeksi tuijottamaan tuota harmonista ja kaunista näkyä. Siinä kymmenensenttinen juurikasvu päästäni puskien, farkut lököttäen ja käsivarsien iho auringossa palaneena olin käsittänyt kirkkaasti sen, miten epäsopiva olin alun alkaenkaan ollut tähän maailmaan, jossa oli tultava toimeen omillaan ja elettävä vaistojensa varassa jatkuvassa epätietoisuudessa tulevaisuuden suhteen. Niinpä olin kääntänyt päättäväisesti selkäni Uuleon viimeisille rakennuksille ja noussut vihreään pakettiautoon, jonka Hare oli järjestänyt meitä kuljettamaan.

Paku oli tiputtanut meidät Haren pyynnöstä minun nähdäkseni keskelle ei mitään, mutta kuulin, että lähellä oli aikoinaan ollut Jyväskylä-niminen kaupunki. Emme kuitenkaan olleet aikeissa poiketa kaupunkiin, koska linnuntietä metsien halki pääsi suorempaan. Aurinko alkoi jo painua ympärillä kohoavien puiden taakse ja osasin päätellä sen asemasta meidän kulkevan kohti etelää.

- Saatetaan olla perillä jo huomenna illalla, jos ei mitään ihmeempiä tule ja jaksetaan pitää vauhtia yllä, Hare totesi pitkän hiljaisen taipaleen jälkeen.

- Parin kilsan päässä pitäis olla yks metsäkämppä, jossa voidaan ottaa turvallisesti torkut, hän jatkoi.

En vaivautunut vastaamaan. Ajatus metsäkämpästä Haren kanssa tuntui vastenmieliseltä. Päätin, etten nukahtaisi hetkeksikään. Jaksaisin kyllä kahden päivän patikoinnin nukkumattakin, jos Kehämuuri tosiaan oli niin lähellä, kuin Hare väitti.

Metsäkämppä oli nimensä mukaisesti vaatimaton törö, jota joku olisi saattanut kutsua hirsimökiksikin, vaikka hirret olivat todellisuudessa pahaisia kuusiriukuja. Hare teki tulen osittain sortuneeseen tulisijaan ja istui alas syömään omia eväitään. Minulla ei ollut nälkä ja istuin matalalle laverille, nostin polvet syliini ja nojauduin seinää vasten. Päätin istua samassa asennossa koko yön nukkumatta. Uskollinen matkatoverini Matti sen sijaan köllähti tyytyväisenä varpaitteni päälle kehräämään ja nukkui pian ilmeisen sikeästi. Ihmettelin kissan vaelluskestävyyttä. Olimme kävelleet arvioni mukaan tänään ainakin nelisenkymmentä kilometriä.

Kesken hunajan lusikoimisen Hare tokaisi yllättäen:
- Miksi haluat takaisin Kehämuurille? Meinaatsä päästä toiselle puolelle?
Kysymys tuli niin yllättäen, etten osannut hetkeen sanoa mitään. Tähän asti Hare oli vaikuttanut hämmästyttävän välinpitämättömältä kaiken sellaisen suhteen, joka ei välittömästi liittynyt häneen itseensä.
- Ei mulla ole muuta vaihtoehtoa, sanoin ja ihmettelin itsekin yhtäkkistä avoimuuden puuskaani. Ilmeisesti olin kaiken tapahtuneen jälkeen niin kipeästi juttukaverin tarpeessa, että kuuntelevaksi korvaksi kelpasi jopa ehkä vastenmielisin ihminen koko Kehämuurin ulkopuolella.
- Mun vanhemmat on Kehämuurin sisällä ja sinne mäkin kuulun. Ei mulla ole täällä ulkopuolella mitään.

Hare nyökytteli hajamielisen näköisenä ja ahtoi suuhunsa tummaa leipää. Sitten hän valmisti jostain kaivamassaan metalliastiassa ällöttävän tuoksuista tummaa nestettä, joka ilmeisesti toimitti kahvin virkaa. Minulle nilkki ei eväitään tyrkyttänyt ja hyvä niin.

- No mites on? Hare kysyi, kun oli saanut eväänsä syötyä ja lusikkansa nuoltua.

- Mitä niin?

- Että saanko maksun tässä ennakkoon. Olisi peti ja kaikkea. Hare hymyili härskisti laverini suuntaan ja minua kuvotti. Tuijotin miestä jäätävästi.

- Vedä käteen, totesin kylmästi.

- Saatanpa vetäistäkin, Hare totesi edelleen virnuillen ja painui ulos asioilleen.

Haren ällöttävä olemus ja äskeiset sanat palauttivat mieleeni tämän opastetun kotiinpaluun hinnan. Jos Hare kieltäytyisi nyt jatkamasta matkaa, olisin täysin oman onneni nojassa. Ovela piru-paska! Yritin ajatella jotain järkevää ja kehitellä jonkinlaisen pelastautumissuunnitelman miehen käsistä. Yritin muodostaa selkeitä ajatuskokonaisuuksia, mutta en ollut nukkunut kahteen vuorokauteen juuri lainkaan ja huomaamattani olin nukahtanut jo ennen kuin Hare ehti edes palata.

Luku 16 Raakaa lihaa

Aurinko oli tuskin vielä noussut syksyä enteilevän metsän ylle, kun heräsin säpsähtäen eläimelliseen lyhyeen rääkäisyyn, joka oli ohi ennen kuin olin edes kunnolla tajunnut, missä olin. Mökissä ei näkynyt ketään, mutta ulkoa leijaili vieno savun tuoksu. Kömmin mökin ovelle niskat kipeinä ja jalat puutuneina. Päättelin ulkoa kantautuneen äänen olleen sekavan uneni päätösfanfaari. Hare nimittäin istuskeli rauhallisen näköisenä tekemänsä nuotion reunalla ja paistoi kepin nokassa jotain lihakimpaleen tapaista.

Jonkun muun seurassa olisin automaattisesti toivottanut hyvät huomenet, mutta hänelle en. Toivoin, että päivästä tulisi Harelle paska palkkapäivä, jolloin konttori olisikin kiinni ja palkanmaksu lykätty johonkin hamaan tulevaisuuteen.

- On tässä sullekin, Hare sanoi ja osoitti muovipussin päällä lötköttävää inhaa lihaläjää, josta törrötti luita sieltä täältä. Liha oli ilmeisesti pyydystetty ja paloiteltu vastikään.

- Mitä toi on? kysyin epäluuloisena.

- Jänistä, Hare vastasi enkä epäillyt miehen sanoja. Vaikkei pupuaamiainen houkuttanut erityisemmin, päätin kuitenkin tarttua tarjottuun ruokaan heti aamukusen jälkeen.

Kävelin talon taakse ja aloin juuri kiskoa housuja alas, kun huomasin vähän kauempana epätavallisen suuren määrän lenteleviä ötököitä. Kehämuurin ulkopuolisessa metsässä oli nykyään kuulemma paljon vähemmän hyönteisiä kuin joskus aikoinaan, joten kiinnostukseni heräsi. Menin lähemmäs ja huomasin kärpästen ja muiden siivekkäiden touhuilevan turkin ja eläimen sisälmysten kimpussa. Tajusin katselevani Haren jäniksen teurastuksen lopputulosta. Olin jo kääntymässä pois, kun huomasin hieman erillään lötköttävässä turkin riepaleessa tutun kuvioinnin. Yökkäys tuli yllättäen ja oli tyhjän mahani ansiosta vain kivulias nytkäys, kun tajusin Haren grillaavan parhaillaan kissaani ja ainoaa ystävääni Mattia.

Aikani yökittyäni syöksyin silmät raivosta ja inhosta salamoiden Haren luo.
- Saatanan paska, mitä sä oot tehnyt! huusin niin lujaa, että metsä ympärillä kohahti. Hare säpsähti ja pudotti lihakimpaleen nuotioon.
- Miten sä saatoit tappaa mun kissan vitun kusipää! Syöksyin nuotiolla pystyyn kömpivän Haren kimppuun kyynelten valuessa poskilleni ja tartuin pitkään tukkaan kaksin käsin.
- Oliks se sun lemmikki? En mä tiennyt. Lopeta!
Hare ravisteli minut irti tukastaan ja työnsi pitkillä käsillään kauemmas. Hakkasin luisevia käsiä nyrkeilläni.
- Rauhoitu, sehän oli vaan kissa ja eväät oli jo loppu.

- Se oli MUN kissa ja se seurasi MUA tänne asti! huusin riuhtoen itseäni irti Haren luisevasta otteesta. Yritin muutaman kerran potkaista miestä, mutta lopulta menetin tasapainoni ja putosin polvilleni nuotion viereen. Tipahtanut lihanpala kärysi ällöttävästi edessäni. Peitin kasvot käsilläni ja itkin hysteerisesti toistamiseen muutaman päivän sisällä.
- Sä veit multa ainoan, mitä mulla oli enää jäljellä! vollotin kyynelvirrat poskillani.
Otin nuotiosta puoleksi palaneen karahkan ja heitin sillä Harea. Karahka osui ällistynyttä miestä olkapäähän ja putosi savuten varvikkoon.

Tunsin oloni täysin voimattomaksi. Huojuttelin itseäni hiukset takussa ja liimaantuneena poskillani. Pohjattoman kyynelvirran myötä elämänhaluni tuntui valuvan jonnekin paitani alle. En jaksanut enää! Kaikki viime päivinä tapahtunut oli liikaa. Pitkän aikaa vain istuin ja itkin Haren tuijottaessa minua hämillään ja vaivautuneena. Viimein hän keräsi Matin maalliset jäänteet nuotion reunalta, etsi jostain lapion ja katosi mökin taakse, mikä osoitti hänen tuntevan edes pientä syyllisyyttä tapahtuneesta. Teko ei kuitenkaan kaunistanut millään tavalla viimeistä muistikuvaani ainoasta jäljelläolleesta ystävästäni, joka oli hyväuskoisena seurannut minua kauas pois tutuilta kotinurkiltaan vain kohdatakseen täällä tiensä pään.

Surullisen aamiaisen jälkeen jatkoimme matkaa. Vaikka olin nyt vakuuttunut Haren totaalisesta kylmyydestä ihmisenä ja saatanallisuutta lähentelevästä pahuudesta, en voinut muuta kuin luottaa miehen suuntavaistoon ja haluun saattaa minut turvallisesti takaisin kotiin. Tunsin itseni täydellisen yksinäiseksi ja hylätyksi. Ensimmäistä kertaa koko lähes kaksi kuukautta kestäneen retkeni aikana kaipasin todella vanhempiani sekä Kehämuurin tuttuja käytäviä.

Luku 17 Muinainen maa

Aukea rävähti silmille täysin yllättäen. Olimme kulkeneet kapeita sorateitä ja pieniä polkuja koko aamun, kun yhtäkkiä sankan metsän keskellä avautui kymmenien hehtaarien kokoinen hakkuuaukea. Puuttomaksi raivattua maastoa näkyi silmänkantamattomiin. Kulkemamme tie ei päättynyt aukean laitaan, vaan jatkui siitä eteenpäin halkaisten lopputtomalta tuntuvan kantomöhkäleiden ja risujen vaikeakulkuisen maaston. Kaukana tien päässä arviolta alueen puolivälissä siinsi vaaleita suorakulmaisia rakennuksia, joista kohosi myös muutama piippu. Hare viittasi kädellään kylttiin, joka oli tökätty tien sivuun. Siinä kerrottiin ainakin viidellä eri kielellä, että edessä häämöttävät piiput kuuluivat Vulcavom-nimiselle metsäyhtiölle. Asiattomilta oli pääsy ankarasti kielletty ja mahdollisia tunkeutujia varoiteltiin aseistautuneista vartijoista.

- Perillä ollaan. Kuljet varovasti tän aukean laitaa sen toiselle puolelle. Tuolta oikealta nurkalta lähtee polku, joka vie koeviljelmille. Tutkimusasema on aivan siinä lähellä. Siellä pitäis aina olla joku, joka voi järjestää sulle kyydin himaan, Hare sanoi.
- Voiko ne oikeasti ampua, jos näkee mut? kysyin epäluuloisena.

- Ei ne voi, vaan ne ampuu. Jos mä olisin sä, kulkisin aika syvällä metsässä ja niin kaukana aukiosta kuin mahdollista.

- Ok, sanoin ja huokaisin syvään ajatellessani edessä olevaa rämpimistä. Kun pääsisin toiselle puolelle aukeaa, olisi varmasti jo ilta.

Otin muutaman askeleen tieltä sivuun lähteäkseni tarpomaan neuvottuun suuntaan, kun Hare keskeytti kulkuni tarraamalla lujasti käteeni.

- Mihin sä meet? Etkö muista meidän diiliä? Mä toin sut Kehämuurille niinku sovittiin.

Miehen ääni oli vaativa ja kasvojen ilme vakava, mutta kärsimätön. Tiesin, että Hare oli tosissaan. Luisevien sormien ote käsivarrestani teki kipeää. En halunnut edes kuvitella, mitä seuraavaksi tapahtuisi, jos en nyt pian keksisi jotain. Miksi en ollut miettinyt jonkinlaista pakosuunnitelmaa valmiiksi? Ehkä olin elätellyt toivetta siitä, että Hare paljastaisikin inhimillisemmän puolensa ja luopuisi maksuvaateistaan. Eikö kissani syöminen ollut riittävä maksu? Nähtävästi toiveeni oli kuitenkin turha.

Yhtäkkiä Hare vetäisi minut itseään vasten ja haroi haisevilla sormillaan hiuksiani. Vaihtoehtoja ei ollut montaa. Tyrkkäsin miestä rintaan kaikin voimin ja ilmeisesti yllätyshyökkäys tehosi, koska pääsin samalla riuhtaisemaan itseni luisevien sormien puristavasta otteesta. Hare horjahti taaksepäin ja käännyin salamana ympäri ja lähdin juoksemaan kuin henkeni edestä kantojen ja risujen seassa. Vaikka maasto aukealla oli vaikeakulkuista, pako viistosti sitä pitkin tuntui paremmalta vaihtoehdolta kuin umpimetsään juokseminen. Jos vain pääsisin jonkin matkaa etenemään aukean reunaa ja sitten metsään, minulla voisi olla mahdollisuuksia. Pelottava ajatus muutoin tapahtuvasta raiskauksesta antoi jaloilleni lisää voimaa hyppiä ja loikkia esteiden yli. Hare kykenisi tekemään sen ja varmasti myös tekisi, jos saisi minut kiinni. Siitä minulla ei ollut epäilystäkään.

Kuulin takaani vaimeita tömähdyksiä, joista tiesin miehen lähteneen takaa-ajoon. Kompuroin eteenpäin merkillisen epätodellisen tunteen vallassa. Sydämeni hakkasi ja hengitys kulki väpättäen, kylkiä vihlovasti, kun kiinnitin katseeni edessä siintävään metsänreunaan, jossa kuvittelin olevani turvassa. Käytännössä pakoyritykseni oli tuhoon tuomittu, mutten voinut muuta kuin yrittää. Jos Hare saisi minut kiinni, taistelisin viimeiseen hengenvetoon asti. Päätin, että hänen pitäisi tappaa minut saadakseen haluamansa. Tappelisin vastaan. Ohimossa kallo on ohut, silmät ovat ihmisen herkkä paikka. Iskisin niihin, purisin ja yrittäisin potkia haaroihin. Tömähdykset kuuluivat nyt lähempää ja välillä kuulin myös tukahdutettua sadattelua. Juoksin, minkä jaloistani pääsin.

Olin juuri tulossa metsän laitaan, kun kuulin korvissa kohisevan huminan läpi terävän pamauksen. Jatkoin kuitenkin juoksuani enkä uskaltanut kääntyä katsomaan taakseni ennen kuin olin turvallisesti pihlajapuskien ja nuorten koivujen syleilyssä. Vasta metsässä ymmärsin, ettei Hare ollut ainakaan aivan kintereilläni. Samassa kuulin aukiolta veret seisauttavaa huutoa, joka päättyi vaimeaan korahteluun, kun ase laukesi jossain kauempana toistamiseen. Sen ääni yhdessä äskeisen ulvahtelun kanssa tuntui jäävän kaikumaan aukiolle ja tajusin takaa-ajajani juuri kuolleen. Ensin tieto tuntui helpottavalta, mutta sitten ymmärsin itsekin olevani vaarassa. Yksi takaa-ajaja oli poissa pelistä, mutta toinen tai kenties montakin uutta saattoi olla jo matkalla piilopaikkaani.

Nousin ylös varvikosta ja lähdin hoipertelemaan eteenpäin tiheässä kasvustossa. Hengitys salpaantui samalla tavalla kuin kylmän suihkun aikana. Yhtäkkiä jokin seisoi suoraan edessäni harmaanvihreänä, mutta silti selvästi metsän puilta erottuvana. Kurkustani purkautui pieni älähdys ja jalkani valmistautuivat jo juoksemaan pakoon, kun tajusin tuijottavani Akselia. Pojan silmistä paistoi levottomuus, mutta muuten hän oli tismalleen samannäköinen kuin silloin, kun ensimmäisen kerran näin hänet suuren siirtolohkareen päältä jollain nimettömällä nevalla.

- Inna! Mitä nää täällä teet? Akseli kysyi ja halusin itkeä tuon äänen ja murteen kuullessani.

Syöksyin pojan luokse jalat tutisten ja kaaduin tuttua sarkakangasta vasten. Helpotuksesta purskahdin itkuun ja Akseli painoi minut nopeasti turvalliseen syliinsä. Hetken päästä tajusin pojan keinuttelevan yhteenpuristuneita vartaloitamme hiljalleen edestakaisin ja silittävän hiuksiani. Oloni oli kuin pitkästä ja piinaavasta painajaisesta heränneellä ihmisellä. Vaikka jossain vaani edelleen jokin epämääräinen vaara, tunsin olevani turvassa ja toivon heräävän pitkästä aikaa. Minulle ei voisi tapahtua enää mitään pahaa, koska Akseli pitäisi minusta huolta.

- Tuu, meidän pittää mennä, Akseli totesi ja lakkasi keinuttamisen.

Irrottauduin vastentahtoisesti pojan otteesta.

- Miksi sä oot täällä? kysyin ja pyyhin kyyneleitä poskiltani.

- Sammaa voisin kysyä sulta, Akseli totesi ja lähti kulkemaan syvemmälle metsään pidellen edelleen hellästi kädestäni.

- Mä lähdin takaisin. Hare toi mut, mutta ne ampui sen ilmeisesti tuonne aukiolle. Ne metsäyhtiön vartijat. Mut mitä ihmettä sä teet täällä? kysyin ja aloin aavistella, ettei Arinan ja Akselin yhtäaikaisella katoamisella ollut mitään tekemistä keskenään.

Kulkiessamme kauemmas pois aukiosta Akseli kertoi lähteneensä itse tiedustelemaan mahdollisuutta viedä viestiä vanhemmilleni. Hän ei ollut kertonut lähdöstään kenellekään – ei minulle eikä muille metsäsotilaille – koska tiesi, että kaikki olisivat yrittäneet estää retken. Siinä hän oli kyllä oikeassa. En olis ikinä antanut Akselin vaarantaa henkeään takiani, varsinkaan nyt, kun tiesin, miten Kehämuurilla suhtauduttiin sen ulkopuolella eläviin. Kylmäsi ajatella, miten tunteettomasti vartijat olivat mitään kyselemättä ampuneet Haren. Olisinko minä ollut seuraava, jos en olisi päässyt metsän suojaan? Akselin selostusta kuunnellessani omat ajatukseni Arinasta ja Akselista alkoivat hävettää. Olin ollut niin mustasukkainen ja heti valmis uskomaan rakastamastani ihmisestä pahaa.

Rakastamani ihminen. Katselin edelläni kulkevan Akselin teräviä harteita, lätsää ja sen alta kauluksen päälle kurkottelevia vaaleita suortuvia. Sillä hetkellä mikään maailmassa ei tuntunut rakkaammalta ja tärkeämmältä. Jos se olisi minusta kiinni, en koskaan enää irrottaisi otettani tästä kädestä, joka nyt niin varmasti luotsasi minut pois pahan ulottuvilta. Akseli oli suojelusenkelini, turvani ja lohtuni. Samalla sinisten silmien taakse kätkeytyi myös jotain salaperäistä ja kiehtovaa.

Kuljimme lähes täyden hiljaisuuden vallassa ehkä reilun tunnin ajan, kunnes saavuimme kasteesta kimmeltävän virhreän niityn laitaan. Ilmeisesti kukaan ei ollut välittänyt lähteä seuraamaan meitä. Edessämme avautuva neitseellisen kaunis niitty oli kuin täydellinen vastakohta äskeiselle hakkuuaukealle, johon mielessäni yhdistin inhottavat ajatukset väkivallasta, kuolemasta ja pelosta. Iltapäivän auringossa niitty kimalsi kaikissa vihreän eri sävyissä ja siellä täällä kukki vielä jokunen kissankello ja puna-apilan kukka. Akseli vei meidät istumaan niityn laidalla lepäävän suuren kiven luo. Hetkeen emme kumpikaan puhuneet mitään.

En tiedä, mitä Akselin päässä mahtoi sillä hetkellä liikkua. Niityn rauhassa kykenin viimein ajattelemaan selvästi. Vaikka olin vielä pari päivää sitten ollut vakaasti Kehämuurille palaamisen kannalla, tuntui elämä sillä hetkellä kaikkine vaaroineen ja menetyksineenkin mielekkäämmältä täällä, missä nyt olin. Vaikka Terra Antiquassa saattoi menehtyä verenhukkaan, en voinut olla varma siitä, että Kehämuurillakaan asiat olisivat sen paremmin. Kannattiko Kehämuurille paluuta edes yrittää? Otettaisiinko minua takaisin nyt, kun tiesin mitä tiesin. Millainen oli se maailma, jossa ihmisiä ammuttiin raa'asti ja mitään kyselemättä kuin teuraaksi meneviä eläimiä, vaikka samaan aikaan hössötettiin muurin sisällä elävien terveydestä ja eliminoitiin kaikki riskit?

Joku saattaisi sanoa, ettei Terra Antiqualla ollut tulevaisuutta. Siinä katsellessani, kuinka yksinäinen leppäkerttu taapersi kiveä pitkin ja pysähtyi välillä paistattelemaan auringon helliviin säteisiin, jotain liikahti pysyvästi sisälläni. Ei elämästä voinut koskaan tietää. Kaikkea voisi tapahtua ja omaan sänkyynkin saattoi kuolla yhtäkkisesti ja peruuttamattomasti aivan yhtä hyvin kuin saattoi pelastua täpärästi kuolemanvaarallisesta tilanteesta.

Siinä kylmällä kivellä istuessani ja Akselin kylkeen nojatessani ajattelin, että Kehämuurin sisällä ihmiset olivat jo aikoja sitten unohtaneet sen tosiasian, että elämä oli arvaamatonta eikä sitä voinut loputtomiin kontrolloida kukaan. Jos näin ei olisi, ei se olisi elämää alkuunkaan, ja tämän asian kanssa jokaisen ihmisen vain pitäisi oppia elämään. Aina jäisi vähintäänkin se pikkiriikkinen yllätysmomentti, jolla saattoi kuitenkin olla juuri se kaiken päälaelleen saattava käänteentekevä vaikutus.

Äkkiä Akseli tökkäsi hellästi kylkeeni ja osoitti sormellaan taivaalle. Korkealla sinisen taivaan äärettömyydessä lähes näkymättömissä liiteli haukka tähystellen niitylle eksyviä myyriä tai hiiriä iltapalakseen. Linnun liikkeet olivat verkkaiset ja sen siipien tekemissä kaarissa oli jotain sanoinkuvaamattoman kaunista. Tuntui pitkästä aikaa turvalliselta. Aivan kuin jokin katselisi meitä lempeästi kirjavien siipisulkien yläpuolella.

- Mitä me nyt tehdään? kysyin kuiskaten.

- Me eletään, Akseli vastasi, kosketti hellästi poskeani ja suuteli minua.

TOKSTORMEN !

eller

Jag äskar min Ångest

Förord till andra upplagan.

Förord till andra upplagan.

Denna berättelse, mest och bäst, beskriver är
hur en psykos känns inifrån.
Hur man tänker, känner och reagerar under en
psykos.
Även är det berättelse av hur jag hittar känsor
och minnen från förr, men det är sekundärt i
berättelsen.
Dessutom för att få dessa, i sig egna historier, till
en helhet så har jag fabulerat för att på något
sätt knyta ihop det hela.
Nu, mer än 10 år efter textens tillkomst, har jag
tittat närmare på texten och försökt rätta till de
grövsta missarna.
När vi väntade vår son 1991 började jag att
skriva. Och något år efter det kom en bra terapi
och ett arbete på en bondgård. Där fanns en
kvinna, på bondgården, som såg mig och med
hennes hjälp som jag fick livet åter. Då fortsatte
jag att skriva och gör så än idag. Bokens text fick
sin form 2009 men borde redan då ha blivit
reviderad.

Nu först 2021 så har jag kunnat närma mig texten. Texten var alldeles för stark och grep mig för hårt.

Att jag nu kunnat titta på texten beror på att jag blivit av med mina besvär. Jag har hittat mig själv, vilket varit målet med alla terapier, skrivande, mediterande, ältande och så vidare.

Jag har slutat med all terapi och minskar på medicinen i långsam takt.

Min sjukdom har följt mig hela mitt vuxna liv, från min psykos 1979, som 22 åring, till 2019, dvs i minst 40 år.

Men evigt lycklig att jag lyckades att hitta sig själv. Det är inte lätt för någon att hitta sig själv, men något jag skulle önska varje människa.

En fantastisk upplevelse.

Bromma december 2021

Kap 1. GUD HJÄLPE MIG

Det var i slutet av november. Jag satt hemma i köket och rökte. En cigg, två, tre... efter den femte kände jag mig nöjd. Jag hade inte varit hemma på många dagar. Telefonsvararen visade att ingen hade ringt.

Jag satt och stirrade in i väggen en stund. Varför hade åkt jag till lägenheten? Det hade jag glömt i samma ögonblick som jag öppnade dörren. Plötsligt ringde telefonen. Jag spratt till. En signal, två signaler, jag svarade.

- Hej, det är jag, Karin.

- Hej, ringer du nu?

- Ja, jag har bestämt mig. Jag kommer inte hem, jag tänker stanna här längre. Du kan väl bjuda Malin till Kanarieöarna istället. Hon får ta min biljett. Jag bjuder.

Karin, min fru, skulle ha kommit hem i början av december för att vi skulle resa till Kanarieöarna på chartersemester. Nu var hon istället i Brasilien för att läsa språk och vila upp sig. Hela förra året hade varit jobbigt för oss båda.

- Ja, det kan jag väl.

- Jag ringer från en automat. Nu har jag inga pengar kvar. Hej då!

Klick!

Det var dött i telefonen. Jag satt och kliade mig i huvudet en stund, förvirrad och panikslagen.
UT! JAG MÅSTE UT!
Här inne trillade väggarna över mig. Lägenheten kändes trängre och trängre. Jag märkte att jag började prata för mig själv.
- Väggarna talar till mig. Ut, ut, till friheten.
- Lås dörren!
- Det spelar ingen roll om dörren är låst eller inte.
- Ut, ut, nerför trapporna. Över gården!
Ut ur huset. Ut på gatan.
LUGN! Det är ingen idé längre.
Det var mörkt på gatan, gatlyktorna gungade i blåsten och spred sitt kalla sken över bilarna.
Gatan var full av bilar som var parkerade för natten. Allt var tomt och öde.
- Natten, den eviga natten, tänkte jag. TOMT, KALLT OCH MÖRKT.

En gammal tvåddörrars Ford kom dubbelparkerade framför porten, och någon klev ur baksätet. Det var grannflickan.
- Jag visste det! Nu kommer de, tänkte jag och gick in och satte mig i baksätet på bilen.
- När åker vi? sa jag.

- Ut ur bilen! Vad gör du i min bil? Ut! fräste grannflickan ilsket.
Jag gick uppgivet ur bilen. Jag tänkte att det här var sista chansen, nu fanns det inget hopp längre. Helt ensam.
Jag stod på trottoaren.
- Vart ska jag ta vägen? Jag går till världens ände, tänkte jag. Jag heter ju Nordstam, alltså går jag mot norr.
Jag gick Upplandsgatan bort mot Haga norra. "Mot nordpolen!" Gatan var fortfarande öde. Gatljusen lyste. Jag gick som i trans. Släpade fötterna efter mig. Jag var klädd i rutig lumberjacka, nötta seglarskor och jeans som släpade i marken. Det var öde och tomt. Jag gick som om varken bilar eller något annat skulle kunna skada mig. Inget berörde mig.
Jag är odödlig!
Jag gick förbi rödljusen vid Norrtull, förbi Hagaterminalen och ner i Hagaparken. Den var också tom. Det lyste ett sken över Solna, ett stort vitt ljussken.
Kärnvapen. Det sista kriget, tänkte jag. Atomvintern är här. Nu ska vi alla dö. Det är ingen idé att gå mot nordpolen. Ska jag gå och dränka mig i Brunnsviken?

Nä det var nog för kallt i vattnet.
Jag måste gå baklänges i utvecklingsspiralen.
Darwins utvecklingsspiral. Först bli en dinosaurie
och sedan en amöba för att till slut försvinna och
utsläckas totalt. Bli ett svart hål.
Jag går tillbaka i utvecklingslabyrinten och blir till
ingenting, tänkte jag.
Jag föll till marken för att i tankarna gå tillbaka i
utvecklingen. Jag började jucka mot marken för
att komma ner i labyrinten. Ett stilla regn föll.
Utvecklingen går bakåt. Jag kommer att
försvinna.
Jag kände inget, varken köld eller värme, varken
kyla eller smärta.
Jag är Stålmannen, tänkte jag. Den första som
går tillbaka i utvecklingen.
Jag försökte koncentrera mig på tillbakagången.
En hund lade sin våta nos mot min kind. Jag
hörde någon som pratade. Det lät som om
rösterna pratade om någon annan, men det var
mig det handlade om.
- Det rör mig inte. Jag får inte tappa
koncentrationen, tänkte jag.
- Hjälp, jag tappar koncentrationen och går
uppåt i spiralen. Utvecklingen går framåt igen,
tänkte jag.

Utvecklingen går mot något levande.
En ambulans körde upp på gräset nära mig, och
ambulansmännen kom emot mig.
- Hur är det? frågade en av dem.
- Har ni kommit med likvagnen nu? Plockar ni
upp alla som har dött av kärnvapensmällen?
sade jag.
Jag såg att det var en vanlig ambulans. Efter en
stund kom det en polisbil också, och
ambulansen körde därifrån. Poliserna steg ur
och tog mig under armen. Det stod några
människor runt mig, bland annat mannen med
hunden.
- Kom med här, sade en av poliserna.
De tog in mig i polisbilen och sökte igenom mina
fickor. De hittade min tobak, Eventyrsblandning
från Norge. De luktade på den och behöll
paketet.
- Vi tar med honom till stationen, sade en av
poliserna.
Jag såg bilden framför mig. Misshandlad i en
poliscell. Misshandlad till döds för att jag såg
smällen. Panikslagen av skräck sade jag:
Inte till polisstationen.
Det har varit ett totalt kärnvapenkrig, tänkte jag,
det gäller att överleva så länge som möjligt.

Och överlever gör man om man dödar någon annan. Den som dör sist har överlevt längst.
Vi kör honom till psyket, sade polisen.
Jag åkte med polisbilen genom nästan helt öde gator mot S:t Görans psykakut. Väl framme klev alla ur bilen. Poliserna ringde på klockan till sjukhusdörren. Vi blev insläppta och gick nedför de kalla tomma stentrapporna. Dörren gick i lås bakom oss. Poliserna gick in i ett litet rum och avlade rapport. Jag fick vänta i väntrummet utanför.
Där fanns pinniga träsoffor med röd plastklädsel och en dricksfontän. Allt som fanns att läsa var Socialstyrelsens Råd och Anvisningar och Meddelanden från Landstinget. Väggarna var nikotingula. Mitt i rummet stod ett lågt bord. Rummet hade inga fönster, det kom ett kallt sken från ett lysrör i taket. Jag tittade in i rummet på andra sidan korridoren. Det var rökrummet. Där stod likadana soffor och bord, alla hade många brännmärken. Rökrummet var inpyrt, och på möblerna och golvet låg det fullt av aska och gamla fimpar. Det var mörkt i rummet, det lystes bara upp av det ljus som strömmade in från motorleden utanför.

Ett fönster stod på glänt och det hördes buller
från bilarna.
En person i mörkret och rökte, och han
mumlade något om världens undergång. Jag
tiggde till mig en cigarett och rökte girigt tills jag
brände mig på fingrarna.
Jag kunde inte sitta stilla utan vandrade omkring
hela tiden. Gick till ytterdörren och kände på
den. Den var låst. Endast de som hade nycklar
och andra utvalda kunde komma ut.
- Nu ska vi utrotas, tänkte jag. Alla vi som var ute
när atombomberna exploderade måste utrotas.
Alla vi som inte kände till att kriget skulle
komma. Det måste hållas hemligt att det hade
varit ett kärnvapenkrig. Maktens förlängda arm
– läkare, skötare och poliser - skulle bära
hemligheten. Vi andra skulle avrättas utan att
någon fick veta det.
- Nu gäller det att var smart, tänkte jag. Att inte
avslöja för mycket.
Jag gick av och an i korridoren. På vänster sida
fanns dörrarna till läkarnas undersökningsrum,
på höger sida fanns det en toalettdörr. Vid
korridorens bakre vägg låg dörren till friheten.
Den var låst, och längst fram svängde korridoren
av mot höger.

Innan den svängde fanns det en gul linje i golvet. Själva golvet var smutsgrönt. Gick man förbi den gula linjen utan tillåtelse blev man tillsagd av en vitrock. "Stopp där, gå inte längre. Kom tillbaka!" Runt hörnet där korridoren svängde hördes det hela tiden skrik. Ylanden av skräck.

- När man kommer runt hörnet blir man avlivad. För att fördela skulden ska den som gått över tidigare avlivas av nästa person i raden. Allt blir en enda lång kedja av dödande, tänkte jag.

- Döden, denna befrielse. Där borta runt hörnet sker den slutliga lösningen. Utrotningen av alla icke önskvärda, tänkte jag. Alla som inte fick meddelande om kriget. Alla Obehövda.

Jag vandrade av och an och väntade och väntade. Jag räknade stegen fram till den gula linjen. Vid varje skrik spratt jag till. Jag måste hela tiden intala mig lugn. Det gick inte att komma ut genom den låsta dörren, och jag ville inte gå förbi den gula linjen.

Det vore skönt att få dö fort, tänkte jag. Att få somna in. Inte behöva vakna mer. Inte behöva leva i denna ångestdal.

Tiden gick långsamt. Jag måste hålla mig klar i huvudet.

Det kändes som om tiden inte hade någon
betydelse. Ingenting hade någon betydelse,
något måste hända..
Människor kom och gick, alla andra blev
inkallade till läkaren. De blev hämtade av någon
i vit rock. När skulle det bli min tur?
Vissa fick dörren upplåst och kunde gå ut i
friheten direkt efter ett samtal med läkaren.
Andra togs bakom den gula linjen. Hela tiden
hördes skriken runt hörnet. Jag blev tillfrågad
om jag inte skulle ta av mig den våta varma
yllejackan. Jag svarade nekande. Byxorna hasade
i golvet och fötterna i seglarskorna var
genomblöta, det regnade ute. Men jag brydde
mig inte.
Plötsligt hämtade en vitrock mig och förde mig
genom en dörr till ett av undersökningsrummen.
Endast ljudet från motorvägen och surret från
lysröret hördes. Jag ställde mig mitt i rummet,
mitt emot den kvinnliga läkaren. Vi var
ensamma i rummet. Jag försökte tänka, men
huvudet kändes tomt. Läkaren tittade på mig
med en blick som sade: "Stackars krake".
- Berätta, sade hon.

Vilken lycka det vore att få berätta, att kunna berätta allt. Att ge ut sitt innersta och bli förlåten. Att få lämna ut sig.
Bit ihop, tänkte jag. När jag biter ihop tänderna kan hon inte höra vad jag tänker, tänkte jag. Jag bet ihop hårt.
Min övertygelse var att jag hade inopererade mikrofoner i tänderna, men när jag bet ihop fungerade inte de galvaniska elementen och doktorn kunde inte veta vad jag tänkte.
De som var emot mig visste vad jag tänkte, de kunde höra det. Men inte när jag bet ihop tänderna.
Jag skulle så gärna vilja säga vad jag tänkte och kände, men jag vågade inte. Tänk om alla mina anhöriga skulle bli avslöjade.
Men tänk att få anförtro sig till doktorn och lägga mitt liv i hennes händer. Att bli omhändertagen, botad, tröstad. Vilken lycka.
Allt detta tänkte jag.
Hela tiden tittade läkaren på mig och upprepade sin fråga. Hon såg hur jag kämpade.
Hur är det, berätta! Hennes röst var vänlig.
Efter en stund blev jag förd ut ur rummet eftersom jag vägrade att prata, och någon annan fick komma in i stället.

Jag tänkte: Jag är inte mogen än. Måste bli lite
mörare först.
Jag vandrade fram och tillbaka i korridoren
mellan den gula linjen och dörren. Ibland tittade
jag ut genom fönstret.
- Soldaterna och trupperna rör sig utan att
någon ser det, tänkte jag. De rör sig där utanför.
De får inte visa sig, för det får inte bli någon
uppståndelse eller kalabalik. De utvalda sitter i
den nybyggda Globen, och påven är där och ger
dem absolution.
Att få dö ensam utan att någon vet om det. Att
få bli bortglömd utan att det finns ett enda
minne av att man har funnits. Dödad, uppbränd,
utsuddad. Skönt!
Men att få leva! Livslängtan, jag ville trots allt
gärna leva! Skräcken, ilskan och livssaknaden
fanns där.
Fler gånger blev jag intagen, antingen till den
första läkaren eller till någon av de andra, men
jag vägrade fortfarande att prata med hänsyn till
mina anhöriga.
Långt senare på natten förde de mig bakom den
gula linjen.
Jag fick en brits som jag kunde ligga på i
korridoren. Skriken hördes fortfarande.

Någon gav mig vatten att dricka och några sömntabletter.

Detta är döden, tänkte jag. Jag svalde raskt sömntabletterna och drack glupskt upp vattnet. Ingen frågade om jag var röksugen. Jag hade inte rökt på många timmar. Poliserna hade tagit min tobak, och jag vågade inte fråga efter en cigarett. Jag var storrökare och behövde minst en cigarett i halvtimmen. I sådana här lägen skulle jag ha rökt upp ett helt paket på en enda kväll.

På natten låg jag som i ett dis på min brits, som i en drömvärld. Drömmar och fantasier blandades ihop. Jag trodde att jag stod och tittade ner från ett höghus, och nedanför stod en stor folkmassa.

Alla skrek:

-Hoppa! Vi tar emot dig!

Jag vet inte varför de skrek så. Skräcken för att stanna kvar där jag stod var plågsam, men rädslan för att hoppa var ännu större. Till slut hoppade jag i alla fall, och folkmassan vek undan. Jag landade på marken och vaknade med ett ryck. Visste inte vad klockan var, visste inte var jag var.

Då skrev de in mig på sjukhuset och jag fick en
riktig säng. Det var fortfarande mitt i natten.
De lockade av mig de blöta kläderna, men jag
fick behålla sidenkalsongerna.
Som ett bevis på att jag är någon, tänkte jag.
De gick igenom mina fickor och låste in kläderna
i ett skåp. Jag fick en nattskjorta att ta på mig.
Jag kände mig kissnödig och gick på toaletten.
Det var ett vit kaklat rum med både dusch och
toalett. Belysningen var dålig. Det fanns ingen
spegel, bara en slipad stålskiva som gav en
vanställd bild. Jag speglade mig i stålskivan och
såg att håret stod åt alla håll och att jag hade
lång skäggstubb.
- Är jag Clint Eastwood i någon film? tänkte jag.
Är jag Clintan?
När jag kom tillbaka efter att ha varit på
toaletten fick jag en plastmugg med vatten och
några tabletter.
Detta måste gå fort, tänkte jag.
Jag kastade i mig tabletterna och sög girigt i mig
varje droppe av vattnet. Jag sög i mig döden.
Det kändes som om jag varken hade ätit, druckit
eller sovit på flera dygn.
Nu lägger jag mig ner för den sista vilan, tänkte
jag och lade mig på sängen.

Det låg andra döende i de andra sängarna.
De ser ut som de sover, tänkte jag.
Den eviga natten var mörk, bara de nakna
gatljuset lyste upp rummet.
- Nu har jag nått slutet, tänkte jag.
Själen försvann ut i evigheten och irrade runt i
ett tomt mörker utan ljus. Tomhet.
Det brusade från motorvägen.
Jag upplevde i en fantasidvala att två av mina
bästa vänner var i ett rum i ett höghus
tillsammans med mig. Bägge hoppade ut genom
fönstret, och nedanför var en jättelik folkmassa
samlad. De hoppade en i taget, folkmassan tog
emot dem, och de landade mjukt.
Folket ropade till mig att hoppa. Jag tvekade.
Alla ropade: Hoppa!
Till slut tog jag mod till mig och hoppade.
Folkmassan vek undan, och jag ryckte till och
kom ur drömmen.
En liknande dröm igen!
Jag vaknade tidigt, det var ljust ute. Jag låg stilla i
sängen och blundade.
- Jag är ledig i dag och har inget särskilt för mig.
Vad ska jag göra? tänkte jag. Bara ta det lugnt?
Kanske ta en promenad i Hagaparken. Bara göra
vad jag själv vill.

Jag låg kvar lite extra i sängen. Då hördes ett
skrik. Ett skrik lika tydligt som dagen innan. Mitt
blod frös till is.
Allt kom över mig igen. Det var ingen ond dröm,
det var verklighet. Allt! Mordkliniken, de
hemliga tecknen, kärnvapenkriget och den sista
förintelsen.
Jag måste mörda, tänkte jag. För att få ynnesten
att själv bli mördad. Jag vill leva! Måste leva.
Inte dö!
Det var alltså sant! Dödslägret. Alla var falska.
Vem kunde jag lita på? Kunde jag lita på någon?
Visste de om det? De hörde ju skriken.
Jag kunde inte tala för mikrofonerna i tänderna.
Jag smög upp ur sängen, satte på mig skorna,
gick ut i korridoren. Jag var otroligt röksugen.
Var kunde jag få tag på en cigarett?
Jag måste ha en, och det meddetsamma! Annars
avlider jag, tänkte jag.
Antagligen skedde morden bakom de stängda
dörrarna längst nere i korridoren. Skriken kom
därifrån. Jag tänkte att avlivningen troligen
skedde bakom de dörrarna.
Bakom mig var rökrummet, och där satt rökarna.
Bland annat en gammal gubbe i rullstol.

Han var så gammal att han knappt kunde röka, han fick hjälp av en ung mörklockig vitrock med hästsvans som såg mycket sympatisk ut.
Jag var olidligt röksugen. Jag hade inte rökt sedan tidigt i går kväll då poliserna tog min tobak.
Att den gamla gubben blev så ompysslad gjorde mig svartsjuk. Jag ville också bli ompysslad! Jag ville också röka, måste få röka. Jag blev otroligt svartsjuk. Kunde en så gammal och skruttig man både få bli så ompysslad och röka utan att jag också fick det?! Jag stod inte ut!
Det kom flera vitrockar, och en flicka frågade om jag ville ha frukost. Hon visade mig in i ett allrum bredvid rökrummet där kaffe och te serverades med bröd och pålägg. Ett helt frukostbord stod faktiskt uppdukat.
Jag tog te och en smörgås med ost och en vit mjuk smörgås med korv. Ingen fin korv, men den gjorde mig lycklig, i alla fall lyckligare. En limpsmörgås med prickig korv skulle jag aldrig ha ätit annars, men nu smakade den gudomligt. Jag satt och njöt. Om jag bara kunde få röka också. När jag satt där och åt frukost var det som vilken söndagsförmiddag som helst.

Huset låg högt över stan och himlen var blå. Jag hörde bilarnas brus och tittade på den fantastiska utsikten.

Det luktade nybryggt kaffe, och det hördes ett vänligt pratande från personal som gick runt och pysslade om patienter.

Jag glömde bort frukosten, för plötsligt började skriken igen och jag var tillbaka i min skrämmande fantasiverklighet.

Den unge sympatiske pojken med hästsvans och vit rock frågade om jag inte skulle duscha. Jag fick en handduk och gick sakta nerför korridoren. Jag var spänd, i min egen värld.

Mitt eget helvete.

Ju längre jag kom ner i korridoren desto högre blev skriken.

- Nu blir jag avrättad, tänker jag.

Jag kom fram till duschrummet som låg nästan i slutet av korridoren, vid glasdörrarna. I ett rum till vänster satt den rullstolsbundne gamle mannen och skrek.

Då brast det i mig.

Jag kastade mig över gamlingen och tog struptag på honom bakifrån. Jag drog ner både honom och rullstolen på golvet. Min avsikt var att döda.

Jag kände hur det krasade i halsen på den gamle. Han kippade efter luft. Jag tryckte hårdare. Mina knogar vitnade.

- Nu ska jag döda för att själv bli dödad, tänkte jag. Äntligen ska jag få dö.

Det hördes rop och skrik från korridoren. Personalen hade upptäckt vad som höll på att hända.

- Måste strypa. Trycka till hårt.

Kunde de inte komma snabbare? De måste rädda mig

Efter en evighet kastade de sig över mig och drog bort mig från den gamle. Flera stycken. Jag var vild, och det krävdes många för att hålla fast mig. Adrenalinet sprutade. Pulsen pumpade så att det nästan hördes. Jag slog och skrek som om det gällde livet. Mitt liv. De satte sig på mig. En på varje arm och ben.

De släpade in mig i ett rum intill och upp på en säng.

När jag hörde ropen från personalen blev jag lättad.

De drog mig med alla krafter från mannen och satte sig på mig. Jag var jättestark. Fem stora kraftiga män behövdes det för att få ner mig. Jag slogs för mitt liv.

Men blir till slut blev jag övermannad, de var för många. De släpade bort mig till en säng.

Jag skrek och slogs. De höll mig stenhårt. Jag gav inte upp utan fortsatte att slåss.

Senare, när jag låg i sängen, försökte jag strypa sig mig själv. Det gick inte. Jag upptäckte att man inte kan strypa sig själv.

Men jag blev satt i spännbälte. Armar och ben bands fast med tjocka läderremmar i hörnen på sängen så att jag inte kunde röra mig. Jag skrek och bet och högg i luften. Jag ryckte och drog för att komma loss. Hela tiden skrek jag av vanmakt. Till slut tappade jag rösten och blev lugn.

Jag hade mördat för lite uppmärksamhet och en cigarett. Om jag hade fått bägge delarna ändå hade jag antagligen inte mördat alls.

En kort tid senare kom civilklädda poliser. Jag släpptes loss och fördes ut till en väntande säkerhetsbil.

- Nu ska jag få mitt straff, tänkte jag.

De stoppade in mig i baksätet. Resan visade sig gå mot Beckomberga sjukhus. Då försökte jag öppna bildörren och kasta mig ut.

- Det spelar ingen roll vad som händer, tänkte jag. Bara det går fort.

Dörren var låst! Jag kunde inte kasta mig ut. Jag fick fortsätta att leva ett tag till.

Kap 2. DET TOG HUS I HELVETE

De två polismännen förde mig direkt upp til en
avdelning, och med hjälp av personalen förbi
dörrslussen. Jag hade kvicknat till ordentligt
efter mordet och kunde både gå och prata.
Avdelningen var full av dårar som gick omkring i
sina egna världar. Överläkaren kom fram till mig
och frågade om jag hade attackerat andra
patienter, och jag svarade ja.
Då blev jag införd i ett rum där jag fick byta till
sjukhuskläder och fick en säng. Det fanns en
enda sjukhussäng i rummet, och en stol med
armstöd, och ett sängbord och en sänglampa.
Jag lade mig genast i sängen och kröp under
täcket och frossade i min ångest. Jag bara låg där
stilla och tittade i taket. Försökte sova, men
ångesten pumpade runt i hjärnan på mig.
Jag låg som förstenad, paralyserad av ångest. Då
och då tittade personalen in och gav mig en
spruta eller ställde in en bricka med mat.
Varje gång jag fick en spruta kändes det som en
befrielse.
Det var som om väggen öppnades och jag
svävade ut bland stjärnorna, ut i världsalltet, ut i
rymden, och till slut domnade jag bort och fick
några timmars sömn.

All personal som kom in hade vita kläder och gummihandskar och munskydd. Därför trodde jag att jag var smittad av strålning eller något likande.

Vid samma tid var Globen färdigbyggd, och jag såg i min fantasi hur påven var på besök och gav befrielse från synderna till de utvalda som hade fått plats där. Jag trodde att det hade varit ett tredje världskrig med kärnvapen.

Globen var byggd rund för att kunna stå emot den gigantiska strålning som nu fanns över hela världen, och där fick utvalda komma in för att skonas från strålningen några timmar. Sedan måste de ut igen för att jobba. Alla hjul måste snurra trots att det hade varit ett kärnvapenkrig. Efter middagen kom en sjuksköterska in och öppnade fönstret.

Hon ställde det på vid gavel och låste upp så att det stora fönstret skulle gå att öppna. Det fanns även ett mycket litet vädringsfönster med galler, så att ingen skulle kunna hoppa ut. Avdelningen var planerad så att det inte skulle gå att ta livet av sig där. Ingen fick bära sitt eget skärp eller sina skosnören.

Istället för skärp fick man ett turkost pappersband att knyta runt midjan. Det gick ofta av, vilket gjorde att man tappade byxorna.

Alla skåp var väggfasta, och de hade sluttande tak så att inget skulle kunna ligga dolt ovanpå dem.

Skåpen var alltid låsta och hade inga handtag som man skulle kunna hänga sig i.

Toaletterna hade däremot inga lås. Vem som helst kunde när som helst titta in och se vad man gjorde där.

Det gemensamma duschrummet var låst, utom vissa tider då det öppnades för antingen män eller kvinnor. Duschslang fick man låna om man skulle duscha, och rakhyvlar lånades bara ut en kortare stund. Allt för att man inte skulle kunna göra sig själv illa.

Nu låg jag där med vidöppet fönster.

Avdelningen låg på sjätte våningen, och det var en asfalterad gård nedanför.

Sköterskan hade lämnat rummet när hon hade öppnat fönstret.

- Nu ska jag få mer strålning på mig så att jag dör. Låt det gå fort! tänkte jag.

Det måste ha varit en väldigt stark livslängtan som gjorde att jag inte kastade mig ut genom det öppna fönstret. Jag måste ändå ha trott på livet, trots att jag så gärna ville dö.
Jag låg som klistrad i sängen och bara tänkte på Globen och strålningen. Några gånger kom det in sköterskor. De hade munskydd och gummihandskar. De gav mig sprutor, men fönstret lämnade de öppet. Jag låg där och frös hela natten. Den natten var lång. Antagligen ville personalen att jag skulle kasta mig ut genom fönstret så att jag tog livet av mig, eftersom jag hade strypt en åldring. Vid denna tid var mitt liv inte mycket värt. Öga för öga…
Efter några dagar stängde de fönstret, då det visade sig att det inte gjorde någon verkan. Jag fortsatte att leva.

Jag kunde inte avgöra hur många dagar det tog, men jag hade härdat ut trots den starka ångesten och kylan, och den eld som jag hade burit på i hela mitt liv var utanför kontroll nu. Kan man tänka sig någon större eld än ett kärnvapenkrig? Alla fördämningar hade släppt. Jag kände det som om jag kunde förtäras av den elden.

Under lång tid hade jag känt mig kuvad av livet.
Telefonsamtalet från Karin hade varit det
utlösande.
Allt det som jag hade hållit tillbaka under de åtta
månaderna på Beckomberga tidigare det året,
då
jag bara hade legat på sängen, kom tillbaka nu.
När jag inte själv förtärdes av min inre eld måste
den förtära någon annans liv, och det var ett
helvete. En synd som jag var tvungen att bära
resten av mitt liv.
Nu skulle jag snart dömas till fängelse, om jag
levde så länge. Man dödar inte någon ostraffat.
När byråkratins kvarnar hade malt tillräckligt
länge skulle mitt mål komma upp i rätten. Jag
skulle dömas. Allt pekade emot mig. Jag skulle
erkänna. Många vittnen fanns det till händelsen.
Motiv hade jag, svartsjuka. Åldringen som jag
hade mördat hade blivit ompysslad och fått
röka. Han hade fått en cigarett. Det hade varit
den tändande gnistan till att jag hade tagit hans
liv. Ett liv, för att jag inte fick en cigarett.
Jag hade säkert fått en cigarett bara jag hade
frågat. Men det hade jag inte vågat göra,
eftersom jag kanske skulle ha avslöjat mina
släktingar om jag hade gjort det.

Hur många år skulle jag få? Tio, kanske mer.
Jag låg och tänkte på det i mina klara stunder.
De var inte många och inte heller långa, de
stunder då jag kunde tänka. Men de fanns dock.
Korta stunder av klarhet när ångesten inte
sköljde över mig. Stunder när jag kunde använda
min hjärna till det den var avsedd för. Att tänka
med.
Efter några dagar, jag kommer inte ihåg hur
många, kom min mamma på besök. Hon hade
letat efter mig överallt. Hon hade ringt runt till
alla sjukhus, men de hade inte svarat på grund
av sekretess.
Hon hade ringt till mina kompisar och till
polisen. Till slut hade hon fått reda på att jag var
här.
Jag hade fått låna hennes bil för att fara in till
min lägenhet i något ärende, och sedan hade jag
bara försvunnit. Nu kom hon in i mitt sjukrum
och såg mig som en klump där jag låg. Som en
främmande människa.
- Var är bilnyckeln? sa hon med kalla ögon.
Jag steg upp ur sängen och hämtade den. Hon
var på väg ut när hon vände sig om och såg mig i
sängen.

Nu fanns det medlidande i blicken. Tillgivenhet.
Hon tittade på mig där jag låg, fjättrad av ångest.
- Är det något du vill ha? Utifrån menar jag,
frågade hon medkännande.
- Nej, ingenting. Jo, föresten, en mandarin.
Hon gick och lämnade mig där med ett fönster
som åter var öppet. Det var kallt, men jag frös
inte. Jag kände bara suget efter att kasta mig ut i
den mörka novembernatten. Slippa denna
ångest.
Men jag måste överleva.
Jag låg och höll mig i sängen. Ångesten
förlamade mig, den var som en feber som
sköljde över mig i vågor. Allt var svart, och jag
mindes bara den långa mörka kalla eviga natt
som det blir efter ett totalt kärnvapenkrig.
Jag vet varken när jag var vaken eller när jag sov,
timmarna gick, dagarna gick.
Det var någon som satt utanför mitt rum och
vakade över mig. Jag gick bara upp för att kissa.
Den vitklädda personalen kom in med mat på en
bricka. De kom även regelbundet med medicin.
Jag fick sprutor i baken, och efter bara några
minuter kunde jag slappna av och försvinna bort
i ett töcken, utan ångest.

Kände att inget berörde mig. Att jag blev lugn.
Jag slapp känna ångestvågorna.
Några gånger ringde jag på personalen när
ångesten blev för stark. Då fick jag fler sprutor
om jag bad om det.
Jag trodde att min sista stund var kommen när
jag fick en spruta, att den var döds dosen. Men
jag kände att det var bättre att dö än att leva
med denna ångest.
Efter någon tid kom min mamma på besök igen.
Hon hade mandariner med sig, och inte bara
mandariner utan även yoghurtgodis. Min
mamma tyckte att yoghurtgodis var nyttigare än
vanligt godis. Hon satte sig på stolen i mitt rum
och frågade hur jag mådde. Hon lade sin varma
hand på min panna. Precis som när jag var liten.
Jag betedde mig som ett djur. Jag tog stora
nävar med godis och stoppade in dem i munnen.
Tuggade och svalde.
- Känner du hur det smakar, frågade hon. Jag
hummade och kastade mig över mandarinerna.
Den första slukade jag i två tuggor.
När det hade gått kanske en vecka vågade jag
mig upp ur sängen och ut på avdelningen.
Byxorna hasade i marken, och jag gick med
släpande steg. Irrade runt i korridoren.

Ångesten gjorde att jag inte kunde hålla ihop tid och rum, och saken blev inte bättre av att jag var kraftigt drogad av mediciner.

Tidigare hade jag bara gått ut ur rummet några gånger per dag för att gå till rökrummet. He a tiden utanför mitt eget rum hade jag en bastant man vid min sida. Jag var ju farlig. Jag kunde döda! Jag hade dödat. "Stryp-nojan" fanns där, även om jag inte kände mig redo att slåss.

En dag kom överläkaren fram till mig och frågade.

- Har du givit dig på andra patienter?

- Ja, en gång. Jag såg sorg och medlidande i läkarens blick.

Tidigare hade jag legat inne på grund av en panikångest som slog till vid mest oväntade tillfällen. Först var jag på den här avdelningen, sedan på en öppen avdelning. När ångestattackerna kom kunde jag inte göra något annat än lägga mig på sängen, jag blev helt passiv.

På den tiden bodde jag fortfarande ihop med Karin, som jag var gift med. Hon kom till mig på alla besökstider med god mat och omsorg, hon var mycket omtänksam.

Och otaliga kvällar satt olika nattsyrror, kvinnliga eller manliga, och höll mig i handen när jag skulle sova. Eller när jag bara hade ångest.
En kvinnlig patient lärde mig att om man dricker vatten så det hjälper mot ångesten.
Jag bälgade i mig vatten, men det hjälpte inte. Dämpande medicin hjälpte något, och när någon höll mig i handen. Jag blev bortklemad!
Jag tog inte mig själv på allvar, och ingen annan gjorde det heller. All min ilska vände jag inåt, och jag blev mindre och mindre, ynkligare och ynkligare.
Efter åtta månader lyckades jag i alla fall ordna en halvtidstjänst att kontera på en redovisningsbyrå.
Karin körde mig från sjukhuset till jobbet och hämtade mig och körde mig tillbaka till sjukhuset när jag hade slutat för dagen. Hon jobbade på nätterna för att tjäna pengar så att vi kunde överleva, och hon pysslade om mig på alla besökstider. Annars hade jag aldrig kunnat arbeta.
Varje gång vi stannade vid ett rödljus när hon körde mig till jobbet kände jag panik.

Jag blev både rädd och arg för rödljuset som var
så ilsket rött. Jag ville fly när bilen stannade.
Hoppa ut ur bilen och skrika.
Väntan var olidlig innan det slog om till gult och
vi kunde köra vidare. En minut kändes som ett
år.
Jag hade ingen förmåga att vänta. Allt skulle ske
med detsamma, annars ville jag bara lägga mig i
min säng. Hela tiden försökte jag ruta in livet.
Jag prövade med att bara gå på vissa rutor på
gatan. Alla å, ä ö-prickar gjorde mig orolig. Jag
tyckte att alla prickarna var ögon som dömde
mig. Ögon som tittade kritiskt på mig. Ögon som
stirrade på mig. Jag kunde inte låta bli att titta
på dem.
När jag tittade på en mönstrad tapet tyckte jag
att den rörde på sig och att mönstren bildade
läskiga figurer som kunde skada mig. Mönstren
bildade drakar och demoner som var ute efter
mig.
Jag kunde ligga i soffan och se hur natten kom,
och då blev jag rädd för skuggorna som flyttade
sig längs väggen allt eftersom solen flyttade sig.
Jag vågade inte tända. Hela tiden var jag rädd
och hade ångest.

Allt försökte jag göra regelbundet och i samma upprepade ordningsföljd, så att jag inte skulle få ångest. Jag kunde till exempel hålla mina fingertoppar mot varandra så att fingrarna såg jämn långa ut, allt för att få symmetri.
Var jag i något sällskap kunde jag vara tyst, titta ner på mina fingrar och försöka få symmetri på dem. Allt för att förhoppningsvis kunna bemästra ångesten.
När jag stängde en dörr var jag inte säker på om den var stängd. Då kunde jag öppna den igen för att genast smälla igen den. Tre-fyra gånger i rad kunde jag göra så. Allt försökte jag ordna. Till exempel när jag kissade:
Om det kom bubblor i vattnet av kisset tänkte jag alltid en ramsa ur en sång "Tiny bubbles, tiny bubbles in the air...". Den upprepade jag några gånger i huvudet. Jag försökte alltid få hela botten på toaletten att vara täckt med bubblor när jag hade kissat klart. Det betydde tur. Men då fick ingen bubbla spricka.
På grund av "Ögon-nojan" kunde jag inte läsa, och om jag gick på stan och fick se en skylt till en affär där det fanns ett å, ä eller ö i namnet kunde jag inte ta blicken ifrån den, för då fick jag otur.

Jag kunde behöva lägga mig på sängen en halv dag om jag såg en sådan skylt. Därför kunde jag inte läsa. Inga böcker, och inte ens det minsta reklamblad. Inget kunde jag läsa, inget kunce jag göra. Allt gav mig ångest.

"Ögon-nojan", som jag kallade den, var nog värst. Det var den nojan som gjorde att jag helt enkelt måste stirra på å, ä och ö. Elaka, kritiska och hårda ögon. Som ett ont samvete som sade: Vad har du gjort nu? Du är skyldig. Du får skylla dig själv för att du har ångest.

Alkohol gav mig bara mer ångest, men jag rökte mycket. När jag varmrökte en cigarett försökte jag göra glöden mindre.

Jag tryckte den mot askkoppen, men då trillade ofta hela glöden bort och jag måste tända cigaretten igen. Karin tog mig hem till vår lägenhet så ofta hon kunde. Där satt jag uncer fläkten och rökte och rökte, cigarett efter cigarett.

Om jag varmrökte en cigarett och det blev glöd under papperet, och att det sedan glödde ett hål genom det, betydde det otur. Ett glödhål i pappret betydde verkligen, verkligen otur. Det kunde förstöra flera dagar för mig, och då tjatade jag bara om det.

Varför blev det hål i pappret? När får jag otur?
Det gav mig en otrolig ångest.
Hela tiden spelade det melodislingor i mitt
huvud, och när jag blev medveten om dem fick
jag panikångest.
Så som "Let's forget about tomorrow for
tomorrow never comes..." Vadå glömma
morgondagen? Morgondagen kommer alltid.
Alltid blir det en ny morgon. Inte kan jag väl
glömma morgondagen. Särskilt inte när nuet är
så hemskt. Blir morgondagen ännu värre?
Ingenstans kunde jag finna den tröst som jag så
väl behövde. Hur skulle det sluta?
När fick jag   dö?
Men jag ville inte dö, jag ville leva.
När jag blev intagen på Beckomberga i
november året innan hade jag just avslutat min
juristutbildning, och efter ett sommarjobb hade
jag fått plats på en advokatbyrå med
företagsinriktning.
Karin och jag hade gift oss och flyttat ihop i min
lägenhet. Jag jobbade med det jobb som jag
hade drömt om ända sedan jag blev sjuk första
gången. Men inom en månad gick min dröm i
kras. Jag var egentligen ingen jurist.

Och vi hade gift oss för fort. Allt hade gått för fort. Det höll inte. Jag ville inte vara med längre. Jag flydde in i ångest, jag ville bort. Men jag hade ingenstans att fly. Jag försökte fly in i mig själv, bort från allt. Drömjobbet som hade blivit en mardröm. Äktenskapet som hade blivit en mardröm. Allt var en mardröm.
Efter åtta månader var jag ute igen. Under sommaren hade jag ett kvalificerat jobb som jurist på Skattemyndigheten. Karin och jag flyttade isär. Temporärt, som det hette. Påfrestningen på förhållandet under sjukdomstiden hade varit för stor. Och efter den tenta som skulle kvalificera mig för en fast anställning hade vi bestämt att Karin skulle åka till Brasilien för att gå på en kurs i portugisiska. Rättare sagt hade hon bestämt det. Hon behövde komma ifrån och se något annat än bara jobb och sjukhusmiljö.
Och hon behövde komma bort från bortklemade mig. Jag med all min ångest.
Under dessa åtta månader hade överläkaren, som nu tittade då medlidsamt på mig, försökt med alla medel att komma underfund med vad min ångest berodde på. Hur den fungerade, och varför jag inte blev av med den.

Min gamla terapeut hade kommit till Beckomberga för ett möte med alla som hade med mig att göra - läkare, psykologer, mentalskötare med mera var med.
På det mötet sa jag att jag mådde bra och ville skriva ut mig. Alla var nöjda. Men jag var fortfarande rädd, till och med rädd för tapeterna, eftersom jag tyckte att tapetmönster rörde sig och blev till figurer. Rädd för å, ä och ö. Rädd för allt.
Dagen då jag skulle skriva ut mig vågade jag inte, och jag blev uppflyttad till den låsta avdelningen igen. Jag fick bara permissioner för att bli skjutsad till jobbet.
De röntgade min hjärna, jag var på datortomografi, och jag genomgick flera psykologiska test.
Testen visade att jag var en mycket farlig människa.
Att jag var en tidsinställd bomb som när som helst kunde brisera. Överläkaren lät mig trots detta skriva ut mig. Jag var frivilligt inlagd.
Men nu hade bomben sprängts. Nu var det illa.
Min gamla terapeut hade hastigt avlidit. Hon hade ansetts som en av de skickligaste i landet på psykoser. Hon var stark Freudian.

Min älskade mormor hade också avlidit och
Karin var som sagt på kurs utomlands.
- Wallmas dog, sa överläkaren och syftade på
min terapeut. Jag var på begravningen.
- Jag vet. Hennes dotter ringde och talade om
det. Hon undrade om jag klarar mig, och jag
svarade ja.
Jag försvann in i mina ångestdimmor igen, och
överläkaren gick.
Efter ytterligare någon vecka blev det bestämt
att jag skulle flytta till en annan låst avdelning.
Ingen hade informerat mig, en dag sade de bara
att jag skulle flytta. Vitrockarna tog mig och
mina saker till den nya avdelningen, som låg i ett
annat hus. För säkerhets skull gick vi genom
kulvertarna så att jag inte skulle kunna rymma.
Det var december och regnigt och mörkt.
Jag fördes genom kulvertarna till den andra
avdelningen, som låg på samma område men i
ett annat hus. Ännu hade jag inte fått gå ut på
någon promenad.
Mamma kom dagligen med cigaretter,
mandariner och yoghurtgodis. Ibland hade hon
någon överraskning med sig, men jag kunde inte
vara tacksam. Jag tog för givet att jag bara skulle
få. Jag förstod inte vad tacksamhet var.

Jag bara slukade allt som ställdes fram, utan att fråga, utan att se någon annan. Det fanns ingen annan. Det fanns bara jag och jag och jag och en väldig massa ångest.
En chokladask kunde jag äta upp på fem minuter utan att fråga mamma eller någon annan om de ville smaka en enda liten bit. Jag slukade allt!

Kap 3. BECKOMBERGA AVDELNING 2
På den nya låsta avdelningen fick jag nu en säng.
Jag var där tillsammans med svårt sjuka
människor, flera som hade varit narkomaner.
Där fanns en söt mullig liten tysk flicka med
dåliga tänder och mörkt hår. Hon brukade dansa
för mig i sin kortkorta kjol. Hon visade trosorna
och var väldigt utmanande. Hon var
manodepressiv och antagligen inne för ett
maniskt skov.
Jag låtsades som jag inte såg henne, men det
gjorde jag. En dag var hon så utmanande att jag
följde efter henne till hennes rum och kastade
mig över henne.
Hon var med på noterna. Men när jag skulle
genomföra ett samlag sade hon:
- Då blir det barn!
Hon följde ofta med en gammal gubbe in på
toaletten, vad de gjorde där vet jag inte. Men
gubben gjorde ofta anspelningar.
I rökrummet tillbringade jag det mesta av min
tid. Där satt vi och rökte vad vi kom åt. En
patient kom på att när tobaken var slut kunde vi
röka te.

Vi trodde att vi blev höga. Vi dansade omkring och fånade oss som om vi var påtända, men vi var bara sjuka.

Alla patienter var så pass förvirrade av sina psykoser att det aldrig blev något riktigt samtal. Vi var inne i våra egna världar, och därför blev det ofta missförstånd.

I rökrummet fanns det en gammal skivspelare som vi spelade vi gamla raspiga skivor på. De låg hela tiden utspridda på golvet, aldrig i sina fodral. Belysningen kom från en golvlampa med trasig skärm, linoleum golven var smutsiga och fulla av fimpar. Alla möbler hade brännmärken. Allt var sjaskigt och mörkt.

När det blev jul försvann de flesta av patienterna hem på permission, medan jag inte ännu hade fått någon permission alls. Jag antog att det var för att de trodde att jag skulle rymma.

Det var långsamt på avdelningen. Jag satt där med en sjuksyrra. För att ha något att prata om frågade jag.

- Vad har du för utbildning?

- Samma som du!

-               Tandläkare eller jurist?

-                Jag hade i flera år gått på tandläkarhögskolan för att bli odontolog men slutat när mina föräldrar skulle skiljas därför att pappa hade varit professor där.
- Båda.
- Är du både tandläkare, jurist och sjuksyrra?
- Ja!
Jag blev ännu mer förvirrad. Talade hon sanning, och varför var hon då här? Varför jobbade hon inte som jurist eller tandläkare? Det måste vara bättre än att jobba här. Jag kände mig ännu mer nertryckt i skorna.
Det var verkligen trist på storhelgerna. Inga besök förutom mamma, och hon hade även den övriga familjen att ta hand om. Ingen som ringde. Och personal som drev med mig.
Under julhelgen var det ett par vårdare som jobbade extra. En kort engelsman med strävt vågigt mörkt hår och mörka ögon. En amerikan som fattade tycke för mig. Utan tillstånd av överläkaren frågade han:
- Ska vi ta en promenad.? Vi kan ta en lång runda kring sjön.
- Gärna.
Det var en dag med blötsnö. Igen mulet, och det började mörkna redan när vi gick ut.

I rask takt gick vi runt sjön som låg utanför området. Det var säkert en promenad på en mil. Vi gick tysta.

För mig var det underbart att få komma ut. Att få röra på mig. Att få röka en cigarett utan att sitta i det förpestade rökrummet.

Att själv få bestämma vart jag skulle gå. Kanske inte bestämma helt och hållet men i alla fall till viss del få vara herre över mitt liv. Att få bestämma om jag skulle gå till höger eller rakt fram.

Vi pulsade fram i blötsnön, och jag kände en liten strimma av frihet och att någon brydde sig om mig. På den nya avdelningen fick jag dessutom ha mina egna kläder på mig.

Jag promenerade i den gamla rocken och seglarskorna. Det kom hela tiden in blötsnö i skorna, men det brydde jag mig inte om. Bara att få vara ute. Se himlen och alla molnen. Lukten av skog och fuktig snö.

Långt efter jul fick jag komma hem tills Karins och min lägenhet på permission tillsammans med min mamma och en vältränad vårdare.

Där fanns inte längre någon soffa och ingen säng, och det gapade tomt på hyllorna. Det första jag gjorde var att lägga mig på golvet.

Jag bara låg där. Mamma satt på en stol bredvid.
Vårdaren, som också var min övervakare, satte
sig i köket och läste en tidning.
- Ska jag gå? frågade mamma efter någon
timme.
- Neej!!
- Men gör något då.
- Jag ligger.
- Ska jag göra något?
- Ja gör det!
- Vad?
- Vet inte! Jag tänker ligga i alla fall.
Jag hoppade upp från golvet efter en stund.
Kastade mig under köksfläkten och rökte i mig
en cigarett på rekordtid. Sedan gick jag och lade
mig igen. Det mörknade. Mamma satt där, och
jag fortsatte att ligga.
Plötsligt ringde telefonen. Många signaler gick
fram innan jag masade mig upp från golvet.
- Hallå.
- Hej, det är Åke.
Åke var en vän. Tidigare detta år hade han legat
på den öppna avdelningen i nästan åtta
månader. Då hade han, en annan kille, Eva och
jag varit vänner.

Vi hade legat inne samtidigt, och tillsammans hade vi gjort promenader och smitit utanför området för att fika. Vi var inte riktiga vänner, vi hade egentligen inget att prata om och inget mer gemensamt än att vi var inlagda på samma gång, Våra diagnoser var inte lika, vi hade olika bakgrund, och vi var varken i samma ålder eller stadium av livet.

Men omständigheterna hade gjort oss till vänner, och vi umgicks. Vi förenades i de överträdelser av reglerna som vi gjorde tillsammans.

Åke pluggade på universitetet, och hans passion var transcendental meditation. Han skulle komma in djupare och djupare i sig själv med hjälp av den. Men till slut hade han mediterat så mycket att han hade fått en psykos och behövt läggas in på Beckomberga.

Åke och Eva hade blivit ett par. Eva var en kvinna i fyrtioårsåldern som var manodepressiv. Kort, något satt, brunhårig, med stor näsa och spjuver blick. Hon hade haft ett av sina skov och blivit inlagd på sjukhuset. Han var cirka tio år yngre, pojkaktig men viril, ljushårig och med ett ganska behagligt utseende. Över medellängd.

Deras förhållande var ganska svårt med all deras ångest. Lyckan blev stor när hon väntade barn. Då hade de redan blivit utskrivna båda.
Hon bodde i ett hyresrum på Östermalm, och han bodde fortfarande hos sina föräldrar. De skulle flytta ihop när bebisen hade kommit. Vi hade tappat kontakten efter sjukhusvistelsen förutom att Eva hade ringt hem till mig och frågat om jag inte ville komma och fika. Och jag hade varit i hennes hyresrum och druckit kaffe. Vi hade småpratat lite, och då hade hon berättat att hon var gravid.
Jag hade haft svårt att prata med henne på grund av ångest, och hon hade pratat i hundraåttio kilometer i timmen, helt maniskt.
- Hur är läget? sa Åke.
- Dåligt! Jag är dålig och ligger inne. Hur är det med Eva?
- Hon är död. Hon hängde sig i rummet.
- Men barnet då?
- Det var i slutet av åttonde månaden.
Smärtan och ångesten, förtvivlan över livets elände flöt genom luren. Vi var båda tysta. Vad fanns att tillägga? Inget. Det hade hänt och inget kunde göras nu. Själv mådde jag för dåligt för att kunna trösta eller lindra Åkes smärta.

- Hejdå. vi hörs!
- Hejdå. Det var bara bruset som fanns kvar i luren.
- Nu åker vi tillbaka till sjukhuset. Vi måste vara inne på avdelningen om en halvtimme, sade vårdaren.
Vi gick ner till bilen. Mamma körde, och jag satt som en hösäck bredvid henne och tänkte på döden. Ångesten åt upp mig. När det rörde på sig i trafiken var det ganska skönt, men vid varje rödljus kände jag paniken stiga. Jag ville hoppa ut och springa. Skrika! Vråla!

Väl inne på avdelningen kände jag mig lugnare. Men det var otroligt tråkigt.
Jag hade med mig räkningarna som måste betalas före den sista. Det var därför jag hade fått bevakad permission med en anhörig.
Så fort jag kom in på avdelningen bad jag att få den ångestdämpande medicin som jag hade ordinerad vid behov. Alla intryck hade varit för mycket. På avdelningen var det skyddat och lugnt, men intrycken ute i staden hade bombarderat mig. På sjuttio vägen tillbaka till sjukhuset hade jag fått tunnelseende av farten.

Inne på sjukhuset lade jag mig raklång på sängen. Inga andra alternativ erbjöds, och det var så jag hade lärt mig att hantera min ångest. I veckor levde jag så. Låg på sängen. Rökte. Mamma på besök. Låg på sängen. Så var det alla gånger jag låg inne. Passiviteten var förlamande. Att man inte fick göra något var förödande. Hade man bara haft något praktiskt att skingra tankarna med hade det gått lättare. Jag längtade tillbaka till första gången jag låg inne, på sjuttiotalet, då hade man varit tvungen att s tta och göra hopprep några timmar varje dag. Ett legoarbete som skingrade tankarna några timmar.

 Det var inte roligt, och man hade varit tvingad, men efteråt hade det alltid känts bättre. Jag var alltid så dålig när jag låg inne att jag varken kunde läsa eller skriva. Tid fanns det överflöd men jag kunde inte göra något av den. Det förekom ingen annan behandling än mediciner, och sedan fick tiden göra sitt. Jag är säker på att om jag hade fått någon form av behandling hade jag blivit frisk fortare, men det fanns det inte resurser till någon sådan.

Antagligen hade det varit väl använda pengar som hade lönat sig i slutändan, men nu var det bara att ligga på sängen och titta i taket som gällde. Eller sitta i rökrummet och röka. Att röka var i alla fall lite socialt. Där kunde man träffa andra. Var man inte rökare när man kom in så var man det nästan garanterat när man skrevs ut. Att rulla cigaretter var det enda konstruktiva man kunde göra.

Men bristen på motion och alla cigaretterna gjorde att man blev sämre, och att det tog längre tid innan man skrevs ut. Nästan alla rökte sina cigaretter så långt det bara gick, och de flesta av oss hade nikotin färgade fingrar. Jag och flera andra hade brännmärken på högerhandens pek- och långfinger där vi hade haft cigaretten.

Det var som början av min långa vistelse året innan. Nu var jag ganska klar i huvudet, så nu mindes jag den.

Som vanligt låg jag på sängen och tittade i taket. Det var tråkigt, intill döden tråkigt. Antingen hade jag ångest, och det var hemskt, eller så hade jag tråkigt, och det var också hemskt.

Inget att göra. Ingen arbetsterapi. Ingen städning tilläts vi att göra, ingen mat fick vi laga.

Vi behövde inte ens bädda våra egna sängar.
Inget fick vi göra. Det fanns ett pingisbord men
ingen att spela med. Min fantasi var det som
gjorde att jag överlevde. Jag drömde mig bort
när jag kunde, när inte ångesten var för stark. Så
hade det varit även förra gången när jag låg inne
länge.
Då låg jag på sängen och kände sig ensammast i
världen. Den enda tröst jag hade var att lyssna
på radio 88:as musikslinga om och om igen.
Radiokudden hade jag som en napp. Att slingan
gick om och om igen ingav mig någon slags tröst.
En trygghet att allt återkom. Jag visse vad som
gällde, och att det skulle komma igen.
Ingen gav mig tröst, inte ens mamma, henne
hade jag inte någon kontakt med för
ögonblicket. Och jag skämdes för mycket för att
kontakta mina vänner.

- Hej, det är jag. Jag har lax med mig, och en kniv
så att vi kan skära upp den, sa Karin glatt när
hon kom på besökstiden en dag. Självmordet låg
nära. Jag blev panikslagen av en kniv. Jag bara
såg för mig hur jag stötte den i någon annar
eller i mig själv.

Det är förbjudet, men vi måste kunna äta något gott, fortsatte hon. Och pepparkvarn också.
Att jag ansågs farlig gjorde mig ännu mer rädd.
Tidigare hade jag kommit från en öppen avdelning hit upp till den låsta avdelningen, till Bunkern som huset kallades, när jag hade velat skriva ut mig men inte vågat att ta steget ut i verkligheten.
På den så kallade behandlingsavdelningen hade de hetsat mig att hata mina föräldrar. De provocerade mig så att jag ville slåss, men då avväpnade de mig, och jag tvingades att göra armhävningar för att bli av med ilskan.
För övrigt hade jag promenerat, det var mitt vapen mot ångesten. Eller ätit. Jag kunde äta chokladkakor som hårdbrödmackor. Jag hade det inte så lätt, och jag tyckte mycket synd om mig själv,
Några i personalen var empatiska och alla var inte elaka, men alltför många var dumma eller inkompetenta. En del tjejer var mycket mammiga, och det fick mig att krympa mer och mer.
Det kändes respektlöst, som att de inte trodde särskilt mycket på mig utan jag måste beskyddas.

Och jag lät mig omhuldas. Jag bad om det! Ynklig blev jag av att leva i denna skyddade värld. Inget behövde göras, inget fick göras. Maten blev serverad, inget jobb fanns det. Man fick inte städa eller något annat som ökade ens självkänsla och fick en känna att man var behövd. Ingen behövde en. Man hindrades från att bli någon genom att finnas till för någon annan.

Men jag hade trots allt ordnat en bra kontaktman. Den tidigare hade bara varit spydig och pikat mig med taskiga understatements tills jag sa ifrån. Spydigheterna gav mig mer ångest, och till slut gick det för långt och jag krävde att få byta kontaktman.

Här uppe i Bunkern fick jag be om allting, inget var mig givet. Alla var till det yttre rädda för självmord. Tros alla försiktighetsåtgärder fanns det de som tog livet av sig. En gång på psykakuten satt jag och tittade på TV när det kom en väldig smäll, och sedan började det lukta krutrök. Som om någon smällt Kina-puffar ungefär. Personalen blev vettskrämd. Min första reaktion var att springa dit och se efter.

- Hon gjorde det! sa någon ur personalen.

- Sitt! Du sitter kvar där du sitter, skrek någon åt mig. De sprang iväg allihopa. Sedan fick jag sitta ensam hela kvällen vid Tv:n.
En gång i Bunkern var det någon som hoppade ut från sjätte våningen. Under det korta ögonblick då personalen öppnade den låsta dörren till köket för att köra ut tevagnen lyckades en pojke. Han var för besvärlig för barnpsykiatrin. Han lyckades springa in i köket, och eftersom fönstret stod öppet hoppade han bara ut. Han hade änglavakt och klarade sig med några skråmor. Från sjätte våningen ner på en asfalterad gård. Vilken skyddsängel han hade!

Kap 4. SABINE

Redan i ambulansen tyckte jag att något var fel.
De måste ha misstagit sig. Inte skulle jag åka
ambulans, jag skulle få gå hem. Jag försökte röra
mig, men det gick inte, jag satt fastspänd på
båren. Försökte kika ut genom fönstret för att se
vart jag var på väg, men rutan var av isat glas
och jag såg ingenting.
Väl framme öppnade ambulansmännen
bakdörren och drog ut båren. De bar in mig på
en akutmottagning.
Nu var jag på sjukhus, men jag var inte sjuk.
Kanske lite förvirrad men inte sjuk. De bar mig in
på ett rum och kopplade loss mig. Någon
frågade vad jag hette, och jag svarade. Jag
frågade var telefonen var, och jag gick och
ringde.
- Hej Per, det är Henrik Nordstam.
- Hej! Där är du ju. Hur är det? Var håller du hus?
- Det är bra med mig, men de har tagit mig till
sjukhus, och jag vet inte vad jag ska göra. Jag
känner mig så självisk när jag bara tänker på mig
själv. Det är svårt att tänka på andra.
- Men om du är på sjukhus ska du bara tänka på
dig själv. Var lite självisk! Skit i andra!

- Jag ska försöka.
- Ta det lugnt, så hörs vi.
- OK. Vi hörs.
Jag blev förd till en säng av två män i vita kläder.
En lång, och en stor och tjock. Så tjock att han
hade svårt att gå. Den långe hade brunt hår och
kalla ögon.
Den tjocke hävde sig ner i stolen vid skrivbordet
som stod bredvid sängen. Den brunhårige sa:
- Ta av dig kläderna och sätt på dig de kläder
som ligger på sängen.
- Varför då? sa jag.
- Gör som jag säger, sa den brunhårige med de
kalla ögonen. Stämningen var hotfull, och de
båda vårdarna såg stora och starka ut.
Jag tog långsamt av mig kläderna. Den
brunhårige tog ut det jag hade i fickorna och
lade alltsammans på bordet framför den tjocke.
Plånboken, tändaren, tobaken, nycklarna kom
upp på skrivbordet, och den tjocke antecknade
allt som lades framför honom. Även en använd
pappersnäsduk. Plånboken öppnades trots att
jag försökte protestera. Ingen tog notis om vad
jag sade. Allt plockades ut: körkort, sedlar och
små papperslappar och kvitton.

Jag kände mig naknare och naknare. Fråntagen hela min yttre personlighet. Mitt ego.
Min sjukhusuniform var av en malajs rang i förhållande till vårdarnas väl strukna vita uniformer. Personligheten var fråntagen mig, jag skulle kuvas till lydnad och underdånighet. Grå byxor som var för långa och för stora i midjan. Vita stora gubbkalsonger, vit syntetskjorta som var noppig, och med för korta ärmar för att passa alla. Och bruna strumpor som var märkta Landstinget. Allt i syntet, det slog elektriska gnistor från allting.
Skorna fick jag behålla, men skosnörena tog de. Jag fick hålla upp byxorna när jag stod och gick för att de inte skulle trilla av.
Tobaken och cigarett papperet lämnade de på bordet när jag hade kvitterat sakerna. Alla mindre saker stoppades i ett internkuvert, och kläderna låste de in i en garderob. Sedan lämnade de mig ensam i rummet.
Jag satte mig på den säng som de hade tilldelat mig. I rummet fanns två sjukhussängar och två väggfasta skåp i massivt trä med rejäla lås och sluttande tak, så att inget skulle kunna ligga gömt på dem. Ett skrivbord med tillhörande stol. Väggarna var gråvita och kalla.

Sängarna stod längs långsidan av rummet, och vid kortändan där skrivbordet stod fanns ett fönster med rejäla plåtmarkiser, som var fördragna även mitt på dagen. Rummet var höljt i dunkel trots att det var en solig julidag. Det gick inte att titta ut genom fönstret.

Jag befann mig på bottenvåningen. En fläkt surrade ljudligt. Dörren till rummet var bred, och någon hade hängt en handduk över dörrposten så att det var omöjligt att smälla igen dörren hårt. Dörröppningen var bred nog för att en sjukhussäng lätt skulle kunna köras genom den. Jag gav mig ut ur rummet för att titta mig omkring. Utanför var det en korridor med lysrör i taket och en rad med likadana rum längs hela korridoren. Jag antog att det var likadana rum, men dörrarna var stängda till de flesta av dem. Det fanns inget dagsljus trots att det var mitt på dagen. Korridoren var ungefär trettio meter lång och alldeles tom. Från ett rum i närheten kunde man höra ett finskt TV program. Allt var öde och tomt. Jag försökte kika in i något annat rum, men jag blev genast tillsagd av någon vitrock.

Då mötte jag den vackraste kvinna jag någonsin hade sett.

Hon var lång med mörkt svallande hår och isblåa ögon, som bottenlösa kärr. Yppiga bröst och ett stort leende. Hon var smal och smidig som en hind, likadant klädd som jag fast hennes skjorta var

längre, som en kjol, och hon hade inga byxor. Där stod hon i bara strumplästen. Bruna ankelsockor i nylon som det stod Landstinget på.
- Vad är runt? sa hon.
Konstig fråga, så jag svarade med en motfråga.
- En boll?
- Vad är ovalt? fortsatte hon.
- Ett ägg, svarade jag lydigt. Jag ville inte verka oartig.
- Vad är fyrkantigt?
- Ett hus?
- Bra, du är med. Du klarade testet.
- Gjorde jag?
Vad konstig hon var, flickan med de vackra ögonen.
Jag gick till rökrummet och rullade mig en cigarett. Då kom hon efter. Hon ville prata, men jag tyckte att hon var påstridig och att hon dessutom var lite konstig. Jag gick min väg till TV-rummet och satte mig framför Tv:n.

Det finska programmet var textat som tur var. Hon kom efter och fortsatte att prata.

- Nu får du vara tyst. Jag vill vara ifred, sa jag och gick till mitt rum och lade mig på sängen och tittade i taket.

Efter någon timma kom ambulansen med en fastspänd man på en bår. De lyfte över honom i sängen bredvid min och lämnade rummet.

Jag hade fått en rumskompis. Ett tilltufsat ansikte med flera dagars skäggstubb, långt oklippt hår men pliriga ögon.

Rumskompisen hostade upp rök slem och sade med hes röst:

- Tja'! Spara ambulansfilten. Den är guld här. Så schyssta filtar har de inte däruppe. Han pekade upp mot taket.

- Vad är det för fel på dig? frågade jag.

- Har druckit T-doja i några dar, känner mig helt väck. Behöver komma in ett slag. Ett tips! Här måste du vara frisk för att klara dig. Var vaken hela tiden. Du måste vara skärpt. Vad är det för fel på dig?

- Jag är bara lite virrig, annars är det inget fel på mig. Jag kommer hem i morgon när jag har träffat doktorn. Det är bara ett misstag som gör att jag är här.

- Det säger alla! Men kom ihåg, var vaken och skärpt. Nu ska jag slagga.
Nästa morgon blev jag väckt av två män i vita kläder som jag inte kände igen.
- Nu ska vi upp på avdelningen.
- Men jag skulle få träffa en doktor, svarade jag ilsket.
- Det får du göra däruppe.
- Jag ska ju hem!
- Du får träffa en doktor däruppe. Ligg kvar! Nu åker vi, svarade den ena vitrocken bryskt.
- Jag kan gå. Jag är inte sjuk.
Jag reste mig upp för att gå men blev bryskt ner puttad i sängen igen. Vårdarna lade skor och kläder på den och körde iväg mot hissen.
- Jag kan gå. Jag är inte sjuk.
- Du ligger kvar. Ligg! svarade samme vitrock lika irriterat.
Jag blev bryskt ner puttad i sängen varje gång jag försökte resa mig upp en andra gång. Till slut valde jag att ligga medan vi åkte hiss till avdelningen.
Väl uppe på rätt våningsplan kom vi till en dörr med pansarglas. På dörren stod det "Välkommen till avd. 67". Vitrockarna ringde på en klocka vid sidan av dörren.

En annan vitrock öppnade, och de drog sängen genom en sluss av pansarglasdörrar. De såg till att den första dörren gick i lås innan nästa öppnades.

De lämnade mina papper på en expedition och drog sängen längs en lång korridor till ett ledigt rum. Alla som vi mötte i korridoren tittade på mig där jag låg i sängen. De körde in mig i ett rum och ställde sängen på en tom plats där man kunde se att det hade stått en säng tidigare. Rummet såg ut som det på bottenvåningen. Även här var persiennerna nerdragna. Inget dagsljus.

Jag blev ensam i rummet och låg och tittade i taket som vanligt. Jag hörde flygplan som passerade över huset. Små sportflygplan. Efter en stund reste jag mig upp och försökte titta ut på dem, men stålpersiennerna hindrade mig. Jag gick ut i korridoren för att se mig om. Inget dagsljus kom in i korridoren. Den var ganska bred med lysrör i taket. Väggarna var smutsgula. Allt var ganska slitet. På väggarna hängde konstverk som var hårt åtgångna med klotter. Längs korridoren fanns det dörrar till rum som liknade det jag själv hade, men i andra storlekar.

Några vårdare var i färd med att våt torka golvet.

Jag gick till expeditionen som låg i början av korridoren. Eller vid torget, som vårdarna sade. Där gick korridoren i en rondell kring diverse städutrymmen med låsta dörrar och en telefonhytt. På ena sidan låg rökrum och TV-rum. Tv:n stod alltid på, dag som natt.

På den andra sidan fanns expeditionen, undersökningsrum och ett rum för läkare.

Jag gick till expeditionen och knackade på. Det tog lång tid innan en sur kvinna öppnade och undrade vad jag ville. Efter en stunds argumenterande fick jag några pappersblad och en penna. Jag gick mot mitt rum.

Där satte jag mig på sängen och drog sängbordet mot mig. Jag lade ner papperen, fattade pennan och började skriva.

"Annika. Min älskade Annika. Jag längtar efter dig. Du har det bra där du är. Men jag har det inte bra, och jag längtar efter dig."

Jag försökte skriva till min lillasyster som dog när jag var två år gammal. Jag visste att min sjukdom hade med hennes död att göra, jag visste bara inte hur och varför. Hur jag än försökte formulera mig blev det bara dravel.

Jag rev sönder papperet och försökte med ett nytt. Jag rev sönder även det. Då öppnades dörren och två vårdare stormade in.

De öppnade skåpet där alla mina saker fanns, slet ut kläderna och allt annat och lade det på sängen där jag satt. De tryckte bryskt ner mig i sängen och körde ut mig i korridoren med en väldig fart.

I korridoren mötte vi en annan säng med en annan patient som såg lika frågande ut som jag. Sängarna passerade varandra, och jag kördes in i ett rum med sex bäddar. De ställde sängen där det fanns ett tomt utrymme.

Jag hoppade upp, förbannad, och gick med raska steg mot expeditionen. Jag knackade på och bad att få tala med avdelningsföreståndaren.

- Varför kör ni bara i väg mig? Varför måste jag byta rum?

- Det här är inget hotell!

- Ni kan väl berätta varför!

- Jag hörde att du hade fått papper och penna, och att du satt på ditt rum och skrev. Det kan du inte göra.

- Men varför? Ni kunde ju ha sagt till mig! Varför får man inte skriva?

- Det är inget hotell!

- Ni kunde ju ha sagt till mig! Ni kunde väl ha talat med mig!
- Detta är ett sjukhus, inget hotell. Vi gör som vi vill! Du ska bli frisk.
- Jag är inte sjuk. När får jag träffa en doktor?
- Det får du göra när de har tid.
- Jag är inte sjuk. När?
- Sedan! Gå och lägg dig på ditt rum!
Jag insåg att det var totalt lönlöst att diskutera. Jag gick tillbaka till mitt nya rum och satte mig i en stol vid fönstret. Det här rummet påminde om det andra rummet. Men det var sex bäddar istället för en, och vid de båda fönstren stod ett större bord och fyra stolar med mjuka sitsar klädda med rött plasttyg.
Alla sängar hade sänglampor och sängbord med en skiva som gick att fälla upp om man skulle äta i sängen. De hade dessutom handtag som man kunde häva sig upp ur sängen med om man hade ont i ryggen. Allt liknade ett somatiskt sjukhus, förutom att rummet var höljt i dunkel eftersom persiennerna var fördragna.
Jag satt en stund på en av stolarna och stirrade tomt framför mig. Sportflygplanen flög hela tiden över huset. Fläkten surrade.

Det hördes skrik och rop från korridoren ibland, och Tv:n stod på i dagrummet på hög volym.
Tv:n var alltid på, när det inte var något program kom det radio ur högtalarna och testbilden var påslagen.
Jag gick ut i korridoren för att se mig om. Några vårdare höll fortfarande på med att städa korridoren. Mitt på golvet låg den vackra flickan utsträckt i sin sjukhusrock.
Ingen brydde sig om att hon låg där. Vårdarna städade runt henne. Jag gick fram till flickan och böjde mig ner för att se vad det var för fel på henne.
- Ska ni inte göra något, frågade jag. Hon kanske är sjuk.
Ingen tog någon notis om vad jag sade. Jag böjde mig ner för att höra om hon andades. När mitt ansikte kom nära hennes öppnade hon ögonen. Hon böjde sig upp och började kyssa mig. Det var en djup intensiv kyss.
Jag tog henne i min famn, och vi haltade omslingrade in i mitt rum och upp på min säng medan vi kysstes. Där låg vi sedan och kysste och smekte varandra länge.

Då kom några vitrockar in i rummet med ett block i handen. De kom fram och ställde sig vid sängen och frågade:

- Är det något ni vill ha från kiosken?

- Nej, svarade jag. Vi slutade inte ens att kyssas och smekas.

- Är det säkert att ni inte vill ha något?

- Bananer. Jag vill ha bananer, svarade flickan.

Vårdarna gick ut ur rummet. Men det var aldrig tomt längre, vi fick aldrig vara ifred. Hela tiden kom det någon in i rummet för att göra något. Alltid låg det någon på någon av sängarna och tittade på oss.

Vi låg omslingrade men hade slutat kyssas. Vi bara låg. Jag tittade i taket, och flickan låg och små pillade på mig.

Vi låg så en lång stund i halvdunklet. Flygplanen flög över taket och Tv:n skrålade. Jag försökte tänka, men det var svårt. Varför flög det så många flygplan över hustaket? Vem var flickan? Hon var otroligt vacker. Men vad ville hon med mig? När skulle jag få träffa doktorn?

Allt var så underligt. Det var jättesvårt att tänka. Jag tänkte på världsläget. Skulle det bli krig? Skulle den islamiska världen resa sig nu när Ayatolla Khomeini hade dött och skulle

begravas. Det var svårt att få någon rätsida på saker, det var så mycket som hänt de senaste dagarna. Hur skulle det gå med domstolsarbetet? Skulle jag säga upp mig?
Vad vill jag egentligen, tänkte jag. Vem är jag?
I flera timmar låg vi omslingrade. Vi sa inget, bara höll om varandra som två kärlekskranka björnar. Helt plötsligt låg det en klase bananer mellan mina ben. Varifrån hade den kommit? Konstigt!
Dörren öppnades och en flicka med blont rakt hår och sött alldagligt utseende kom in och sade att doktorn ville se mig.
Jag kunde inte avgöra hur länge vi hade legat på min säng, men av ljuset att döma måste det ha varit flera timmar.
Jag lämnade flickan, som hette Sabine, för att gå till läkarmottagningen.
Dörren till läkarrummet öppnades. Där satt hon, läkaren, lång och kraftig. Längre och större än de flesta. Hennes väsen var som något hämtat ur en Wagneropera. En bepansrad valkyria med strutar över brösten och en hårknut i nacken.

- Sätt dig, sade hon med barsk stämma. Förutom att hon liknade en bepansrad valkyria hade hon hade en militärisk röst. I vit stärkt läkarrock satt hon med ljuset i ryggen i en karmstol med hög rygg.
Hon, psykiatrikern, frågade: "Vill du bli domare eller vill du jobba på ett försäkringsbolag?".
- Jag vill bli domare, tack!
- Bra. Du får ingen medicin, men du får byta avdelning. Då är vi klara.
- Jag skulle få gå hem...... Började jag lite trevande, för jag var rädd för doktorns auktoritet.
- Nu är vi klara. Det blir som vi har bestämt. Tack och adjö! Gå nu till ditt rum.
Den blonda flickan följde mig till mitt rum. Hon öppnade mitt skåp och tog mina saker. Vi gick ut från avdelningen och tog hissen ner till bottenvåningen. Vi gick ut ur det stora höghuset och vidare förbi några lägre hus som låg inbäddade i grönska. Det var en ljuv sommarkväll. Vi stannade vid ett tvåvåningshus som jag antog var byggt på 30-talet. Vi gick uppför en trappa och öppnade en dörr in till en avdelning som inte var låst.

Där fick jag en säng, en vanlig säng i ett ganska alldagligt rum med flera sängar.

Hela avdelningen strålade av hemtrevnad. Inga vita rockar, inga sjukhussängar, inga sjukhuskläder, och vanliga möbler grupperade som en soffgrupp i ett allrum med TV. Ingen lång trist korridor. Och människorna var vanliga människor. Man kunde inte se skillnad på patienter och anställda.

Dagen gick och jag gjorde inget särskilt. Jag kände mig inte pressad att göra något, men jag var inte uttråkad heller. Jag pratade lite med andra patienter och vårdare. Flygplanen flög hela tiden över huset, och nu kunde jag se att det var vanliga sportflygplan som skulle landa på ett flygfält i närheten. God mat serverades på regelbundna tider.

Tredje dagen spelade vi brännboll på gräsmattan utanför huset. Även då flög planen, och jag började bli irriterad på dem. De surrade i luften hela tiden. Det jag observerade var att jag hade svårt att tänka. Om jag kunde det, tänkte jag på världsläget och hur det skulle gå med araberna. Kanske var det de som kom i planen, hit flugna från arabstater för att översvämma västvärlden och inta oss. Men tankarna var luddiga.

Något underligt som hade hänt var att det fanns en världskarta på väggen utanför mitt rum.

De flesta gånger som jag gick in i eller ut ur rummet stod några och pratade med allvarliga röster vid kartan. De pekade på den, och när jag närmade mig tystnade de.

Kan det vara så att det är början till ett världskrig, och de pratar om krigshärdar, konfrontationsplatser och fronter? tänkte jag.

Jag hade inte tittat på nyheterna eller följt med i tidningarna den senaste tiden. Det enda jag hade sett på TV var att Khomeini hade dött och hur förtvivlade människor var i Teheran. Var det kanske så i hela den islamiska världen?

Det var försommar med långa ljusa kvällar och morgnar. Jag hade lite svårt att sova. Jag hade alltid svårt att sova när det var ljust. Därför låg jag länge vaken om nätterna och vaknade tidigt om morgnarna.

Den här kvällen lade jag mig som vanligt och hade svårt att sova, men jag somnade och vaknade vid två-tre tiden på natten, när solen gick upp, stor och röd. Det kunde jag se genom fönstret, men det konstiga var att solen gick upp i väster.

Det som hade väckt mig var att telefonen hade ringt. En kvinna hade pratat med entusiastisk men vänlig röst och låtit glad. Jag låg kvar i min säng, skräckslagen av att solen gick upp i fel väderstreck.

Solen gick alltså upp i väster och sken mot väggen där jag låg i min säng. Det var en alldeles lugn och stilla sommarmorgon. Alla andra sov. Jag tänkte: "Nu är kriget här". Länge låg jag tyst och stilla. På avstånd kunde jag höra hur en bil närmade sig. Jag bedömde att det var en "nazijeep" med Volkswagen motor. Den hade trasig ljuddämpare. Bilen stannade, och två dörrar slogs igen. Jag hörde någon eller några komma gående längs grusgången. Gruset knastrade under fötterna.

- Nu kommer de, tänkte jag. Hitlers barnbarnsbarn. Tyskarna har tagit över.

Jag kommer att föras iväg av nazisterna till en Tv-studion och sminkas som Hitler. Jag måste tala inför folket med ett inrepeterat TV-tal. Jag kommer att sitta där som en marionett och berätta att nazisterna har tagit makten. Gör jag inte det kommer jag att hamna i gaskammaren, tänkte jag.

Jag låg som förlamad i sängen. Till slut kom personalen i rummet för att väcka alla patienter. Jag vågade inte berätta något.

- Du måste över till den andra avdelningen. Vi kan inte ha dig här, sa avdelningsföreståndaren. Du får följa med Mona och Elisabeth, fortsatte hon.

Jag blev förd in i en varuhiss. Vi gick in alla tre, och dörren gick igen. Just när de skulle trycka på knappen upptäckte jag att min jacka hade fastnat i hissdörren.

- De vill mörda mig, tänkte jag. Bäst att jag är på min vakt. Vårdarna öppnade dörren och jag tog loss jackan.

Fyra våningar ner gick hissen, och vi kom ut i något som såg ut som en kulvert. Jag följde flickorna runt i gångarna. Hela tiden gick det neråt.

- Antagligen ska de föra mig längre och längre ner tills vi svälter ihjäl. Jag är den som kommer att bli utmattad först. De är tjocka och kan hålla ut längre. Till slut faller jag av utmattning. Då lämnar de mig och går härifrån. Jag kommer att dö. Det är nog för att jag inte vill spela Hitler. Ibland vek de av åt något håll. Vi snirklade oss fram, och till slut stannade vi framför en hiss och åkte upp. Nu var jag där igen vid avdelning 42. Där skulle jag få stanna. Det var ett koncentrationsläger, och det var bara en tidsfråga när jag skulle avlivas.

Kap 5. VAD SKULLE HÄNDA SEDAN?

När jag sedan var uppe på den låsta avdelningen i bunkern fortsatte Sabine, kvinnan som hade legat i min säng, att följa efter mig. Så fort personalen inte såg det smet hon in i mitt rum och försökte tillfredsställa både sig själv och mig. Jag brukade aldrig få stånd, men annars var jag med på noterna. Jag motsatte mig inte alls det hela. En eftermiddag när hon var inne och smekte mig fick jag stånd, trots att jag nästan alltid var paralyserad av dödsångest.

Jag trodde åter att jag befann mig i ett koncentrationsläger, och att det bara var en tidsfråga innan de skulle rulla ner min säng till gaskammaren.

Varje gång någon kom in i rummet mådde jag jättedåligt av rädsla.

När hela världen gungade och alla saker i min omgivning skrek ångest förstod jag att jag måste säga till personalen att jag behövde en spruta med psykofarmaka.

Det konstiga var att personalen verkade normal.

Eller kanske inte normal, men de var inte oroade för världsläget. Allt var så normalt men ändå så absurt.

Med patienterna var sjuka, jag var sjuk, men ändå var det ingen i personalen som oroade sig. När jag fick en spruta trodde jag att det var gift, och att jag skulle dö.

Enda anledningen till att jag kontaktade personalen var att ångesten kunde bli så stark att det skulle kännas som en befrielse om jag dog. Men trots att jag såg döden som en befrielse fanns dödsångesten där

Det var en "varannandags" psykos. Vissa dagar mådde jag riktigt bra och var som vanligt, i alla fall nästan som vanligt. Jag kunde föra en konversation och följa en röd tråd i ett samtal. Jag kunde umgås. Med dem av mina kompisar som kom en sådan dag hade jag det riktigt trevligt. Med andra som kom fel dag kunde det bli helt förvirrat. Samtalen blev som om jag kom från Mars, inget stämde och allt blev fel.

Den här eftermiddagen kan ångesten inte ha varit så stark, för när Sabine dök upp i rummet blev jag glad. Och vi vänslades något.

Nu var vi ett par.

Hon, den nyblivna galna mamman, och jag. Hon hade fått en son, men födseln hade varit för stark för henne så hon hade fått en psykos.
Hon var ensamstående men bedömdes ändå som en god mor, så när hon blev frisk skulle hon få tillbaka sin bebis.
Personalen gjorde allt för att vi inte skulle träffas. Men eftersom nästan alla i personalstyrkan var ointresserade av vad patienterna höll på med så vi kunde träffas ändå. Ibland duschade vi tillsammans. Hon försökte hela tiden få ett ligg med mig, men jag kände mig trängd av min ångest och hennes pockande. Hon var för påstridig. Hon hade mycket mjölk i brösten och de var stora. Hennes klänning kunde bli våt vid bröstvårtorna av mjölk som rann ut.
Hon var dock otroligt vacker.
Jag ville mest sitta i rökrummet och hålla hander och hon ville knulla, vilket jag var rädd för.
En dag kom en före detta patient på besök till en patient på vår avdelning som hette Jan, och som var en före detta knarkare som gått in i en haschpsykos och aldrig kommit ut. Jan brukade mest sitta i ett hörn och stöna, och ibland runkade han helt ogenerat.

Han såg ut som en medlem i Hells Angels och
brukade få ligga med alla snygga tjejer på
avdelningen.
Jag beundrade honom enormt. Han var en riktigt
cool kille. Jag började till och med gå likadant
som Jan. Han uppförde sig ungefär som en
gorillahane.
Han hade en muskulös kropp och en hård stor
kulmage, och han lyckades se trendig ut till och
med i sjukhusuniformen. Han hade ett hotfullt
och tufft yttre men han var aldrig våldsam. Han
bara stönade och muttrade, och det var ingen
som förstod vad han sa. Men han var manlig och
mycket populär hos damer. Jan låg alltid på den
låsta avdelningen.
När besökaren kom hade han glass med sig. Den
var rinnande i sommarvärmen. Han, som för
övrigt hade rakat huvud och motorcykelstil, Jan
och Sabine delade på glasspaketet i rökrummet
med hjälp av små plastmuggar som vi patienter
hade ett eget litet lager av för att vi skulle kunna
dricka vatten när vi ville. Psykofarmaka gjorde
att alla blev torra i munnen.
Det blev ett väldigt kladdande med glassen, och
personalen tvingade oss att torka upp med
vanliga pappersservetter.

Rökrummet var en trång glashytt med gamla slitna pinnstolar. Vi kallade det gaskammaren. Det luktade av gamla fuktiga fimpar, och röken låg tätt. Det vädrades nästan aldrig.
Alltid var det någon eller några av patienterna som satt i rökrummet, inte ens på natten var det låst. Aska låg spridd överallt, och fimpar kunde ligga på golvet.
Patienterna fimpade inte alltid ordentligt, och gamla brinnande fimpar kunde göra så att en hel askkopp pyrde. Ibland blev vi tvingade av vårdarna att tömma askkopparna i en rostfri hink med lock som stod i ett hörn. Alla trämöbler med röd galonklädsel hade fula brännmärken.
Rökrummet var ingen trevlig plats, men alla satt där. Det var där vi träffades.
Annars på avdelningen gällde djungelns lag. Den som var starkast bestämde och höll oftast de andra i tukt och förmaning. Man måste hela tiden se till att inget blev stulet, eller att man inte råkade illa ut. Det var ingen stenhård stämning men ganska hård ändå. Personalen var ointresserad av patienterna, eller de använde oss till att ta ut sina egna aggressioner. De var mycket missnöjda, och det gick ut över oss.

Mitt bland dessa rötägg fanns det lyckligtvis även de som inte var så dåliga, och till och med en och annan som var bra. Men de flesta jobbade inte med detta på grund av intresse utan på grund av att de inte fick några andra jobb.

Besökaren hade viktiga nyheter att berätta. Han var den ende som hade varit ute i den riktiga världen på länge. Vi tre andra hade inte fått lämna avdelningen på veckor. Besöken var ransonerade, och vi hade alla telefonförbud. Vi fick inte ringa.

Jag förstod att det besökaren hade att berätta var intressant, men jag mådde så dåligt att jag inte orkade ta in vad han sade. Jag vet inte om någon förstod det.

Man måste alltid vara på pass. Om man inte höll efter sina saker kom någon annan och tog dem. Saker bara försvann.

Jag hade bytt rum några gånger. Varje gång hade jag befallts att ligga på min säng, och mitt låsta skåp hade öppnats och mina saker hade lagts vid min fotända för att analyseras. Allt för att det skulle vara så lite besvär som möjligt för personalen. Vi var där för dem och inte tvärtom. Att vi fanns där gjorde så att de hade jobb.

Därför ville de inte att vi skulle bli friska, för då skulle de bli arbetslösa. Sjukdomen var en enda självuppfyllande profetia. De ville och uppmuntrade att vi skulle vara sjuka. Trots det blev några av oss friska, men annars verkade vi och våra sjukdomar vara till för att även dessa människor skulle ha ett jobb.

En del i personalen var galnare än vi, och de hade valt det här yrket för att komma till rätta med sin egen sjukdom. Det gällde inte minst psykiater. De bra psykiatrer som jag träffade under mina tjugo år på sjukhus är lätt räknade. Det var kanske två-tre stycken. De andra var dåliga, och många var helgalna.

Nu ska vi ner i gaskammaren, tänkte jag varje gång de tryckte ner mig i sängen för att jag av någon anledning måste byta rum. De informerade mig aldrig i förväg, och de berättade heller aldrig varför man måste byta rum, inte ens om man frågade.

Vi patienter försökte trösta varandra, men det var inte så enkelt. Det var ett under varje gång någon blev utskriven. Det var som han hade sagt på intaget: här måste man vara frisk för att klara sig.

Oftast var det så att inläggning bara gjorde en sjuk patient sjukare. Men sjukhusvistelsen förhindrade ibland, om än inte alltid, självmord. Den gjorde i alla fall alltid att man blev sjukare. Det var bara de av ens kompisar som mådde bra och inte var för känsliga som kunde komma och hälsa på. De andra blev sjuka bara av att komma på besök.

Och i den miljön levde vi i för att bli friskare! Där levde vi månad ut och månad in. Var man riktigt sjuk fick man inte ens gå ut. Och det fanns ingenting som var privat. Allt eget var inlåst. Vi fick inte ha

på oss våra egna kläder utan sjukhusuniformer i nylon. Det fanns inga speglar, och det gick inte att låsa toaletter och duschrum.

Alltid när man satt på toaletten kunde dörren ryckas upp, och man blev betittad i den intimaste av situationer.

Även när man gick en kort promenad till rökrummet måste man kolla så att ingen gick in på rummet och tog något. Personalen skulle se till att inget försvann, men de brydde sig inte. De bara satt för sig själva och rökte i sitt eget rökrum.

Eller satt tillsammans inne på expeditionen med låst dörr, och någon vikarie eller praktikant fick vara den enda av personalen som var ute på avdelningen. Knackade man på dörren till expeditionen för att man till exempel ville komma in till tvättmaskinen eller få låna en duschslang eller en rakhyvel så att man kunde raka sig, eller be om en cigarett, blev de nästan alltid väldigt irriterade.
- Du får vänta med det.
- Det kan du ta i morgon.
- Du har inga cigaretter nu. Du får beställa när de går till kiosken i morgon.
- Nu kan du inte hämta ut några pengar! Det får du bara göra mellan åtta och kvart över åtta på morgonen.
- Stick nu och sluta knacka på dörren.
- Stick!!
- Ta en promenad i korridoren i stället. Spela kort eller läs en bok.
- Om du får gå ut? Det får du ta med överläkaren på måndag, om han är frisk då.
Sådana svar fick man alltid. Personalen var irriterad och ville vara ifred.

Vi patienter fick själva försöka stötta varandra i det elände vi befann oss i. Patienterna mot personalen och vice versa.

De flesta fick aldrig besök. Besökstiderna var en timme varje eftermiddag på vardagarna och något längre på helgerna. Vissa hade besöksförbud. Ingen fick hälsa på dem även om de ville.

Jag hade tur. Min mamma kom på besök nästan varje dag, och ibland kom det kompisar också. Oftast skämdes jag förfärligt för att jag låg inne. Men om jag någon gång ringde till mina kompisar kom de alltid på besök.

När det ringde på ytterdörren sprang alltid flera av patienterna dit, och besökaren fick finna sig i att bli uttittad av en hel skara dårar. Han eller hon fick tränga sig igenom den nyfikna hopen och stå ut med påträngande frågor. Både patienten och besökaren hade en svans efter sig som ställde frågor och lyssnade.

De som inte hade egna rum hade ingenstans där de kunde vara ensamma med sina gäster.

I salarna låg det alltid några på sängarna som lyssnade till deras samtal, och ibland var medpatienten så efterhängsna att de satte sig vid samma bord som besökaren och lade sig i samtalet.

Om besökaren frågade personalen kunde den alltför intresserade patienten få en tillsägelse, och situationen blev något privatare. Hade patienten enkelrum fanns där bara en stol vid ett skrivbord, så patienten fick ligga i sänger eller sitta på sängkanten om båda skulle kunna vistas i rummet samtidigt. Personalen behandlade alltid, med några få undantag, patienterna som luft. Som om vi inte existerade. Var det ett möte med kontaktpersoner och läkare, eller en rond, behandlades patienter som om han inte fanns. Man pratade över huvudet på oss. De lyssnade inte på vårt svar om de ställde en fråga, utan jäktade bara vidare. Det kunde hända att man blev inkallad till överläkaren om man länge hade begärt ett samtal med honom.

Då blev man lyssnad på, men oftast hade överläkaren sin bestämda åsikt redan före samtalet. Jag hade tur eftersom jag är verbalt begåvad och kunde ta för mig.

Ibland kunde det hända att några i personalen drev med en patient och satt och ljög för honom, och de skrattade åt honom när han trodde dem.

Den som är otrygg i sig själv och hör röster eller ser syner knäcks snart av personal som behandlar en så.

Serverades det någon god lunch, som till exempel köttbullar, åt personalen upp så mycket av maten att de blev mätta. Sedan fördelades de köttbullar som var kvar bland patienterna. Mat var det enda glädjeämnet och den enda förströelsen som vi patienter hade.

Sabine och jag höll ihop som kompisar. Våra förvrängda fantasivärldar flöt ihop. Tillsammans försökte vi ta bort gallret till ventilationen för att fly. Vi misslyckades.

Jag trodde att jag var Jesus. Jag gick omkring barfota och försökte hela folk. Jag trodde att jag kunde gå genom väggar.

Vid ett tillfälle gick jag rakt emot en vägg som om den inte fanns, med den fasta övertygelsen att jag skulle smälta rakt igenom. Detta bara för att bevisa att jag var Jesus och att jag egentligen inte alls var inlåst utan att jag var där av helt fri vilja.

Med raska kliv gick jag mot väggen och blev otroligt förvånad när den var hård, och jag trillade ner på golvet, och glasögonen flög iväg. Otroligt vilken förvåning jag kände när väggen var hård! Att jag var så totalt maktlös fastän jag trodde att jag hade all makt i världen.
En dag Sabine såg det att jag höll på att bli arg och skrek. Personalen kom och övermannade mig. Jag fick rumsarrest med ett extravak som hela tiden satt utanför min dörr. De låste dörren. Jag förstod inte varför. Efter några timmar blev jag kissnödig och visste inte vad jag skulle göra. Dörren var låst. Jag bankade på den men ingen öppnade. Till slut kissade jag i en byrålåda av plast.
Efter några timmar kom personalen in, och jag fick skura byrålådan och fick en utskällning för att jag inte hade ringt på nödklockan. Den klockan som jag hade ringt på så många gånger men som ingen hade brytt sig om!
Efter den incidenten låste de inte mitt rum, och någon satt utanför och läste. Jag måste gå på toaletten igen. Frågade om lov och fick gå ut. Där inne släckte jag ljuset och hoppade upp på rostfria pottsköljen.

- Nu syns jag inte. Jag finns inte, tänkte jag och trodde på det.

De knackade på dörren. Jag svarade inte. Efter några knackningar kom de in och frågade varför jag satt på den rostfria pottsköljen.

-. Kom ner Henrik!

Jäklar! tänkte jag där jag satt uppkrupen på den rostfria pottsköljen. Jag förstod inte hur de kunde se mig, jag var ju osynlig.

När Sabines och min fantasivärld, våra mardrömsvärldar, delvis smälte samman pratade vi om att tillsammans fly in i en annan värld. Att rent fysiskt ta sig ut från sjukhuset var omöjligt. Men kanske via en annan värld. Tv:n som stod på hela tiden enades vi om som en bra flyktväg. Den var fastskruvad en och satt en halvmeter ovanför golvet och var påslagen hela tiden vare sig det var något program eller inte. Den här eftermiddagen var det repris på någon serie. Jag backade några steg från Tv:n och tog sats. Jag sprang fram och kastade mig mot TV-rutan. Pang, så låg jag på golvet, mycket förvånad och undrande varför min flyktväg inte tog mig till en annan värld. Tv:n var hårt fastskruvad i väggen, och den höll.

Hela tiden trodde jag att det var världskrig, och att alla var förklädda soldater. Att jag var en jude i det sista koncentrationslägret i Ryssland, och att det var dolda filmkameror överallt som spelade in mig i en direktsänd såpa via satelit.
Mordet på den sista juden.
Ibland log jag och tittade upp mot kamerorna, men oftast tyckte jag att det var generande med dem.
En gång hade jag en katt, och jag trodde att den var en rysk spion med en inopererad dator, kamera och mikrofon i huvudet. Jag trodde att katten var datorstyrd och skulle mörda mig när som helst.
Vi var sjuka och behövde vård, men ofta blev vi utsatta för personalens godtycke istället för vård och behandling. Vi kunde aldrig hävda oss. Vi var så helt utan makt, fråntagna allt vårt inflytande.
Till och med när man skulle göra en så enkel sak som att duscha måste man stå med mössan i handen och fråga och be, och det gick bara på vissa tider. Duschade man inte då så var det kört. Då fick man gå smutsig eller svettig.
Vi var så utlämnade och utsatta, det var som att sitta i ett koncentrationsläger.

Och inte visste man om man skulle komma därifrån med livet i behåll.

Vi var hela tiden utlämnade till hjälp utifrån för att få något av livets goda, men de som inte var inlagda kunde inte påverka läkarna, och det var läkarna som hade det sista ordet. Kom man därifrån så var man rejält stukad och med ett mycket smärtsamt minne för livet.

Vi kunde inte heller kontakta våra vänner. Telefonkiosken var bara öppen vissa tider, och det var mycket svårt att få tag på de enkronor som behövdes för automaten. En del hade totalt telefonförbud och fick varken ringa eller ta emot besök, eftersom läkaren ansåg att det förvärrade deras tillstånd. Vi kunde straffas hårt. När någon skulle ringa till oss måste de använda patienttelefonen. Då gällde det att någon annan patient var i närheten och svarade, för vårdarna svarade aldrig. Det var vår telefon, och den fick vi sköta bäst vi kunde. Skulle man sedan prata i den så var man tvungen att stå mitt i korridoren så att alla kunde lyssna. Inga intima samtal där inte. Alla fick höra allt om alla. Det fanns inte ens en kur där man kunde försöka dölja sina ord.

Sabine blev friskare och friskare. Till slut blev hon flyttad till en öppen avdelning. De stod inte ut med att vi låg med varandra.

-. Hej då, sa hon och blinkade när hon gick ut genom dörrslussen följd av en vårdare som bar alla hennes saker.

Sedan hördes vi inte. Men alltid när jag mådde bättre tänkte jag på henne. Drömde om oss. Nu låg jag där och tänkte på oss igen. På hur det var fem år sedan, och på hur konstigt det hela hade börjat.

Kap 6. PÅ FLYKT

Jag låg som vanligt på sängen och tittade i taket.
Mina utsikter såg inte goda ut. Jag var anklagad
för mord på en annan patient. Visserligen var
han så gammal att han nästan var död ändå,
men det spelade ingen roll. Människa som
människa
En dag skulle polisen dyka upp och ställa frågor.
Jag skulle dömas i domstol. Vad kunde jag få?
Tio år med förmildrande omständigheter?
Det var mord. Men kanske skulle de döma för
dråp eftersom jag inte hade överlagt det hela.
Men även dråp kan ge tio år. Jag skulle vara en
gammal människa när jag kom ut.
Och sedan skulle jag alltid få leva med skammen.
Det dåliga samvetet skulle plåga mig resten av
mitt liv.
Jag var en mördare.
Hur kunde jag? Mörda en oskyldig!
Det var måndag morgon, och en ny helg utan
permission hade varit dödstråkig. Hela helgen
hade jag varit på sjukhuset, jag fick inte gå ut.
Ingenting fanns det att göra.

Alla patienter som var lite friskare, och som man kanske kunde ha ett samtal med eller lite sällskap av, hade varit hemma på permission. Alltså hade jag utan att jag själv hade valt det varit tillsammans med dem som var sämst. De galnaste. De som över huvud taget inte kunde prata. Jag visste att om jag hade fått skulle min mamma ha tagit hem mig, och vi skulle gjort någon utflykt tillsammans. Bara att få vara ute skulle ha varit underbart.

Ute i Guds fria luft. Få känna dofter. Se och röra vid träd. Känna himlens rymd. Se solen, kanske värmas av några strålar. Få regn på hjässan. Nu var det högsommar och ett strålande väder. Man kunde höra genom fönsterspringorna hur barn lekte ute, och se solbadande par som pratade med varandra.

Tänk att bara packa en picknickkorg och gå ner till stranden! Det var jättevarmt ute. Ett högtryck hade legat över Sverige länge, och det förstärktes hela tiden.

Mina kompisar var bortresta på semester. Min bäste vän hade rest till Greklands övärld med sin nya flickvän. Mamma befann sig någonstans ute i Europa.

En av mina bröder kom på besök med godis. Det var ett kärt besök, men han fick bara stanna en timme, besökstiden var kort.

Det kändes som om tiden stod stilla. Helgen hade varat en evighet. Det var varmt och svettigt på avdelningen. Våra kläder var av syntet, och lakanen likaså. På grund av risken för självmord måste vi ha låsta fönster.

Solen gassade på huset. Det fanns vädringsfönster som faktiskt stod öppna. De var små och gallerförsedda, så det fanns ingen risk att något oönskat skulle kunna inträffa.

Inga fläktar, ingen luftkonditionering. Fläktsystemet som fanns i huset var gammalt och fungerade knappt. Luften var tjock och kvalmig.

Sverige var stängt för semester, och här var det rena likvakan.

Det man skulle vilja göra var att gå och bada. Men det fick jag inte.

Jag fick inte åka på någon semester. Jag fick inte åka bil, inte ens gå på en promenad. Ännu mindre åka ut och segla eller något annat roligt.

Jag var alltid hungrig eller sugen. Maten vi fick var dålig, och att gå och köpa något i en kiosk var otänkbart.

Det fungerade inte heller att någon som kom på
besök köpte glass och tog med sig, för den hann
smälta innan man kunde äta den. Det vi fick att
dricka var syntetisk saft utan isbitar.
Vi försökte göra is i plastmuggar i vårt
patientkylskåp, men det var alltid någon som
inte orkade vänta utan tog isen för eget bruk
innan den var klar.
Det fanns ingen att prata med. Mina med
patienter var så sjuka att de inte förstod om
man försökte prata med dem.
Vårdarna blev så illa behandlade av
sjukhusledningen och sina chefer att de tog ut
sin ilska och frustration på oss.
Inga kompisar var hemma. Ingen att ringa til l.
Och jag var för sjuk för att kunna läsa en bok.
Någon musik fanns inte att lyssna på, bara Tv:n
som stod på med något radioprogram.
Det fanns inget att titta på Tv, antingen var det
en testbild eller intern-TV som visade schemat
för personalens träningstider och tider för
matcher eller fotbollsturneringar i deras
sportklubb.
Ingen stereo, ingen videobandspelare. Ett
pingisbord men ingen att spela med. Man fick
inte rita.

Det enda som fanns att göra var att ligga på sängen. Det var så mycket syntet i lakanen att när det var mörkt på natten och
man rörde sig slog det små blixtar av statisk elektricitet från dem.
Eller också fick man gå i korridoren. Den var cirka femtio meter lång med bruna dörrar på båda sidor och en smutsbrun linoleummatta.
Inget dagsljus.
En sak man kunde göra var att röka. Man kunde rulla en cigarett och röka den.
Det var skapande det!
Men det värsta var nog det mentala klimatet, det var otroligt dåligt. Jag led verkligen, och till på köpet var jag sjuk och hade ångest.
Man måste äta sin medicin, den delades ut regelbundet.
Vägrade man att göra det blev man tvångsmedicinerad. Då höll personalen fast en, och en sjuksyster gav sprutor med medicin.
Gjorde man något dumt eller var allmänt stökig kunde man bli tvingad att ligga i spännbälte några timmar tills man lugnade ner sig.

De spände fast armar och ben med tjocka
läderremmar som de låste fast i sängkanterna,
och man var tvingad att ligga stilla – man kunde
helt enkelt inte röra sig. Efter några timmar var
man ganska mör och gjorde som de sade. Man
blev "lugn" av spännbälte.

Alla dagar var lika, det var bara det att en del
dagar var ännu tråkigare än de andra.
En dag tittade en vårdare in och sade att jag
hade besök. Vem kunde det vara? Konstigt,
mamma skulle inte komma i dag.
Men plötsligt stod hon där i dörren, Sabine.
Vackrare än någonsin, med en chokladask i
handen.
Jag hoppade upp ur sängen. Ställde mig raklång.
Vi vände båda bort blicken och tittade ner i
golvet.
Du? Hur visste du att jag var här? sade jag fånigt.
Brevet du skickade till mitt kontor har jag haft i
mina gömmor. Hittade det när jag städade
och ringde till dig. Du var inte hemma, men din
mamma var där. Jag mindes henne mycket väl
från när hon besökte dig. Hon var hos dig och
vattnade blommor eller något. Hon berättade
att du var här, och nu är jag också här.

För att besöka dig. Varsågod, sa hon vänligt och
höll fram chokladasken.
Vi satte oss på sängkanten och berättade om
våra liv sedan vi sågs sist. Hon var nyskild. Jag
berättade om mig själv och mordet. Hon blev
förskräckt men inte avskräckt. Hon tröstade mig
med att jag nog skulle komma lindrigt undan,
men det övertygade mig inte. Jag var
fortfarande skräckslagen av tanken på rättegång
och straff.
Hon började komma på nästan alla besökstider
då inte mamma kom.
Vid ett tillfälle kom mamma bara en liten stund
efter henne, och då låg vi på sängen och
kramades. Mamma kom in, och vi studsade upp i
givakt på var sin sida av sängen.
Ofta låg vi under täcket. Och ibland låg vi med
varandra i mitt rum. Mina rumskompisar
låtsades som inget. Vi trodde att vi var
jättediskreta.
Det var som sagt måndag efter en lång och
tråkig helg. Det hade varit tyst och öde hela
helgen. Timmarna hade sniglat sig fram. De
flesta patienterna hade varit hemma på
permission under veckoslutet. Själv hade jag inte
varit utanför avdelningen på flera månader.

Och utanför sken solen, och bladen var gula av torkan.

Jag visste att det var rond på måndagar, och då fick man lägga fram sina önskemål om frigång och permissioner, och kanske om utskrivning. Men med utskrivning var det inte aktuellt för min del.

De flesta dagarna låg jag bara på sängen och tittade i taket eller gick korridoren upp och ner. Varje gång räknade jag stegen men glömde bort dem lika fort igen. Det var ändå inget väsentligt att belasta minnet med. Jag var upptagen med att ligga mellan ljusblå nylonlakan och titta i taket i sommarhettan. Det lät hela tiden som om några spelade tennis utanför. Jag hade försökt kika ut men jag såg inget.

Antagligen var det mina fantasier som tröstade mig. Som räddade mig. När jag inte hade ångest kunde jag ligga och fantisera. Vattnet blev till en kall öl, och den hemska maten blev till lyxmat. Jag tänkte mig att jag var på något lyxhotell någonstans i Europa, på Rivieran kanske.

Denna eftermiddag hade den enväldige läkaren bestämt att jag skulle få gå på promenad. Jag skulle få gå ut! För första gången på ett halvår.

Alla som skulle promenera ställde upp sig på ett led, och sedan gick vi ut från avdelningen i gåsmarsch. Ut i friska luften. En vårdare först och en sist.

Nu fick jag för första gången på länge andas frisk luft och se solen. Höra fåglarnas kvitter, och framför allt röka i frihet.

Jag kände vinden mot min kind. Kände himlavalvets rymd och kunde sträcka mig mot solen.

Men efter några minuter började det klia, på armarna, i hårbotten, nästan överallt.

Jag visste vad det var. Medicinerna hade gjort mig överkänslig mot ljus. Men jag måste gå i solen med de andra, för ingen annan ville vara i skuggan. Jag sökte skugga så gott det gick, men det var svårt.

Hela tiden kliade det, och jag visste att jag skulle bli alldeles röd i ansiktet och på armarna redan av denna korta promenad.

Jag hade länge tänkt på att rymma. Ofta när jag låg på min säng och fantiserade tänkte jag på det.

Det fanns ingen annan som var skyldig till mordet, utan det var ju jag. Ingen annan som jag kunde sätta fast i stället för mig, som i amerikanska filmer.

Sabines prat om terapi hade satt sina spår i mig.

Det fanns en väg till att bli frisk. Jag visste att om jag stannade här skulle jag aldrig bli frisk.

Och blev jag frisk skulle jag bli satt i fängelse. Att rymma var min enda chans.

Men för det första fanns det bara en minimal chans att jag skulle lyckas. Dessutom skulle jag tvingas överleva på rymmen, ständigt jagad.

Sedan måste jag hitta en terapeut som kunde klara svåra fall som mitt, och det skulle vara jättesvårt. Kanske fanns det tio i Sverige som kunde det. Och måste skulle finansieras trots att jag höll mig undan lagen.

Jag insåg att det var en minimal chans, men det var den enda jag hade. Det måste bli så

Jag bestämde mig.

Jag bestämde mg för att springa, springa för livet. Undan rättvisan, undan allt.

Kanske kunde jag rentav springa ifrån mig själv. Från min skuld, från min ångest.

När vi närmade oss en av utgångarna kom jag med någon ursäkt för att få sitta ner.

Alla satte sig ner i solen och jag i skuggan.
Vårdarna började plocka med sina cigaretter.
Alla var avspända. Några patienter tjatade om
att det var tråkigt att sitta.
Jag reste mig som om jag skulle ta något ur
fickan. Tittade mig omkring. Alla verkade
avslappnade.
Sedan sprang jag.
Stor kalabalik uppstod. Två andra patienter
började springa åt ett annat håll. Några reste sig
upp och gick mot avdelningen.
Medan jag sprang för livet.
Vårdarna verkade först förvirrade, men efter en
stunds tumult kom en av dem springande efter
mig
på långa ben och med fladdrande
sjukhusskjorta.
Vid vägen utanför området fanns det en kiosk.
När jag kom fram dit hade jag av lagt vårdaren
långt bakom mig.
En buss stod inne. En buss som skulle gå mot
Brommaplan. Jag hoppade på i utgången.
Chauffören stängde dörrarna, blinkade och
svängde ut från hållplatsen.
JAG VAR FRI.

Kap 7. MOT ALLA ODDS HITTADE JAG EN TERAPEUT

Efter en kort tid som uteliggare hörde jag någon tala om antroposoferna i Järna och deras hälsosamma och andliga livssätt. Jag kontaktade omedelbart Saltåkvarn, och sedan gick det mer eller mindre som på räls, jag fick börja arbeta i ett växthus där. Och dessutom fick jag bo i ett rum i en källare. Det började öppna sig möjligheter igen.

Den här speciella kvällen kunde jag knappt bärga mig till efter ett möte de hade på Utangårda, som mitt nya hem hette. Anna, som hade engagerat sig i mitt öde, hade lovat att komma och berätta för mig.

Den kvällen satt jag länge i vardagsrummet och pratade med hennes son Torvald, som var på tillfälligt besök. Vi drack kaffe och rökte cigaretter. Väntan var lång. Han stöttade och tröstade mig.

Klart att de kommer att hjälpa dig.

Vi älskar dig, och det här är ett av de få ställen på jorden där man kan få hjälp och förståelse, här finns det en väldig medmänsklighet.

Öppnar du ditt hjärta för Utangårda så öppnar hon sig för dig.

Vi finns här, det är vi alla och den här marken som utgör gården. Du är en av oss, så det är klart att vi hjälper dig.

Men jag lät mig inte övertygas helt utan satt och tvivlade, spänningen blev olidlig. Skulle hon inte komma snart? Vid elva gick Torvald och lade sig.

Vid halv tolv kom Anna hem till villan där hon bodde, och där jag nu också bodde i källaren. Inte med en min avslöjade hon vad som hade skett. Mötet hade varit ovanligt långt.

Vi tar oss en kaffe och sätter oss i vardagsrummet, sade hon och såg allvarlig ut.

Med en kopp kaffe och en ny rullad cigarett kröp hon upp i sin vilstol och började berätta.

Mötet hade varit stormigt. Alla hade pratat, och de flesta tyckte att gården hade gjort allt som gick att göra.

Jag framförde din önskan.

Ja, och...?

Förmannen, Knud, hade pratat länge och ivrigt. Han hade själv varit psykiskt dålig och gått i terapi.

Han lyckades övertyga oss andra, trots att Jörge var mycket tveksam, att gården ska betala psykoterapi för dig.
Knud sade att han hade en lista på psykoterapeuter. Den är visserligen en aning gammal, men den kan duga. Där kan du börja ditt sökande efter en terapeut.
Jag blev så glad att jag började dansa kosackdans på golvet. Nu skulle jag bli frisk, trodde jag.
Redan dagen efter började jag ringa runt till terapeuter. Flera var döda. De flesta hade telefonsvarare, men en som själv var pensionerad kunde tipsa om en Mia Berg som skulle ha tider. Hon var dyr men bra.
Mia stod i telefonkatalogen, och jag ringde henne. Det var hennes son som svarade, själv var hon på semester i Afrika. Han tog mitt namn och nummer och lovade att hon skulle ringa när hon kom hem.
Bara vänta. Vänta, vänta, vänta!
Det var en himla tur att jag hade flytt. På sjukhuset hade jag inte fått någon behandling.

Nu hade jag min egen "Beatrice", Sabine, som jag längtade efter och som jag ville ha, och så kanske skulle jag få min egen Vergilius som skulle guida mig genom helvetet och skärselden. Kanske, kanske. Måtte hon bara ringa.

Till slut en dag när jag kom till lunchrummet satt det en lapp där att Mia hade ringt, och att jag skulle ringa henne. Mitt hjärta slog en frivolt. Jag fick tag på henne, och vi bestämde möte på hennes klinik några dagar senare. Jag blev så glad att jag dansade och sjöng.

Nu skulle tretton års elände sluta. I alla fall var det kanske början till slutet, det där med mordet fick bli en senare fråga. Kanske skulle det också lösa sig.

Lokalen låg på Södermalm, bakom en skola, på bottenvåningen. Under en hästkastanj. Jag ringde på och Mia öppnade.

– Hej, Mia heter jag. Kom in. Vi stängde dörren. Hela lokalen var belamrad med färger. Hon var bildterapeut.

På alla hyllor och bänkar stod målarpytsar, teckningar, papper, gips med mera Det var slitet och det var färgfläckar överallt. Möblerna var gamla.

På ena kortväggen hängde vit målarpapp, och bredvid stod burkar och pytsar med färg, lera och mängder av penslar.
Allt var som ett stort dagis för vuxna.
Här kan man leka tänkte jag. Här kan fantasin verkligen få blomma.

Vi satte oss på varsin stol i ena hörnet av rummet, och mellan oss låg den hemskaste gamla ryamatta man kan tänka sig. Men det var väldigt hemtrevligt. Kreativt kaos.
– Berätta lite om dig själv, sa hon med vänlig röst. Hon lät lugn och förtroendeingivande, hennes sätt att prata påminde om min kära gamla fasters.
Hon var ganska lång och kraftig, men inte överviktig. Hennes hår var var axellångt och grått. Hon var vänlig och trygg, någon som man ville hålla i handen när åskan går. Det var en kvinna i mitt tycke. Rejäl och kärleksfull. Och framför allt rak, rak som en fura.
Jag berättade och skämtade. Hon skrattade och frågade lite.
När hon inte visste vad yuppie var tänkte jag:
– Hon är snäll, men lite korkad. Jag behöver inte brösta upp mig. Det är jag som har övertaget.

Så fel man kan ha, men det gav mig bra självförtroende. Och det behövdes. Stämningen mellan oss var avspänd, och jag kände att jag kunde älska henne. Det skulle också visa sig att jag blev kär i henne. Men Sabine bara skrattade åt mig när jag berättade det flera år senare. Hon menade att hade jag helt enkelt hade träffat rätt person, Mia hade sett min styrka.

Vi bestämde att träffas efter jul. Två gånger i veckan. Jag hade inte råd med tre gånger i veckan, vilket jag hade behövt, men även en bondgård har sina begränsningar. Utangårda var god, men inte rik.

– Hur lång tid kan det ta? sade jag undrande till Mia. Kan det ta tio år?

– Nej, inte tio år, men säkert fem, sade hon, och det svindlade framför mina ögon. Fem år, jag hade innerst inne trott att det skulle gå på ett år eller två. Hade hon sagt tio hade jag nog inte kommit tillbaka. Men fem år fick vara okej. Jag hade när det kom till kritan inget val. Mina psykoser hade kommit oftare och oftare. Först vart femte år, sedan vart tredje, sedan varje år, och nu hade jag varit inlagd för gott innan jag rymde. Jag hade inget val.

Och det skulle bli tufft. Men det var ett oändligt mycket bättre alternativ än att vara sjuk.
Det blev också hårt jobb, ett långsamt hårt slit. Ofta tråkigt och trist, men med ljuspunkter.
Jag var glad. Upprymd åkte jag hem till gården. Jag jobbade och slet för två den närmaste tiden, men ångesten var stark, ibland nästan outhärdlig. Jag funderade ofta på döden. Den var alltid närvarande som en utväg om ångesten blev för stark. Oräkneliga var de självmordsförsök som jag hade överlevt.
Andra sommaren jag gick i terapi flyttade vi till en större lägenhet. Men jag blev allt sämre, mådde jättedåligt dels på grund av flytten. Och dels av allt som kom upp i terapin. Dessutom hade jag en stor konflikt med bonden på gården där jag jobbade med Anna, Under sommaren hade vi ett tio veckors uppehåll i terapin, vilket inte gjorde saken bättre.
Under några veckor av sommaren var jag inlagd på psyket på grund av att jag trodde att jag annars skulle ta livet av mig. Jag mådde så dåligt att jag bajsade på mig flera gånger av ångest.
När höstterminen kom började vi arbeta med en jättebild som var fyra gånger två meter. Färger och skulpturer skulle ingå i bilden.

Jag var ledig två dagar i veckan, och en dag när jag satt hemma paralyserad av ångest, slog jag på radion och fick höra att Estonia hade förl st. Då började jag gråta.

Just när nyhetssändningen pågick pratade jag i telefon med Försäkringskassan. Och tjänstemannen i andra ändan och jag började tala om katastrofen.

Jag lade på luren, och tårarna bara sprutade. En hantverkare ringde på dörren, och jag öppnade, alldeles förgråten. Pratade med hantverkaren om katastrofen och grät.

När jag kom tillbaka till bondgården efter helgen fick jag höra att Annas man, Fredrik, skulle ha åkt med färjan men blivit försenad och tagit flyget i stället.

Alla pratade om Estonia. För mig blev denna nationella katastrof en vändpunkt Min terapeut sade att det fanns ingen återvändo nu, jag kunde inte stoppa utvecklingen mot att bli frisk

Deras död på båten hade lett till att jag själv hade fått nytt liv. Landets sorg hade blivit min, genom landssorgen kunde jag få ut min egen sorg. Det som vi hade arbetat med i terapin var nioårskrisen, och den flytt som jag blev utsatt för när jag var nio år.

En sommar flera år tidigare hade jag varit ensam i stan. Ledig. Och mått mycket dåligt.
Jag trodde att jag lurade alla andra på bussen när jag åkte genom stan, lurade dem att de skulle komma till ett koncentrationsläger.
Ständigt förföljd. Jagad.
På min mammas land, där jag var ibland under min ledighet, stod jag och kissade i gräset, och då flög en mås över mitt huvud och skrek och skränade.
– Till och med måsarna skrattar åt mig, tänkte jag, ingen tar mig på allvar. Jag är inte värd något när till och med fåglarna hånar mig.
Jag åkte hem och lade mig ner för att dö. Två fulla burkar psykofarmaka tömde jag. Men just innan jag domnade bort ringde det på porttelefonen. Det ringde så ihärdigt att jag till slut gick upp och svarade.
Det var mamma som var inne från landet av en tillfällighet. Hon skulle uträtta något ärende och var i min krok av stan. Jag släppte in henne.
Vi började prata, och jag tycket att det var bäst att vi åkte till sjukhuset. Till psykakuten.
När vi kom dit förbjöd jag mamma att berätta att jag ätit de två burkarna medicin. Jag skämdes så. När jag väl kom in var jag helt groggy.

Då råkade jag ändå haspla ur mig att jag hade tagit en burk medicin. Sedan reste jag mig upp, och det svartnade för ögonen. Nästa gång jag vaknade låg jag på en sjukhussäng i korridoren på psykakuten med dropp och en massa slangar. Jag försökte dra ut slangarna men blev hindrad. Senare på dagen kunde jag resa mig upp och gå. Men jag vet fortfarande inte hur många dagar senare det var och hur jag kunde ha överlevt. Jag blev jag placerad i den säng jag nu låg i med alla dessa slangar och dropp. Det var ett under att jag hade överlevt. Vissa går över gatan och blir överkörda och dör. Men jag hade hittills haft änglavakt.

En annan gång uppsökte jag sjukhuset för att få hjälp. Jag satt i telefon med en kompis efter en svensexa, han rökte och sade "ursäkta ett ögonblick".

Det blev tyst i luren, han skulle bara gå och hämta sina cigaretter, men jag stod inte ut med den tystnaden utan sprang hemifrån, mot sjukhuset. Innan jag gav mig av hade jag stoppat en burk tabletter i fickan.

Väl inne på psykakuten tog det en evig tid, det var på sommaren och det var tunt med personal. Timmarna sniglade sig fram.

Jag orkade inte vänta. Jag gick på toaletten, och när jag kom ut därifrån hittade jag burken med tabletter i fickan. Inför allas åsyn hällde jag i mig hela burken. Alla stod som förstummade.
Snabbt fick jag sedan träffa en läkare som hade ett inskrivningssamtal. Han grät när han skrev in mig.
– Du som är så ung, sade han.
Sedan slocknade jag och vaknade till av att jag låg på en brits och alla ropade.
– Han får blodtrycksfall. In med brädan!
Jag fick alltså hjärtmassage, och det räddade mig. Räddad av ännu en ängel.
Men nu skulle jag börja i terapi efter jul, och dagarna sniglade sig fram.
Dagarna innan jag skulle till Mia på mitt första besök hällde jag i mig en burk tabletter igen och blev magpumpad på sjukhuset. Efter det tog Anna hand om mina mediciner, så efter några veckor kunde jag ändå åka till Mia.
Konstigt nog vågade jag inte gå i terapi. Jag valde hellre att försöka dö. Så skrämmande var det.
Men där var jag nu i alla fall. Stod och rökte utanför hennes port, och gick in prick på utsatt tid.

Dörren till rummet stod öppen, och jag klev in. Mia kom in med en bytta rent vatten som hon ställde på bordet. Hon stängde dörren, och vi satte oss i hennes båda fåtöljer igen. Hon undrade hur jag mådde, och jag berättade. Efter bara några minuter sade hon.
– Kan du måla?
– Nej, inte måla.
Jag tänkte på alla teckningstimmar i skolan, där det hade fastslagits att jag inte kunde måla. Tveksamt gick jag med henne till skrivbordet där byttan med rent vatten stod. Ett stort papper var utlagt. Alla penslar var rena. Färger och kritor låg på bordet.
Ordentligt ordnade, men inte pedantiskt. Det var ett ordnat kaos. Jag själv var ordnad till det yttre, men i mitt inre var det kaos.
Jag tog några härligt starka färger och började måla med en bred pensel. Papperet var så tomt och rent att det kändes tvingande att sätta lite färg på det. Jag målade mer och mer intensivt. Färgerna flöt ihop. Jag började måla med händerna och fingrarna. Det blev en bajsbrun gegga av alla klara vackra färger. Då var jag nära att säcka ihop. En enda bajsbrun gegga, precis som mitt inre.

Ångesten ansatte mig hårdare. Jag blev arg. Då tog jag baksidan av en pensel och började rista i geggan. Jag ristade Henrik, som är mitt namn. Stort. Och till min förvåning såg jag att de bakomliggande färgerna lyste igenom. Där stod mitt namn i lysande klara färger mot den bruna geggan. Jag fanns.

– Har du en botten? sade Mia, som satt snett emot mig så att vi kunde ha ögonkontakt.

– Ja, jag har en botten. Det är inte bara ett stort svart hål. Långt där nere finns det en botten.

– Bra, en del tror att det inte finns någon botten. Bara ett stort svart hål som man kan sugas ner i. Men alla har en botten, även om man inte tror det när man står vid kanten.

Jag satt och njöt och tittade på mitt alster.

Vi hängde upp målningen på den stora väggen. Tittade på den. Och så var tiden slut. Jag gick ut och ställde mig på trottoaren utanför, rullade en cigarett och drog girigt in röken.

Jag kände mig helt nollställd. Nollställd och tom. Jag gick ner till T-centralen, och någonstans mellan Danderyd och Kårsta kom jag till sans igen.

Nu var jag lugn i flera timmar och kunde
koncentrera mig lite på något utanför mig själv.
En stunds ro i själen.
 Höll jag på att komma till början av en
syndernas förlåtelse. Mia tog min skuld och
delade den med mig. Min ryggsäck blev lättare.
En sten mindre.

Kap 8. MINNEN FRÅN MINA FÖRSTA ÅR
                    BÖRJADE DYKA UPP
Redan på sjukhuset när Sabine hade masserat
min nacke när jag kände mig orolig, hade bilder
av att pappa kom med något stort och svart dykt
upp, och att då hade olyckan drabbat mig. Det
stora svarta kunde ha varit en hund eller något
liknande.
Sedan hade en äldre man kommit och räddat
mig från detta stora hemska svarta, antagligen
farfar. Då hade jag inte kunnat placera in det i
något sammanhang.
Nu, många år senare, när jag satt på tåget till
Järna, började minnena komma. Dagen innan
hade jag varit hos en kompis och försökt hjälpa
henne med gasugnen. Jag hade klarat av att laga
den men känt gaslukten. Hela natten därpå hade
jag haft mardrömmar. Nu satt jag och skrev ner
det jag mindes. Men jag tog bort vissa meningar
som fortfarande kändes för farliga och otydliga.
Men pappa hade kommit med det stora svarta.
Jag mindes i detalj hur rummet hade sett ut.

Och att mamma var nere i tvättstugan när det
hände, och att gröten kokade över på spisen,
och att jag kände gaslukten.

Sedan ringde farfar på dörren och jag blev räddad. Farmor och farfar bodde alldeles nära oss i Solna.

När jag kom till gården berättade jag hela historien för Anna. Hon tyckte att jag skulle berätta det för terapeuten och mamma och Sabine.

I slutet av veckan fick jag tillfälle att vara ensam med mamma. Jag började lite försiktigt.

- Mamma, hade vi gasspis när vi bodde i Solna?

- Nej, men när vi bodde i radhuset i Bromma.

Då dök de riktiga bilderna upp, och jag bad min mamma att berätta om dagen när min lillasyster Annika dog. Mamma berättade, och jag fick egna bilder.

Vi bodde i ett radhus på Ålstensgatan i Bromma. Huset låg under inflygnings banan till Bromma flygplats. Vitrappade hus bildade en lång rac längs Ålstensgatan. Små vita sockerlådor som satt ihop med varandra i hörnen. Gatan slutade vid en park som låg vid Mälaren. Det var små gräsmattor framför husen och större bakom. Det var som en allé av balsampopplar och gråpäronträn. På våren silade ljuset fint genom lövverket. I skogen bakom radhusen hade vi en hemlig klubb.

På vårarna när vattnet porlade i rännilar ner mot sjön brukade vi göra fördämningar med sand på gatan. Kort sagt en idyll.

Det hela utspelade sig en eftermiddag i oktober 1959. Jag var två år. Min lillasyster Annika, som bara var ett halvår, låg på sjukhus för en enkel urinvägs operation. Mamma och jag hade varit i Vällingby hela dagen.

Mamma stod vid spisen och lagade mat. Köket var avlångt. Vid fönstret på ena kortsidan som vette mot gatan fanns det en bänk. Bredvid bänken stod kylskåpet och en gasspis, och ett skåp satt ovanför. På motsatta sidan fanns det ett litet matbord med tre stolar, och vid den andra kortväggen

var dörren tillvardagsrummet och källaren. Jag satt i vardagsrummet och lyssnade på Krakel Spektakel.

- Titta nu kommer det en taxi och stannar utanför vårt hus, ropade mamma glatt. Undrar vem det kan vara?

Jag kom springande och hoppade upp på köksbänken för att kunna titta ut genom fönstret. Vi såg en stor svart droska som stod på gatan, och ur den klev pappa. Han kom gående mot dörren med bestämda steg.

Pappa kom med det stora svarta.
- Har ni inte varit hemma på hela dagen?
frågade han upprört när han kom in.
- Nej, vi har varit i Vällingby och tittat i affärer,
svarade mamma och frågande ut.
- De har försökt nå dig hela dagen. Jag fick ett
samtal från sjukhuset till praktiken.
Annika är död!
- Död!?
- Ja, hon dog under operationen. Hjärtat
stannade, och hon vaknade aldrig ur narkosen.
Mamma glömde maten på spisen, och den
kokade över. Det luktade gas och vidbränd mat.
Jag fick lägga mig tidigt som vanligt, men jag
kunde inte sova. Senare på kvällen kom en av
min pappas bröder för att trösta, det var inte
farfar som jag trodde tidigare utan min farbror.
Från mitt rum på övervåningen hörde jag hur de
vuxna pratade nedstämt. Upprördheten fanns
där hela tiden som en underton i deras röster.
Pappa hade kommit med den svarta olyckan.
Det första minnet jag hade innan detta hände
var från när jag var två år och någon månad. Det
var julgransplundring och några månader efter
Annikas död.

Mamma och jag åkte till en förskola där hon hade arbetat innan hon fick barn.

Förskolan låg i en barackliknande byggnad utanför stan. Huset var lågt, bara ett plan och byggt i vinkel. Fönstren var enkla och stora.

När jag åkte förbi lekskolan vid ett senare tillfälle visade den sig vara ett gammalt hus som var byggt i början av nittonhundra talet. I flera våningar!

Hur lekskolan såg ut var alltså ett falskt minne. Jag måste ha blandat ihop den med något annat. Det fanns i alla fall många leksaker där, och i ett hörn stod en gran. Medan några fröknar och barn klädde av granen och delade ut godis, stod mamma och pratade med en före detta arbetskamrat. Jag hörde vad de pratade om men förstod inte.

När granen var avklädd och skulle kastas ut genom fönstret sjöng alla: "Nu är glada julen slut slut slut...". Och så kastade de ut granen på den lilla snö som fanns utanför.

Genom sången kunde jag senare tolka vad min mor hade pratat om, för hon hade klappat sig på magen. Hon var gravid igen.

Alla sjöng: "Nu är glada julen slut, slut, slut". Och jag förstod att nu fick jag inte ha mina föräldrar, framför allt inte min mamma, för mig själv längre. Det skulle bli konkurrens.

Jag visste hur det hade varit tidigare när jag hade haft min lillasyster.

"Nu skall granen kastas ut ut ut. Men till nästa år igen. Kommer han tillbaks vår vän. För det har han lovat."

Jag visste att bättre tider skulle återkomma.

Vem vännen var visste jag inte, men när man har lovat något måste det hållas.

De glada tiderna skulle återkomma. Det gav mig en förvissning om att allt till slut skulle bli bra.

Efter julgransplundringen åkte vi hem. På sommaren kom min lillebror.

I terapin arbetade jag intensivt med mig själv och rotade djupt i minnen.

En dag var Sabine och jag inne på Åhléns i Södertälje och tittade på julklappar. Små saker och krimskrams. Där fanns en tvål som hette Aroma Terapi. Den köpte jag för det roliga namnet, eftersom jag nu gick i terapi.

På natten vaknade jag av en mardröm. Gick upp och kissade och tvättade händerna med min nya tvål. Lade mig igen.

Lukten av tvålen fick mig att minnas. Vi hade en hoppgunga när jag var liten. Jag kunde känna i hela kroppen hur gungans sittpåse smet åt kring kroppen.
Jag var sex månader och lukten var min pappas. Han hade böjt sig ner och pussat mig, och jag blev för första gången medveten om att världen befolkades av fler än jag och min mamma. Att pappa fanns. Han hade samma lukt som tvålen. När jag sedan kollade med mamma så hade vi verkligen en hoppgunga när jag var sex månader, och jag kan ännu minnas hur den hängde i en dörröppning. Så var det med Aroma Terapi.

Kap 9. FÖRSTA PSYKOSEN

- Mia, nu ska du få höra hur det var första
gången jag blev psykotisk. Det var i november
för snart tjugo år sedan.
Jag gick på tandläkarhögskolan. Första terminen
var halvvägs gången. Jag var mycket engagerad i
kåren.
Tillsammans med läkarkandidater dissekerade vi
lik av riktiga människor.
Höstmörkret var här. Tempot accelererade
ytterligare på tandläkarhögskolan.
Min pappa var professor där, och både han och
mamma tyckte att jag skulle bli hans arvtagare.
Kronprins.
Strax före jul skulle vi ha en anatomitentamen
på alla kroppens muskler, ben, vener och
artärer, allt på latin. Jag studerade och
studerade. Min dåvarande sambo,

När jag låg i lumpen bestämde jag att ingen skulle få bestämma över mig. Jag ville bli min egen. Då låg det nära till hands att bli tandläkare.

Pappa hade blivit mycket ledsen när jag några år tidigare ville flytta hemifrån och bli sambo. Det fanns konkurrens om mig mellan pappa och min flickvän.

Pappa, som var van att hålla sin egen show hemma, fick konkurrens av någon annan.

Nu när han hade blivit professor var han kungen. Han hade nått sina drömmars mål.

Och Andrea var en intelligent kvinna med skinn på näsan. Hon hade en pappa som var hög jurist, och att det fanns gott om pengar i deras släkt gjorde inte min pappa mindre avundsjuk. Han själv var en lokförarson med mindervärdeskomplex, och han var oerhört rädd för starka kvinnor. Var de dessutom intelligenta fick han stora skälvan. Min mamma stod för markservicen och var helt dominerad av sin man.

På söndagsmiddagarna var det pappas största nöje att hålla sin egen show och driva hejdlöst med alla.

Av en kvinna som beundrade honom hade han
fått en bok om stjärntecken. Han älskade att vid
söndagsmiddagarna läsa upp de av henne
understrukna avsnitten om hur otroliga och
underbara personer födda i lejonets tecken var.
Själv är jag kräfta, och kräftans dåliga sidor
älskade han också att läsa upp.
En söndag tog Andrea boken och läste upp all de
ofördelaktiga sidor som ett lejon kunde ha.
Pappan blev mycket sårad och kränkt, men för
en stund höll han sig på jorden.
Först trodde han inte på det som stod i boken,
men han blev överbevisad.
Min mormor, som var en snäll själ, fick alltid sina
slängar av sleven vid middagarna.
Men hon beundrade Sven-Olof. Som många
gjorde, eftersom han var mycket charmerande
och underhållande när han ville. Men lynnig.
I början av november 1979 var jag några och
tjugo år. Jag kunde inte sova om nätterna, för
jag bara stressade inför tentan. Jag var ute och
joggade nattetid i Traneberg där vi bodde.
Pappa såg hur jag kämpade mot ångesten när
han kom på ett oväntat besök för att överlämna
ett kranium som jag skulle få låna för att lättare
kunna lära mig skallens alla namn. Det fanns en

stor modell av en skalle på Karolinska som man kunde öva på, men den var nästan alltid upptagen.

Ytterligare en gång kom han och hälsade på utan förvarning. Jag var ensam hemma och mycket stressad. Då såg han hur jag inte kunde stå stilla på grund av min ångest. Han frågade om han kom olämpligt och jag nickade. Han gick. Hur mycket hade jag inte önskat att han hade kommit in och frågat hur jag mådde!

Jag blev snurrigare och snurrigare. Allt skulle jag ifrågasätta.

Jag började skriva i något som jag kallade "Klokbok". Det var ett rutigt häfte där jag började skriva ner saker som jag tyckte var kloka.

"Man sitter på en stol och äter vid ett bord".

Jag skrev snyggt i rutorna i boken. Men plötsligt ville jag göra revolution och gjorde allt för att skriva bara utanför rutorna. Jag satte mig på bordet och skrev på stolen. Jag tog av mig skjortan och satte den på benen. Vem hade bestämt att man skulle ha en skjorta på kroppen och inte på benen?

Jag ifrågasatte allt.

Då kom Andrea hem och såg mig sitta på bordet och stirra ut i luften. Hon frågade vad jag gjorde.
Jag förklarade mina tankar, som jag var helt besatt av. Förklarade att i "Klokbok" skulle allt finnas.
Nu skulle vi börja om från noll. Allt skulle ställas på ända.
Andrea såg hur jag hela tiden kämpade mot ångesten. Hon ville få mig att slappna av. Jag var superstressad och försökte göra allt för att gå ner i varv. Då gav hon mig en Valium.
Jag blev lugn en stund, men när jag skulle sova trodde jag att jag hade blivit knarkare, och att Andrea skulle förgifta mig.
Jag sprang ut i natten i mina jogging kläder.
Ångesten växte och jag trodde på allvar att jag var förgiftad.
Jag tog en taxi mot Maria polikliniken.
Där skulle jag låta mig avgiftas. Halvvägs över Tranebergs bron ångrade jag mig och dirigerade taxin mot föräldrahemmet i Nockeby.
Där berättade jag för mina föräldrar hur jag mådde.
Pappa sade att han kunde känna igen sig.

Så brukade han känna sig när han hade jobbat för mycket, och då brukade han lägga sig och sova ett dygn.

Jag låg i min pojksäng, och mamma satt bredvid mig och smekte mig över pannan.

När novembergryningen färgade väggen röd i min vindskupa i den jättelika byggmästarvillan somnade jag.

Jag sov som ett barn i någon timme. Vaknade och kände mig lugn. Då ringde Andrea, som hade varit orolig, och vi tog ledigt från studierna en dag.

Dagen gick och det blev kväll.

Vid läggdags:

Vill du inte ha en tablett så att du blir lugn och kan sova i natt? frågade hon.

Jo, kanske.

Ta en. Det hjälper.

Vi lade oss, och hon somnade. Då började hetsen igen. Jag satte på mig joggingkläderna och rusade ut i mörkret. Sprang gata upp och gata ner. Ju mer jag sprang desto mer snurrade tankarna.

Andrea vill döda mig. Hon vill att jag skall bli knarkare. Hennes pappa är chef för en narkotikaliga, det är därför de är så rika.

Jag sprang och sprang. Till slut befann jag mig nära föräldrahemmet. Ringde på mitt i natten. Mycket förvirrad pratade jag med mina föräldrar.

De började förstå att de måste åka till en psykklinik med mig. Pappa körde sin röda sportbil och mamma sin gröna Alfa Romeo mot Karolinska sjukhuset.

Pappa forskade på Karolinska Institutet, så han trodde att han kunde få in mig på kliniken där.

På den tiden var det mycket viktigt var man var skriven, för det styrde till vilket sjukhus man tillhörde.

Nu blev vi avvisade från det sjukhus där pappa kunde ha kontroll över mig. Det fanns ingen annan utväg än att åka till psykakuten.

Vi kom dit. Jag pratade med en läkare och blev inlagd. Pappa pratade också med läkaren.

Sedan lämnade han mig på psykakuten liggande på en brits, omhändertagen av en sjuksköterska. Jag kunde se en tår i hans ögonvrå och medlidande i hans blick.

För sjuksköterskan visade jag lappen som jag hade hållit gömd i handen de senaste dagarna.

Där fanns hela kontentan av vad jag hade skrivit i ''Klokbok''. Det kloka.

När jag gav henne lappen och hon läste den kände jag att nu kunde jag slappna av. Någon annan visste vad som stod på lappen, och jag var inte fördömd.

När min far hade försvunnit genom korridoren svalde jag med sjuksköterskans hjälp mina sömntabletter och somnade nästan genast. Jag var totalt slut, utmattad av sömnbrist och brist på mat. Jag tillät mig inte att äta så mycket på grund av spänningen inför tentamen.

Men varför var jag egentligen så spänd? Det visste jag inte.

Tidigt nästa morgon togs jag med hissen till en avdelning tillsammans med Andrea. Jag blev anvisad ett rum. Där stängde jag in mig. Ingen fick komma in, jag ville vara ifred. Jag ville tänka. Det var som jag trodde. Jag var fången hos fienden.

Andreas pappa, som var chef för det rivaliserande narkotikagänget, hade kontrollen över sjukhuset. Det hade jag sett i ögonen på min pappa kvällen innan.

Men vad skulle jag göra? Hur skulle jag kunna rädda pappa? Jag var en gisslan och min pappa var helt i det andra gängets våld.

Jag hade blivit visad runt på avdelningen. Trevlig, som ett hem ungefär. Men jag varken ville eller vågade prata med någon.

Jag måste skydda min pappa. Allt jag säger kan användas mot honom, tänkte jag.

Jag stängde in mig på mitt rum. Ju mer jag tänkte desto snurrigare blev jag. Ångesten ökade hela tiden. Dagen gick och det blev mörkt. A la måltider åt jag ensam på rummet. Ångesten accelererade, paniken låg på lur.

Jag kunde inte fly. Jag kunde inte ens tänka hela meningar. Dörrarna var låsta och bara fienden hade nyckeln.

Jag är gisslan, tänkte jag. Vad vill pappa att jag ska göra? Jag hoppar ut genom fönstret så har de ingen gisslan längre och min pappa är fri!

Jag tog sats och kastade mig mot fönstret. Det var okrossbart, och jag studsade tillbaka.

Ett bord som stod framför fönstret gick sönder. Jag grep tag i ett av benen med händerna och krossade fönstret med väldig kraft.

Den kalla novembervinden svepte in. Jag tog ett djupt andetag och kastade mig sedan ut i den svarta natten.

Det var mellan tjugo och trettio meter ner till marken.

Andrea hörde smällen. Hon var hos överläkaren och pratade med honom i ett annat rum i närheten.

De rusade in i rummet. Det var tomt, och gardinerna fladdrade ut genom fönstret. De skyndade sig ner och fann mig i en hög på gräsmattan.

Det krossade fönstret gapade tomt trettio meter högre upp.

Var är jag? sade jag.

Han lever! Hämta en bår, skrek någon av de tillskyndande.

Andrea började gråta. Jag bars in och röntgades över hela kroppen. Jag svimmade av smärtan när de inte kunde placera blyet rätt vid pungen när det skadade benet stod i tur att röntgas.

Jag befann mig mycket förvirrad på en intensivvårdsavdelning.

En krossad lårbenshals och en bruten handled.

Jag låg med dropp, och de visste inte om jag hade någon slags inre blödning.

Pappa försökte övertala läkarna att flytta mig till Huddinge sjukhus där han arbetade, och där han kunde ha kontroll över mig. Hans idé var att söva ner mig under narkos och sedan väcka upp mig, och då skulle jag vara frisk.

Till slut blev läkarna trötta på honom, och jag fördes med ambulans till Beckomberga sjukhus där jag fick ligga på en geriatrisk avdelning. Andrea besökte mig varje dag. Mamma och pappa kom ofta. Andrea tog dit några böcker, joggingbyxor och sköna tröjor. Dagen efter kom pappa med ett par plyschbyxor som han hade köpt på NK, en märkes-pikétröja och Krig och fred i tre band. "Han måste ju bli bildad, min son".

Samma dag hörde jag hur pappa pratade med överläkaren.

Andrea får inte på några villkor komma hit. Hon har inte något bra inflytande på min son. Det är hon som gör att han blir sjuk, sade pappa.

Han är otroligt bra på att manipulera människor, och har stor övertalningsförmåga.

När jag hörde det skrek jag genast att jag inte ville se någon. Alla skulle gå sin väg. Föräldrarna blev utfösta från avdelningen av personalen.

Jag skrek och rev sönder byxorna och tröjan som jag hade fått av pappa. Julblommorna som mamma hade haft med sig förvandlades till flis och åkte ner i papperskorgen tillsammans med det andra. Personalen instruerades att stoppa alla telefonsamtal.

Tre dagar senare ringde jag till Andrea.
Hej, varför kommer du inte och besöker mig?
Jag får inte.
Vad? Varför inte då? Kom! Kom nu genast!
Hon kom.
På julafton låg det ett stort paket i mitt rum. En present från mor och far. En dammsugare av bästa kvalitet. Men besöka mig fick de inte! Efter någon vecka upptäcktes det att min handled hade växt fel. Tillsammans med en sjuksköterska fördes jag till S:t Göran för att de skulle titta på den. Hon hade långt mörkt hår och korkade ögon. Bröt på småländska och pratade för min räkning med läkaren.

Denne tog tag i handleden och bröt upp det fel läkta och försökte lägga den till rätta. Ingen bedövning fick jag, och läkaren drog ordentligt. Han tänkte kanske att eftersom jag var psykotisk skulle jag inte känna så mycket.
Men ack så fel han hade. Det knäckte till, handleden gick av och jag skrek av smärta och nästan svimmade. Till slut fick jag lokalbedövning.

Alldeles i början av åttiotalet flyttades jag upp till en sluten vårdavdelning för bara män. Där var det hårda tag. Vi fick inte äta oss mätta, för man hade märkt att psykpatienter ökade i vikt. Vi fick hålla oss till mat som höll oss lagom smärta, allt efter inskrivningsvikt och längd. Vi patienter hade själva ett kylskåp där jag kunde förvara smör och bröd, så att jag inte skulle gå omkring hungrig jämt. Men alla var hungriga, så min extraranson blev stulen mest hela tiden. Där låg jag. Andrea besökte mig varje dag. V låg omslingrade i sängen och hon fick mig att prata. Jag pratade och pratade. En gemensam kompis fick reda på att jag låg på Beckis. Hon ringde runt i bekantskapskretsen, och nästan alla kom på besök. Jag kände mig mycket omtyckt.

Senare flyttades jag till en öppen avdelning. Då, till slut, önskade jag att mamma skulle komma på besök. Både hon och alla som jobbade på avdelningen var mycket nervösa. Hennes ärende var nämligen att berätta att pappa och hon skulle skiljas. Skulle jag få ett hysteriskt anfall och bli sjukare?

Men hon hann inte mer är stiga in i rummet förrän jag sade:

Jag tycker att ni ska skiljas.

Jag skrevs ut så småningom, och en lång kroppslig och mental konvalescens väntade. Genom sjukhuset fick jag en psykiater som jag skulle gå till. Hon ansågs mycket skicklig.
Det som egentligen rörde sig i mitt medvetande när jag hoppade ut genom fönstret var att jag måste skydda mamma och pappa från att skiljas. Med min mentala kraft hade jag hållit ihop familjen ända sedan min syster Annika dog och tills nu. Alla mina yngre syskon hade revolterat. Det var inte så konstigt att vi var stökiga när pappa hela tiden var otrogen och egentligen inte brydde sig om varken mamma eller barnen. Det han ville var att visa upp den lyckliga fasaden. Han som hade lyckats med allt.
Just i dagarna när jag blev sjuk hade mamma och pappa bestämt sig för att skiljas. Pappas älskarinna hade blivit gravid, och hon skulle föda barnet. Pappa ville att det inte skulle göra någon skillnad. Han ville att allt skulle vara som förut. Men det kunde inte mamma tolerera.

Kap 10. FLER OCH TYDLIGARE BARNDOMSMINNEN

Både i terapirummet på andra ställen kom det bilder av barndomen, nästan alltid i form av ett synintryck eller ett luktintryck. Men oftast var det samlade sinnesupplevelser.
De hallucinationer jag hade haft om Hitler fick sin förklaring en dag kring påsk. Psykosen som jag hade på den nya avdelningen när jag hade träffat Sabine hade alltså en verklighetsbakgrund. Den hallucination där jag såg solen gå upp i fel väderstreck, och där jag bara väntade på att nazisterna skulle komma och hämta mig. Och att jag skulle vara med i TV som Hitlers barnbarnsbarn.
Jag befann mig på Utangårda hos Anna och hade ångest. På eftermiddagen hade en gammal folka med trasig ljuddämpare passerat på vägen utanför, och jag började minnas. Om det var på riktigt vet jag inte, men jag hörde motorn.
Minnena dök upp.

Jag var på landet med mormor och morfar, i sommarhuset som mormor och morfar hade byggt på trettiotalet. Det låg på en ö i Stockholms skärgård.

Det fanns bilväg dit över en träbro. När man kom dit med bil och skulle gå in på vår tomt fick man först gå igenom en mossgrön trägrind med betongstolpar på sidorna och en nyponros häck på vardera sidan.
Man gick på en grusgång med välordnade rabatter på båda sidor. I rabatterna växte pioner, lupiner, vallmo, akleja. En allé av äppelträd stod på båda sidor om gången. Det hela gav en känsla av Sörgårdsidyll.
Huset låg längst ner på grusgången, och äppelträden bildade liksom ett tak över gången. Huset var ljusgult med mossgröna vindskivor, fönster och fönsterluckor. Det var en sportstuga från trettiotalet som var tillbyggd flera gånger. Den var byggt med liggande stockar.
Mot vattnet vette en veranda med glasfönster, och en stor trappa ledde ner mot den äng som man måste passera för att komma ner till Saltsjön. En riktig skärgårdsäng med hundkex och midsommarblomster.

Uppe vid grinden doftade det av nyponrosor, och man kunde höra hur bin och humlor samlade nektar.

Vid vattnet fanns en sandstrand, och på de röda klipporna fanns en brygga där det låg en träbåt av Petterson typ med en Penta utombordsmotor.

Runt hela huset växte välordnade rabatter av rosor och blomsterbuskar.

 I alla hörn runt huset stod grönmålade vattentunnor, huset var utan rinnande vatten. Men det fanns elektricitet.

Jag var nyss fyllda tre år. Det var sommar.

Mamma och pappa var bortresta. Under natten hade jag sovit i mitt rum som hade fönster mot väster, men jag hade vaknat av en telefonsignal mitt i natten.

Mormor hade svarat i telefon med vänlig röst, och hon hade låtit överraskad och glad. Efter samtalet hade jag fått tillåtelse att komma över till hennes säng, och hennes rum hade fönster som vette mot öster.

Jag vaknade när solen gick upp, men jag upptäckte att den gick upp i fel väderstreck. Jag hade glömt att jag hade bytt rum under natten.

Ett par dagar senare satt jag med mormor på verandan, och då hörde vi wv-folksvagen kan komma körande på vägen. Den stannade vid parkeringen, och dörrarna stängdes.
Knastret från skor mot grusgången kom närmare, och så fick jag se min två år yngre syster som hade kommit hem från sjukhuset efter en halsfluss, och hon skrek som vanligt.
Jag var livsfarlig av svartsjuka. Hon skulle komma och ta min plats, jag var inte ensam längre.
Mamma skulle inte bry sig om mig längre.
Min lillasyster var viktigast. Hon var den som fick suga på bröstet, vara nära! Och jag var ute i kylan.
När de här minnena kom upp i mitt medvetande lättade det. Det var ofta utanför terapirummet som minnen dök upp.
En dag satt jag hos Mia. Det var på vårvintern, och jag kände oro i hela kroppen. Vetskapen att Sabine skulle resa till Köpenhamn gjorde mig orolig. Det var bara på en konferens med jobbet, inget att vara orolig över, men jag var det i alla fall.
Egentligen skulle de till Malmö, men de skulle åka till Köpenhamn på en dagsutflykt. Och i Köpenhamn är man otrogen, det visste jag. Fast

jag visste inte varför, eller varför jag trodde det.
Jag kunde knappast sitta stilla.
– Jag känner mig spänd. Vad ska jag göra? sade
jag till Mia.
– Försök att teckna.
Det går inte, hur jag än försöker blir det inget.
Händerna är som förlamade.
– Pröva något annat. Lera?

Jag tog en stor bit lera i handen. Bröt loss en
lagom stor klump från den stora biten. Jag höll
den i handen och liksom vägde den. Började
knåda. Till min förvåning märkte jag att det kom
något ur det hela. Det började formas till något.
Vad skulle det bli? Det började som en skiva
med kanter, som en askkopp som man gjorde i
slöjden i småskolan till julklapp. Jag utbrast:
– Det är en båt!
Men vilken båt? Lycklig över min upptäckt
modellerade jag vidare.
– Det är en båt med låga fribord! Den är inte
sjöduglig
Nu dök minnena upp.

Båten hette Maad II. Det var en båt för barn som min morbror byggde när jag var liten. En numera ganska illa medfaren båt som ligger på land. Den är gjord av en stomme av läkt, och med spänd målad segelduk. Vit med vinrött däck. Den såg ut som en modern sportbåt med två sittplatser i början av 50-talet. Den var sjöduglig en gång, men nu låg den på land på morföräldrarnas lantställe. Den här bilden växte fram i mig:
Jag är stor, nästan tre år, och har ansvar för ett mindre barn. Vi sitter i båten och jag är arg.
Arg på min pappa, för vi måste sitta stilla för att han ska ta en bild av oss båda i båten.
Familjen har åkt till landet för att kratta löv och elda. Den lilla pojken och jag leker på gårdsplanen medan de vuxna luntar och krattar. Pappa har lagt ifrån sig sin nyinköpta kamera, en Leica, på en sten medan han eldar. Den lilla pojken som jag har ansvar för tar kameran och tittar på den, vilket han inte får göra. Vi tar med oss kameran in under verandan där de har sitt förråd med ved. Den är så spännande. Vi vet att pappa älskar denna kamera.
Upphetsade av att ha tagit kameran för att titta noggrannare på den, och för vi inte ska bli upptäckta, kryper vi in i vedförrådet.

Jag säger till den lille att så här får man inte göra. Men jag kan ändå inte låta bli kameran när vi väl har den i våra händer.

I grinden som stänger till om förrådet finns det en ställning för krocketklot. Vi lägger in kameran i den och fortsätter att leka.

Min pappa får från och till hjälp av hela den övriga familjen med att lunta trädgården från gammalt gräs. Dessemellan tar han bilder med den nya Leican, och sedan lägger han ifrån sig den på stenen.

Sedan upptäcker pappa att kameran är borta och hittar den under huset. Han blir jättearg och ställer till med räfst och rättarting.

Argast blir han på mig, för jag borde veta bättre. Inga invändningar hjälper, jag får en rejäl avhyvling.

Först trodde jag att den lilla pojken var min bror Gustav men när jag tittade på bilden som jag har kvar visade det sig att det var en kompis.

Vid det tillfället hade mina föräldrar varit i Malmö och Köpenhamn på en arbetsresa.

Mamma var gravid i sjätte månaden. Till sommaren fick jag en lillebror, som jag har berättat.

Men mamma åkte till Köpenhamn och lämnade mig, och hon var otrogen med pappa. I Köpenhamn är man otrogen! Det hade även spätts på av en film som jag hade sett när jag var liten, då ett par åkte till Köpenhamn och var otrogna. Därför drog jag den slutsatsen.
Nu blev det uppklarat. Det var alltså när jag var liten som jag trodde att man per automatik var otrogen när man åkte till Köpenhamn. Det var alltså det gamla Oidipus dramat som utspelade sig igen. Jag ville gifta mig med mamma och såg pappa som den värsta konkurrenten. Jag ville, när jag var nästan tre år, hämnas på min pappa för att han åkte i väg med min henne!
På vägen hem på pendeltåget dök ett minne upp från när jag var inlagd. Det var efter mordet, och jag hade blivit flyttad den andra avdelningen. Och jag berättade för Mia om hur det var på sjukhuset under mina vistelser där. När jag låg inne efter att ha mördat gamlingen hade jag sex med den manodepressiva tyska flickan. Hon uppvaktades ivrigt av en man som hette Jonas. Han skulle få åka hem en dag tillsammans med en vårdare för att hämta sina räkningar som skulle betalas, och jag skulle få följa med.

På sjukhuset var man alltid mycket ensam. Jag kunde inte bli vän med personalen. De höll avstånd, vilket de skulle. Och andra intagna var antingen för sjuka, eller också var man själv för sjuk, för att vänskap skulle kunna uppstå.
Oftast båda delarna. Den kontakt som fanns mellan oss var mycket komplicerad och full av missförstånd. En gång fick jag en vän på sjukhuset, men han tog livet av sig trots att jag gjorde allt för att hjälpa honom.
Ofta var vi enade mot personalen, vi mot dem. Vi hjälpte varandra så gott vi kunde, men förmågan var inte alltid så stor.
Någon gång lyssnade vi på musik och skulle dansa, men det slutade alltid i kaos och tumult. Mycket tragikomiskt.
När jag nu skulle få följa med Jonas hem tillsammans med en vårdare såg jag det som en rolig utflykt. Bort från tristessen. Bort från Beckis. Ut i det verkliga livet.
Beckomberga var ett stort område som var inhägnat. Även om staketet var trasigt på sina ställen fick man inte gå utanför området. Gjorde man det så drog de in ens frigång, och man kunde få vänta i veckor på att få gå ut ensam i parken igen.

Att vara inlåst på avdelningen utan att få gå ut var naturligtvis inget man valde frivilligt. När överläkaren tyckte att man blivit bättre fick man tillbaka sin frigång. Kanske med en timme i taget.

Det fanns så mycket frestelser utanför grindarna. Billigare godis, Cola, läsk och ett mycket större utbud av allt man kunde stoppa i sig. Även folköl, men det vågade jag aldrig dricka. Man visste inte vad som kunde hända. Även öppettiderna var längre utanför området. När man som frigång bara fick gå på promenad, gick promenaden förbi kiosken på området. Där fick man köpa det man behövde, och personalen köpte saker till dem som inte hade frigång.

Det där med cigaretter och pengar och godis var mycket komplicerat när man låg på en låst avdelning och inte hade någon frigång.

Mellan åtta och kvart över på morgonen måste man säga till personalen att man ville ta ut pengar. Man måste ha sina pengar inlåsta, annars blev de ofta stulna. Hade man inga pengar kunde man inte be personalen köpa något från kiosken, och då kunde man bli utan cigaretter. Det var fruktansvärt.

Varje dag gick de runt och frågade om det var något som man ville ha köpt från kiosken. Hade man då inte hämtat ut pengar mellan åtta och kvart över åtta kunde man inte beställa något. Och ofta var man så förvirrad att man glömde att hämta ut pengar. Ibland kom de och frågade om man behövde några, men det var inte alltid. Utbudet var också dåligt i kiosken.

Men nu skulle jag få åka utanför området, ända till stan. Det var underbart att komma iväg, att känna sig lite som en vanlig människa. Detta trots att väntan på tåg och bussar kunde vara olidligt lång. När jag har ångest vill jag att det ska gå fort. Eller gå fort över.

Men när man åker känns det som om man är på väg någonstans och att det går framåt. Det är befriande. Ungefär som oro känns mindre påtaglig om man jäktar.

Det var underbart att få vara tillsammans med andra vanliga människor. Jag hade blivit inlagd på sommaren, och nu var det höst.

Mina kläder var för kalla. Det kändes lite udda att åka i sommarkläder på höstkanten.

Men jag var i alla fall nyrakad, vilket kändes skönt. Håret var nytvättat men alldeles för långt.

Oklippt. I vanliga fall såg jag inte ut som
skogstomten, men det gjorde jag nu.
Jonas och jag var "kompisar" idag. För mig var
det ett sätt att komma ifrån tristessen.
Anledningen till att vi låg på samma avdelning
var att vi bodde i samma upptagningsområde.
Vilken problematik man hade styrde inte alls på
vilken avdelning man blev placerad. Det kunde
vara en salig blandning av diagnoser på samma
avdelning.
Jonas bodde i Vasastan, och dit for vi. Han
bodde i en etta med kokvrå i ett trettiotalshus.
När han öppnade dörren till lägenheten möttes
vi av en otrolig stank av gammal urin och
gammal mat.
Tveksamt gick jag in i lägenheten. Här hade
ingen varit på hela sommaren, det märktes.
Gamla slitna möbler. Lite ljus strilade in genom
en lucka i de fördragna gardinerna.
En svärm av spyflugor flög upp från de gamla
matrester som stod framme. Lägenheten var
belamrad med pizzakartonger, och några
halvätna pizzor låg kvar på soffbordet.
Vårdaren gick fram och drog från gardinerna och
öppnade fönstret. Luften blev något bättre.

Jag tittade som hastigast runt i lägenheten. En obäddad bäddsoffa med solkiga lakan. Kokvrån belamrad med odiskade tallrikar och ruttna matrester.

– Jag går ut på gatan och röker, sade jag, för jag stod inte ut med misären.

Det tog mig ganska många cigaretter innan de kom ner till mig på gatan.

– Du måste städa, sa vårdaren.

– Ja, när jag får komma hem, sa Jonas.

– Nu vill jag hem, sa jag och menade till sjukhuset. Hem till den tråkiga avdelningen. Tråkig men trygg.

Kap 11. ETT LITET LJUS LÄNGST BORT I ENSAMHETS TUNNELN

Svartsjuka och avundsjuka var vad jag kände när jag såg "vanliga" människor. De skyndade sig till sina jobb. De stressade inte, de var alltid lyckliga, alltid. Aldrig mådde de dåligt och aldrig hade de några problem. Och om det mot förmodan fanns problem var de inte större än att de kunde lösas på en kafferast.

Det var jag och de andra. Men min självbild var komplicerad. Jag mådde inte bara dåligt, jag var också kung, Gud, kejsare, djävul, Jesus, Buddha, Allah. Allt i en och samma person. Jag kunde sådant som andra inte kunde. Jag kände inga gränser.

Ni kan aldrig tänka er hur förvånad man blir när man vet att man kan springa genom en vägg, och man tar sats och springer, men finner sig själv liggande på golvet på samma sida av väggen med en bula i huvudet istället för att ha gått tvärs igenom den.

Det var den del av mig som hade tagit på mig alla människors problem, deras synder, eftersom jag var en ädlare och finare människa än de. Den del av mig som antingen var alltigenom god eller alltigenom ond.
Det var så jag kände när jag irrade runt på gatorna. Jag hade inget mål, jag bara gick. Den vandrande juden som var dömd att bara vandra hela livet. Jag visste att jag var jude trots att mina föräldrar inte var det. De hade bara inte vågat säga det öppet, de skämdes, det var jag övertygad om..
En annan känsla som följde mig under min vandring var ensamheten. Alla andra hade någon eller några, men jag hade ingen. Jag var utanför. Den ensamma vandrande juden. Efter åren som sjuk hade jag nästan inga vänner kvar. Jag kunde inte komma på någon att ringa, någon som fortfarande orkade med mig. Det var ensamt på toppen. Jag visste att eftersom jag var Jesus var jag ensam, det var bara Gud som förstod mig. Min Fader.
Jag gick så snabbt i seglarskorna och lumberjackan att svetten rann. Jag irrade förbi NK.

Såg inte de andra som jäktade förbi längs Hamngatan. Stötte till några men reagerade inte.

Ursäkta! Ursäkta, hörde jag bakom mig. Det kändes som om min pannlob glödde.

Jag tittade på klockan på PK-huset men förstod inte hur mycket den var.

Det var i november, och det var mörkt. Det var rusningstid. Jag måste hinna. Jag måste gå fortare. Jag måste hinna innan det var för sent. Men jag visste inte vart jag skulle hinna, och inte heller till vad eller varför.

Jag sprang över gatukorsningen mot Kungsgatan. Bilarna tutade. Men jag hann, jag hann över. Jag var för jäktad för att ha klart för mig vart jag var på väg. Jag sprang över Norrlandsgatan till Restaurang Vaudeville, men där drog jag ner på stegen och fortsatte mot Strömmen.

Utanför Katolska Kyrkan såg jag något utanför mig själv. Jag såg Jesus bilderna på vykort i fönstret till den lilla katolska butiken. Jag blev lugn och kände hopp. Jag klev in i kyrkan och sjönk ner på en bänk i kapellet, där jag satte mig och hängav mig åt tankar och funderingar.

En av de mest betydelsefulla bilder jag hade ritat i terapin var en teckning av min mamma som en struts i en öken. Hon sprang iv väg med mitt hjärta vid pyramiderna. Jag, ett tjutande spöke, flög upp i luften och störtade sedan ner i öknen. Det kändes tydligt som att det var ångesten som störtade.

Antagligen handlade det om när min lillasyster Annika föddes och jag tvingades dela min kärlek med henne. Jag var ganska liten när hon kom till världen, och då hade jag inget språk för mina hjärt slukande känslor. Det är den tolkning som jag tycker är troligast.
Vi återkom många gånger till den bilden i terapin. Det var fantastiskt att kunna plocka fram det som man hade pratat om tidigare och se nya saker i det välbekanta. Bilder är något beständigt, ett samtal är inte lika beständigt. Visserligen kan man återuppliva det i minnet, men en bild kan direkt ge den stämning som man hade när man målade den.
På Utangårda brukade jag ofta sitta och prata med Anna på kvällarna.

Hon tyckte att det var givande att försöka bena upp mina problem och analysera dem, både det som hade hänt under dagen och det som hade hänt tidigare. Varje kväll brukade vi ta varsin kopp kaffe och våra cigarettpaket och stänga in oss i hennes vardagsrum och prata. Där hade vi många goda stunder.

Mia hade berättat för mig att antroposoferna ser livet som en damm. Det är lugnt och fint och man skall inte röra om för mycket.

Men hon ansåg att om man ville ha några näckrosor måste man ner i gyttjan, ner i bottenslammet, och röra om.

Detta berättade jag för Anna, och hon satt stilla och tyst en lång stund och funderade. Vi rökte varsin cigarett. Hon rullade en till och tog sig en ny kopp kaffe. Sedan sa hon:

Det är nog så. Vi ska ha näckrosor. Och då måste vi nog röra om i sörjan.

Anna inordnade allt vi pratade om i sin världsbild. Hon fick in allt i sin antroposofiska syn på livet. Antroposofin är väldigt odogmatisk och tolerant.

Rörde om i sörjan var precis vad vi gjorde. För min del körde jag dynga. Bokstavligt talat! Mockade ut i ladugården, ofta.

Eller lade upp gödselstacken med baklastaren. Byggde komposter. Gödslade ut hönshuset. Det var otroligt skönt för min ångest att få jobba hårt fysiskt.

Anna lärde mig vad man använder olika sorters gödsel till. Hönsgödsel till ärter och bönor som växer snabbt och kräver mycket energi.

Anna använde en såningskalender, och när solen och stjärnorna stod på ett visst sätt var det lämpligt att göra vissa saker.

Vissa dagar var bladdagar, då var det bra att så till exempel sallad, som bara bestod av blad. Andra dagar var rotdagar, och då kanske vi höll på med morötter. Det var ett bra sätt att planera och organisera arbetet.

Både i trädgården och i jordbruket användes antroposofiska preparat, vilket ledde till att skördarna blev bättre och mer motståndskraftiga mot skadedjur. Det är bevisat med test, men varför det blir så vet jag inte. Kanske är det så att tron kan försätta berg?

Det sympatiska med antroposoferna är att de ser allt som levande. Det är en bra motpol till det tekniska samhälle vi lever i. Men det uteslöt inte att vi använde de tekniska hjälpmedel som fanns för att underlätta arbetet.

Beckomberga är byggt på en helt annan filosofi. Man stoppar in en sjuk människa i ena ändan och får förhoppningsvis ut en friskare människa i andra ändan.

Beckomberga byggde på att det fanns sjuka människor. Annars skulle denna institution skaka i sina grundvalar. Målet var inte att människor skulle bli friska och självständiga utan att systemet skulle upprätthållas. Sjukdom blev ett självändamål som hela tiden bekräftades av personalen.

Inte klarar du dig, lille vän

Vad duktig du var! Det trodde vi aldrig om dig.

Klapp på huvudet.

Kap 12. JAG VAR INGEN MÖRDARE

Till slut vågade jag berätta för Mia om mordet.
Det fick bära eller brista. Skulle hon avslöja mig?
Men jag tänkte att hon hade tystnadsplikt. När
jag kom till henne gången därpå sade hon:
Han dog inte. Han blev nästan inte ens skadad.
Här har jag gått i alla år och trott att jag var en
mördare, och så är jag det inte.
Nej, du är ingen mördare. Och du är inte
efterlyst heller. Det där du berättade om
civilpoliserna, så gör de alltid om det är någon
som är mycket våldsam.
Tankarna snurrade i mitt huvud.
Han dog inte. Jag är fri. Inte efterlyst, tänkte jag.
Jag har fått dig utskriven från sjukhuset,
berättade Mia. De är bara glada att du lever och
mår bra. Grattis.
Det var helt ofattbart.
Men du kunde ha blivit farlig om du inte hade
kommit hit. Kanske hade du börjat mörda på
riktigt.
Det våld som du kunde ha åstadkommit skulle
sannolikt ha lett till att folk blev rädda, och du
skulle ha blivit ännu räddare.

Våldsam och farlig. Kanske inlåst på Säter i någon isoleringscell för att du var så farlig. Ett ensamt farligt monster.

Och hade du inte varit en person som man tror på, och om du inte hade haft det skyddsnät som din mamma har varit, kunde du ha blivit uteliggare. Rädd för alla, känt dig sviken av alla. Inte litat på någon. Du vet hur svårt det var att få dig att lita på mig.

Men jag har inte blivit frisk, sade jag nedstämt.

Nej, ska man bli frisk måste man vilja till hundratio procent, och du kanske bara ville nittio.

Ändå hade jag velat. Verkligen velat, och kämpat för mitt liv.

Nu är du good enough. Tillräckligt bra för att vara man, pappa och medmänniska. Varför du inte blivit helt frisk vet jag inte. Men bra har du blivit. Eller hur? Fast nu kommer du att behöva gå igenom alltihopa en gång till, nu när vi avslutar.

Det kändes skönt att sluta i terapin och kunna ge mig ut i livet. Inte frisk, men jag mådde ändå millioner gånger bättre än förut.

På tåget hem till Järna tänkte jag att nu kunde vi flytta till min lägenhet i Stockholm, nu när jag var fri. Flytta hem!

Jag satt och tittade ut genom tågfönstret och ryste vid tanken på alla möjliga sorters liv som jag kunde ha levt om jag inte haft sådan tur. Kanske som uteliggare, utsatt, trött, hungrig, rädd och
frusen. Eller jag kanske inte hade levt alls. Eller jag hade varit en mördande galning som i "När lammen tystnar", ett ännu värre scenario. Det ena mordet som följde på det andra.
Och alla skuldkänslor som ett mord ger. All ångest som man skulle försöka döva med ett nytt mord. Som ledde till ångest och nya mord. Jag vågade inte tänka tanken ut.
Vilken tur jag hade haft. Fru, barn, arbete, bostad, vänner. Många av mina vänner hade faktiskt visat sig finnas kvar efter alla dessa år.
Och så vännerna på Utangårda.
Men skulden för ett mord lever kvar, och från den skulden kommer jag nog aldrig att bli fri.
Även om den gamle mannen inte dog så anföll jag honom ändå för att mörda.

Vi flyttade till Stockholm och bytte min lägenhet mot en gemensam. Men så kom kriget i Jugoslavien, och jag började må dåligt igen.
När de visade bilderna på avrättningarna i Srebrenica stod jag inte ut längre utan sjukskrev mig.
Och så denna fruktansvärda skam att vara arbetslös. Jag gick omkring som i trans.
Jag kommer aldrig att få ett jobb igen. Jag som är så liten och dålig. Ingen vill ha mig Jag kan inget. Jag har varit sjuk i tjugo år, och det är synd om mig. Pengarna tar slut. Det är högkonjunktur, och snart rasar börserna och det blir lågkonjunktur, och nazisterna kommer tillbaka med bolsjevikerna och Stalin i spetsen. Jag har sådan otur. Allt elände kommer att drabba mig. Var är ingången till gaskammarna så att jag kan gå in frivilligt? Nu är det slut. Slut på mig, slut på världen. Den går nog under år tvåtusen. Vi kommer inte att få några nya lån. Jag kommer aldrig att få något nytt jobb. Vi blir tvungna att flytta. Jag kommer att må ännu sämre då. Vi kommer att separera. Jag kommer inte att få se mina barn.

Det snurrade i huvudet på mig, bara negativa tankar. Jag drog in alla i min ångest. Alla utom barnen.

Jag ringde till kompisar och grät. De sade åt mig att om det var som jag sade, att jag tänkte ta livet av mig, måste jag absolut söka hjälp.

Sabine var oerhört trött på mig. Hon trodde aldrig att jag skulle bli frisk, att jag skulle kunna ta det sista steget och klara mig själv.

När jag kände att självmordet närmade sig sökte jag till slut hjälp. En psykiater sjukskrev mig, och jag återknöt kontakten med psykos mottagningen.

Men det hjälpte inte att vara sjukskriven heller, jag mådde inte bättre av det. Jag grät floder hos min kontaktperson, men det lättade bara litegrann på trycket.

Jag kunde inte vara ensam hemma, för då ringde jag frenetiskt. Fem sex gånger om dagen till psykos mottagningen. Och till mamma Och till min före detta terapeut. Till Anna, till kompisar. Jag blev tröttare och tröttare på mig själv, jag var helt paralyserad. Satt framför datorn för att skriva ansökningshandlingar. Orkade inte ens läsa hela Platsjournalen p.g.a. ångest. Började skriva i stället.

Men inte jobbansökningar utan noveller.
Och alla novellerna handlade om mig och min barndom. Eller om nutid. Nu kom allt tillbaka en andra gång, precis som min terapeut hade sagt. Jag fick jobba mig igenom alla kriserna och några till på egen hand. Trycket lättade något. Efter jul bestämde jag mig för att inte plåga mig själv mer med arbetslösheten utan njuta av min frihet. Inte söka ett enda jobb till. En hygglig kompis som hade en VVS-firma i Spånga lät mig få komma dit så att jag skulle komma hemifrån. Jag hade tio kollegieblock hemma som jag skissade noveller på. På juldagen fick jag ett desperat anfall och började skrika och gick hemifrån i vredesmod, trots att Sabines pappa var på besök. Jag satte mig på tunnelbanan och åkte fram och tillbaka och skrev. Pennan glödde. Sabine och jag grälade ofta. En dag skrek hon att hon aldrig ville se mig mer. Jag sprang ut, och jag blev argare och argare allt eftersom jag gick

Jag går till psykmottagningen och ser till att jag får prata med någon, tänkte jag.

Ilskan stegrades till desperation, och jag sprang till mottagningen. Jag hade varit där en gång tidigare på dagen och visste att varken min läkare eller min stödperson fanns på plats.

Men det fanns en annan stödperson som jag tidigare hade träffat på Beckis och tyckte om, och han skulle var där vid denna tid på eftermiddagen.

Tidigare på dagen hade jag grälat med sekreteraren, som jag tycket var arrogant bakom sitt pansarglas.

Väl inne frågade jag efter läkaren, och efter stödpersonen från Beckis.

– Han har gått hem.

– Då går jag och tar livet av mig, skrek jag Tanterna i kassan som inte kände mig blev panikslagna. De mötte mig utanför i korridoren och en kvinnlig kurator dök upp. Jag kände ingen av dem.

– Jag vill träffa någon jag känner.

Tanterna blev desperata eftersom att jag hotat med att ta livet av mig. Det gjorde mig ännu desperatare. De kände inte mig och visste inte att det bara var ett argt spel.

– Du skall få träffa någon du känner, sade kuratorn och sprang iväg.

Jag undrade vem det kunde vara och sprang efter. Men jag blev hindrad, och de tvingade in mig i ett rum där jag fick stanna.

En jourläkare anländ, hon ville tvångs inlägga
mig. Men då pratade jag helt lugnt och sansat.
Det hela var ju bara ett spel som jag iscensatte
för att få ur mig mina aggressioner.
Jag kom på att om jag mediterade och läste mitt
mantra så hjälpte det mig att komma över mina
frustrationer.
Tidigare när jag hade jobb brukade jag träna på
att meditera eller djup avslappna när jag hade
slutat för dagen.
Nu när jag inte sökte jobb längre ringde en
kompis och frågade om jag inte ville jobba på
hennes gruppboende, och jag fick timanställning
där.
Sedan led det mot påsk, den första på det nya
årtusendet. Under fastetiden kunde jag knappt
äta någonting utan att tandköttet värkte. Jag
läste mitt mantra och lyckades hela tiden
bemästra mina frustrationer.
Jag slutade ringa och mediterade istället.
Sittande, gående, konverserande, hela tiden
upprepade jag tyst för mig själv: "Om mani
padne hum".

En kväll ringde jag till Mia, för jag var orolig för barnen. Den kvällen var Sabine borta, och jag skulle lägga dem ensam. Mia lugnade mig, hon sade att allt var okej.

Det var många år sedan jag var orolig för dig och dina barn. De får så mycket av dig som de behöver. De kommer aldrig att uppleva ditt helvete. Föresten, dina sista lerfigurer är brända, och du kan hämta dem.

Vi tar det efter påsk så att det blir liksom en uppenbarelse, sade jag.

Jag jobbade ett nattskift på gruppboendet alldeles ensam och stärktes över att ha klarat av det.

Trots att det var en mycket stökig natt lyckades jag fixa allting själv, utan att sakna någon att ringa till.

Under påskveckan var det inte mycket jobb på gruppboendet, och på annandag påsk frågade kompisen i Hässelby om jag inte ville komma och hjälpa honom lite. Det var lite bildelar som behövde tvättas.

Jag åkte dit och jobbade lite. Kompisen måste åka iväg i ett ärende.

Hade det varit några månader tidigare hade jag
ringt desperat så fort han hade lämnat huset.
Men nu upprepade jag mitt mantra istället.
Åt några mackor till lunch men kände mig
fortfarande ganska spänd.
Jag lade mig på golvet för att djup avslappna.
Läste mitt mantra. När jag kom till medvetande
igen efter en halvtimme tänkte jag: Varför känns
det alltid som om jag har fått en kallsup när jag
djup avslappnar? Har jag någonsin fått en
kallsup som liten?
Då mindes jag …
Det var 1960 på sommaren, och min pappa
lurade mig att hoppa i sjön på djupt vatten, och
sedan fick han dyka i och hämta upp mig så att
jag inte skulle drunkna. Han ville bara skoja lite
med mig.
Senare den dagen fick jag tag på min mamma,
och tillsammans lyckades vi rekonstruera hur
det hade varit. Vi bodde i Göteborg där pappa
gjorde lumpen på sommaren.
Vi gick på kajen i Lysekil. Far och son.
- Är det kallt i vattnet? frågade jag.
- Hoppa i så får du känna, skojade pappa.
Och jag hoppade i. Jag lydde ju bara min pappa,
men vattnet var både kallt och djupt.

Pappa kastade sig i och fiskade upp mig. Jag grät inte, men jag stoppade tummen i munnen och den smakade salt. De vuxna skrattade åt mig för att jag började gråta.
Några veckor senare skulle mamma föda min lillebror.
På torsdagen efter påsk åkte jag till min före detta terapeut Mia och hade ett avslutningssamtal med henne. Jag fick också mina brända lerskulpturer.
Inga tvångstankar, inga gevärsskott. Jag kände mig lugn.
Som vanligt låg jag den kvällen och tänkte en stund innan jag somnade. Alla andra sov, och jag låg och smekte Sabines hand, jag brukade göra det tills hon somnade. I början var det för att jag kände dåligt samvete för vad jag hade utsatt henne för under dagen, men nu var det av kärlek och tacksamhet för att jag levde,
Nu låg jag där och smekte andra handens sida. Nöjd men inte frisk. Ändå mådde jag otroligt mycket bättre än före terapin.

Kap.13 SKAM DEN SOM GER SIG

Jag levde som en halvfigur med stöd av personal
på psykmottagningen. Ingen tog mig riktigt på
allvar, inte ens jag själv.
Då hände attacken mot World Trade Center i
september 2003..
Nu börjar tredje världskriget, tänkte jag. Och det
var jag inte ensam om att tänka.
Jag bestämde mig. Inte kunde jag gå omkring
och vara halvsjuk om tredje världskriget skulle
komma. Samtidigt insåg jag att det hade var t ett
felslut av mig att tro att jag skulle bli frisk bara
av att återuppleva händelser från min barndom.
Det var inte själva upplevelserna som var det
viktiga, utan det viktigaste var att jag lärde
känna mig själv.
En barndomskamrat som jag inte hade någon
kontakt med var min idol. Det hade gått bra för
honom, och jag ville inte att han skulle se mig
som en konstig typ.

Jag ville vara någon att räkna med, någon som man kunde lita på, någon som stod upp och var en man, någon som var en jämlike, en jämbördig. Inte någon som man tyckte synd om och som hela tiden behövde stöd och hjälp. Kort sagt: jag ville bli en vuxen människa.

Jag började motionera, jag gick minst en halvtimme varje dag i raskt tempo. Jag gick av mig ilskan, mediterade av mig ilskan, pratade av mig ilskan, skrev av mig ilskan.

I varje situation som jag mötte hittade jag något som jag kunde lära mig om mig själv. Vem jag var, vilka gränser jag hade, vilka som var mina förmågor, vilka som var mina positiva och negativa sidor. Det var som att börja gå på nytt. Det jag hade som referensram var det vi hade gått igenom i terapin. Det mesta av det stämde, men jag upptäckte också nya förmågor och tillkortakommanden hos mig själv.

Jag kunde se varför jag kom till korta i olika situationer, varför jag inte lyckades. Ofta lärde jag mig något och gjorde förhoppningsvis inte om samma misstag igen. Vissa saker kunde jag lära mig direkt, annat tog längre tid. Med min meditation kom jag djupare ner i mig själv.

Där fann jag nya minnen som kunde lära mig något om livet idag.

Det hela var mycket omvälvande och ångest framkallande, men det ledde ändå framåt.

Nu ville jag de sista tjugo procenten så att det tillsammans skulle bli en vilja på ett hundrat o procent.

Jag ville bli frisk. Nu skulle jag bli frisk. Jag vågade. Jag ville. Nu skulle jag lära känna mig själv, totalt.

Jag vet ju att man aldrig, aldrig lär känna sig själv totalt, men jag skulle i alla fall känna mig så väl att jag kunde klara av alla vardagliga och andra situationer som man stöter på i en fyrtioårings liv.

En kväll var jag ensam hemma och låg på sängen för att jag hade ångest och kände mig lite dålig.

Det var vinter, och det hade varit mörkt länge.

Jag var uttråkad och hade jobbat för mycket, eller trodde i alla fall att jag hade gjort det.

Jag låg och oroade mig för morgondagen. Var jag inte lite sjuk? När jag kände efter så var jag rog det. Armarna domnade, fingrarna domnade, särskilt på höger hand.

Då kunde det i alla fall inte vara hjärtinfarkt, för då skulle det vara vänster arm.

Var det krocken som gjorde att fingrarna domnade? Ett halvår tidigare hade jag blivit påkörd bakifrån, och bilen blev totalkvaddad, men jag fick inga synliga skador. Men hade nacken gått av?

Eller om jag hade så starka nackmuskler att de höll kotorna på plats, skulle i så fall hela ryggen gå av istället? Skulle jag dö?

Det kändes mer och mer som att jag skulle dö. Men var det inte inbillning?

Nej, jag höll faktiskt på att dö! Ju mer jag kände efter, ju dödare blev jag, tänkte på min begravning. Nu skulle jag dö, och det skulle ske med stil. I morgon skulle de hitta mig.

Mer och mer domnade det. Mest i höger handen. Jag tände lampan, och det var i högerhanden jag hade ärret. Ärret som jag fick som barn efter en olycka. Tänkte på olyckan.

Mer och mer ont gjorde det i handen, den knöt sig som i kramp. Fingrarna vitnade när jag krampade.

När jag hade legat så en lång stund gick jag upp för att kissa. Gick på toa med handen fortfarande knuten. Orkade inte stå upp utan fällde ner ringen och satte mig.

Åh, vad skönt, jag hade hållit mig så länge. Men handen krampade mer och mer. Jag satt i mörkret på toaletten, orkade inte tända. Handen krampade. Från gatlyktan utifrån såg jag hur ärret vitnade och knogarna bleknade.

Jag riktigt kände hur glasbitarna satt i handen, armen darrade, hela kroppen darrade och jag ville skrika. Bet mig i läppen. Trillade ihop på golvet och skakade. Jag återupplevde ett barndomsminne igen.

Min lillasyster hade dött på hösten och mamma, pappa och jag satt i vardagsrummet i radhuset. Det var lördag eller söndag. En ljus och fin dag. Eftermiddag.

Vi hade firat med glass, gräddglass vanilj i ett paket, kaffe till de vuxna och saft till mig.

När vi nu hade ätit upp tyckte jag att jag kunde få duka ut. Jag var stor, jag hade fyllt två och ett halvt år.

Låt honom försöka, han klarar det, sade pappa. Men mamma var tveksam.

– Men han brukar ju duka ut efter middagen i köket, klart att han klarar det.

Mamma lät sig övertalas. Jag tog de rökfärgade assietterna, staplade dem på varandra med silverskedarna ovanpå.

Med försiktiga steg gick jag på den grafitgrå tjocka yllemattan, rundade soffbordet och sneddade bakom karm fåtöljen, bakom ryggen på mamma.

– Se så duktig han är, sa pappa.

– Men ta det försiktigt, är han inte för liten, insisterade mamma.

– Nej, nej, han måste få prova.

Stolt som en tupp skred jag mot köket, jag kände stundens allvar, nu kunde jag visa att jag verkligen var stor. Stor! Stor!

Jag sneglar lite bakåt och känner mig oändligt stolt.

Då säger det pang. Jag ligger på golvet.

Tallrikarna är trasiga. En glasbit har fastnat rakt i min högra hand.

Jag ser glasbiten och vill skrika. Pappa, som har rusat upp från sin plats i soffan lyfter mig.

Glasbiten sticker rakt ut. Jag vill skrika! Men det kommer bara tårar som faller längs min kind. Jag gråter tyst!

Nu när jag låg där på golvet kom allt upp i mig igen, och efter en kort stund kunde jag slappna av. Jag var vuxen igen. Jag dog inte. Jag var inte dödssjuk, det var bara ett gammalt minne.

Nu hade jag hittat en ny sida hos mig själv. Nästa gång jag ställdes inför ett problem som jag mött många gånger tidigare skulle jag lära mig något av misstaget och inte göra om samma fel igen.
Det hade jag gjort tusentals gånger, och skyllt på andra eller på omständigheterna som gjorde att det blev fel.
Nu visste jag vad Mia menade när hon sade att jag var envis på ett bakvänt sätt.

Hon sade att hon inte hade upptäckt någon envishet hos mig först, men efter ett par år hade hon märkt att jag var envis på ett bakvänt sätt.
Jag lärde mig inte av mina misstag.
Nu kunde jag bli rätt vänt envis. Jag var trots g som en tvååring. Envis som ett barn.
Nästa dag kände jag mig lättare och rätade på ryggen. Dagen gick, och framåt kvällen kom Sabine hem och vi åt middag. Hon var trött efter sitt skiftarbete. Mitt under middagen ringde telefonen, det var hennes bror. Hon gick i ett annat rum för att prata kunna ostört, och jag satte mig i soffan i vardagsrummet när jag hade avslutat middagen. Jag satte inte på Tv:n utan satt och undrade vad de pratade om. Samtalet blev långt.

Då började det värka i mina fotleder, det kändes
som om skinnet trycktes ihop.
Jag går upp för en flat stenhäll. Vi är på landet,
jag har just fått ett syskon. Jag är otroligt
svartsjuk på bebisen. Går upp och ner på den grå
stenhällen, som är flat men lutar brant uppåt
mot berget där flaggstången står. Det är som om
någon skulle ha gjort en väg uppåt,
med kanter och allt. Mina fotleder veckas när jag
går uppåt. Jag trillar nästan ibland.
Tummen är i munnen, och med den andra
handen pillar jag på ena bröstvårtan så att den
styvnar. Upp och ner går jag. Upp och ner. Ska
ingen se mig?
Morfar kommer ut och ser att jag har ena
handen innanför byxorna, och att jag pillar på
snoppen innanför mina korta blå jersey byxor.
Han är pryd och barsk.
 Efter en skarp tillsägelse slutar jag pilla på
snoppen, men hittar snart bröstvårtan innanför
den bredrandiga tröjan. Där jag kan fortsätta att
pilla.
Jag blir sedd, men det är fel person som ser mig,
och han ser mig på fel sätt. Aldrig mer ska jag
pilla på snoppen förrän jag har flyttat hemifrån.

Nu hade jag fått ordning på svartsjukan så att den fick rimligare proportioner. Och nu kom allt för tredje gången.

Första gången hade det hänt i terapin när Mia sade hur det var. Andra gången upptäckte jag det själv utifrån mina egna erfarenheter.

När jag på egen hand hittade förträngda känslor hos mig själv, var det ibland på det sätt som vi hade pratat om i terapin, men långt ifrån alltid.

Mia hade sagt att jag alltid skulle vara missnöjd, men nu kände jag mig mycket nöjd. Jag var röjd med mig själv och ville inte vidare.

Nya delar av hjärnan togs i anspråk, och det kändes som om himlens portar öppnade sig. Allt var nytt, och jag kände mig salig. Lycklig nästan hela tiden.

Tidigare hade jag sett eller hört saker som andra inte såg eller hörde. Men det avtog, och nu, för tredje gången började jag bli ett med mig själv. Jag levde, och för varje nytt minne eller ny eller nygammal egenskap som jag tog till mig, växte jag.

En eftermiddag låg jag på sängen och hade ont i hela kroppen. Jag trodde som vanligt att jag skulle dö.

Då gick det som en elektrisk stöt i hela kroppen, och jag återupplevde när jag landade från mitt hopp från fönstret på sjukhuset. Jag kände stöten i vänster ben, och hur sedan höger hand slog i backen följd av bäckenet.
Nu när hjärnan fungerade bättre hade jag mer flyt. Jag kunde börja göra saker, och sedan mitt uppe i det förstå varför jag gjorde just på det sättet.
Det ledde oftast till bättre resultat än om jag tänkt ut det hela från början. Jag gick på känsla. Men säg den lycka som varar för evigt. Vissa dagar hade jag oflyt. Jag vande mig vid lyckan, och om jag kände mig olycklig kunde jag oftast bara jämföra med hur det hade känts vid mordet eller någon annan starkt ångestladdad situation. Har jag varit med om något värre?
Den frågan brukade jag ställa mig, och svaret blev oftast att det hade jag.
En sak som hade plågat mig länge, och som hade gäckat mig, var att ibland när jag skulle sova hörde jag ett ljud som från en dieselmotor.
Jag hade haft många förklaringar till det, men ingen som passade perfekt.
Det var hela tiden så att när jag kom på en förklaring så slutade ljudet bästa fall.

Men ofta återkom det senare. Det lät som en motor, en stor motor.

Allt finns inne i hjärnan, det är bara att vara tillräckligt avslappnad, att få de rätta associationerna, att komma i de rätta stämningslägena, då kommer det fram. Men fantasin är stor, och ofta kommer fel minnen upp, man blir lätt lurad av hjärnan. Särskilt när det handlar om kriser som gör att ens invanda föreställningar ställs på huvudet.

Men livet är ingen lätt uppgift även om man är frisk. Fast man har mycket lättare att handskas med situationer när man inte tror att den andre är rysk spion eller någon annan skum typ som vill en illa.

En dag låg jag och trodde att jag skulle nå ner till botten av mitt medvetande. Den botten som jag hade berättat för Mia att jag hade, men som jag ännu inte hade nått. Jag närmade mig det undre mer och mer, tills jag upplevde att jag ett minne från barndomen.

Jag kom så djupt ner i mig själv att jag blev alldeles skakis. Jag avbröt meditationen.

Någon vecka senare, när det hade blivit vår, låg jag för att slappna av och meditera.

Jag skulle iväg och jobba, men jag kom djupare och djupare in i mig själv.

 Klockan ringde och jag skulle iväg till jobbet, men jag kunde inte gå rakt. Jag var groggy, som om jag var berusad. trots att jag inte hade druckit.. Det var läskigt och jag undrade om jag skulle klara av att jobba.

Eftersom jag hade gott om tid gick jag raskt ett par tunnelbanestationer. Och då släppte det.

Gråten kom, och jag grät hejdlöst medan jag gick.

Något senare mediterade jag igen, och då kände jag mig som en tvååring, och som ett med världen. Altruistisk.

Men helt plötsligt upphörde den härliga känslan. Jag hörde en koltrast som sjöng, och jag fick upp bilden av en tvättkorg som stod på marken. En stor vid tvättkorg i rotting med en sufflett uppfälld över ena ändan. Korgen var klädd i ett ljusgult bomullstyg. Jag var ett och ett halvt år, och det var på en äng på sommarstället.

Jag hatade min lillasyster som låg i korgen, och jag skulle just häva mig över kanten för att mörda henne. Jag vill att hon skulle bort.

Men då sjöng koltrasten och jag gjorde inget.

Men jag kände hatet. Jag ville döda henne.

Hon skulle bort, för hon hade tagit min mamma ifrån mig. När hon sedan dog fick jag dåligt samvete och trodde att det var jag som hade dödat henne. Jag var så arg.

Men när jag sedan reste mig upp var jag på ett plan tvååringen som ville mörda av svartsjuka, och på ett plan fyrtioåringen som var jag här och nu.

När jag väl var igenom upplevelsen hade jag nått botten, den botten som jag hade talat med Mia om nästan tio år tidigare.

På kvällen låg jag som vanligt och smekte Sabines hand.

Kap.14 EN NY ROND MOT VANSINNET
 Helt sista halvåret då jag jobbade visste jag att jag skulle bli arbetslös. Ändå gjorde jag inget åt det. På sommaren var jag ledig. Jag mådde sämre och sämre, och jag blev mycket riktigt arbetslös. Detta fruktansvärda, denna skam. Jag levde på arbetslöshetsersättning och jobbade svart för att göra något. Helt sysslolös skulle jag gå under. Jag sålde tulpanlökar, svart, reste runt med en lastbil för att sälja lökarna i trädgårdar till villaägare som skulle plantera. Det var framför allt ett helgjobb, jag hade en stor växelkassa och affärerna gick strålande, men inte mådde jag bättre för det.
En kväll när jag lämnat tillbaka lastbilen till min arbetsgivare satte jag mig på krogen för att ta en öl. Jag kände mig avslappad och tog en till, men efter den andra ölen blev jag istället hel speedad, och trodde att jag var förföljd. Det åkte förbi en stor monsterjeep på gatan där jag satt, den gjorde reklam för rysk vodka.
Det var klart: vi var invaderade av ryssarna, muren hade fallit men kanske hade den inte fallit, utan det hela var ett massmedialt trick för att vi istället var invaderade.

Jag tog en taxi på gatan, men kunde jag lita på taxichauffören?? var han inte rysk spion, vart skulle vi åka? vart skulle jag fly? Till Amerika! Frihetens land.
Tog taxin hem och letade efter mitt pass, men i förvirringen kunde jag inte hitta det.
Min uppgift är kanske att vara en frihetskämpe här hemma, tänkte jag när jag råkade hitta min krigsplacerings order. Den tog jag med mig.
Taxin hade jag lämnat några kvarter hemifrån, för att avleda om han var spion. Gick genom parken för att se att jag inte var förföljd. Tog en ny taxi, av någon anledning litade jag bara på Globen taxi, så det var svårt för mig att hitta bilar De andra taxibolagen litade jag inte på. Tog taxin till Uppsala. Där i en park brände jag min krigsplacerings order, så att de inte skulle veta vem jag var om de tog mig. Jag åt någon hamburgare och drack cola. Öl vågade jag inte dricka, vilket kanske var tur i min förvirring.
Efter många om och men hittade jag en taxi till Arlanda, en Globen-taxi, när jag kom fram till Arlanda trodde jag att jag skulle möta någon som var min kontakt man, och att jag skulle få ett nytt pass och nytt bagage.

Jag tog lokalbussen som går runt mellan de olika flygplatserna och parkeringarna. Gick fram till folk för att hjälpa dem med deras bagage. Jag visste ju inte om det var en bil jag skulle ta eller vad det var, eller vem det var, försökte bara lita på min känsla, men mina känslor var helt fel.

När jag i väntsalen fick höra att ett försenat plan hade landat från Amerika blev jag överlycklig, nu kom det soldater, utklädda till turister som skulle rädda Sverige. Jag trodde att kriget i Bosnien var fronten mellan Nato och Warszawapakten.
Men här i Sverige var allt normaliserat. Fienden syntes inte, ingen pratade om det, men alla visste att
vi var invaderade. Jag trodde att alla menade andra saker än vad de sade. Att det som var sant bara var förtäckta ordalag för något annat.
Det var inte konstigt att jag inte såg fienden, det var jag ju själv som var fienden. Fienden fanns inne i mig. Jag var min egen fiende. Det var som ett krig i totalt mörker där jag inte såg fienden men den såg mig.
Jag var alltid sedd, fienden kunde se mig från flygplan och satelliter.

Däremot visste de inte hur jag själv tänkte, vilka av mina medmänniskor som var vänner, vilka kunde jag lita på. Jag upptäckte att de som hade medlidande i blicken kunde jag lita på till en viss gräns. Men de lät mig aldrig gå iväg med deras bagage, och de lämnade aldrig över de där hemliga handlingarna till mig.

Efter att ha rest upp alla mina surt förvärvade tusenlappar på att åka taxi runt Stockholm för att lura fienden kom jag efter ett och ett halvt dygn tillbaka hem. Jag hade även ringt till Anna på Utangårda och sagt att jag skulle komma dit, men jag hade inte vågat för jag trodde att då skulle jag avslöja henne för ryssarna.

När jag nu kom hem satt Sabine där och grät Hon hade varit så orolig. Vart hade jag tagit vägen? Ingen visste var jag hade varit.

Nu när jag var i tryggt förvar hemma tog jag mina mediciner och en sömntablett och sov arton timmar.

En psykiater sjukskrev mig och jag återknöt kontakten med min stödperson på psykmottagningen. Men det hjälpte inte att vara sjukskriven, jag mådde inte bättre av det.

Jag kommer på att om jag mediterar. Läser mitt mantra som jag övat på.

Övat på tidigare och då blir jag lugn. Jag hade efter arbetsdagens slut tränat på att meditera eller djup avslappna när jag hade jobb.
Jag upptäcker att läser jag mitt mantra så kommer jag över mina frustrationer.
När jag nu inte söker jobb längre ringer en kompis och frågar om jag inte vill jobba på hennes jobb. Jag får en timanställning och börjar jobba.
Sedan lider det mot påsk, den första på det nya årtusendet. Under fastetiden kan han knappast äta något utan att tandköttet värker. Jag läser mitt mantra och lyckas hela tiden att bemästra mina frustrationer. Jag har slutat att ringa. Jag mediterar.
Sittande, gående, konverserande, hela tiden detta malande. "om mani padne hum"
Jag ringer till Mia.
Hon lugnar mig. Allt är OK.
– Föresten, dina sista lerfigurer är brända och du kan hämta dem. Det var de sista sakerna som jag hade kvar hos henne som jag skulle hämta när hon hade bränt dem i en riktig ugn.
– Vi tar det efter påsk så att det blir en uppenbarelse, säger jag.

Jag jobbar en natt alldeles ensam och själv.
Stärks över att ha klarat av natten. Trots att det
var en mycket stökig natt klarade jag av det
själv, utan att sakna någon att ringa till.
Under påskveckan är det inte mycket arbete och
annandag påsk frågar kompisen i Hässelby om
han inte vill komma och hjälpa honom lite. Det
var bildelar som behöver tvättas.
Jag åker dit och jobbar lite. Kompisen måste åka
iväg i ett ärende. Hade det varit för några
månader tidigare hade han ringt desperat så fort
som kompisen hade lämnat huset. Men nu mal
jag mitt mantra.

Kap 15. MOT ETT FRISKT LIV

Åren gick. Jag fortsatte att meditera och fick allt större utbyte av det. Jag hade olika slags arbeten, och vi var nu fyra i familjen. Sabine, jag och två barn.

Jag fick höra från olika håll att när man mediterar ska man lägga fokus mitt i pannan, där indierna har vad vi ibland kallar ett kastmärke.

Jag fick även höra att när prinsen och prinsessan gifter sig i sagorna och lever lyckliga i hundra år så är det vänstra och högra hjärnhalvan som gifter sig. Då kan de arbeta bra ihop.

Jag började alltså meditera på punkten mitt i pannan för att väcka upp pannloben, den del av hjärnan som bearbetar allt.

Först började det klia i pannan ungefär som om man hade bubbelvatten i hjärnan. Sedan när jag hade mediterat mer fick jag sår i pannan, och hela pannan blev varm. Jag kunde känna hur blodcirkulationen kom i gång i pannloben. Det kändes som hela hjärnan väcktes på nytt.

När såren hade läkts var processen klar. Det kliade på samma sätt i pannan som det gör i ett ben som har somnat när blodcirkulationen kommer igång, igen.

'Det tog några veckor, men det var effektivt. Jag kunde riktigt känna hur cellerna väcktes till liv i pannloben, och hur jag kunde arbeta bättre med hjärnan.

På sommaren 2005 satt jag med min kusin på en bar och drack öl. Jag var arbetslös och försörjde mig på att köpa och sälja duschkabiner. Jag frågade min kusin, som var läkemedelsförsäljare, om han inte kunde ordna något jobb som säljare åt mig. Det var han inte villig till, men efter några fler öl och ett givande samtal kläckte han den briljanta idén att jag hade en unik kunskap genom min sjukdomshistoria.

Han sålde psykofarmaka och lovade att om jag kunde göra en bra föreläsning så skulle han sälja in den på företaget där han jobbade.

Under hösten började jag arbeta med en Power-Point-presentation, och så berättade jag det för en kompis som arbetade på en psykiatrisk klinik. Hon blev eld och lågor och ordnade genast ett möte med sin chef om att jag skulle föreläsa på hennes sjukhus. Chefen tände på idén, och jag blev engagerad.

Min kompis presenterade mig även för en Hasse
som var projektledare för ett projekt som hette
"Patienter som konsulter i vården". Det var ett
Milton-projekt. Hasse och jag kände igen
varandra från Beckomberga. Han hade varit
föreståndare för den enhet där jag låg inne så
länge 1987, och där jag fick min panikångest.
Efter en intervju blev jag engagerad som konsult,
och när projektet var slut hade jag turen att få
bli projektledare för det fortsatta projektet, som
finansierades av Socialstyrelsen.
Jag hade fått en bra läkare efter min förra, som
gick i pension. Men han slutade, och då slutade
jag
äta medicin.
Efter ett halvår blev jag psykotisk och måste
lägga in mig. Innan dess hade jag inte varit
psykotisk på sexton år. Jag fick mycket bra
behandling på avdelningen som jag låg på.
Otroligt mycket bättre än sexton år tidigare. Jag
ringde till min pappa från avdelningen, och vi
hade vårt första vuxna samtal.
Vi sade att vi skulle träffas när jag blev utskriven,
men när jag ringde honom en månad senare
vågade han inte.

Men det var bra att vi hade haft det vuxna samtalet, för då hade vi förlåtit varandra och gjort upp med varandra.
Det som var så fantastiskt med den här sjukhusvistelsen var att kompisarna fanns kvar efteråt, och även min familj.
Till och med jobbet fanns kvar och sedan dess har jag jobbat med återhämtning i olika former. Att utbilda, föreläsa och hjälpa människor till återhämtning från psykisk ohälsa. Mina två barn är stora och lever sina liv. Jag har genom terapi, meditation och vänner och fruar hittat mej själv, vilket är att när man känner sina gränser så är man fri från sina besvär. En lång, bitvis mycket svår kamp. En kamp mot de inre demonerna, de som kommer fram i psykosen.